编委会

普通高等学校"十四五"规划旅游管理类精品教材
教育部旅游管理专业本科综合改革试点项目配套规划教材

总主编

马　勇　教育部高等学校旅游管理类专业教学指导委员会副主任
　　　　中国旅游协会教育分会副会长
　　　　中组部国家"万人计划"教学名师
　　　　湖北大学旅游发展研究院院长，教授、博士生导师

编　委（排名不分先后）

田　里　教育部高等学校旅游管理类专业教学指导委员会主任
　　　　云南大学工商管理与旅游管理学院原院长，教授、博士生导师
高　峻　教育部高等学校旅游管理类专业教学指导委员会副主任
　　　　上海师范大学环境与地理学院院长，教授、博士生导师
韩玉灵　全国旅游职业教育教学指导委员会秘书长
　　　　北京第二外国语学院旅游管理学院教授
罗兹柏　中国旅游未来研究会副会长，重庆旅游发展研究中心主任，教授
郑耀星　中国旅游协会理事，福建师范大学旅游学院教授、博士生导师
董观志　暨南大学旅游规划设计研究院副院长，教授、博士生导师
薛兵旺　武汉商学院旅游与酒店管理学院院长，教授
姜　红　上海商学院酒店管理学院院长，教授
舒伯阳　中南财经政法大学工商管理学院教授、博士生导师
朱运海　湖北文理学院资源环境与旅游学院副院长
罗伊玲　昆明学院旅游管理专业副教授
杨振之　四川大学中国休闲与旅游研究中心主任，四川大学旅游学院教授、博士生导师
黄安民　华侨大学城市建设与经济发展研究院常务副院长，教授
张胜男　首都师范大学资源环境与旅游学院教授
魏　卫　华南理工大学经济与贸易学院教授、博士生导师
毕斗斗　华南理工大学经济与贸易学院副教授
史万震　常熟理工学院商学院营销与旅游系副教授
黄光文　南昌大学旅游学院副教授
窦志萍　昆明学院旅游学院教授，《旅游研究》杂志主编
李　玺　澳门城市大学国际旅游与管理学院院长，教授、博士生导师
王春雷　上海对外经贸大学会展与旅游学院院长，教授
朱　伟　天津农学院人文学院副教授
邓爱民　中南财经政法大学旅游发展研究院院长，教授、博士生导师
程丛喜　武汉轻工大学旅游管理系主任，教授
周　霄　武汉轻工大学旅游研究中心主任，副教授
黄其新　江汉大学商学院副院长，副教授
何　彪　海南大学旅游学院副院长，副教授

普通高等学校"十四五"规划旅游管理类精品教材
教育部旅游管理专业本科综合改革试点项目配套规划教材

总主编 ◎ 马 勇

教育部2019年度产学合作协同育人项目（201901217005）
天津市2020年度哲学社会科学规划课题（TJGL202015）
天津市2018度年教委社会科学重大项目（2018JWZD20）
河南省2019年度高等学校重点科研项目（19A790012）

旅游经济学
（第二版）

Tourism Economic（Second Edition）

主　编 ◎ 朱 伟
副主编 ◎ 汤洁娟　吕献红　荣培君

华中科技大学出版社
http://press.hust.edu.cn
中国·武汉

内 容 提 要

本书系统阐释了旅游经济学的基本概念、内容和方法,讲述了旅游经济学的研究内容和学科特点,全面分析了现代旅游经济的性质、特点及其产业化标志,重点阐述了旅游供给与旅游需求的规律及影响因素,对旅游产品及开发、旅游市场及开拓、旅游价格及策略、旅游消费及效果、旅游投资决策与评价、旅游收入与分配、旅游经济结构与优化等内容进行详细分析,介绍了我国旅游经济管理体制和旅游经济效益与评价,阐述了旅游经济发展及模式。本书理论联系实际、科研结合教学、教学结合实践,充分参考当前旅游经济领域的最新研究成果,具有应用性、前沿性、系统性等特征,既可作为高等院校旅游管理专业本专科生的教材,又可作为高等院校旅游管理专业研究生的基础教材,还可供旅游企业经营管理、旅游市场营销、旅游发展规划、旅游行业管理等旅游从业人员使用,此外,还可作为旅游科研人员和广大旅游爱好者的重要参考书。

图书在版编目(CIP)数据

旅游经济学/朱伟主编. —2版. —武汉:华中科技大学出版社,2021.1(2025.7重印)
ISBN 978-7-5680-6182-7

Ⅰ.①旅… Ⅱ.①朱… Ⅲ.①旅游经济学-高等学校-教材 Ⅳ.①F590

中国版本图书馆 CIP 数据核字(2020)第 259387 号

旅游经济学(第二版) 朱 伟 主编
Lǚyou Jingjixue (Di-er Ban)

策划编辑:李 欢 王 乾
责任编辑:李家乐
封面设计:原色设计
责任校对:刘 竣
责任监印:周治超
出版发行:华中科技大学出版社(中国·武汉)   电话:(027)81321913
　　　　　武汉市东湖新技术开发区华工科技园　邮编:430223
录　　排:华中科技大学惠友文印中心
印　　刷:武汉科源印刷设计有限公司
开　　本:787mm×1092mm　1/16
印　　张:19
字　　数:467 千字
版　　次:2025 年 7 月第 2 版第 7 次印刷
定　　价:59.00 元

本书若有印装质量问题,请向出版社营销中心调换
全国免费服务热线:400-6679-118　竭诚为您服务
版权所有　侵权必究

总 序

伴随着我国社会和经济步入新发展阶段,我国的旅游业也进入转型升级与结构调整的重要时期。旅游业将在推动形成以国内经济大循环为主体、国内国际双循环相互促进的新发展格局中发挥出独特的作用。旅游业的大发展在客观上对我国高等旅游教育和人才培养提出了更高的要求,同时也希望高等旅游教育和人才培养能在促进我国旅游业高质量发展中发挥更大更好的作用。

《中国教育现代化 2035》明确提出:推动高等教育内涵式发展,形成高水平人才培养体系。以"双一流"建设和"双万计划"的启动为标志,中国高等旅游教育发展进入新阶段。

这些新局面有力推动着我国高等旅游教育在"十四五"期间迈入发展新阶段,未来旅游业发展对各类中高级旅游人才的需求将十分旺盛。因此,出版一套把握时代新趋势、面向未来的高品质和高水准规划教材则成为我国高等旅游教育和人才培养的迫切需要。

基于此,在教育部高等学校旅游管理类专业教学指导委员会的大力支持和指导下,教育部直属的全国重点大学出版社——华中科技大学出版社——汇聚了一大批国内高水平旅游院校的国家教学名师、资深教授及中青年旅游学科带头人,在成功组编出版了"普通高等院校旅游管理专业类'十三五'规划教材"的基础上,再次联合编撰出版"普通高等学校'十四五'规划旅游管理类精品教材"。本套教材从选题策划到成稿出版,从编写团队到出版团队,从主题选择到内容编排,均作出积极的创新和突破,具有以下特点:

一、基于新国标率先出版并不断沉淀和改版

教育部 2018 年颁布《普通高等学校本科专业类教学质量国家标准》后,华中科技大学出版社特邀教育部高等学校旅游管理类专业教学指导委员会副主任、国家"万人计划"教学名师马勇教授担任总主编,同时邀请了全国近百所开设旅游管理类本科专业的高校知名教授、博导、学科带头人和一线骨干专业教师,以及旅游行业专家、海外专业师资联合编撰了"普通高等院校旅游管理专业类'十三五'规划教材"。该套教材紧扣新国标要点,融合数字科技新技术,配套立体化教学资源,于新国标颁布后在全国率先出版,被全国数百所高等学校选用后获得良好反响。编委会在出版后积极收集院校的一线教学反馈,紧扣行业新变化,吸纳新知识点,不断地对教材内容及配套教育资源进行更新升级。"普通高等学校'十四五'规划旅游管理类精品教材"正是在此基础上沉淀和提升编撰而成。《旅游接待业(第二版)》《旅游消费者行为(第二版)》《旅游目的地管理(第二版)》等核心课程优质规划教材陆续推出,以期为全国高等院校旅游专业创建国家级一流本科专业和国家级一流"金课"助力。

二、对标国家级一流本科课程进行高水平建设

本套教材积极研判"双万计划"对旅游管理类专业课程的建设要求,对标国家级一流本科课程的高水平建设,进行内容优化与编撰,以期促进广大旅游院校的教学高质量建设与特色化发展。其中《旅游规划与开发》《酒店管理概论》《酒店督导管理》等教材已成为教育部授予的首批国家级一流本科"金课"配套教材。《节事活动策划与管理》等教材获得国家级和省级教学类奖项。

三、全面配套教学资源,打造立体化互动教材

华中科技大学出版社为本套教材建设了内容全面的线上教材课程资源服务平台:在横向资源配套上,提供全系列教学计划书、教学课件、习题库、案例库、参考答案、教学视频等配套教学资源;在纵向资源开发上,构建了覆盖课程开发、习题管理、学生评论、班级管理等集开发、使用、管理、评价于一体的教学生态链,打造了线上线下、课内课外的新形态立体化互动教材。

在旅游教育发展的新时代,主编出版一套高质量规划教材是一项重要的教学出版工程,更是一份重要的责任。本套教材在组织策划及编写出版过程中,得到了全国广大院校旅游管理类专家教授、企业精英,以及华中科技大学出版社的大力支持,在此一并致谢!衷心希望本套教材能够为全国高等院校的旅游学界、业界和对旅游知识充满渴望的社会大众带来真正的精神和知识营养,为我国旅游教育教材建设贡献力量。也希望并诚挚邀请更多高等院校旅游管理专业的学者加入我们的编者和读者队伍,为我们共同的事业——我国高等旅游教育高质量发展——而奋斗!

总主编

前言 Preface

旅游业是当今世界规模较大的产业,在产业经济学的各个类别中,旅游经济学的研究对象规模最庞大、形态最复杂、牵涉面最广泛、内容最丰富。2020年1月,世界旅游城市联合会(WTCF)与中国社会科学院旅游研究中心共同发布了《世界旅游经济趋势报告(2020)》,报告显示:2019年,全球旅游总人次(包括国内旅游人次和入境旅游人次)为123.1亿人次,较上年增长4.6%;全球旅游总收入(包括国内旅游收入和入境旅游收入)为5.8万亿美元,相当于全球GDP的6.7%。旅游业是一个包含了食宿、交通、购物、游乐等多个层次与环节的高度综合、高度开发的经济体,有力地促进了国民经济的发展。改革开放以来,我国旅游业取得了突飞猛进的进步,到目前为止,全国大部分省、市、地区已将旅游业作为当地经济发展的支柱产业或重点产业,予以优先发展。我国旅游业从无到有、从小到大,实现了从短缺型旅游发展中国家向初步小康型旅游大国的历史性跨越。旅游已经从少数人的奢侈品,发展成为大众化、经常性消费的生活方式。国内旅游从1984年约2亿人次增长到2014年的36亿人次,增长了17倍。2019年国内游客人数为55.4亿人次,比2018年增加10.08%。入境游客从1978年的180.92万人次增长到2014年1.28亿人次,增长了近70倍。2019年入境旅游花费为1271亿美元,比2018年增加3.0%。旅游业已经从外事接待型的事业,发展成为全民广泛参与就业、创业的民生产业,成为综合性的现代产业,旅游业对相关产业贡献大幅提升。我国旅游业经过40多年的快速发展,旅游业发展由点到面、由局部到整体,形成了各地、各部门全面推进的大格局,已经形成了国内旅游、入境旅游、出境旅游三大市场三足鼎立的格局,正在实现从初步小康型旅游大国到全面小康型旅游大国,再到初步富裕型旅游强国的新跨越。随着世界经济的一体化进程的推进和我国经济的持续增长,旅游业必将展现出更加美好的发展前景。

党的二十大报告明确提出以中国式现代化全面推进中华民族伟大复兴的奋斗目标,对中国式现代化基本特征和本质要求的系统阐释为旅游业发展指明了方向。作为大众的生活方式和生产活动,旅游是中国式现代化的重要体现。旅游让大众获得了更丰富多彩的文化生活经验,促进了城乡居民生活质量的普遍提升和人的全面发展,带动了贫困地区经济发展和民众生活富裕,更好地满足了城乡居民精神文化生活需求,并日渐成为推动生态文明实现的代表。此外,旅游业还积极推动了国际合作和各国文明交流互鉴。旅游业对我国经济社会发展全局具有重要战略意义,正在成为经济发展新常态下的新增长点。习近平总书记强调,旅游是传播文明、交流文化、增进友谊的桥梁,是人民生活水平提高的一个重要指标。旅游业是综合性产业,是拉动经济发展的重要动力。旅游是修身养性之道,中华民族自古崇尚

"读万卷书,行万里路"。在新常态下,旅游业是稳增长的重要引擎、调结构的重要突破口、惠民生的重要抓手、生态文明建设的重要支撑、繁荣文化的重要载体、对外交往的重要桥梁,在国民经济和社会发展中的重要战略地位更加凸显,旅游业正在成为新常态下新的增长点。与传统增长点及其他新增长点相比,旅游业这个新增长点概括起来主要有九个"新":旅游业是资源消耗低、环境友好型、生态共享型的新增长点;旅游业是消费潜力大、消费层次多、持续能力强的新增长点;旅游业是兼具消费、投资、出口"三驾马车"功能的新增长点;旅游业是就业容量大、层次多样、类型丰富、方式灵活、前景广阔的新增长点;旅游业是带动全方位开放、推进国际化发展的新增长点;旅游业是增强国民幸福感、提升国民健康水平、促进社会和谐的新增长点;旅游业是优化区域布局、统筹城乡发展、促进新型城镇化的新增长点;旅游业是促进脱贫致富、实现共同小康的新增长点;旅游业是新的经济社会组织方式,是有助于提高全社会资源配置效率的新增长点。

随着我国旅游业的发展,旅游教育事业也取得了很大的发展,特别是旅游专业的学科建设取得了较大的发展。旅游经济学是一门新兴的边缘性学科,是旅游经济活动实践的科学总结,它随着旅游经济活动的不断发展而形成自己的学科体系。它来源于旅游经济活动的实践,又必将对旅游经济活动的实践起到指导、推动作用。

旅游经济学是旅游管理专业的基础学科。为了能够给旅游行业提供大量优秀的高校毕业生,本书在立足现代旅游产业发展的基础上,充分吸收和借鉴了旅游学科研究的最新成果,以现代市场经济理论为指导,结合我国旅游实践,运用西方经济学、管理学、旅游学等多学科知识与方法,系统介绍了旅游经济学的基本理论和相关知识,对旅游经济活动进行了全面的分析。书中收集和补充了大量最新资料,以便加强学生对理论的认识,做到融理论与实践于一体。

本书是由朱伟、汤洁娟、吕献红、荣培君四位老师共同努力完成,具体分工如下:朱伟负责全书写作大纲的拟定和统稿、定稿工作,前言、绪论、第一章、第三章由朱伟执笔,第四章、第五章、第六章和第八章由汤洁娟执笔,第九章、第十章、第十一章和第十二章由吕献红执笔,第二章、第七章由荣培君执笔,全书由朱伟负责校勘、整理,研究生徐振涛、宋亚超和赵煜等为本书的编写做了许多工作,付出了艰辛的劳动,在此深表感谢。

本书结构清晰、内容全面、条理简明、通俗易懂、深入浅出,具有较强的应用性,不仅可用作高等院校旅游管理专业及相关专业师生的教科书,也可作为自学考试的专业教材。由于作者水平有限,书中难免存在疏漏和不足之处,恳请读者批评指正。

朱 伟

目 录

Contents

1　绪论
　　第一节　旅游经济学的研究对象　　　　　　　　　　　　　　/1
　　第二节　旅游经济学的研究内容　　　　　　　　　　　　　　/2
　　第三节　旅游经济学的学科特点　　　　　　　　　　　　　　/3
　　第四节　旅游经济学的研究方法　　　　　　　　　　　　　　/4

9　第一章　现代旅游经济概述
　　第一节　旅游经济活动与旅游经济　　　　　　　　　　　　　/9
　　第二节　旅游经济的性质及特点　　　　　　　　　　　　　　/16
　　第三节　旅游经济产业化及其标志　　　　　　　　　　　　　/20
　　第四节　旅游经济的地位及作用　　　　　　　　　　　　　　/23

29　第二章　旅游产品及开发
　　第一节　旅游产品的概念　　　　　　　　　　　　　　　　　/29
　　第二节　旅游产品的构成　　　　　　　　　　　　　　　　　/34
　　第三节　旅游产品的类型　　　　　　　　　　　　　　　　　/39
　　第四节　旅游产品的生命周期　　　　　　　　　　　　　　　/44
　　第五节　旅游产品开发及策略　　　　　　　　　　　　　　　/47

53　第三章　旅游需求与供给
　　第一节　旅游需求分析　　　　　　　　　　　　　　　　　　/53
　　第二节　旅游供给分析　　　　　　　　　　　　　　　　　　/60
　　第三节　旅游供求弹性　　　　　　　　　　　　　　　　　　/64
　　第四节　旅游供求平衡　　　　　　　　　　　　　　　　　　/70

78　第四章　旅游市场及开拓
　　第一节　旅游市场的特点及作用　　　　　　　　　　　　　　/78

　　第二节　旅游市场的分类　　　　　　　　　　　　　　/81
　　第三节　旅游市场的竞争　　　　　　　　　　　　　　/84
　　第四节　旅游市场开拓　　　　　　　　　　　　　　　/88

94　第五章　旅游价格及策略
　　第一节　旅游价格的特点及分类　　　　　　　　　　　/94
　　第二节　旅游价格的制定　　　　　　　　　　　　　　/98
　　第三节　旅游定价的方法和策略　　　　　　　　　　　/104
　　第四节　旅游产品价格的监管　　　　　　　　　　　　/111

117　第六章　旅游消费及效果
　　第一节　旅游消费的特点及作用　　　　　　　　　　　/117
　　第二节　旅游消费方式　　　　　　　　　　　　　　　/121
　　第三节　旅游消费结构　　　　　　　　　　　　　　　/125
　　第四节　旅游消费效果　　　　　　　　　　　　　　　/128
　　第五节　旅游消费转型升级　　　　　　　　　　　　　/133

137　第七章　旅游投资决策与评价
　　第一节　旅游投资的概念　　　　　　　　　　　　　　/137
　　第二节　旅游投资决策　　　　　　　　　　　　　　　/141
　　第三节　旅游融资渠道　　　　　　　　　　　　　　　/147
　　第四节　项目可行性研究　　　　　　　　　　　　　　/152
　　第五节　旅游成本分析　　　　　　　　　　　　　　　/155
　　第六节　旅游投资风险分析　　　　　　　　　　　　　/158
　　第七节　旅游投资项目的评价方法　　　　　　　　　　/160

166　第八章　旅游收入与分配
　　第一节　旅游收入的分类　　　　　　　　　　　　　　/166
　　第二节　旅游收入指标及计算　　　　　　　　　　　　/170
　　第三节　旅游收入分配　　　　　　　　　　　　　　　/176
　　第四节　旅游收入乘数效应　　　　　　　　　　　　　/180

188　第九章　旅游经济结构与优化
　　第一节　旅游经济结构的特征及内容　　　　　　　　　/188
　　第二节　旅游产业结构　　　　　　　　　　　　　　　/193
　　第三节　旅游区域结构　　　　　　　　　　　　　　　/196
　　第四节　旅游经济结构合理化　　　　　　　　　　　　/199

第十章　旅游经济管理体制 /206

第一节　旅游经济管理与体制　　/206
第二节　旅游经济行业管理　　/210
第三节　旅游经济管理制度与法规　　/217
第四节　旅游产业政策概述　　/219

第十一章　旅游经济效益与评价 /226

第一节　旅游经济效益的特点及评价标准　　/226
第二节　旅游企业经济效益　　/230
第三节　旅游宏观经济效益　　/235

第十二章　旅游经济发展及模式 /242

第一节　旅游经济增长方式　　/242
第二节　旅游经济发展战略　　/248
第三节　旅游经济发展模式及比较　　/253
第四节　旅游可持续发展　　/258
第五节　旅游产业融合与业态创新　　/264

本课程阅读推荐 /281

拓展学习 /283

参考文献 /284

后记 /287

绪 论

学习引导：

研究一门学科必须首先了解该学科的研究对象和研究方法，才能全面掌握该学科的理论和内容，并有效地指导人们的社会实践活动。旅游经济学是伴随着商品经济的产生与发展而逐渐形成的一门新兴学科，是对人类社会旅游经济活动的概括和总结。本章主要阐明旅游经济学的研究对象、研究内容、学科特点和研究方法，以便从总体上掌握旅游经济学的理论体系和结构，有效地指导以后的学习。

学习目标：

通过本章学习，应重点掌握以下知识要点：

（1）旅游经济学的研究对象；

（2）旅游经济学的研究内容；

（3）旅游经济学的学科特点；

（4）旅游经济学的研究方法。

素养目标：

聚焦引导学生注重创新，在小结时可以引导学生讨论中国旅游经济教材建设的历程、现状及问题，增强学生开拓创新意识。

第一节 旅游经济学的研究对象

每一门学科都会根据自身的性质和任务要求选择不同的研究对象，旅游经济学也不应例外。各门学科各自不同的矛盾规定性决定了不同的研究对象。由于旅游经济活动过程中总是存在着旅游需求与旅游供给的主要矛盾及由此而产生的各种矛盾，因而旅游经济学就是要揭示旅游经济活动过程中的内在规律及其运行机制，寻求有效配置旅游资源的方式，提高产出效率，从而指导旅游工作实践，促进旅游经济活动健康、持续、协调发展。正是在研究旅游经济活动的这种内在规律及其运行机制的过程中，在充分借鉴经济学、旅游学以及其他相关学科原理、方法和经验的基础上，形成了旅游经济学这门全新的学科，并且产生了独具特色的旅游经济研究对象，主要表现为以下几个方面。

一、研究旅游经济的形成过程及规律

旅游经济是伴随着旅游活动的发展而形成的。旅游活动作为人类社会生活的一部分,并非生来就是商品。旅游活动成为商品是人类社会发展到一定阶段的产物,是商品生产和商品交换发展的必然结果。因此,旅游经济学研究的首要任务就是要分析旅游经济的形成条件和过程,揭示旅游活动商品化过程的客观规律性,以及旅游经济在社会经济发展中的作用和影响。

二、研究旅游经济运行的机制及实现条件

旅游经济运行是旅游活动在经济领域的表现,而贯穿旅游经济运行的主要矛盾是旅游需求与旅游供给的矛盾,它决定了旅游经济运行中其他一切矛盾。因此,旅游经济学的研究应以分析旅游需求和旅游供给的形成、变化及其矛盾入手,揭示旅游经济运行的内在机制,分析旅游供求平衡的实现条件,为旅游经济的有效运行和顺利实现提供科学的理论指导。

三、研究旅游经济活动的成果及实现状况

在旅游经济活动过程中,不同的参与者(如旅游者、旅游经营者)有不同的目标和要求,因而旅游经济活动是否有成效就要看其达到目标的状况,简而言之就是旅游经济活动的效益。这些效益主要体现在三个方面:一是旅游经济活动是否满足了旅游者的需求,从而需要对旅游者的消费进行分析和研究;二是旅游经济活动是否满足了旅游经营者的需求,从而需要对旅游经营者的收入和分配进行研究;三是旅游经济活动是否满足了旅游目的国的需求,从而要求对旅游经济活动的宏观效益和微观效益进行综合分析研究。

四、研究旅游经济的地位及发展条件

旅游经济是国民经济的有机组成部分,在国民经济中占有十分重要的地位。旅游经济的形成和发展必须以整个社会经济发展为基础,同时旅游经济的发展又对社会经济、文化及环境产生重要的影响。因此,必须研究旅游经济与社会经济各产业、部门间的相互联系,从整个社会的角度为旅游经济的发展创造良好的条件,以促进旅游经济的健康、快速、持续发展。

第二节　旅游经济学的研究内容

旅游经济学研究的目的是通过对旅游经济活动过程中各种经济现象和经济规律的研究,揭示影响和作用于旅游经济活动的基本因素和经济关系,探索支配旅游经济运行的内在机制和规律性,寻求获取旅游经济效益、社会效益及环境效益的最佳途径,并为各级政府制定旅游业发展规划及各项方针、政策和法规提供理论依据。为达到上述研究目的,旅游经济学的研究内容应包括以下几个方面。

一、旅游经济的形成及产业标志

现代旅游经济是社会生产力发展到一定历史阶段的产物,是国民经济的有机组成部分。

因此，研究旅游经济学首先应明确旅游经济的形成及发展特点，明确旅游经济产业的性质及主要标志，并从社会经济发展的角度把握旅游经济在国民经济中的重要地位及其对社会、文化和生态环境的作用和影响。

二、旅游产品的开发及供求关系

旅游经济活动是以旅游产品的需求和供给为出发点的，但由于旅游产品具有不同于其他物质产品的属性和特点，因而必须研究旅游产品的科学含义及构成，把握旅游产品的市场生命周期，制定合理的旅游产品开发策略，并根据旅游产品在市场上的需求和供给状况，分析旅游产品供求的变化及影响因素，掌握旅游产品供求的矛盾和问题，努力实现旅游产品的市场供求平衡等。

三、旅游市场及开拓策略

旅游产品的供给和销售离不开旅游市场。因此，必须加强对旅游市场的研究，掌握不同类型旅游市场的特点及竞争态势，采取合适的市场开拓策略，并遵循旅游市场经济规律的要求，充分运用旅游市场机制，完善旅游市场法制体系，掌握旅游市场竞争规律和策略，积极促进旅游产品的销售和旅游市场的拓展。

四、旅游消费及合理化

旅游消费是旅游经济活动的重要环节。旅游产品的特殊性，使旅游消费直接表现为旅游经济活动过程中的现实消费。因此，必须研究旅游者的消费倾向、消费行为和消费结构，科学地分析和评价旅游消费水平的发展变化，积极地探寻旅游消费的合理化途径，以实现旅游者消费的最大满足。

五、旅游收入、成本及效益

讲求旅游经济效益是旅游经营者从事旅游经营活动的主要目标，也是旅游目的地国家发展旅游业的基本目标之一。因此，要研究旅游经营成本及投资情况，研究旅游业的收入及分配，研究旅游经济效益指标体系，并通过对宏观旅游经济效益和微观旅游经济效益的分析，对旅游经济效益的实现做出合理的评价，制定提高旅游经济效益的对策及措施等。

六、旅游经济结构及发展

我们不仅要研究旅游经济现象及其运行机制，还要研究旅游经济活动中的各种经济关系，它们对旅游经济的发展会从不同方面产生影响。因此，要研究旅游产品结构、产业结构、地区结构，以寻求旅游经济结构的合理化；要研究旅游经济增长与发展的关系，并从旅游经济发展与资源、环境的相互关系中，探寻促进旅游经济可持续发展的最佳模式和途径。

第三节　旅游经济学的学科特点

经济学是研究人类社会各种经济活动、经济关系和经济规律的学科总称。旅游经济学是现代经济学的一个分支，它是以经济学的一般理论为指导，研究旅游经济活动中各种经济现象、经济关系和经济规律的科学。因此，旅游经济学同其他学科相比较，具有不同于其他学科的特点。

一、旅游经济学是一门应用性学科

旅游经济学同经济学之间既有区别，又有联系。经济学是把整个社会经济作为一个整体，从生产、交换、分配和消费诸环节的内在联系及其矛盾运动中揭示整个社会经济发展的一般规律性，属于理论经济学的范畴。而旅游经济学则是以经济学的一般理论为指导，专门研究旅游经济活动中特有的现象及矛盾，揭示旅游经济发展的规律及其作用的条件、范围及表现形式，用以指导旅游经济健康发展，因而具有较强的应用性，属于应用经济学的范畴。

二、旅游经济学是一门产业经济学

旅游经济学本质上属于产业经济学的范畴。产业经济学是针对某一部门及领域的经济活动进行研究，从而揭示该部门经济运行的内在规律及其外在形式的科学。旅游经济学作为一门产业经济学，是研究旅游经济活动过程中各种经济现象之间的内在联系，揭示旅游经济运行中的特殊矛盾及规律，并把经济学的一般原理用于指导旅游经济活动，以促进旅游产业健康、持续发展的科学。

三、旅游经济学是一门基础性学科

旅游经济学是旅游专业的基础学科，但又不同于旅游学和旅游管理学。旅游学是以世界为整体，研究旅游活动产生、发展及运行规律的科学，目的是揭示旅游活动的内在性质、特点及发展趋势。旅游经济学则是在旅游学理论的指导下，揭示旅游活动在经济领域中所发生的矛盾运动、经济关系的发展规律等。旅游管理学又是在旅游经济学的指导下，研究旅游经济活动的合理组织及科学管理，以提高旅游经济运行的效率和效益，是旅游经济学的延伸。

四、旅游经济学是一门边缘性学科

旅游经济学随着其产生和发展已逐渐形成一门独立的学科，具有区别于其他学科的不同特点。但是，由于旅游经济活动的综合性特点，同其他学科相比较，旅游经济学实际上是一门新兴的边缘科学。因为研究旅游经济不仅要以经济学、旅游学的理论为指导，还必须借助各种学科的理论及研究成果来丰富旅游经济学的研究内容。例如，运用心理学、地理学、资源学、社会学、统计学、市场学等学科理论和方法，来综合考察旅游活动在经济领域中的各种反映，才能加深对旅游经济学内在规律及其运行机制的认识，更好地掌握旅游经济学的理论和方法。

第四节 旅游经济学的研究方法

旅游经济学是一门综合性的学科，其研究的内容十分广泛。马克思辩证唯物主义和历史唯物主义，是研究任何学科都必须遵循的根本指导思想和方法，也是研究旅游经济学必须遵循的基本指导思想和方法。在此原则下,作为经济学一般原理在旅游经济活动中的拓展和应用,旅游经济学在充分借鉴经济学研究方法和规律的基础上,要尽可能地反映旅游经济活动的特殊规律,形成合乎自身规律的研究方法体系,使旅游经济学的研究成果具有科学性、系统性,并能对实际工作具有指导意义。具体地讲,研究旅游经济学必须坚持以下方法。

一、坚持理论联系实际的方法

科学是对事物运动的客观规律性的理论概括。任何科学的理论都来源于实践,又对实践起指导作用。只有通过实践,才能发现真理,才能证实和发展真理。旅游经济学是对旅游经济活动实践的科学概括和总结,因此研究旅游经济学必须坚持实事求是的科学态度,将理论与实际相结合。一方面,要求一切研究都要从旅游经济活动的客观实际出发,运用现代经济理论分析旅游活动中的各种经济现象和经济关系,解决旅游经济发展中的实际问题,揭示其发展变化的客观规律性,并上升为理论,用以指导实际工作;另一方面,必须以"实践是检验真理的唯一标准"为准绳,把对旅游经济现象、经济关系及经济规律的科学总结和概括,再拿到实践中进行反复检验,并根据实践的发展进行修改、完善和充实,才能使旅游经济理论体系不断完善和发展。

二、坚持系统分析的方法

旅游经济虽然是从属于国民经济系统的一个部分,但其本身也是一个系统,只有运用系统分析的方法,才能真正掌握旅游经济的整个理论体系和方法,有效地指导实际工作。建立在系统论、信息论和控制论基础之上的系统分析方法,是一种新型的、综合型的研究方法。它强调从系统、综合的角度研究事物运动的客观规律性,从而克服研究问题中的狭隘、片面、孤立、静止及封闭的观点和方法。在系统分析中,主要是坚持微观分析与宏观分析、中观分析相结合的方法。微观分析主要用以描述旅游个体经济成分如何进行选择,通过描述旅游个体经济成分单位的选择行为以及这些行为所导致的结果,揭示旅游目的地旅游经济运行的特征与状况。微观分析可以说明,影响个体经济单位行为的因素发生变化,个体经济单位的行为以及受其行为影响的经济也会发生相应的变化。宏观分析主要是从整个旅游地的角度研究旅游经济的运行状况和质量,它研究旅游经济体系的整体功能和发展,分析各种宏观因素变化对旅游经济的可能影响,在比较各种旅游政策导向的前提下,为旅游地选择适当的旅游发展模式。旅游经济活动是社会经济活动的一个子系统,其本身又是由各种要素所组成的系统。因此,旅游经济的研究要着眼于旅游经济活动的全局,以整个社会经济为背景,才可能揭示和掌握旅游经济的客观规律性。从旅游经济活动的运行特征分析,除了以上两种因素可能制约旅游地的旅游发展进程之外,旅游产业内部的运作机理也有很大的影响,如各种旅游产业要素之间的相互影响等,都对旅游业的发展水平和质量存在着决定性的影响,需要进行系统深入的分析。因此,产业分析(也称中观分析)也是旅游经济分析方法中不可或缺的内容。

同时还必须坚持历史的观点和方法,根据历史唯物主义的原理,从旅游活动的起源、旅游活动的商品化过程开始研究,并把它置于社会发展的不同历史时期来分析。按照社会生产力及经济发展水平的差别,认识旅游经济在不同社会发展阶段的特点及作用,才能科学地把握旅游经济的发展趋势,有效地指导旅游经济活动的实际工作。同时,还必须对旅游经济

进行动态的分析,因为运动是客观世界的永恒规律,旅游经济活动也是动态发展的,这就要求运用动态发展的观点和方法分析研究旅游经济活动。在对大量旅游经济的资料、信息进行客观静态分析的基础上,要把旅游经济理论和方法应用于实践,还必须根据各种因素及条件的变化,对旅游经济做动态的分析和运用。

三、坚持定性分析与定量分析相结合的方法

辩证唯物主义认为,任何事物都既有质的规定性,又有量的规定性。一定的质包含着一定的量,而量变发展到一定程度必然会引起质变。旅游经济现象同各种自然现象和社会现象一样,不仅具有质和量的规定性,而且也在不断地变化。因此,在研究旅游经济学时,对各种经济现象和经济关系必须在研究质的同时,注意研究量的变化,将定性分析与定量分析结合起来。

运用定性分析方法研究旅游经济学就是分析和确定旅游经济活动中各种经济现象的本质特征。一方面,旅游经济学中的范畴应具有质的规定性,才能区别各种不同的旅游经济现象。如分析旅游目的地市场需求的变化,在现代旅游经济活动中会表现为旅游接待规模的增减,或旅游价格水平的涨落等;运用定量分析方法研究旅游经济学就是探索和研究量的变化对事物本质的影响。另一方面,旅游经济的许多范畴同时又具有量的规定性,旅游经济活动的变动性是由各种旅游经济现象量的变化所引起的,如果旅游产品价格或空闲时间发生了变化,旅游需求必定受到影响,从而引起旅游经济活动的变化。因此,定量分析有助于在旅游经济学的研究中从动态上把握旅游经济活动运行的特征与变动趋势,它对指导旅游实际工作具有积极的意义。在旅游经济学的研究和学习中,必须把定量分析与定性分析有机地结合起来,通过定量分析揭示各种旅游现象之间的变动关系及发展趋势,为定性分析提供科学的依据;通过定性分析,准确界定事物的本质属性,为定量分析提供指导,从而达到事物的质和量的统一,促进旅游经济的持续发展。

四、坚持运用多学科知识的方法

旅游经济活动是一项综合性的社会经济活动,其内容涉及人类生活、生产的诸多方面,所以旅游经济的研究必然涉及经济学、旅游学、社会学、心理学、统计学、会计学、计算机科学等多学科的知识。因此,在研究旅游经济学时,要拓宽思路,开阔眼界,注意学习和了解其他相关学科的理论研究及发展,并充分运用其他学科的最新研究成果,不断丰富本门学科的内容,提高旅游经济的研究水平和对实践的指导性。

五、坚持实证分析与规范分析相结合的方法

实证分析研究的是"是什么"的问题,或者说是人类所面临的实际经济问题"是如何解决"的问题。实证分析不涉及价值判断,只描述旅游经济活动和旅游现象发生和发展的客观过程,目的在于揭示旅游经济现象的内在联系,揭示有关变量之间的因果关系,分析和预测人们旅游经济行为的后果。规范分析所研究的是"应该是什么"的问题,或者说是人类所面临的实际经济问题"应该如何解决"的问题。规范分析必须以一定的价值判断为基础,确定建立旅游经济理论的前提,注重对旅游经济行为和后果的"好"与"不好"的判断,并试图提出解决具体问题的正确对策和途径。这里需要说明的是,实证分析与规范分析较之定性分析

与定量分析是两类不同的范畴。定性分析并不一定带有价值判断,因此定性分析可能是一种实证分析。例如,政府最低工资的政策是否会减少就业量是一种定性分析。如果进一步研究政府最低工资政策使就业量减少了多少则是定量分析,这要通过统计学或计量经济学方法加以分析。这两种方法都属于实证分析,因为用这两种方法所分析的问题都可以用事实加以证实或证伪。

六、抽象思维与形象思维相结合的方法

旅游是一种多元化的社会现象,旅游经济活动也具有综合性的特点,既有很强的经济性,也有较浓的人文色彩。况且,旅游经济活动在我国兴起没多久,其本质特征和内在规律性并未充分显示,大量的现象和情况仍需描述或归纳。因此,旅游经济研究采用经济学科的抽象法和人文学科的形象法,有利于我们由浅入深、由表及里地了解旅游经济活动的全貌。

思考与练习

1. 旅游经济学的研究对象是什么?你对此有何见解?
2. 旅游经济学的研究内容有哪些?
3. 旅游经济学具有哪些特点?
4. 旅游经济学的主要研究方法有哪些?
5. 阐述旅游经济学研究中定性分析与定量分析相结合的方法。

案例分析

旅游业发展的中国道路:阶段及特征

改革开放以来的40年,是我国旅游业从一个零散的落后产业起步、大踏步前进、产业规模连上新台阶、实现历史性跨越的40年。数据和事实表明,中国旅游业多年连续占据和保持世界第一大出境旅游客源国和全球第四大入境旅游接待国的地位。不仅如此,旅游消费对经济增长作用持续增强,成为经济增长和平稳运行的重要"稳定器"和"压舱石"。我国旅游业发展道路有着鲜明的政治经济学色彩。改革开放以来,中国旅游业围绕着经济腾飞、社会发展和文化繁荣等重大命题,在改革开放不同阶段创造了不同的成就,成为我国经济社会发展的重要道路之一。具体说来,大致可以分为如下4个阶段。

1. 1978—1984年:从外事接待向经济建设的使命转变

这一阶段,我国旅游业着力"扩大对外政治影响"和"为国家吸取自由外汇",在促进对外开放、配合外交工作中发挥了特殊作用,形成了以入境接待为特色的旅游事业发展格局。1978年,中国入境旅游收入和人次在国际上的排名都很靠后,到20世纪80年代初期,入境旅游人次进入了世界前20强,再往后,入境旅游人次首次突破1000

万。不过,该时期我国旅游业较为零散,尚未形成较为清晰的产业体系。

2. 1985—1992年:从事业管理向市场经济的职能转变

在这一阶段,中国旅游业实现了"旅游是经济产业"观念的突破。随着市场机制在我国经济生活中地位的提升,旅游业于1986年被纳入国家"七五"计划。旅游业以一种独立的产业形态脱颖而出,在短时期内积累了进一步发展所必需的产业规模,奠定了我国旅游业发展的坚实基础。

3. 1993—2009年:从产品旅游向旅游产业的理念转变

在"十四大"精神的鼓舞下,我国旅游业产业经济的特征日渐明显,初步形成了国内旅游、入境旅游、出境旅游三大市场,出现了一批具有相当竞争力的旅游企业。随着促进行业健康发展的政策措施以及加强行业管理的法令法规不断出台,我国旅游业市场经济的框架体系大致形成,旅游政府主管部门逐步建立了一套适合转型期中国国情的管理体制。旅游业成为各产业中市场经济发育较为成熟的产业之一,实现了从初期旅游产品的开发到全面提升管理水平转变,旅游业的功能也由经济功能为主转向经济、社会功能并重发展。

4. 2010—2018年:从经济产业向民生服务的主题转变

这一时期,旅游业逐渐实现了向民生服务功能的转变。国务院相关文件中关于旅游业发展定位的演变,为正确认识旅游业的经济社会功能以及旅游业转型升级指明了方向。而且供给侧改革在新时代又推动了新一轮旅游业发展。旅游业在旅游者多样化、个性化的潜在和现实旅游需求中不断吸取升级动力,自驾游、自助游、房车营地等政策纷纷出台,在满足个性化旅游需求的过程中规范着旅游市场走向。

(资料来源:杨勇,程玉:《改革开放40年旅游业发展的中国道路及其世界意义》,载《旅游学刊》,2019年第1期,有修改。)

案例思考

1. 我国旅游业发展经历了哪些阶段,有何特征?
2. 改革开放以来我国旅游业发展的不同阶段分别取得了哪些重要成就?

第一章

现代旅游经济概述

学习引导：

现代旅游经济是社会生产力发展到一定阶段的产物，是商品生产和商品交换长期发展的结果，是国民经济的重要组成部分。本章从分析旅游经济活动基本概念入手，阐述了现代旅游经济的性质及发展特点，分析了旅游产业的形成过程及旅游经济产业化的标志，并从全社会的角度阐述了旅游经济在国民经济中的重要地位，以及旅游经济对社会经济、政治、文化及生态环境的作用和影响。

学习目标：

通过本章学习，应重点掌握以下知识要点：

（1）旅游经济的形成和发展；
（2）旅游经济的性质及特点；
（3）旅游经济产业化及其标志；
（4）旅游经济的地位和作用。

素养目标：

主要聚焦引导学生坚定中国特色社会主义道路自信，坚定对中国旅游经济发展方向和未来命运的自信。在介绍旅游经济的形成及发展、现代旅游经济的发展特点、旅游经济的地位及作用时，大量融入中国旅游经济发展成就的事例，帮助学生准确全面理解旅游领域的"中国故事"和"中国政策"，感知中国旅游经济发展的巨大成就和中国旅游经济政策的成效，从而坚定"四个自信"。

第一节 旅游经济活动与旅游经济

一、旅游经济活动的产生和发展

（一）旅游经济活动的概念

旅游经济活动是随着社会经济的发展，在旅游活动发展到一定阶段时产生的。它是伴随着旅游活动的产生和发展，在旅游需求与旅游供给的矛盾运动中所产生的各种经济行为，是旅游活动采用商品交换形式所形成的旅游者与旅游生产者、旅游行业、政府以及其他利益相关者之间的经济联系和经济关系的总和。旅游经济活动是由旅游者流动所产生和引发的社会经济综合现象。

在商品经济条件下,旅游者在旅游过程中满足食、住、行、游、购、娱等方面的需要,是以支出一定量的货币为前提的。因此,旅游者首先需要同旅游目的地国家或地区的旅游经营部门和个人发生交换关系,即旅游产品和服务的需求者同旅游供给者之间的买卖关系,从而引起了旅游者同旅游目的地国家或地区旅游行业之间的旅游产品和服务的生产、交换、分配和消费关系;其次,为了满足旅游者的需要,保证旅游产品和服务的供给,旅游目的地国家或地区的旅游经营者需同政府、社会经济中其他相关行业和个人发生经济联系,即旅游经营者一方面要向政府缴纳有关税收,另一方面需要政府对有关公共设施(如机场、公路、港口、会议中心、公园等)的建设投入必要的资金;最后,旅游经营者为维持和扩大生产规模需向社会经济中其他相关行业购买产品和服务,投资于旅游饭店、餐馆和汽车运输等建设。此外,旅游经济活动还包括同境外的经济联系,即为满足旅游者需要而进口和出口一些产品。

(二)旅游经济活动的产生

在人类历史上,早在原始社会末期,旅行活动便已产生,这就是随着第三次社会大分工的出现而开始的经商旅行。人类进入奴隶社会和封建社会,帝王将相、贵族僧侣和文人墨客的巡游、漫游、宗教旅行,以教育为目的的贵族子弟的学习旅行,以保健为目的的温泉旅行和以考察为目的的探险旅行也相继出现。直到资本主义社会初期,虽然这些旅行活动有不同程度的发展,但是由于当时社会生产力水平低下,这些旅行活动只是社会中极少数人的个别行为,他们的活动并未构成社会经济中的一种经济活动,因而对整个社会经济没有起到什么作用。在资本主义社会前的各种社会形态的经济结构中,虽然商品生产和商品交换有所发展,但是在整个社会经济中,商品经济始终处于从属地位。反映在旅行活动中,除经商旅行外,不少旅行活动并未发生商品交换关系,如帝王将相的巡游、僧侣和教徒的宗教朝拜、探险家远涉重洋的探险等,有的是下属州县承担旅行费用,有的是行万里、吃八方,有的是自带干粮。因此,这类旅行活动对社会经济的发展毫无推动作用。

真正意义上的旅游经济活动是建立在旅游活动产生和发展的基础上的。而旅游活动又是以商品经济的发展为前提的。18世纪60年代,英国首先开始了产业革命,使以前的工场手工业生产转变为工厂式的大机器生产,大大促进了劳动生产率的提高。至19世纪初,英国的产业革命已遍及纺织、采掘、冶金、化学、机器制造等行业。继英国之后,法国、德国及其他国家也相继完成了产业革命。产业革命的结果,一方面为资本主义的发展奠定了物质基础,使经济的发展速度更快;另一方面又大大推动了商品经济的发展,使商品经济在社会经济中居于支配地位。

产业革命给社会经济带来的巨大变化,也为旅游的产生和发展以及旅游经济活动的产生和发展创造了必要的条件。第一,为人们外出观光、度假奠定了经济基础。产业革命促进了劳动生产率的提高和人们收入的增加。居民收入水平的快速提高使人们外出旅游具有了支付能力;同时,产业革命也加速了产业工人和城市居民队伍的扩张,为旅游业准备了规模化的消费群。第二,快速的交通运输为旅游活动的开展提供了便利。蒸汽机车的运用减少了游程时间,缩短了旅游者与目的地之间的时空距离,有效降低了运输成本,同时,各种新型交通工具的出现,极大地方便了旅游者的出游选择。第三,促进了旅游服务机构和设施的完善、服务质量的改进和舒适程度的提高。产业革命后,随着工商业的发展和人们旅游需求的增多,不仅出现了专门组织和提供旅游服务的机构,而且为人们出游提供休息、饮食和游乐服务的住宿业、餐饮业和游乐业也得到了迅速发展。第四,引起政府和社会对旅游业的广泛关注。旅游经济活动不仅对旅游地的经济活动产生影响,同时也带来了越来越广泛的社会影响、文化影响甚至政治影响,旅游活动首次成为一些政府机构关注的对象。

因此,产业革命除大大推动了社会生产力的发展和社会经济的变革之外,也促进了旅游活动的产生和发展,使社会更多的人参与到旅游之中。同时,也促进了旅游需求和旅游供给对应局面的形成:一方面,社会中出现了具有一定支付能力的旅游需求,使旅游成为一种社会现象;另一方面,为了适应这种需求,社会中已形成相应的供给行业。随之而来,在旅游需求与旅游供给中起桥梁作用的旅行社也产生了,它们以盈利为目的,将旅游这一社会现象作为经营对象,从而导致旅游业这一新兴行业崭露头角。

(三)旅游经济活动的发展

19世纪末以后,特别是20世纪50年代以来,由于科学技术的进步和世界经济的快速发展,西方发达国家的国内生产总值和人均收入都成倍甚至几十倍地增长,这种情况使得旅游活动逐渐演变为一种范围广泛的群众性活动,从而使旅游经济活动有了新的发展。它可分为两个时期。

1. 初步发展时期(19世纪末至第二次世界大战结束)

在这个时期,虽然资本主义世界经历了1929年至1933年的经济大危机和两次世界大战,旅游活动在危机期间和战时受到了很大影响,然而从整个时期来看,由于新的科学技术在生产中的应用,西方资本主义国家经济仍然取得了较快的发展。特别是电力的应用,不仅导致了相关电气机械产业的诞生和发展,而且也带动了其他产业的发展,促使劳动生产率大大提高。同时,与旅游密切相关的交通运输也发生了革命性的变革。自1885年人类发明了以内燃机为动力源的汽车后,1904年英国有8500辆私人汽车,到1939年进一步增至200万辆;在火车运输上,1879年德国西门子研制了世界上第一台电力机车,而美国通用电气公司在1905年制造了世界上第一台内燃机车,使铁路运输效率大为提高;在水路运输上,1896年英国人帕森斯发明了汽轮机船,20世纪初,效率更高、油耗更低的柴油机船问世了;更为重要的是,1903年,美国人莱特兄弟成功地试制了世界上第一架飞机。随后美国和欧洲一些国家先后成立了航空公司,开始了定期航班客运,从而揭开了航空运输的历史篇章。

由于经济的发展和人均收入水平的提高,加上交通运输业的革命性变化,人们外出旅游更加便利,在这个时期不仅旅游人数大量增加,而且旅行方式也日趋多样化。人们除乘火车进行一日游和多日游之外,还可以乘飞机、坐豪华游轮和自驾汽车旅游。随着旅游人次的大量增加、旅游支出的不断增长,旅游对社会经济的作用开始显露出来,从而引起一些国家政府和社会有识之士对旅游业发展的关注和重视。一些国家政府为招徕旅游者,增加旅游收益,先后将促进旅游业发展纳入政府部门职能之中。例如法国根据1910年财经法的规定,成立了国家旅游局。1919年,意大利国家旅游局也宣告成立。在英国,1928年发起了"欢迎来英旅游"的宣传活动,并于1929年召开了旅游协会临时委员会第一次会议,由当时的贸易大臣任该协会主席。此外,为了推动旅游业的发展,指导和规范旅游经营者的行为,成立了国际性、全国性和地区性的旅游行业组织。例如,1898年成立了国际旅游协会联盟,它是一个代表汽车驾驶组织和旅游俱乐部的全球性民间协会,1919年重新组建后将其名称改为国际旅游联盟;在旅行社方面,1919年成立了欧洲旅行社组织,它是一个地区性的行业组织;

在饭店方面,1947年成立了国际旅馆协会;在航空运输方面,1945年成立了国际航空运输协会,1947年成立了国际民航组织;在旅游管理机构方面,1928年成立了国际官方旅游组织联盟。为对旅游活动的规律及其对社会经济的作用进行探索,一些专家和学者开始了这方面的研究工作,而且这种研究最初是从经济的角度出发的。

上述情况充分说明,在这个时期,由于旅游人数大增,旅游开支不断扩大,旅游经济活动有了新的发展,即旅游需求与旅游供给的矛盾运动在向纵深发展。主要表现为:首先,矛盾涉及的领域比以前更为广泛,不仅涉及住宿业、餐饮业和铁路运输业,而且涉及汽车运输业、航空运输业和水路运输业以及政府部门;其次,旅游活动对社会经济的作用力度比以前更强,从而引起了政府职能的变化以及行业组织和专家、学者的重视。

2. 蓬勃发展时期(第二次世界大战以后至今)

20 世纪50年代,随着世界范围战争阴影的逐步消退,人类社会进入了一个政治社会相对平稳、经济技术突飞猛进的发展阶段,和平与发展成为这一时期人类社会的轴心和主题。伴随着人们收入水平的持续提高和大量先进技术的使用,旅游需求和生产力水平又有了质的飞跃,旅游经济进入高速增长和全面产业化发展阶段。在这个时期,旅游成为一种大众商品,旅游业的增长超过世界经济的平均发展速度。20 世纪50年代,经过短暂的战后恢复,世界各国尤其是欧美国家进入社会经济发展的新阶段。第二次世界大战期间发展出来的新技术大量用于民用生产,极大地促进了世界旅游尤其是越洋远程旅游的发展。航空运输费用的大幅度降低,使得更多的工薪阶层人士能够参加到旅游行列中来,于是出现了世界范围旅游者远距离大量流动的局面,被称为"大众旅游"现象。这一时期也被称为旅游运行的"大众旅游时期"。

许多高新技术如电子技术、信息技术、生物工程技术等在生产中的应用,使劳动生产率不断提高,人们的工作时间不断缩短,余暇相对增多。据有关资料统计,在西方国家,人们在1900年时平均每周工作时间为53.2小时,1950年时减为41.7小时,1975年时减为36.1小时。世界上有不少国家实行了带薪休假制度,加上社会节假日,人们的闲暇日益增多,为旅游活动的蓬勃发展提供了充裕的时间。同时社会经济也获得了快速的发展。尤其是一些发展中国家在这几十年中消除了持续数百年的落后状况,社会产值得到了大幅度的提高,人均收入不断增长。在这个时期,世界经济更加开放,《关贸总协定》为消除贸易谈判障碍铺平了道路,各种双边、多边合作十分活跃,加上通信联络和运输手段的大大改善,各国之间的贸易和资本往来不断扩大,使世界各国、各地区之间的经济联系日益密切,为旅游活动在世界范围的蓬勃发展提供了良好的社会环境。由于先进的科学技术的运用,交通运输更加现代化。20 世纪六七十年代,大型宽体客机投入商用,不仅巡航速度快、航程远,而且载客量大,更加舒适;磁悬浮高速列车的运行使铁路运输更加快捷;远洋豪华游轮的发展使海上旅游更为舒适。交通运输的现代化为这个时期旅游活动的蓬勃发展创造了便利条件,使旅游者得以实现快速流动。信息技术日新月异的发展,既增进了人们对世界各地新奇事物的兴趣和了解,又便利了人们通过电子网络进行查询和旅游预订,对这个时期旅游活动的蓬勃发展起到重要的推动作用。

总之,上述情况使第二个时期的旅游活动得到了蓬勃发展,不仅发展规模庞大,而且发展速度也很快。

由于旅游人次的大规模增加,旅游消费支出数量惊人,旅游经济活动在这个时期已构成世界和各国整个社会经济活动的一个组成部分,参与到整个社会经济的运行之中。主要表现如下。第一,为了满足日益增长和变化的旅游需求,旅游供给的广度和深度在不断扩展和加深,不仅对旅游产品的供给和环境的维护提出了越来越高的要求,需要旅游行业内各产业部门和供应环节密切协调和配合,而且使旅游行业同国民经济中其他相关行业的经济联系更加紧密,以至于世界许多国家和地区的政府都清楚地认识到,必须将旅游业和旅游经济的健康运行纳入其社会经济发展计划和整个经济运行体系之中。第二,旅游业已成为一个世界性的新兴产业部门,由旅游需求与旅游供给的矛盾运动所推动的旅游经济活动对世界和各国经济产生了重大影响,而且其影响力还在不断加强。2020年1月,世界旅游城市联合会(WTCF)与中国社会科学院旅游研究中心共同发布《世界旅游经济趋势报告(2020)》,2019年全球旅游总人次(包括国内旅游人次和入境旅游人次)为123.10亿人次,较上年增长4.6%;全球旅游总收入(包括国内旅游收入和入境旅游收入)为5.8万亿美元,相当于全球GDP的6.7%。第三,随着旅游经济活动的深入,世界旅游业逐渐形成了日益完整的产业分工体系。值得一提的是,包价旅游是专业化发展阶段旅游业在发展模式上取得的重大突破。它不仅开启和创造了一个以"旅游业"命名的全新经济产业,而且借助旅游消费的关联带动作用,大大拓展了旅游产业的空间范围,增强了旅游产业内部的分工和协作关系,提升了旅游产业化发展的效率水平。可以说,旅游产业化发展阶段的突出特征不再是旅游总量的持续增长,而更多表现在旅游产业内部关联程度和产业结构体系上的优化和整合效果,也就是旅游业发展质量的根本改变。在产业化分工协作发展的基础上,一批覆盖面更广的国际市场、技术水平更高、专业化程度更强、管理模式和能力不断创新的旅游企业集团成为世界旅游业的主体力量,对稳定世界旅游市场秩序、提升旅游服务质量发挥着越来越大的影响。从某种程度上讲,旅游产业化发展也是产业内部集中度不断提高的过程。第四,旅游业在社会经济生活中发挥着越来越重要的作用。随着世界范围旅游业的推广和大众旅游活动的普及,旅游业在人类生活中的影响逐步扩大。在经济水平相对发达的国家,旅游和休闲日益成为社会大众的生活必需品或"生活方式",国家和政府颁布专门的政策和法令鼓励旅游消费,以提升国民的生活质量。

20世纪90年代,随着互联网等一大批先进技术的应用和旅游业总体管理水平的提升,一些发达国家的旅游业开始逐步改变以规模化、标准化为特征的产业化发展模式,向更注重满足个人偏好和旅游质量的个性化旅游阶段转变,这也预示着一种新的旅游发展模式的萌芽。从旅游需求角度分析,这一阶段的主要特点包括:首先是旅游需求趋向个性化,旅游者越来越不满足团队旅游的标准化产品,寻求以散客游方式自由组合旅游产品;其次是旅游需求趋向多样化,各种专项旅游消费项目,如探险旅游、健身旅游、修学旅游和各类度假旅游等成为旅游者的时尚,观光旅游的地位和影响力在不断下滑;最后,旅游者的质量要求日益提高,旅游者不断趋向成熟,不仅要求保证旅游安全,对旅游产品的性价比、刺激性、冒险性等的要求也越来越高。

从旅游供给角度看,一方面,旅游企业的服务观念和服务意识不断提高,越来越多的企业奉行"顾客第一"的经营理念,自觉按照旅游者的需求变化细分市场,着力提高旅游者的整体满意程度;另一方面,旅游企业的技术应用能力也不断提高,互联网技术、内部营销技术、服务管理技术等的应用,大大提升了企业管理市场、满足个性化需求的能力。

随着经济和社会发达程度的提高,旅游活动将完全转化为一种普通的生活必需品,旅游

人数和出游率继续保持上升趋势,旅游消费出现分散化的趋势,旅游者不再高度集中于某些旅游目的地,旅游服务更加便捷,而专门从事旅游服务的旅游企业数量可能减少。

二、旅游经济的形成及发展

旅游业作为一个相对独立的经济产业,是伴随着社会生产力的发展和社会分工的深化、人民生活水平的不断改善和提高,以及人们对旅游需求的不断增加,而逐步从商业中分化出来,形成在第三产业中具有综合带动效应的"龙头"产业。旅游经济的形成和发展过程,大致可以划分为萌芽、形成和发展三个阶段。

(一)旅游经济的萌芽阶段

旅游经济是在旅游活动有了一定的发展并具备了一定物质条件的前提下才产生的一种社会经济活动。因此,旅游经济萌芽于现代旅游的发展,而现代旅游的起源可追溯到人类社会的初期。

早在原始社会时期,由于社会生产力水平低下,人们的生活条件极为艰苦,特别是各种自然环境变化所引起的各种灾害及民族部落之间的械斗,使人们不得不为了生存而发生经常性的空间迁徙活动。尽管这种为生存而进行的空间迁徙并不是旅游,甚至也不是旅行,但其事实上已蕴含着旅游活动最基本的雏形。从原始社会、奴隶社会到封建社会的长期发展过程中,人类社会经历了三次大规模的社会分工,促进了社会生产力水平的不断提高。社会生产力的提高又促进生产发展和剩余产品的增加,产生了私有制、阶级和国家,促进了社会分工和商品经济的进一步发展,促进了市场空间的不断扩大和商品交换活动范围的拓展。于是围绕以商品生产、商品交换及各种商业活动为中心的旅游活动就产生了。

在漫长的古代历史中,旅游的发展与当时的社会政治、经济及文化发展相适应,出现了各种各样的旅游形式。例如,摩西出埃及,耶稣周游列国传教,古希腊的朝拜、祭祀,马可·波罗的出游,阿拉伯民族的经商往来,孔子周游列国,玄奘西域取经,鉴真东渡日本,郑和七下西洋,徐霞客遍游中华大地,等等,一度使东西方旅游形成高潮,为旅游经济的产生奠定了基础。但是,由于古代社会生产力尚不发达,社会经济的发展还不能促使旅游活动商品化,因而旅游活动最终没有成为一种商品化的社会活动,而仅仅是孕育了旅游经济的萌芽。

(二)旅游经济的形成阶段

旅游经济的形成是旅游活动向商品化发展的过程。从旅游经济的发展历史看,现代旅游经济的形成主要发端于18世纪的产业革命。18世纪的产业革命,以机器大工业代替了工场手工业,形成了以机器大工业为基础的社会化生产,促使社会生产力得到了迅速提高,促进了资本主义商品生产和交换的迅速发展,从而为现代旅游经济的形成和发展提供了物质技术基础和经济条件。

1. 产业革命为旅游经济的形成提供了物质技术基础

产业革命促进了生产手段尤其是交通运输工具的改善,不仅使社会化大生产的规模扩大、市场空间范围扩展,而且汽船、火车的产生为人们有目的的大规模、远距离的旅游活动提供了便利的物质技术条件。例如,美国于1807年开辟汽船内河定期客运航班,紧接着欧洲许多国家相继开设了蒸汽客轮经营服务。英国于1830年在利物浦到曼彻斯特之间开设了火车客运服务,到1890年,已吸引了大批国内外旅游者。

2. 社会生产力发展为旅游经济的形成提供了经济条件

产业革命还促进了资本主义制度的形成和发展,使资本主义社会生产力有了迅速提高。商品经济繁荣、兴旺和人们生活水平的迅速提高,为现代旅游经济的产生和发展创造了大量的社会需求。于是,人们可支配收入的日益增加、交通运输条件的不断改善,以及近代工厂化制度的建立,使旅游活动逐渐成为人们物质文化生活的组成部分,从而为现代旅游经济的形成提供了需求前提和经济条件。

3. 旅游服务机构的产生为旅游经济的形成奠定了产业基础

在产业革命为旅游经济的产生奠定物质技术基础、资本主义商品经济发展为旅游经济形成创造大量需求的同时,各种专门从事旅游服务的机构的建立,标志着现代旅游经济的产生和形成。特别是1845年,英国的托马斯·库克成立了第一家包括食、住、行、游等旅游活动在内的旅行社,开创了有组织地提供旅游活动的各种专门性服务,从而促进了旅游活动的商品化进程。以后,诸如旅行社、旅游饭店、旅游交通等各种以经营旅游业务为主的企业纷纷建立,各种旅游住宿、餐饮接待设施不断建设和完善,从而使旅游活动发展成一种商品化的经济活动,逐渐成为社会经济活动的重要组成部分。于是,具有现代意义的旅游经济就正式形成了。

4. 相关经济产业的发达为旅游经济的形成提供了重要前提

旅游业不仅是一个派生的经济产业,同时也是关联性和依存性很强的经济产业,其形成必须以其他产业的存在为前提,其发展也必须以其他产业的发达为条件。例如,没有发达的交通运输业就不能提供方便快捷的旅游通达条件,没有发达的建筑业就不能提供良好的住宿设施条件,没有发达的现代农业就不能保证丰富多样的食品供应,没有发达的加工业就不可能提供各种各样的旅游购物商品,没有发达的信息产业就不可能提供大量的旅游信息,没有发达的服务业就不可能提供优质的综合性旅游服务,等等。因此,旅游业的形成和发展与国民经济中许多经济产业之间有着十分密切的联系,这些经济产业的存在是旅游业形成的重要前提条件,而这些经济产业的发展水平和发达程度则为旅游业的持续发展提供了重要的保障。

(三)旅游经济的发展阶段

现代旅游经济虽然形成于19世纪中叶,但直到20世纪50年代以后才进入一个快速发展时期。特别是在跨世纪发展中,旅游业已成为世界经济中发展势头最为强劲的产业,突出表现在以下几个方面。

1. 国际旅游人数和旅游收入快速增长

从世界旅游业的发展规模和速度看,世界旅游组织相关统计数据显示,2010年全球国际旅游人数达到9.4亿人次,比2009年增长6.6%;国际旅游收入达到9190亿美元,比上一年增长4.7%。旅游业的增长速度不仅远远超过了世界经济的平均增长速度,而且超过了增长势头最好的工业平均增长速度。

2. 旅游经济增加值贡献率不断提高

从世界旅游业对国民经济的贡献看,2000年旅游经济年新增价值已占到世界年新增价值总额的 10.7%[1]，提供的税收也占当年世界企业所提供税收的 7.6%。根据世界旅游业理事会的研究报告，在美、英、法、日、德五国旅游业同其他产业新增价值的比较中，五国旅游业新增价值分别是五国农业的 3.1 倍、汽车工业的 3.6 倍、金属工业的 4.3 倍、纺织业的 5.7 倍。[2] 这充分表明，当代旅游业对国民经济的贡献远远高于那些被认为发展势头较好的产业。

3. 旅游业吸收就业和创汇水平日益提高

从世界旅游业吸收就业人员及创汇水平看，全世界每年新增就业人员中每 10 个人中就有 1 人进入旅游产业工作。从前述五国就业人数比较看，旅游业吸收就业人数分别是农业的 1.7 倍、纺织业的 3.8 倍、汽车工业的 4.8 倍、金属工业的 6.2 倍。2000 年世界旅游经济外汇收入达到 9776 亿美元，占世界总出口收入的 12.8%，一些发达国家旅游业创汇占出口总收入的比重已高达 20% 以上[3]，成为国民经济中重要的创汇产业。

4. 旅游经济关联带动效应增大

从世界旅游业的地位看，其在国民经济中是一个综合带动效应较强的产业，不仅可以直接创汇，吸收大量的劳动力，而且可以带动相关产业的发展，尤其是对第三产业的带动性强，吸收更多的间接劳动力就业，增加更多的间接收入，并带动旅游目的地国家的对外开放和经济发展。

综上所述，由于现代旅游经济已发展成为一个高增长、高增值、高就业、高创汇、高效益的新兴产业，因而旅游业在世界经济及各国经济发展中占有越来越重要的地位。许多国家，特别是发展中国家不仅积极推进旅游经济的产业化进程，而且都把旅游业作为经济发展的重点产业而予以积极扶持和发展。

第二节 旅游经济的性质及特点

一、现代旅游的概念

旅游是在一定的社会经济条件下产生的，并随着社会经济的发展而发展的一种综合性社会活动。在古代社会中，旅游实际上是旅行和游览的结合。旅行是指人们离开居住地而客居异地的行为，是一种为了生存或某种特定目的而进行的被动性的活动，而游览则是以休闲为主的、积极主动的活动，是一种追求享乐、调剂生活的活动。由于旅行和游览在古代社会中具有本质性的区别，因而旅行主要成为人民群众为生计而四处奔走的活动，而游览则主要是王公贵族、富豪人家休闲、寻乐的行为。

在现代社会中，由于社会经济的发展和人们生活水平及条件的不断改善，旅行和游览已有机结合起来，形成以游览为目的、以旅行为手段的现代旅游活动。因此，现代旅游是指人们暂时离开居住地到异地进行各种包含游览、度假在内的有目的的全部活动的总称。如果

---

[1] 根据世界旅游业理事会 2001 年旅游卫星账户报告数据整理而成。
[2] 根据世界旅游业理事会 1992 年年度报告数据整理而成。
[3] 根据世界旅游业理事会 2001 年旅游卫星账户报告数据整理而成。

从更广泛的角度看,凡是包含着游览内容在内的各种旅行活动都可称为现代旅游,诸如公务出差、参加会议、宗教朝拜、探亲访友、科学考察、康复疗养、体育竞赛、商务活动等。因此,现代旅游与古代旅游相比,具有以下基本特征。

(一)现代旅游已成为人们物质文化生活的组成部分

社会经济发展的基本目标是不断提高人们的物质文化生活水平。在人们的物质文化生活消费中,一般包括生存消费、享受消费和发展消费,而旅游消费则介于享受消费和发展消费之间。随着社会经济的发展及个人可支配收入的提高,人们用于享受和发展的消费支出会相对增加,进而增加旅游消费的支出。于是,人们为了减少或消除工作带来的身心疲劳,丰富物质文化生活,就会主动外出旅游。例如,游览名胜古迹、欣赏山水风光、了解异地风情以增长见识,探亲访友以追故怀旧,休闲度假以增进身心健康等。从而使旅游活动成为人们物质文化生活的重要组成部分。

(二)现代旅游是一种有益身心的文化审美活动

现代旅游不仅是物质资料的消费,更是一种精神文明的享受。因此,从文化的角度看,旅游是一种文化活动,既是文化的创造过程,又是文化的消费过程。旅游作为文化的创造过程,通过旅游活动体现出一种社会、民族文化的内涵及特质,从而创造出一种包括食、住、行、游、购、娱在内的新的物质文化生活方式。作为文化的消费过程,旅游通过旅游活动使旅游者对旅游目的地国家或地区优美的自然风光和奇异的民风、民俗进行认识和鉴赏,这不仅是一种有益于人们身心健康的审美活动,而且有利于促进不同国家、不同民族之间的文化交流,增进国家之间、民族之间的团结。

(三)现代旅游是一种以经济活动为基础的综合性社会活动

现代旅游虽然不是以经济活动为目的,但其整个活动过程必须以经济活动为基础。因为任何旅游者要想在旅游活动过程中有效地实现旅游的目的和满足旅游需求,都离不开食、住、行、游、购、娱等各方面的服务,这样就需要有专门的服务部门,并与之发生一定的交换行为,从而产生一系列经济活动。因此,现代旅游已不是一种单一的社会文化活动,而是建立在以经济活动为基础,把多种要素集合在一起的综合性社会活动。特别是随着以提供旅游服务为主的旅游业的产生和迅速发展,现代旅游就逐渐发展成以旅游为目的、以经济活动为基础的旅游经济活动。

二、现代旅游经济的性质

旅游活动发展成为现代旅游经济,并成为国民经济的重要组成部分,是现代科学技术进步、社会生产力提高和商品生产与交换长期发展的结果。因此,现代旅游经济是以现代旅游活动为前提,以商品经济为基础,依托现代科学技术,反映旅游活动过程中旅游者和旅游经营者之间,按照各自利益而发生经济交往所表现出来的各种经济活动和经济关系的总和。现代旅游经济作为社会经济的重要组成部分,具有以下主要特征。

(一)旅游经济是一种商品化的旅游活动

在自然经济条件下,旅游活动主要表现为旅游者依靠自己的力量而满足自我需求的活动,因而一般不涉及旅游产品的生产和交换。而现代旅游经济是建立在商品经济基础之上的,是以旅游产品的生产和交换为主要特征的旅游活动,因而必然要产生经济活动中的供需双方和交换的对象。一方面,只有当市场上存在着旅游经济活动的需求主体——旅游者时,才可能产生大量的旅游需求。而旅游需求的规模数量、消费水平、旅游目的、游览内容等,不仅决定着旅游经济活动能否有效地进行,而且对旅游经济发展的规模和水平具有决定性的作用。另一方面,只有当市场上存在着旅游经济活动的供给主体——旅游经营者时,才有可能为旅游者提供各种旅游产品,满足旅游者的各种需求。因此,旅游经营者既是旅游产品的生产者,又是旅游产品的经营者,是保证旅游产品价值得以实现,并促进旅游经济活动有效进行的重要前提和基础。

此外,现代商品生产和交换的发展,还为旅游活动的商品化提供了相应的媒介和手段。这样,旅游活动便完全建立在以旅游产品为对象、以旅游者和旅游经营者为主体、以货币为交换媒介的基础上,真正成为一种商品化的社会经济活动。

(二) 旅游经济是一种综合性的服务活动

旅游活动虽然不是以经济活动为目的,但其整个活动过程是以经济活动为基础。特别是在现代旅游活动中,旅游者要有效地实现其旅游需求,就离不开食、住、行、游、购、娱等各种综合性服务。因此,从供给角度看,旅游经济是一种以服务为主,并涉及众多企业和行业的经济活动。这种服务性经济活动,既可以借助物的形式提供,也可以通过活劳动本身发挥作用来提供。正如马克思所强调的,服务无非是某种使用价值发挥效用,而不管这种使用价值是商品还是劳动。

由于现代旅游经济是一种以服务为主的经济活动,因而不仅要为旅游者提供包括食、住、行、游、购、娱在内的各种直接旅游服务,而且要为旅游者提供汇兑、通信、医疗、保健、商务等多种辅助性服务。因此,现代旅游经济活动不仅涉及旅行社、旅游饭店、旅游餐馆、旅游交通等企业,还要涉及金融、邮电、医院、公安、海关、商检等相关企业和部门。现代旅游经济实质上是以旅游为目的、以经济为基础、以服务为主的综合性经济活动。

(三) 旅游经济是一个相对独立的经济产业

现代旅游经济在其长期的发展过程中,逐渐形成一个相对独立的经济产业。特别是第二次世界大战以后,旅游经济的发展速度之快、综合经济效益之高、产业带动力之强、吸收劳动力就业效应之大,以及其发展的光明前景,促使许多国家特别是发展中国家都把旅游业作为经济发展的重点产业,积极予以扶持和发展,从而又进一步促进旅游产业规模的迅速扩大和产业结构体系的不断完善。产业范围的全球性扩展,使旅游业不仅成为现代经济发展中的"朝阳产业",而且成为第三产业中的"龙头"产业,带动第三产业及相关物质生产部门的发展,在整个社会经济发展中占有十分重要的地位和作用。

三、现代旅游经济的发展特点

现代旅游经济形成于 19 世纪中叶,但到了 20 世纪 50 年代以后才进入快速发展的时期。第二次世界大战以后,现代科学技术的进步、交通运输工具的不断改善、世界各国经济的迅速发展,以及国际形势的相对稳定,推动了全球旅游经济活动的快速发展。《世界旅游经济趋势报告(2020)》指出,2019 年全球旅游总人次(包括国内旅游人次和入境旅游人次)

为 123.10 亿人次，较上年增长 4.6%；全球旅游总收入（包括国内旅游收入和入境旅游收入）为 5.8 万亿美元，相当于全球 GDP 的 6.7%。旅游经济的增长速度不仅远远超过世界经济的增长速度，而且远远超过了被认为增长势头最好的工业的增长率，从而使现代旅游业一跃成为当今世界经济中的最大经济产业。[①] 回顾第二次世界大战以来旅游经济的发展过程，可总结出现代旅游经济的几个显著特点。

（一）旅游经济活动的大众性

自 20 世纪 50 年代以来，旅游经济活动不再是以少数富有者为主而进行的活动，而是一种面向人民群众的社会经济活动。特别是社会生产力的迅速提高、人们可支配收入的不断增加，以及工作时间的缩短，使许多人不仅具备了旅游消费的能力，而且具备了外出旅游的时间条件和交通运输条件，从而推动了旅游活动的普及。而旅游活动的大众化发展，创造了大量的旅游需求，又促进了旅游资源的开发和旅游接待设施的建设，为旅游者提供更为方便的旅游条件和旅游服务，从而促使现代旅游业迅速发展。

（二）旅游经济活动的全球性

现代旅游经济活动已经不再局限于国内旅游或近距离旅游，而是打破了地域、疆域的界限，发展成为一种全球性的社会经济活动。特别是 20 世纪 50 年代以来，科学技术的进步促进了通信技术和手段的现代化，促进了交通运输（民用航空）条件的极大改善，使人们可以在较短的时间内，以较少的经济支出周游世界各地，获得更多旅游需求的满足。同时，旅游经济活动的全球化发展，又增进了世界各国政府、企业与人民之间的交流和联系，为推进全球化的旅游活动创造了更好的条件。

（三）旅游经济活动的规范性

现代旅游经济活动在其发展过程中，还逐渐形成了一种有组织的规范化旅游模式。无论是国际旅游还是国内旅游，通常都是由旅行社作为主要的组织者，统一组织分散的旅游者，依托各类旅游企业和旅游风景区，按照预定的旅游线路、活动内容和时间，提供综合性的旅游服务，满足旅游者多方面的需求。而旅游者只需承担一定的费用就可以尽情地享受旅游的愉悦，不用再为旅游活动中的食、住、行等问题操心。正是由于旅游经济活动的规范性发展，才推动了旅游经济活动的大众化和全球化发展，促使现代旅游业逐渐成为一个相对独立的经济产业，成为国民经济的重要组成部分。

（四）旅游经济发展的持续性

20 世纪 50 年代以来，整个世界旅游经济的发展盛况空前，始终保持着较高的增长率并经久不衰。从表 1-1 可以看出，虽然世界旅游业从 20 世纪 50 年代的 12.6% 的增长率下降到 90 年代初的 8.1%，但同世界经济及世界工业的增长率比较，它始终保持了一种高速发展的态势。同时，旅游经济的迅速发展，使其在国民经济中的地位和作用有了显著的提高；旅游活动成为人们生活中的一个重要组成部分，成为人们的一种经常性活动。此外，旅游经济活动的广泛开展，促使人们更加重视生态环境的保护，更加重视对环境污染的治理，以谋求旅游与自然、文化和人类生存环境融为一个和谐的整体，促进社会经济的持续发展。

---

① 罗明义：《迈向 21 世纪的国际旅游业与中国旅游业》，载《经济问题探索》，1994 年第 3 期。

表 1-1　世界旅游业增长水平比较表

年代 项目	50 年代	60 年代	70 年代	80 年代	90 年代 (1991—1995)
世界旅游业平均增长率/(%)	12.6	10.1	6.0	8.4	8.1
世界经济平均增长率/(%)	5.4	4.9	3.5	2.8	3.4
世界工业平均增长率/(%)	6.8	6.5	5.3	2.6	2.7

资料来源：《世界经济年鉴》《中国旅游年鉴》等。

第三节　旅游经济产业化及其标志

一、产业部门的形成特征

旅游经济产业的形成是与社会化大生产的发展相适应的。而社会化大生产是现代各种产业部门形成和发展的前提条件，因而要把握旅游经济产业化过程，首先必须对产业部门形成的共性特征有明确的认识。

（一）产业部门的概念

在现代社会化大生产条件下，国民经济通常是由不同的分工领域所组成，这些分工领域就是通常所说的产业部门或行业部门。根据现代经济学理论和国际标准产业分类规定，所谓产业部门是指国民经济内部按照一定的社会分工，专门从事同类经济活动的企业和事业单位的总称，如农业部门、工业部门、交通运输部门、商业部门和建筑部门等。每一产业部门内部又可以进一步划分为若干"子部门"，如工业部门内部可进一步划分为冶金、机械、电子、化工、纺织工业等部门。因此，在国民经济管理中，为了区别不同层次的部门，通常把较高层次的部门称为"产业部门"，如第一、第二、第三产业以及农业、工业、商业、建筑业、交通业五大产业部门；而把较低层次的部门称为"行业部门"，如机械行业、电子行业、纺织行业等。为了正确认识产业部门的概念，除了以上界定外，还必须正确把握以下几点。

（1）产业部门作为国民经济体系中较高层次的部门，是以其经济活动的内容和范围来进行界定的，通常是指从事同类产品（替代品或互补品）或劳务的生产经营的企业和事业单位的集合，并不是按行政管理系统来划分的行政部门系统。

（2）产业部门主要是指直接从事经济活动的部门，包括从事物质资料（物质产品）生产和非物质资料（提供劳务）生产的部门集合，但一般不包括非经济活动的部门，如教育部门、文化艺术部门等。

（3）产业部门与行业部门的层次界定和划分是相对的，而不是绝对的。例如，冶金工业部门相对于较高层次的工业部门而言，属于行业部门；但相对于较低层次的钢铁工业、有色金属工业而言，它又是一级产业部门。因此，在一定情况下"产业部门"和"行业部门"往往又是可以通用的。

(二) 产业部门的形成特征

产业部门的形成，是由于社会生产力水平的提高而引起社会分工的必然结果。现代科学技术的进步和社会生产力的不断发展，促进了社会分工的专业化，而社会分工的专业化又促进社会生产向集中化、协作化和联合化发展，从而促使各种产业部门不断形成和发展。现代社会分工一般分为三个层次，即一般分工、特殊分工和个别分工。第一层次的分工称为一般分工，即有关第一、第二、第三产业以及农业、工业、商业、建筑业和交通业等五大产业部门之间的分工。第二层次的分工称为特殊分工，也就是对第一层次中每个产业部门内部的行业分工，如农业内部进一步划分为种植业、养殖业、林业等，工业内部进一步划分为机械工业、冶金工业、电子工业、纺织工业等。第三层次的分工称为个别分工，主要指个别经济单位内部的分工，如机械加工企业内部的车、钳、铣、刨、磨等工种的分工等。

根据现代社会分工的三个层次，社会分工引起产业部门形成和发展的途径主要有两条。第一条途径是随着社会生产力的发展而导致分工深化，促使个别分工日益普遍并逐渐独立为新的分工领域，上升为特别分工乃至一般分工，从而形成新的产业部门。例如，工业是从农业中的个别分工基础上逐步发展而形成的独立产业部门，而商业又是在工业中的个别分工基础上分化成的新的产业部门。第二条途径是由于现代科学技术的进步，使各种新技术、新材料、新工艺、新产品不断涌现和广泛应用，逐渐独立为新的分工领域而形成新的产业部门。例如，化学工业部门的形成是由于化学科技成果在生产领域中广泛应用的结果；而现代集成电路及微电子技术的广泛应用，则推动了现代计算机产业部门的迅速形成。

通过以上分析可以看出，一个产业部门的形成可能是社会分工发展的结果，也可能是科学技术进步的推动。但无论是从哪一种途径形成的产业部门，在其形成过程中都具有以下共同特征。

(1) 经济活动的集中化。即表现为人们对某类产品需求的集中指向和需求量的快速增长，以及为了满足市场需求扩大而出现的生产和供给的迅速集中化过程。

(2) 产品生产的专业化。即在经济活动集中化基础上，出现了从事同类产品或其中某一部分产品生产和经营的专业化，从而有可能形成相对独立的生产和经营分工领域。

(3) 生产经营过程的协作化。即随着产品生产专业化和经济活动的集中化发展，必然引起企业之间、部门之间经济关系的变化，促使各企业、部门之间在产品、成品以及零部件生产和交换关系上的相互依存、密切协作，从而促进产业部门的形成。

(4) 生产经营的联合化。即随着专业化和协作化的发展，特别是随着市场竞争的加剧，促使从原材料采掘、加工、经营到各种生产废料的综合利用等相关的企业、部门联合起来，形成具有一定内在技术经济联系的经济联合体，并逐渐发展为相对独立的产业部门。

二、旅游经济产业化的标志

旅游经济产业的形成和发展具有四个显著的特征。其一，旅游经济产业是派生的，是随着物质生产的发展和人民生活需要的扩大而逐渐从商业中派生出来的；其二，旅游经济产业是相对独立的，其有相对集中的旅游需求和供给，并形成相对独立的市场结构和生产经营体系，具有独立的分工领域；其三，旅游经济产业是以服务为主的，即旅游产品的生产和消费是同时进行的，因而旅游经济属于第三产业的范畴；其四，旅游经济产业在长期的发展过程中已形成了自己的主体部门和产业结构体系，具备了成为一个经济产业所需的基础。根据以

上分析,现代旅游经济已发展为相对独立的经济产业,并且正日益成为社会经济发展中的重要产业。旅游经济产业化的标志主要体现在以下几个方面。

(一)旅游消费需求的集中化

根据现代经济理论分析,工业化的推进不仅使物质生产获得很大的发展,而且促使国民收入水平不断提高,促进人民群众的生活水平不断改善,并引起需求结构发生很大的变化。特别是随着人们从注重物质生活的需求向更注重精神方面满足的转变,旅游活动越来越成为人们生活中必不可少的内容。有关研究表明:当人均国民生产总值达到300美元时,人们即产生旅游需求;当人均国民生产总值达到1000美元时,人们即产生邻国旅游需求;当人均国民生产总值达到3000美元以上时,人们即产生远距离的国际旅游需求。可见,随着人们收入水平的不断提高和生活条件的改善,人们对于休闲、娱乐、观光、游览、度假等旅游需求日益增长,从而为旅游经济产业的发展提供了广泛和集中的市场需求。《世界旅游经济趋势报告(2020)》指出,2019年全球旅游总人次(包括国内旅游人次和入境旅游人次)为123.10亿人次,较上年增长4.6%;全球旅游总收入(包括国内旅游收入和入境旅游收入)为5.8万亿美元,相当于全球GDP的6.7%,这一比例较上年下降0.1%;全球入境旅游收入与国内旅游收入波动趋势放缓,有望实现"五连增",这种中高速发展的旅游消费标志着旅游产业的成熟和发展。

(二)旅游生产供给的专业化

伴随着旅游消费需求的不断增长,旅游业逐渐从商饮服务业中分化出来,形成以旅游经济活动为中心,根据旅游者需求,把多个企业和行业集合起来,向旅游者提供食、住、行、游、购、娱等综合性的旅游产品和专门服务的新兴产业。而这些专门经营旅游产品和服务的企业,尤其是旅行社、旅游饭店和旅游交通,不仅对旅游产业的形成和发展具有十分重要的作用,而且成为现代旅游业的三大支柱,标志着现代旅游产业的成熟。

旅行社是指依法成立并具有法人资格,在旅游经济活动中从事招徕、接待旅游者,组织旅游活动,获取经济收入,实行独立核算、自负盈亏的旅游企业。旅行社在旅游产业内部各行业部门中发挥着"龙头"作用,它既是旅游产品的生产者,又是旅游产品的营销者,通过自己的活动把旅游者和旅游经营者联结起来,实现旅游经济活动的有效进行。

旅游饭店是为旅游者的活动提供旅游住宿、餐饮、娱乐和其他服务的旅游企业。旅游饭店是一个国家发展旅游业必不可少的物质基础,也是衡量一个国家旅游业是否发达的标志。旅游饭店发展的数量、规模、档次、服务质量一定程度上决定和影响着一个国家旅游业的发展规模和水平。

旅游交通是旅游业的重要组成部分。没有发达的现代交通运输业,就不可能有发达的现代旅游业。因此,旅游交通和食、住、游、购、娱等共同构成综合性旅游产品,满足旅游者消费需要,并保证旅游经济活动得以有效进行。

(三)旅游经济运行的规范化

在市场经济条件下,旅游经济的运行实质上就是旅游者和旅游经营者之间的旅游产品交换过程,其包括旅游产品的购买与销售两个对立统一的活动过程。一方面是旅游者通过支付一定的货币而购买旅游产品,以获得旅游活动中的各种体验和享受;另一方面是旅游经营者将旅游产品销售给旅游者,以获取一定的经济收入。由于旅游产品是一种以服务为主的产品,因而旅游产品的构成要素可以多次重复使用和提供。因此,在旅游经济运行过程中,以旅行社为主的旅游经营者将各种旅游产品要素进行有机组合,提供给旅游者。而以旅行社为主的经营活动,就促进了旅游经济运行的规范化,促使旅游经济产业遵循客观经济规律而有效地进行,从而促进了旅游业作为一个独立经济产业的发育和成熟。

第四节 旅游经济的地位及作用

一、旅游经济在国民经济中的地位及作用

旅游经济作为一个经济性产业,是国民经济的重要组成部分,国民经济作为一个有机整体,要求各部门之间保持一定的比例关系,而每一个经济部门在整个国民经济中的地位,则取决于其本身的性质、规模和运行状况。因此,旅游经济在国民经济中的地位如何,主要取决于旅游业的性质、发展规模及运行状况。从旅游业的性质看,旅游业是一个以提供服务为主的综合性服务行业。通过为人们提供食、住、行、游、购、娱等各种服务,不仅为物质资料生产部门的简单再生产和扩大再生产提供了实现的途径和方式,即满足人们对基本物质生活和精神生活的需求;而且也是社会总产品供给实现的重要环节,促使社会产品在社会各劳动者间进行合理分配,并不断创造着新的需求。从旅游业的发展规模看,随着社会生产力的提高和社会经济的发展,旅游业在国民经济中日益占据重要地位。因为,人们的消费水平随社会经济发展而不断提高。随着人们经济收入的增多,用于精神需求、满足享乐方面的开支就相对增加,从而促进以满足人们精神、享乐需求为主的旅游业的迅速发展,规模也不断扩大,进而在国民经济中占据重要地位。从旅游业的运行状况看,旅游业不仅是一种"无烟工业",符合当今世界经济发展的总潮流,与发展"绿色产业"相适应,而且旅游业还是一个"朝阳产业",正展现着良好的发展势头。当今世界上经济发达的国家,同时也是旅游经济发达的国家,即经济越发达,旅游业在国民经济中的地位就越高,如瑞士、法国、美国、日本、新加坡等,并且许多国家旅游收入在国民经济中都占有相当比重。

旅游经济不仅在国民经济中占有重要地位,而且其对国民经济的发展及促进,对相关产业的带动,对经济结构的改善等都具有十分重要的作用。具体表现在以下几个方面。

(一) 平衡外汇收支

任何国家要扩大对外经济合作关系,就必须扩大外汇收入。而扩大外汇收入,一是通过对外贸易获得贸易外汇,二是通过非贸易途径而获得非贸易外汇。在当今世界贸易竞争激烈、关税壁垒林立的背景下,旅游业作为非贸易外汇收入的来源渠道,作用是非常突出的。因为,旅游业是一个开放性的国际性产业,通过旅游经济的发展,不仅能吸引国际闲置资金的投入,参与国际市场竞争,改善对外经济关系,而且旅游业能吸引国外大量旅游者,平衡外汇收支,因此人们通常把旅游业创汇称为"无形出口"收入。特别是由于旅游业创汇能力强、换汇成本低,又不受各国税制限制,因而已成为各国创汇的重要手段。

(二) 加快货币流通

积极发展国内旅游业,不仅能够满足广大国内消费者对旅游的需求,而且能够加快货币

流通,促进市场的稳定和繁荣。特别是随着人们收入增多和生活水平提高,必然促使人们的消费结构改善,从而有更多的可支配收入用于旅游活动。因此,大力发展旅游经济,激发人们对旅游产品的购买动机,促进各种旅游活动的进行,就能扩大旅游消费,加速货币流通,同时还能减少人们持币待购而造成的市场压力和风险,增进市场的稳定和繁荣。

(三) 扩大就业机会

旅游业是一个综合性服务行业,能为社会提供大量的就业机会。因为旅游业本身就是包含多种服务内容的产业,并且许多服务项目不是用现代手段就能取代人力的,因而旅游业所需的就业人数相对于其他产业要高得多。再加上旅游业的带动力较强,除了自身迅速发展外,还能带动相关产业的发展,从而增加相关产业的就业,能为社会提供较多的就业机会。

(四) 带动相关产业

旅游业虽然是一个非物质生产部门,但它的关联带动功能很强,不仅能带动物质生产部门的发展,而且能带动第三产业的迅速发展。一方面,旅游业的发展必须建立在物质资料生产部门的基础之上,没有一定水平的物质生产条件,就不可能为旅游业的发展提供基础。因此要发展旅游业,必然要促进各种物质生产部门的发展。另一方面,旅游业作为国民经济中的一个独立综合性的行业,其生存和发展与其他行业密切相关,能够直接或间接地带动交通运输、商业服务、建筑、邮电、金融、房地产、外贸、轻纺工业等相关产业的发展,从而促进整个国民生产总值的发展。据测算:国外旅游业每收入1美元,可促使国民生产总值增加2.5美元;而在中国,旅游业每收入1美元,可促使国民生产总值增加3.12美元,使利用外资金额增加5.9美元。

(五) 积累建设资金

任何经济产业的发展都离不开资金的投入,但相对于传统产业而言,旅游业的发展主要是依靠自身的经济效益,并且还为其他产业发展积累资金。从中国旅游业看,"七五"期间旅游业总投资为250亿元人民币,而国际国内旅游总收入则达到1135亿元人民币,投入产出比为1∶4.6。此外,旅游创汇之比也为1∶2.03,说明旅游业是一个高投入、高产出、高创汇的产业。其经济效益的增长,不仅为自身发展创造了良好的条件,而且也为整个国民经济及社会发展积累了资金。

(六) 带动贫困地区脱贫致富

贫困问题是全人类面临的巨大难题,世界许多国家都十分关注并提出很多解决问题的对策及措施,从实际中看,贫困地区多数是经济不发达地区,但其同时也是旅游资源富集的地区。因此,通过开发贫困地区旅游资源,大力发展旅游,不仅有利于充分发挥贫困地区旅游资源富集的特点,开发特色鲜明、品质较高的旅游产品,而且能够通过旅游开发及旅游业发展,带动贫困地区及其周边地区人民群众脱贫致富,加快贫困地区的开发和社会经济的发展。

综上所述,旅游业在国民经济中的重要地位,决定其在促进经济发展中具有显著的作用。因此,大力发展旅游经济,以旅游带动地区经济发展,进而促进整个社会经济发展,已为许多国家所认识,从而采取了许多政策及措施来加快旅游经济的发展。例如,把旅游经济纳入国家的发展计划、增加旅游投资和设施、广泛进行旅游宣传、大力培养旅游人才、制定旅游法规、减免税收、简化出入境手续,等等,从而促进了世界旅游经济的高速发展。

二、旅游经济对政治的影响及作用

旅游经济的发展,不仅对经济具有影响,而且对国际政治及国内政治均产生相应的影响。从国内情况看,追求生活质量的提高是每一个国家的任务,而旅游经济的发展就在于创造了一种高质量的生活方式及内容,是物质文明和精神文明的结合。因此,大力发展国内旅游,使人民群众通过旅游活动而开阔眼界、敞开胸怀,更多地了解国家和民族状况,不仅有利于增强人们的爱国心和民族自豪感,而且使人们的身心健康也得到发展,从而提高整个民族的素质,促进社会全面发展。从国际上看,通过国际旅游活动,一方面可以增进旅游者对旅游接待国的认识和了解,澄清一些不正确的信息传播,提高旅游接待国在国际上的地位、知名度及影响;另一方面,旅游接待国也借此机会增进对世界各国的了解,宣传自己的政治立场及观点,从而加深了国家之间、人民之间的友谊。从对国际政治的影响看,旅游经济的发展一般是以比较成熟的外交条件为基础的。如果国家之间没有建立外交关系,没有航空条约,通常是很难开展国际旅游业务的。因为,在跨国旅游中有关出入签证、外币兑换、人身保险、交通运输及保护本国公民的合法权益等问题都需要通过政府外交途径来解决。所以,国际旅游实际上相当于一种"准外交活动",其在促进各国人民的相互了解及对世界的共同认识,协调国家关系,缓解国际危机,以及争取世界和平等方面都具有积极的作用。

三、旅游经济对社会的影响及作用

旅游经济发展对社会的影响,主要是指对旅游接待国社会的影响。当旅游经济活动发生时,旅游者和旅游接待国的人们之间就发生接触并产生一种特殊的社会关系。一方面,作为旅游者,在一个非寻常生活的地方,正沉浸于各种感受之中,因而精神放松,情绪良好,花费随意大方;另一方面,旅游接待国的服务人员通常是固定的,他们大部分时间是为满足游客的需求而提供各种服务,因而他们只是日复一日地重复相同内容的工作。正是由于这种特殊的社会关系,使旅游经济对社会形成不同的影响及作用。

首先,从旅游经济对国际社会的影响看,大规模的旅游经济活动,使社会信息得到充分的交流,从而传播了现代文明,促进了各种社会关系的协调及进步。即使是一些非常落后的国家,也因旅游经济发展的影响而不得不打破陈腐的观念及限制,实行对外开放的政策,接受现代文明的洗礼,从而推动了整个人类社会的进步。其次,从旅游经济对国内社会的影响看,外国旅游者进入旅游接待国的影响表现在:一是通过旅游者的"示范效应",引起旅游接待国价值观念和道德准则的变化,如对生活方式的看法、对人生价值标准的转变等;二是引起旅游接待国社会结构的变化,特别是由于旅游业收入较高、女性就业率较高等特点,使旅游接待国的就业结构发生相应变化;三是引起旅游接待国生活方式的变化,特别是青年人受到国外旅游者的"示范",有些人可能从中受到鼓励,而努力向上,成为社会中富有朝气的人才,也有些人可能更注重外国人的衣着及日用品,从而在生活消费方式上发生改变;四是引起社会环境的改善,例如在交通条件、住宿设施、餐饮特色乃至个人安全等方面都促使旅游接待国必须加以改善,才能满足国外旅游者的需求。

旅游经济的发展对旅游接待国也会产生一些消极的社会影响。例如,旅游业把过多的基础设施和良好的旅游条件提供给国外旅游者消费,使国内人民产生不平等的社会心理;而国外旅游者的挥霍消费,把富裕展现于贫穷之前,造成其对人们价值准则、心理压力的影响;

国外一些不健康的思想、行为的渗入,造成一些令人不满的社会行为。

总之,旅游经济发展对旅游接待国的社会影响是多方面的,有些是可见的、显在的,有些是潜移默化的;有些是积极的,有些是消极的。因此,要注意分析和研究,制定正确的对策措施,促使旅游业健康发展。

四、旅游经济对文化的影响及作用

文化是人类在社会发展过程中所创造的全部物质财富和精神财富的总和。文化作为一种社会现象,是以一定的物质基础为前提,其内容随社会物质生产的发展而发展,具有很大的内涵性,以至于有人认为人类社会的发展实质上是一种文化的变迁。因此,旅游经济的发展必然与文化产生密切的关联性。一方面,旅游经济活动中的各个过程及内容,无一不是与文化的接触,以至于有旅游就必然有文化,文化是旅游业发展的基础。另一方面,旅游活动是一种流动的活动,是一种文化与另一种文化的交流过程。随着旅游者的流动,就为不同的社会群体及民族文化的接触和交流创造了良好的条件,因而旅游经济的发展过程,也就是世界各个民族文化频繁交流的过程。

旅游对文化的影响及作用,主要表现在以下方面。一是旅游经济的发展促使各民族优秀的传统文化得到发掘、振兴和光大。在旅游经济活动中,旅游者神往的是各民族独特的文化,它是各国发展旅游业必须珍重并充分利用的旅游资源。许多趋向于衰退和消失的优秀传统文化,只有在旅游经济的发展中才能重新复活并振兴光大。二是旅游经济的发展促使民族文化的个性更加突出。现代文明的发展促进世界各民族文化的交流,在文化交流中必然有选择和淘汰。旅游经济活动是推动世界各民族文化交流的最广泛、深刻的方式。在旅游中,通过各种物质文化、非物质文化及语言的广泛交流,使民族文化的精华得到锤炼、保留及发扬,而落后的东西则将被逐步淘汰,使各民族文化的个性更加突出,又增强了民族文化特色对旅游者的吸引力。三是旅游经济的发展促进了整个人类精神文明的进步。通过旅游交往来了解其他国家和人民,是文化交流的重要途径。因此,旅游经济的发展有利于世界文化的共同发展,有利于促进整个人类精神文明的进步。因为,旅游经济活动促使各国人民具有国际观念和开放意识,增强了人们对经济改革与发展的紧迫感,加深了各国人民之间的相互了解及友谊,促进了国家之间科技、文化的交流等,这些都从不同角度促进了整个世界文明的进步。

但是,旅游经济发展对文化也有一定的消极影响。一方面,随着外国旅游者带来的外来文化的冲击,可能造成民族自卑心理的滋生和发展,可能使优秀、珍贵的民族文化发生变化甚至消退,还可能带来一些腐朽的生活方式,等等,从而使民族文化的健康发展受到冲击。另一方面,适应旅游经济发展的要求,会使许多优秀的传统文化变成一种商业娱乐,从而失去其原有的特色及内容,并促使一些优秀传统文化的实质发生改变。总之,旅游经济与文化是相辅相成的。从文化角度看,旅游经济也是一种文化现象。因此,在发展旅游经济的同时,必须对民族文化进行分析,以促使民族文化的特色及精华能随旅游经济的发展而发展。

五、旅游经济对环境的作用及影响

旅游经济的发展促进了国民经济的发展,使世界上许多国家竞相大力发展旅游业,并促使各国重视对旅游资源及生态环境的保护,以实现可持续发展。例如,国际、国内进行的各种世界遗产保护、自然保护区、风景名胜区、历史文物的评级和保护,既保护了人类社会的生存环境、优秀文化遗产,又为旅游经济的发展提供了丰富的内容。但是,旅游业的发展也引起了一系列生态破坏、环境恶化的情况。例如:泰国著名旅游风景区芭堤雅海滩,曾如诗一般秀丽,而今到处充斥着游客丢下的各种垃圾,大量排泄物使海水也受到污染;世界登山圣地喜马拉雅山,由于大量登山者的光顾,而失去昔日"纯洁"的形象;埃及的金字塔及狮身人面像,在许多游客的不文明行为下正经受着侵蚀性破坏;中国的故宫由于数以万计的游客参观和游览,使宫墙受损,各种走道、门槛变得坑坑洼洼;一些原始森林因旅游开发而遭到破坏……总之,随着旅游业的发展,其对环境造成的破坏性影响也很突出。

旅游经济发展对环境的不良影响主要表现在:一是旅游产品生产过程所造成的不良影响,如自然景观的破坏、原始森林的砍伐、各种污染物的排放等;二是旅游活动过程中的破坏,如旅游者排放的各种垃圾,各种车辆、运输工具排放的废气、产生的噪音等,因游客过多而造成的人为破坏、交通拥塞等。因此,发展旅游经济必须同保护环境协调起来。通过对环境的保护,为发展旅游业创造更好的条件。通过发展旅游业,改善环境,提升环境的美感,从而把发展旅游经济和保护旅游资源、旅游环境有机统一起来,达到既发展旅游经济,又保护环境的目的。

思考与练习

1. 怎样理解旅游经济的概念?
2. 简述旅游经济的形成和发展阶段。
3. 现代旅游经济具有哪些性质和特征?
4. 简述旅游经济产业的形成标志。
5. 旅游经济在国民经济中有何重要地位和作用?
6. 旅游经济对社会、文化有何作用和影响?
7. 从可持续发展的角度阐述旅游与环境的关系。

旅游的三大功能

我国和其他多数国家一样,曾经从经济学的角度把旅游业视为国民经济的一部分,从而十分重视旅游经济效益的发挥,但在百姓已经开始把旅游出行作为自己生活一部分的时候,随着旅游业的充分发展,研究者们在重视旅游的经济功能、经济效益的同时,也已经越来越真切地认识到了旅游的经济、环境、社会三大功能,以及其产生的三大效益——经济效益、环境效益、社会效益。

所谓经济功能,指的是旅游业在各国国民经济中的地位所能带来的经济作用。这也正是现代旅游业以其自身的服务以及其与上游产业、关联产业一起形成的现代产业集群所能够发挥的功能。随着旅游最终消费的不断扩大,其在各个国家所汇集和整合的国民经济行业门类、大类、中类及小类正在变得越来越多;随着越来越紧密的产业集群像雪球般地越滚越大,其本身也以超越本国经济的增速向前发展着,以致成为许多国家或经济体经济发展的重要动能;并对各地扩大社会就业、对全社会的"反贫困"等发挥着十分积极的作用。

所谓环境功能,首先指的是旅游的发展与环境、与生态的良性互动。因为人们的旅游出行,原本就是基于对宜人环境和优良生态的向往,所以它是天然的"环境友好型"的活动与产业。而人们的旅游(尤其是其中的观光活动),虽然也需要使用资源、利用资源,但比起许多第一产业、第二产业、第三产业,其对资源的耗损量往往都是极低的,所以它理当归属于"资源节约型"的活动和产业。正是基于人们旅游出行是对宜人环境和优良生态的向往,所以它在保护环境、优化环境和促进人类与自然和谐方面都有着难以估量的巨大作用。

所谓社会功能,指的是旅游现象对旅游者个体、群体和人类社会发展和进步产生的积极的推动作用。尽管史料已经显示,我国先民在很早以前就已认识和体验到了旅游活动对人们获得欢乐、陶冶情操、开阔眼界、增长才干、促进交流,以及减轻个人忧伤等方面的作用,可是史料中对此的系统研究还不是很充分的。而在40多年前的暴风雨年代,老百姓的旅游活动更成为"大批判"的对象,直到1979年邓小平同志黄山讲话唤起政府部门和经济学人对入境旅游经济效益的重视时,国人的旅游活动仍然处在"不提倡、不宣传、不反对"的自发发展之中。由于旅游活动实在与百姓生活密切相关,所以在改革开放的总格局下,我国百姓中的旅游活动开始从国内发展到出境,其发展势头更从渐进转为迅猛,加之业界旅游服务的即速跟进,国家层面政策的调整,因此近40年来中国老百姓的国内旅游和出境旅游都得到了极大的发展。

(资料来源:刘德谦:《旅游的功能与人的全面发展》,载《中国旅游报》,2017年2月7日。)

案例思考

1. 旅游业发展的根本目的是什么?
2. 如何认识旅游的经济、社会与环境三大功能之间的关系?

第二章

旅游产品及开发

学习引导：

旅游产品是旅游业存在和发展的基础，是旅游经济的基本"细胞"，是旅游经济活动的主体，旅游产品的品种、数量和质量直接关系到旅游业的兴衰和旅游经济的可持续发展。本章从分析旅游产品的含义开始，主要阐明旅游产品的概念、价值构成和主要特性，分析旅游产品的表现形态以及构成要素，阐述旅游产品生命周期的主要阶段、变化形态及延长旅游产品生命周期的策略等，并全面介绍了旅游产品开发的内容、开发策略及开发原则。

学习目标：

通过本章学习，应重点掌握以下知识要点：

（1）旅游产品的概念；

（2）旅游产品的构成；

（3）旅游产品的类型；

（4）旅游产品的生命周期；

（5）旅游产品的开发及策略。

素养目标：

主要聚焦引导学生坚定文化自信，立足中国优秀传统文化和地方文化，增强学生的中华文化自豪感。讲授旅游产品特性、旅游资源、文化旅游产品等知识点时融入文化自信教育，让学生感知祖国壮美的大好河山和灿烂的历史文化，激发学生对中华优秀文化的历史自豪感，坚定对党领导人民建设社会主义文化强国，实现中华民族伟大复兴事业的坚定信念。介绍旅游产品开发策略时引导学生充分认识创新是发展的第一动力。

第一节 旅游产品的概念

一、旅游产品的含义

旅游产品是指旅游者以货币形式向旅游经营者购买的、一次旅游活动所消费的全部产品和服务的总和。作为旅游经济的一个专门概念，旅游产品不是指旅游者在旅游过程中所购买的某一单项产品或服务，也不是指旅游者所购买的各种产品和服务的简单叠加，而是指在一次旅游活动中实现,并由一系列单项产品和服务有机组成的综合产品。这些单项产品和服务有机联系、紧密配合、不可分割。而对这些单项产品和服务的消费,在时间上有明显的时序性,在空间上有明确的定点性。例如,先要有交通工具把旅游者运送到旅游目的地,然后才有旅游者在目的地的食宿和游览;旅游者一定要亲自到旅游点去,一定要身临其境才能产生旅游消费。因而,旅游产品的生产和消费完全依附于旅游活动。旅游活动开始,旅游产品的生产和消费随即开始;旅游活动结束,旅游产品的生产和消费也随即结束。因此,科学地认识和理解旅游产品的含义,应从以下三个方面来把握。

（一）旅游产品是一个整体概念

从旅游经济理论的角度看,旅游产品是一个整体概念,它是由多种产品组合而成的综合体。具体地讲,一条旅游线路就是一个单位的旅游产品。在这条线路中,除了向旅游者提供各类旅游吸引物以外,还包括沿线提供的交通、住宿、餐饮等保证旅游活动顺利进行的各种服务。例如,飞机上的一个座位,旅馆里的一间客房、一张床位、一顿美餐,或是在游览点内导游人员的一次讲解活动,都只是整体旅游产品中的单项产品或服务,亦称单项旅游产品。每个单项旅游产品都是整体旅游产品的一个组成部分,这些单项旅游产品一般通过旅行社将其组合起来,形成能满足旅游者各种需要的整体旅游产品。通常,团队旅游者多数由旅行社安排参加包价旅游,即购买整体旅游产品;而散客旅游者或团队中个别旅游者,则根据自己的特殊需要而购买单项旅游产品。因而,旅游产品有整体旅游产品和单项旅游产品之分。整体旅游产品是满足旅游者旅游活动中全部需要的产品或服务,如一条旅游线路、一个专项旅游项目。单项旅游产品则主要指住宿产品、饮食产品以及交通、游览、娱乐等单方面的产品或服务。

（二）旅游产品是一段旅游经历

从需求方面看,即从旅游者的角度来看,旅游产品是指旅游者花费一定的时间、费用和精力所获得的一段旅游经历。这个经历包括旅游者从离开常住地开始到旅游结束归来的全部过程中,对所接触的事物、事件和所接受的各种服务的综合感受。旅游者眼中的旅游产品,不仅仅是其在旅游过程中所购买的一个饭店的床位、一次飞机或火车的座位,或是一个旅游景点的参观游览、一次接送和导游服务等,而是旅游者对所有这些方面的总体感受。换句话说,旅游者用货币换取的不是一件件具体的实物,而是一次旅游经历。这说明构成旅游产品的诸多单项产品和服务,在质地上应当是均一的,如果厚此薄彼,就会引起产品畸形以致有损整个产品的形象和价值。例如,在一次旅游活动中,有一件单项产品或一项服务的质量特别低劣,以致引起旅游者的不满,那么这个旅游产品的整个身价也许就会因此一落千丈,信誉也许就要因此扫地,这个旅游产品的再生产、再销售也就会遇到困难。实践证明,在旅游产品的产、供、销全过程中,只有一丝不苟按时、按地、按质、按量地组织好整个旅游产品的生产、销售及消费,保证整个旅游活动过程各个环节的衔接和配合,才能充分实现旅游产品的价值,使旅游者获得一次良好的旅游经历及感受。

（三）旅游产品是一种服务产品

从供给方面看,即从旅游经营者角度来看,旅游产品是指旅游经营者凭借一定的旅游资源和旅游设施,向旅游者提供的,能满足其旅游活动需要的各种产品和服务。通过旅游产品的生产与销售,旅游经营者实现盈利的目的。旅游产品最终表现为活劳动的消耗,即旅游服务的提供。旅游服务是旅游行业的员工凭借旅游资源、旅游设施以及其他必要的劳动资料,在旅游活动过程中,为旅游者提供各种各样的劳务以满足旅游者的需求。必须指出,旅游服务是与有一定使用价值的有形物质结合在一起的服务,只有借助一定的资源、设施和设备,旅游服务才能得以实现。旅游产品与其他产品的不同点,就在于服务的使用价值不是以物的形式来体现其效用,而是通过人的活动、通过提供劳务发挥其有用性。也就是说,旅游服务不是作为物而有用,而是作为活动而有用。作为物而有用的产品,要先把这个产品生产出来才能消费;而作为活动而有用的产品——服务,既不能先于消费而生产,也不能储藏起来待价而沽。服务的生产和消费是同步进行的,二者同时开始,同时结束。例如,行李员把行李搬进客房的过程标志着服务开始;搬运结束,服务也就终止。因此,旅游产品是以服务形式表现的无形产品。

二、旅游产品的使用价值和价值

旅游产品之所以能成为商品,这是因为它具有一般商品所具有的基本属性,它和其他商品一样,也是使用价值与价值的统一,也要受价值规律的作用及各种因素的影响。

(一) 旅游产品的使用价值

商品的使用价值是指其能满足人们在物质方面或者精神方面的某种需要。旅游产品同样也具备这种属性,只是旅游产品的使用价值具有区别于其他产品的特殊性质,具体表现在以下几个方面。

(1) 旅游产品具有多种使用价值。其他产品只能满足人们在消费上的某种需要,而旅游产品在旅游活动中能满足旅游者从物质方面到精神方面的多种需要。一般商品其使用价值通常只有一种,而旅游产品则有多种,从提供基本的生活需要,如食、住、行等开始,继而提供更高层次的满足人们发展的需要,如观光、游览、疗养、娱乐等。

(2) 旅游产品的使用价值具有多效用性和多功能性。一个完整的旅游产品,例如到某国或某地去旅游,虽然可以根据旅游者的需要、旅游产品的成本及旅游市场的供求状况等,制定出高、中、低等若干档次的旅游产品供给及相应的价目表,但无论是哪一规格档次和价格等级的旅游产品,其使用价值都必须是多效用、多功能和综合性的,而不能只管吃的、不管住的,或者只管住的、不管行的和游的,等等。也就是说,离开了旅游活动的多效用性和多功能性,就无所谓旅游产品的存在。

(3) 旅游产品的使用价值包括正常使用价值和附属使用价值。在旅游产品的使用价值构成中,有的使用价值属于正常的,是构成旅游产品使用价值的基本部分;而有的则属于非正常的,即构成旅游产品使用价值的附属部分。例如,旅游者在旅途中突发疾病,旅游经营者必须及时提供医护条件及相应服务等,尽管这些服务不属于旅游产品使用价值的正常内容,但若发生了,旅游经营者也要义不容辞地提供。

(二) 旅游产品的价值

价值是商品的经济本质,旅游产品之所以是商品,还因为它具有价值属性。旅游产品的价值实体和其他任何商品的价值实体一样,都是人类无差别的、一般的、抽象的劳动。旅游产品的价值与一般商品相同,也基本由两个部分组成:一是转移价值,即旅游服务所凭借的建筑物、服务设施的折旧,向游客提供饮食和日用品的原材料消耗等;二是新增价值,包括支付旅游从业人员用以维持劳动力再生产所需消耗物质资料的价值和旅游从业人员创造的剩余价值。从价值决定和价格形成的角度来看，旅游产品的价值有其特殊的性质，主要表现在以下几个方面。

（1）表现在旅游服务价值量的确定上。服务是旅游产品的核心，服务质量的好坏直接影响旅游产品的质量和形象。在服务设施条件相同的情况下，服务方式、服务效率和服务态度的差别会产生迥然不同的服务效果。高质量的服务反映旅游产品的质量好、价值大，低质量的服务反映旅游产品的质量差、价值小。服务质量的优劣虽然与投入劳动量的多少有一定关系，但无直接影响，而重要的是与从业人员的文化素质、性格修养、职业道德水平的影响密切相关，它们主要是反映人类社会交往关系的标准，而与劳动量投入的多少无直接关系。因此，只有提供高质量的服务，才能保证旅游产品的价值及其实现。

（2）表现在旅游吸引物价值量的确定上。旅游吸引物是旅游者决定流向的主要依据，是旅游产品构成的重要内容。旅游吸引物种类繁多，在价值量的计算上也差异较大。一类如人文景观吸引物中的历史遗产、文物古迹、建筑物等，除了是前人劳动的结晶外，历代人们的维修保养也付出了大量劳动，故其价值难以估量。更重要的是，这些吸引物具有无法替代的历史价值，这种价值不能以消耗多少劳动量去衡量，而这种价值的不可估量性反映在价格上即为垄断性。另一类是吸引物中的自然现象和社会现象，没有人类劳动的投入就没有价值。因此，作为旅游产品构成中的自然景观，一般是经过人类开发后具有了可进入性的吸引物，而社会制度、风土人情、传统生活方式等社会现象则是经过漫长的历史演进积累而成的，其中蕴藏着人类的智慧与创造，是人类脑力和体力劳动的结晶，并具有别人无法模拟的独特性，也具有不可替代的社会价值和历史价值，在价格上同样表现为垄断性。

（3）表现在旅游设施附加值的价值量确定上。旅游产品中那些具有几何形体和物理、化学等属性的旅游设施，同市场上的其他物质产品一样，其价值无疑是由凝结于其中的社会必要劳动时间来决定。但是，由于这些设施介入旅游活动过程，并受旅游经济活动的特点所影响，因而其价值决定和价格形成又有一些特别的地方。例如，在某一种产品的生产成本既定的条件下，进入旅游活动中的产品的价值和价格，就要比进入其他经济活动中的价值和价格高一些。这是因为旅游者在旅游活动过程中享受这些设施的环境条件和服务内容要比其他活动优越得多，而这些环境条件和服务内容是旅游从业人员用劳动创造出来的，因而其价值和价格自然也就要高些。因此，旅游设施在旅游产品的组合过程中，其价值量也会发生变化而产生新的附加值。

综上所述，旅游产品与一般商品一样受价值规律的作用，但由于它独特的、历史的、社会的、自然的因素，使其价格除了主要由其价值决定外，还受制于旅游产品各部分所体现的人与人的关系和垄断因素的作用。

三、旅游产品的特性

旅游产品作为一种以服务为主的综合性产品，其生产不同于一般物质产品的生产。一般物质产品的生产过程是独立于消费过程之外的，而旅游产品的设计组合虽也独立于消费者之外，但其生产只有与消费过程相结合，完成对消费者的服务，才能算生产过程完成。因此，旅游产品除了具有一般物质产品的基本属性外，还具有自己独特的产品特征。

（一）旅游产品的无形性

虽然旅游产品构成中确有一部分物质产品供应，如航班的机位、住宿的客房、餐饮、景点设施等,但服务性的产品供应如导游、接待服务等却占有很大比重,旅游线路、日程、节目的设计编排等,属于构成旅游产品的不可缺少的软件部分。因而,旅游产品的无形性首先表现为旅游产品的主体内容是旅游服务。只有当旅游者到达旅游目的地享受到旅游服务时,才能感受到旅游产品的使用价值。而当旅游者在做旅游目的地的选择时,一般见不到旅游产品的形体,在旅游者心目中只有一个通过媒介宣传和相关渠道介绍所得到的印象。其次,旅游产品的无形性还表现在旅游产品的价值和使用价值不是凝结在具体的实物上,而是凝结在无形的服务中。只有当旅游者在旅游活动中享受到交通、住宿、餐饮和游览娱乐的服务时,才认识到旅游产品使用价值的大小。也只有当旅游者消费这些服务时,旅游产品的价值才真正得以实现。旅游产品的这一特性表明,在大体相同的旅游基础设施条件下,旅游产品的生产及供应可以具有很大差异,因此旅游产品的深层开发和对市场需求的满足较多地依赖于"软开发",即无形产品的开发,也就是提高旅游服务的质量和水平。

（二）旅游产品的综合性

旅游经营者出售给旅游者的旅游产品,通常是包括食、住、行、游、购、娱在内的综合性产品。因此,旅游产品的综合性,首先表现在它是由多种旅游吸引物、交通设施、住宿餐饮设施、娱乐场地以及多项服务组成的综合性产品。这种综合性既体现为物质产品与服务产品的综合,又体现为旅游资源、基础设施和接待设施的综合。其次,旅游产品的综合性还表现为旅游产品的生产涉及众多的行业和部门。其中有直接向旅游者提供产品和服务的旅馆业、餐饮业、交通部门、游览点、娱乐场地以及旅行社等旅游企业和部门,也有间接向旅游者提供产品和服务的行业和部门,如工业、农业、商业、制造业、建筑业、轻工业、纺织业、食品业、金融、海关、邮电、文化、教育、园林、科技、卫生、公安等。其中既有物质资料生产部门,又有非物质资料生产部门;既有经济类部门,又包含非经济类的政府部门和行业性的组织等。这一特征表明,旅游产品作为一种综合性产品,其开发所涉及的因素较复杂,制约条件也较多。

（三）旅游产品的依存性

旅游产品的原料或资源投入中,有很大部分属于公共物品。某些旅游吸引物如自然景观或人文景观,基本上属于公共物品,具有非排他性与一定程度的消费非竞争性,因而旅游产品对于公共物品具有较强的依存性,没有良好的基础设施和相关条件,旅游产品的生产和供给会十分困难。首先,作为旅游产品构成中的许多景观是自然存在或历史遗留的,并由政府投资进行建设与保护,因而是一种公共物品,任何旅游者都可以自由观赏,任何旅游经营者都可以以将其作为自己销售的旅游产品的一部分而获利。其次,作为旅游产品构成中的基础设施是全社会所共同享有的,这些基础设施以服务于社会各个行业的公益性目的而存在,旅游产品在其组合过程中只是部分地利用或暂时性利用,并不排斥其他行业或部门对公共基础设施的利用。当然,并非所有的旅游吸引物都是公共物品,如企业以盈利为目的而投资兴建的某些景点就不是公共物品,某些可供游人观赏的景观也并非都具有公共物品的消费非竞争性,因为这些景点本身会受到游客容量限制,而使其具有一定的竞争性。

（四）旅游产品的同一性

旅游产品是一种特殊的最终消费品,它满足的是人的精神文化需求,因而旅游产品具有生产与消费的高度同一性。首先,与物质产品的生产相比较,旅游产品是一种经过深度加工

的高附加值产品,原来分散存在于各个行业的不同产品,经过旅游经营者的设计、开发、组合与销售,大大提高了其原有价值,所附加的多数为劳务性价值。其次,旅游产品只有进入消费过程才能实现其价值。由于旅游产品生产与消费的时空同一性,必须有现场消费的旅游者,旅游产品才开始生产,旅游者一旦离开,则生产立即终止。因此,旅游产品生产不像物质产品生产那样可以暂时储存起来,旅游产品的同一性决定了旅游产品不仅不能储存,而且一旦旅游消费结束则旅游产品就自然解体,因而是一种最终消费品。

(五)旅游产品的替代性

虽然现代旅游消费越来越成为人民大众的基本生活消费,但它毕竟不同于基本物质生活消费,而要受到政治、经济、社会等各方面复杂因素的影响,表现为较高的需求弹性和替代性。首先是旅游产品与其他商品之间存在相互替代关系,旅游产品的价格同其他商品价格的不同变化,会引起旅游产品需求量的变化。例如,旅游产品的价格下降而当地娱乐业价格不变,则意味着旅游需求量将增加而娱乐业的需求量将减少。其次是旅游产品本身也具有很强的替代性。外出旅游是为了获得一种新鲜的体验,不同的旅游目的地各有千秋,消费者选择的余地很大,选择亦带有随机性,这就导致不同旅游目的和不同类型的旅游产品相互替代性很强。实践表明,旅游产品的需求价格弹性、需求收入弹性和交叉弹性都比较高,从而使旅游产品经营具有较大风险,同时竞争也很激烈。

(六)旅游产品的外向性

外向性是旅游产品与生俱来的特点,旅游产品只能存在于开放经济之中,相当于一种就地出口的特殊的"外贸产品"。这种就地出口的特殊"外贸产品"存在两大出口优势:一是换汇成本低;二是不存在贸易壁垒。但旅游产品的外向性同时也决定一国的旅游产品只是国际旅游市场中的旅游产品的一部分,它必须与国际旅游市场中其他产品相配合,并参与国际旅游市场的激烈竞争,才能真正在国际市场中实现一国旅游产品的价值。由于旅游产品是开放经济中存在的外向性产品,因而旅游产品的营销不但要着眼于国际旅游市场需求变化,而且要考虑汇率变动、国际市场竞争因素等,特别是旅游接待国旅游产品的总体形象是旅游产品发展的重要因素,因而必须搞好旅游名牌产品的建设。

(七)旅游产品的脆弱性

旅游业是一个敏感度很高的产业,自然、政治、经济、社会、心理等因素都会对旅游产品产生影响。旅游产品的脆弱性,使其生产过程很难正常进行,往往导致旅游产品供大于求或供不应求。在影响旅游产品生产的诸多因素中,大部分因素是旅游生产过程本身不可控制的。因此,要在某一地区优先发展旅游业,就必须切实考察该地区旅游业和相关行业的发展状况,充分考虑该地区的法制状况及其对各种风险的防范与应变能力等。

第二节 旅游产品的构成

旅游产品内容丰富,为了便于对旅游经济活动的分析和研究,保证旅游产品的各构成部分协调组合和供应,保障旅游活动的顺利进行,有必要对旅游产品的构成进行分析。分析的角度可以从旅游产品消费形式出发,也可以从旅游产品劳动表现形式出发。本节将主要从市场营销、旅游需求和旅游供给角度出发,对旅游产品构成进行多角度分析。

一、一般构成

现代市场营销理论认为,一切产品都是围绕消费者这个中心而发展起来的整体概念,都是由核心部分、形式部分和延伸部分构成的。核心部分是指产品满足消费者需求的基本效用和核心价值所在,是消费者购买和消费的主体部分;形式部分是指构成产品的实体和外形,包括产品的形状、式样、品牌、质量和包装等;延伸部分是指随着产品的销售和使用而给消费者带来的方便性和附加利益,如包装装潢、售后服务等。据此,可以将旅游产品的一般构成分为核心部分、形式部分和延伸部分。

（一）核心部分

旅游产品的核心部分,一般是指旅游吸引物和旅游服务,是旅游者旅游活动的最主要对象和内容,也是构成旅游产品的最基本部分。

旅游吸引物是指一切能够吸引旅游者的旅游资源及各种条件,它既是构成旅游产品的基本要素,具有满足旅游者审美和愉悦需要的效用和价值,是旅游者选择旅游目的地的决定性因素,也是一个地区能否进行旅游开发的先决条件。旅游吸引物的存在形式,可以是某种物质实体,也可以是某个事件,还可能是一种自然或社会现象。旅游吸引物按属性可划分为自然吸引物、人文吸引物、特产吸引物、社会吸引物四大类。自然吸引物包括气候、森林、河流、湖泊、海洋、温泉、火山等各种自然旅游资源;人文吸引物包括文物古迹、文化艺术、城乡风光、民族风情及建设成就等各种人文旅游资源;特产吸引物主要包括各种土特产品、风味佳肴、旅游工艺品等;社会吸引物主要指各种具有影响的节庆活动、体育赛事、会展商务活动等。

旅游服务作为旅游产品的核心部分,是依托旅游资源和旅游接待设施向旅游者提供的各项服务。旅游产品除了在餐饮和旅游活动中消耗少量的有形物质产品外,大量是接待服务、导游服务和相关服务。按照旅游活动的过程,一般把旅游服务分为售前服务、售时服务和售后服务三部分。售前服务是旅游活动前的准备性服务,包括旅游产品设计、旅游线路编排、旅游宣传促销、出入境手续办理、货币兑换等方面的服务;售时服务是在旅游活动过程中向旅游者直接提供的食、住、行、游、购、娱等方面的服务及其他服务;售后服务是当旅游者结束旅游后离开旅游目的地时的服务,包括送到机场、车站,办理有关离境手续,托运行李、委托代办服务及追踪调查等方面的服务。

（二）形式部分

旅游产品的形式部分主要指旅游产品的载体、质量、特色、风格、声誉及组合方式等,是促进旅游产品核心价值满足旅游者的生理需求或向心理效应转化的部分,属于旅游经营者向旅游者提供的实体和劳务的具体内容。

(1) 旅游产品的载体,主要指各种旅游接待设施、景区景点、娱乐项目等,是以物化劳动形式表现出来的具有物质属性的实体,是整个旅游产品不可缺少的载体。尽管有的旅游吸引物,如阳光、气候、海水、森林、名山大川等属于自然生成物,不包括任何人类劳动的成分,但这些自然物却是旅游产品不可缺少的自然基础;而文物古迹、园林景观、文化遗址、历史名胜等则属于古代人类的劳动结晶,其蕴含丰富的文化价值,也是旅游产品必不可少的载体。

(2) 旅游产品的质量、特色、风格和声誉,是依托各种旅游资源、旅游设施而反映出来的外在价值,是激发旅游者的旅游动机,吸引旅游者进行旅游活动的具体形式。由于旅游资源和旅游接待设施等方面的差别,从而形成了旅游产品不同的品位、质量、特色、风格和声誉,即旅游产品的差异性,甚至形成某些旅游产品的垄断价值。

(3) 提供给旅游者消费的旅游产品大多数是组合旅游产品,即对构成旅游产品的各种要素进行有机组合,以更好地满足旅游者的多样性需求。因此,组合方式也成为旅游产品的形式部分,而不同的组合方式则形成不同的组合旅游产品,并产生不同的吸引力和竞争力。

(三) 延伸部分

旅游产品的延伸部分,是指旅游者购买旅游产品时获得的优惠条件、付款条件及旅游产品的推销方式等,是旅游者进行旅游活动时所得到的各种附加利益的总和。虽然延伸部分并不是旅游产品的主要内容,但旅游者在旅游过程中购买的是组合或整体旅游产品,因而在旅游产品核心部分和形式部分的基本功能确定之后,延伸部分往往成为旅游者对旅游产品进行购买评价和决策的重要促成因素。因此,旅游经营者在进行旅游产品营销时,应注重旅游产品的整体效能,除了要突出旅游产品核心部分和形式部分的特色外,还应在旅游产品的延伸部分形成差异性,以增强旅游产品的特色,提高旅游产品的吸引力,赢得更大的市场竞争优势。

二、需求构成

旅游者是旅游产品的最终消费对象,因此,旅游产品构成分析必须从旅游者旅游需求角度出发,从旅游者的需求内容、需求程度和需求偏好等方面进行分析。

(一) 需求内容构成

按旅游者的需求内容,可以认为旅游产品是由食、住、行、游、购、娱等要素构成的。可以将旅游产品相应划分为饮食、住宿、交通、游览、购物、娱乐等方面需求的内容。饮食和住宿是向旅游者提供基本生活条件的消费;交通是向旅游者提供的实现空间位置移动的主要手段;游览是向旅游者提供旅游活动的核心内容;购物是向旅游者提供辅助性消费的内容和形式;娱乐是向旅游者提供一些愉悦的参与性的体验和感受。从旅游需求结构来说,旅游产品的食、住、行、游、购、娱六个要素的消费潜力是不同的。通常,饮食、住宿和交通存在着一定的消费极限,增加消费的途径是提高饮食质量、增加服务内容和多档次经营;游览和娱乐的需求价格弹性较大,增加消费的方式是尽可能增加游乐的项目、丰富游乐的内容;购物的需求价格弹性最大,因而要通过大力发展适销对路、品种多样的旅游商品来提高旅游者的消费水平。

(二) 需求强度构成

按旅游者的需求强度,可以认为旅游产品由基本旅游产品和非基本旅游产品构成。基本旅游产品是指旅游者在旅游活动中必须购买的,而且需求价格弹性较小的旅游产品,如住宿、饮食、交通等都是旅游活动中必不可少的;非基本旅游产品是指旅游者在旅游活动中不一定购买,而且需求价格弹性较大的旅游产品,如旅游购物、医疗保健服务、通信服务等。把旅游产品构成划分为基本旅游产品和非基本旅游产品,有助于旅游经营者针对不同的旅游需求强度,提供不同内容的旅游产品,满足旅游者的多样性消费需求,同时也有助于旅游者在选择和购买旅游产品的过程中,有计划地调整自己的消费结构和消费水平,使旅游活动更加轻松舒适,以达到身心健康的旅游目的。

(三) 需求偏好构成

按旅游者的需求偏好,一般认为旅游产品由游览观光旅游产品、休闲度假旅游产品和特种旅游产品构成。

(1) 游览观光旅游产品是指以满足旅游者游览自然风光、观赏文化遗迹、了解历史名胜等为主要目的的旅游产品,是一种大众化的旅游产品,其构成现代旅游活动的主体内容。

(2) 休闲度假旅游产品是指以满足旅游者消遣、娱乐、度假、康体等需求偏好的旅游产品。随着人们生活质量的改善和生活水平的不断提高,这类旅游产品在旅游活动中的比重也日益提高。

(3) 特种旅游产品是指以满足旅游者探亲访友、会展商务、宗教朝圣、学习考察、科考探险等特殊需求偏好的旅游产品,其类型多样、内容广泛,是对前两种旅游产品的重要补充,并能够满足人们的多样性旅游需求偏好。

三、供给构成

从旅游经营者的角度看,一个完整的旅游产品由旅游资源、旅游设施、旅游服务、旅游购物品和旅游通达性等构成。

(一) 旅游资源

旅游资源是旅游活动的主要客体,自然界和人类社会中凡是能够吸引旅游者进行旅游活动,能够给旅游带来各种综合效益的事物都可称之为旅游资源。按照属性和成因,可以将旅游资源分为自然旅游资源和人文旅游资源两部分。自然旅游资源是指天然存在并能够给人以美感的自然现象和生态环境,包括各种地貌景观、水域风光、天气气象和生物景观等;人文旅游资源是指社会环境中能够吸引人们进行旅游活动的一切人文景观,包括各种古迹建筑、民族民俗、宗教园林、文化娱乐和旅游商品等。

作为旅游活动的主要对象物,旅游资源的本质功能在于吸引旅游者,能够从不同层面来激发旅游者的旅游动机,并促成旅游行为。要充分发挥旅游资源的吸引功能,各旅游目的地国家或地区应根据自身旅游资源的状况(类型、密度、丰度、品味、特色、知名度等),遵循一定原则,把旅游资源开发、组合为特色鲜明、功能互补的旅游线路产品或整体旅游产品。与此同时,由于旅游资源是旅游业赖以存在和发展的基础,对旅游资源的开发和利用必须合理和适度,以确保旅游资源的永续利用。

(二) 旅游设施

旅游设施是实现旅游活动而必须具备的各种设施、设备和相关物质条件,也是构成旅游产品的必备要素。旅游设施一般分为专门设施和基础设施两大类。

(1) 专门设施是指旅游经营者用以直接服务于旅游者的各种接待设施,通常包括游览设施、餐饮设施、住宿设施、娱乐设施等。游览设施指旅游景区、景点开发和建设的供人们观光、休闲的各种设施和设备;餐饮设施是指为旅游者提供餐饮服务的场所和设备,包括各种餐馆、冷饮店、咖啡厅、饮食店等;住宿设施是旅游者在旅行途中的"家",是能够提供多种服务功能的宾馆饭店、度假村、别墅等;娱乐设施是指各种歌舞厅、音乐厅、健身器械、游乐园、

康体运动场所等。旅游地所拥有专门设施的规模、质量和水平直接反映了旅游产品的供给数量、质量和水平。

(2) 基础设施是指为旅游活动有效开展而必不可少的各种公共设施,包括风景区、城镇、道路、桥梁、供电、供热、通信、给排水、排污、消防、环境保护和环境卫生,以及城街区美化、绿化、路标、路灯、交通工具、停车场等,是旅游业赖以生存和发展的基础。基础设施虽然不是专门为旅游者提供服务的,但在旅游经营中,它是保证向旅游者提供服务而必不可少的前提和基础条件,是旅游部门和企业提供游览、食宿、娱乐等专门设施必不可少的前提条件。如果没有丰富而发达的基础设施,专门设施的功能就不可能得到有效发挥。

(三) 旅游服务

旅游服务是旅游产品的核心,旅游经营者除了向旅游者提供少量有形物质产品外,大量提供的是各种各样的旅游服务。因此,旅游产品的无形性也主要是由其服务性质所决定的。服务观念、服务态度、服务项目、服务价格和服务技术是旅游服务的有机构成部分。

(1) 服务观念是旅游从业人员的价值观,是从事服务工作的前提。旅游服务所表现的是一种人与人的关系,因而只有建立完整的合乎实际的服务观念,达到社会认知、自我认知和工作认知的协调一致,才能使服务人员具有积极主动的服务精神和服务态度。

(2) 服务态度是服务观念的具体化,是服务质量的外在集中表观,既表现出服务人员对旅游者的尊重和理解,也表现出服务人员的气度、修养和文明素质。因此,服务态度既是旅游者关注的焦点,也是提高旅游服务质量的重要内容。

(3) 服务项目是依托旅游服务设施向旅游者提供的各种服务,服务项目内容的多少和服务效率的高低,不仅决定着是否能为旅游者提供方便、快捷和高效的服务,也是增强旅游企业竞争力的关键所在。

(4) 服务价格是旅游服务内容和质量的货币表现形式,与服务内容和质量有着密切的关系。通常,质价相符,旅游者满意;质优价低,旅游产品竞争力强;质低价高,旅游者不高兴。因此,不同的价格反映着所提供的不同等级的服务,这不仅是提高旅游产品竞争力的重要手段,也是国际旅游市场的通行原则。

(5) 服务技术是搞好旅游服务工作的基础,高超而娴熟的服务技术会成为一种艺术表演,使旅游者从中获得享受,满足旅游者的旅游需求,并提高旅游企业的形象和信誉。因此,服务技术水平的高低就成为评判旅游企业服务质量的标准,也是提升旅游产品质量的关键所在。

(四) 旅游购物品

旅游购物品是指旅游者在旅游活动中所购买的,对旅游者具有实用性、纪念性、礼品性的各种物质形态的商品,亦称旅游商品。旅游购物品反映了旅游目的地国家或地区的文化、艺术和工艺水平,能够使旅游者更好地了解旅游目的地国家或地区的文化传统,并留下美好的回忆。旅游购物品主要有旅游工艺品、旅游纪念品、文物古玩、金银玉器、土特产品、书法绘画,以及各种餐饮食品和文化等。由于旅游购物品的种类多、价格高、消费潜力大,因此它是旅游产品的重要构成部分,也是旅游创汇的重要来源。

(五) 旅游通达性

旅游通达性是指旅游者在旅游目的地和旅游客源地之间往返移动的方便、快捷、通畅的程度,具体表现为进出旅游目的地的难易程度和时效标准。主要可从以下几方面加以分析和考虑:是否有完善、发达的交通网络;是否有方便的通信条件;出入境签证、检验检疫的程序、效率以及信息获取是否便捷;旅游目的地的生态环境和社会环境的承受能力等。旅游目的地的通达性对旅游产品的成本、质量、吸引力等具有较大的影响,也是旅游产品的必要构成部分。

四、旅游产品的构成形式

旅游产品在整体上是一种综合性的组合型产品,它由旅游资源、旅游设施、旅游服务和旅游商品等多种要素构成。其中,既有物质的要素,又有非物质的要素;既有有形的要素,又有无形的要素。旅游经营者凭借旅游经济要素,向旅游者提供交通、住宿、饮食、游览、购物、娱乐等各种服务,以满足旅游者的需求。旅游服务把旅游者、旅游资源和旅游设施联系在一起,使旅游产品成为一个有机的综合体。也可以说,旅游产品是一种以服务形式存在的消费品。旅游产品作为一个总体概念,它包含了实现一次全程旅游活动所需要的各种服务和组合。一个完整的旅游产品应该包括六个方面的要素:餐饮供应、旅游住宿、旅游交通、旅游景区(点)、旅游购物、娱乐项目,即食、住、行、游、购、娱。这些要素由于时间和空间组合的不同形成了一日游、多日游以及观光、探险、健身等各类专题旅游产品,又由于购买方式的不同,形成了团体包价旅游产品和散客旅游产品。

旅游产品的六大构成要素中,旅游景区(点)是满足旅游者核心需求的要素,其他要素一般只是满足旅游者的派生需求。因而,旅游景区(点)的经营开发在旅游业的发展中就显得尤为重要。

第三节 旅游产品的类型

旅游产品构成多元、内容丰富,具有极为明显的综合性。因此,可以根据不同的标准进行类型划分,以深化对于旅游产品的认识。

一、按照产品特点划分

旅游产品除了按照市场交换对象划分为单项旅游产品、组合旅游产品和整体旅游产品外,在实践中还可以根据旅游产品特点进行分类。

(一)观光旅游产品

观光旅游产品是指旅游者以观赏和游览自然风光、名胜古迹等为主要目的的旅游产品。这类旅游产品在世界上许多国家又被称为观景旅游产品。观光旅游产品的类型一般可以分为山水风光、城市景观、名胜古迹、国家公园、森林海洋等旅游产品。观光旅游产品是一种传统旅游产品,其构成了现代旅游产品的主体部分。随着现代旅游的发展,许多观光旅游产品已不仅仅是单纯的观光旅游,而是融入了更多的文化内涵和休闲度假内容,使观光旅游产品的内容更加丰富多彩和富有吸引力。

(二)文化旅游产品

文化旅游产品是指旅游者以学习、研究和了解异国他乡文化为主要目的的旅游产品。

当今世界文化旅游产品种类繁多、内容丰富,主要有修学旅游、考古旅游、博物馆旅游、艺术欣赏旅游、民俗风情旅游、名人故居旅游、怀旧旅游和宗教旅游等。随着现代社会经济的发展,文化旅游产品不仅蕴含着较为深刻而丰富的历史文化内涵,而且具有客源市场的广泛性、旅游内容的知识性、旅游活动的参与性等突出特点;同时文化旅游产品所吸引的旅游者也一般都具有相当高的文化素养和消费能力。

(三)度假旅游产品

度假旅游产品是指旅游者利用公休假期或奖励假期而进行休闲和消遣所购买的旅游产品。现代度假旅游产品一般有海滨旅游、乡村旅游、森林旅游、野营旅游等产品类型。度假旅游产品的特点是强调休闲和消遣,要求自然景色优美、气候良好适宜、住宿设施令人满意,并且有较为完善的文体娱乐设施及便捷的交通和通信条件等。随着现代社会经济的发展、公休假日的增加及奖励旅游的发展,度假旅游产品已成为国内外旅游者所喜爱的旅游产品,具有较好的发展态势和潜力。

(四)公务旅游产品

公务旅游产品,通常是指人们以出差、参加会展、洽谈商务活动或交流信息为主要目的旅游产品。公务旅游产品作为一种新兴的旅游产品,是以公务为主要目的,以旅行为基本手段,以游览观光、休闲度假为辅助活动的旅游产品。随着现代经济的全球化发展和国际旅游业的迅速发展,不仅公务旅游的旅游者越来越多,旅游的范围越来越广,而且公务旅游的设施和服务也迅速现代化,并为各类企业家、经营者、营销人员及经济工作者提供多方面的服务,进一步促进了公务旅游的快速发展。

(五)生态旅游产品

生态旅游产品,是指以注重生态环境保护为基础的旅游活动。其主体是那些关心环境保护、追求回归自然,并希望了解旅游目的地生态状况和民族风情的旅游者。生态旅游产品是从20世纪70年代开始,进入90年代以后迅速发展的新兴旅游产品。其主要特点是知识性要求较高、参与体验性强、客源市场面广、细分市场多,如森林旅游、乡村旅游、野营旅游、探险旅游、民俗旅游及环保科普旅游等都可以纳入生态旅游的范畴。因此,生态旅游是21世纪世界旅游产品发展的主流,具有良好的发展前景和潜力。

二、按照产品功能划分

现代旅游产品,从满足人们的多样性需求出发,可以按其功能划分为观光旅游产品、康体旅游产品、享受旅游产品、探险旅游产品和特种旅游产品等。观光旅游产品前面已介绍过了,下面重点介绍其他旅游产品。

(一)康体旅游产品

康体旅游产品是指能够使旅游者身体素质和体能得到不同程度提高和改善的旅游产品。任何一种旅游活动都有益于旅游者的身心健康,而康体旅游产品更是如此。从目前看,康体旅游产品主要包括体育旅游和保健旅游两大类。体育旅游有高尔夫、滑雪、漂流、冲浪、滑水、蹦极、汽车拉力、定向运动等;保健旅游主要有健身旅游、温泉旅游、森林旅游、疗养旅游等。康体旅游产品是一种时尚旅游产品,通常需要一定的设施、器材和场地等条件。

（二）享受旅游产品

享受旅游产品是指随着人们物质生活水平的提高和精神生活需求的增加，为满足人们物质和精神享受而提供的旅游产品，也是目前许多国家积极发展的新兴旅游产品。享受旅游产品主要有豪华列车旅游、豪华游船旅游、美食美味旅游、新婚旅游和奖励旅游等。享受旅游通常具有旅游消费支出高、娱乐内容丰富、旅游活动自由和服务人员专业化等特点。随着现代经济的发展和人们收入水平的提高，享受旅游产品的发展潜力越来越大。

（三）探险旅游产品

探险旅游产品是指旅游者过去从未见过、听过或经历过，既标新立异又使人特别兴奋、刺激和惊心动魄的旅游产品。探险旅游产品有秘境旅游、海底旅游、火山旅游、沙漠旅游、极地旅游、惊险游艺旅游、斗兽旅游、观看古怪比赛旅游等多种形式。探险旅游产品不仅能充分满足旅游者的好奇心，令旅游者处于高度紧张和兴奋状态，而且其内容本身就具有丰富的知识和科学启迪，从而使旅游者留下永久难忘的记忆。因此，探险旅游产品也是现代旅游中极具发展潜力的旅游产品。

（四）特种旅游产品

特种旅游产品，是指旅游者在外出旅游的同时，把学习和探求专业知识、技能作为旅游的主要目的，以增长知识、开阔视野、促进自身业务水平提高为目的的旅游产品。特种旅游主要有修学旅游、工业旅游、务农旅游、学艺旅游、科技旅游、考察旅游等多种形式。特种旅游产品大多数是满足旅游者某一方面或多方面的特殊需要，其内容也多数是与业务密切联系的旅游活动，因而是一种积极有益的旅游活动，具有较强的业务性和教育功能，在现代旅游中也具有较好的发展态势和一定的发展潜力。

三、按照销售方式划分

20世纪50年代以来，随着全球旅游业的快速发展，旅游产品销售已经形成了由旅行商运作的规范方式。但是，从20世纪末期开始旅游产品销售出现了新的变化趋势，原来以团体包价旅游产品为主的比重不断下降，而以散客旅游产品和自助旅游产品为主的比重日益增加。因此，有必要按照销售方式进行旅游产品的类型划分。

（一）团包旅游产品

团包旅游产品，即团体包价旅游产品，是指旅行社根据旅游市场需求，把若干旅游者组成一个旅游团体，按照统一价格、统一行程、统一内容进行消费的旅游产品。团包旅游产品是一种大众化旅游产品，在国际旅游市场上占有十分重要的地位。它具有以下特点。

（1）旅游者购买了团包旅游产品后只要随团旅游即可，一切旅游活动均由旅行社负责安排，既价格便宜、行程方便，又安全可靠。

（2）旅行社销售出团包旅游产品后，就必须配备领队和导游，并负责安排好旅游者在旅游过程中的一切食、住、行、游、购、娱等一切活动。

（3）团包旅游通常是把旅游者的食、住、行、游、购、娱等内容全部包下来，组合成旅游线路产品，但也可以只包其中的某些部分。团包旅游产品的缺点是旅游者的活动受到一定的限制,不可能充分地经历和感受旅游产品的特色和内涵。

(二)散包旅游产品

散包旅游产品,即散客包价旅游产品,是指旅游者不参加旅游团体,而是一个人或一家人向旅行社购买某种旅游产品。散包旅游产品一般没有较多的约束而比较自由,旅游活动的行程安排也可以根据旅游者需求而灵活变更,因此受到旅游者的广泛欢迎,在国际国内旅游市场上发展很快,也是现代旅游产品的重要发展趋势。但是,散包旅游产品一般不能更多地享受团包旅游产品的优惠,因而其价格通常高于团包旅游产品;同时散包旅游产品一般也有相对固定的游览线路、景区景点和住宿、餐饮设施。因此,仍然不能充分满足旅游者的旅游需求。

(三)自助旅游产品

自助旅游产品是指旅游者不通过旅行社组织,而是自己直接向航空公司、车船公司、旅游饭店、旅游景区景点预订或购买,并按照个人需求及偏好进行消费的旅游产品。由于自助旅游一般不通过旅行社,通常不属于旅行社的旅游产品。但是,由于其购买的仍然是单项旅游产品,是由自己组合的旅游线路产品,所以从本质上看仍然是一种旅游产品。经济全球化发展,现代信息技术和国际互联网的迅速普及,以及世界各国对外开放步伐的加快等,为自助旅游提供了极为便利的条件,因此自助旅游产品越来越成为人们青睐的新兴旅游产品,并展现出良好的发展态势和潜力。

四、按照参与程度划分

按照旅游者在旅游活动过程中的参与程度,可以将旅游产品划分为观光型旅游产品、主题型旅游产品、参与型旅游产品和体验型旅游产品。

(一)观光型旅游产品

观光型旅游产品是旅游业发展初期成长起来的一种旅游产品,旅游方式以参观为主,旅游者在游览过程中主要是被动地"饱眼福",对旅游经营者提供的旅游产品没有更多的个性化要求,旅游的目的主要是观景,旅游的对象主要是旅游目的地中知名度较高的自然或文化景观,如北京的长城、故宫、天坛、香山,杭州的西湖、断桥、雷峰塔等。旅游者消费这些旅游产品时的共同特征是"走马观花",旅游活动中旅游者参与的程度与内容十分有限。

(二)主题型旅游产品

主题型旅游产品的旅游方式仍然带有较多的参观的成分,但参观的内容和范畴与观光型旅游产品相比显然已经有所分化。旅游者仍然倾向于到旅游目的地级别较高的景区或景点旅游,但这些景区或景点之间需要存在某些历史、文化或其他方面的联系,例如"丝路旅游"和"三国旅游"。旅游者的旅游行为具有明确的指向性,不再是泛泛地满足一般的好奇心。主题型旅游产品的历史和文化内涵较丰富,附加值较高,旅游方式已由单向参观逐渐过渡到双方参与。

(三)参与型旅游产品

参与型旅游产品的目的是尽量调动旅游者的主动性和积极性,使旅游方式由被动接受转为主动参与。在旅游产品生产和消费过程中，旅游者同旅游经营者以及旅游目的地居民之间的关系是互动的。旅游者通过身心的调动得到愉悦的感受，参与活动的兴趣被激发出来；旅游经营者和当地居民在轻松融洽的气氛中提供服务，服务的质量也更加有保障。例如"乡村旅游""烹饪旅游"和傣族的"泼水节狂欢"等。该类旅游产品对旅游目的地及景观知名度没有很高的要求，旅游产品组合的关键在于旅游设施、特定的主题和必要的行为示范。

（四）体验型旅游产品

体验型旅游产品主要有探险旅游、登山旅游、攀岩旅游等，旅游者对旅游产品的选择和购买具有强烈的主观意愿且较少受到外界的干扰。在旅游活动过程中，旅游者全身心投入，对旅游产品的价值和使用价值体验深刻，并能从中得到满足。该产品类型的旅游者通常具有较强的消费能力和购买意愿，进行专业化的组合是旅游产品获得成功的重要手段。随着人们旅游需求的日渐多元化和细分化，体验型旅游产品会被越来越多的旅游者认可和接受，未来将具有更大的市场空间。

五、按照开发程度划分

按照产品的开发程度，可以将旅游产品划分为改进型旅游产品、仿制型旅游产品、换代型旅游产品和创新型旅游产品。

（一）改进型旅游产品

改进型旅游产品是指在原有旅游产品基础上，对其某些部分构成要素进行旨在增加活动内容、提高旅游服务质量、增强旅游产品吸引力、巩固和拓展客源市场的改进和优化而形成的旅游产品。例如西安市的大雁塔进行局部改进和优化后，拓展了原有景区范围，丰富了原有活动内容，增加了部分仿古建筑、宗教塑像、壁画和浮雕，从而形成了具有较强吸引力的改进型旅游产品。

（二）仿制型旅游产品

仿制型旅游产品是指模仿旅游市场上已有旅游产品的基本原理和结构而设计、生产出来的旅游产品。较常见的仿制型旅游产品是人造景观、微缩景观等。

（三）换代型旅游产品

换代型旅游产品是指对现有旅游产品进行根本性或较大程度改造后形成的旅游产品。例如宾馆、饭店对原有的硬件设施进行更换，扩建新楼，增加服务内容，提高饭店档次。又如旅行社对原来的旅游线路重新编排、调整，把一日游改为二日游、三日游，丰富了活动内容，增强了吸引力。

（四）创新型旅游产品

创新型旅游产品是指旅游经营者为了满足旅游市场新需求，运用新技术、新方法、新手段设计、生产出来的全新旅游产品。它主要包括新的酒店、新的景点、新的旅游线路、新的旅游项目和新的娱乐设施等。如美国的"迪士尼乐园"和深圳的"锦绣中华"。创新型旅游产品的研发时间较长，对资金和技术要求较高，因此开发风险较大。

第四节 旅游产品的生命周期

一、旅游产品的生命周期阶段

产品生命周期是指一个产品从它进入市场开始到最后撤出市场的全部过程,这个过程大体要经历推出、成长、成熟、衰退的周期性变化。旅游产品亦是如此,也有其推出期、成长期、成熟期、衰退期四个阶段的生命周期变化。一条旅游路线、一个旅游活动项目、一个旅游景点、一个旅游地开发等,都将经历这一由兴至衰的过程。旅游产品生命周期的各个阶段通常是以销售额和所获利润的变化来衡量的,同时,处于不同生命周期阶段的旅游产品也有着不同的特点。

(一) 旅游产品的推出期

在推出期,旅游新产品正式推向旅游市场,具体表现为新的旅游景点、旅游饭店、旅游娱乐设施建成,新的旅游路线开通,新的旅游项目、旅游服务推出。在这一阶段,产品尚未被旅游者了解和接受,销售量增长缓慢而无规律;旅游企业的接待量很少,投入费用较大,经营单位成本较高;企业为了使旅游者了解和认识产品,需要做大量的广告和促销工作,产品的销售费用较大。在这个阶段内,旅游者的购买很多是试验性的,几乎没有重复购买,企业也通常采取试销态度,因而企业往往销售水平低,利润极小,甚至亏损。但处于这个阶段,市场上一般还没有同行竞争。

(二) 旅游产品的成长期

在这一阶段,旅游景点、旅游地开发初具规模,旅游设施、旅游服务逐步配套,旅游产品基本定型并形成一定的特色,前期宣传促销开始体现效果。这时,旅游产品在市场上拥有一定知名度,产品销售量迅速增长;旅游者对产品有所熟悉,越来越多的人试用这一产品,重复购买的选用者也逐步增多;企业的广告费用相对减少,销售成本大幅度下降,利润迅速上升。处于这一阶段,其他旅游企业看到产品销售很好,就有可能组合相同的产品进入,市场上开始出现竞争。

(三) 旅游产品的成熟期

在产品的成熟期,潜在顾客逐步减少,大多属于重复购买的顾客。旅游产品的市场需求量已达饱和状态,销售量达到最高点;在前期销售量可能继续增加,中期处于不增不减的平稳状态,后期的销售增长率趋于零,甚至会出现负增长。利润增长也将达到最高点,并有逐渐下降趋势。很多同类旅游产品和仿制品都已进入市场,扩大了旅游者对旅游产品的选择范围,市场竞争十分激烈,而且还有来自更新产品的替代性竞争,差异化成为竞争的核心。

(四) 旅游产品的衰退期

旅游产品的衰退期一般是指产品的更新换代阶段。在这一阶段,新的旅游产品已进入市场,正在逐渐代替老产品。旅游者或丧失了对老产品的兴趣,或由新产品的兴趣所取代。原来的产品中,除少数名牌产品外,市场销售量日益下降。市场竞争突出地表现为价格竞争,价格被迫不断下跌,利润迅速减少,甚至出现亏损。

根据以上对旅游产品生命周期的规律性分析,可得出以下结论:一是任何旅游产品都有一个有限的生命,大部分旅游产品都经过一个类似 S 形的生命周期;二是每个产品生命周期阶段的时间长短因旅游产品不同而不同;三是旅游产品在不同生命周期阶段,利润高低不同;四是对处于不同生命周期阶段的旅游产品,需采取不同的营销组合策略;五是针对市场需求及时进行旅游产品的更新换代,适时撤退或改造过时旅游产品以免遭受不应有的损失。

二、旅游产品生命周期的变异

一般旅游产品都经历过推出、成长、成熟、衰退的生命周期,但也有很多旅游产品会产生变异形态。其中有两种主要的变异形态较为典型,即时尚旅游产品的生命周期和延伸旅游产品的生命周期。

(一)时尚旅游产品的生命周期

时尚旅游产品的生命周期只有两个阶段:一个是快速增长阶段,另一个是显著暴跌阶段。时尚旅游产品一般具有以下特点。

(1)一般传播媒介可能愿意用大量时间或空间对时尚旅游产品加以宣传,如目前的生态旅游、漂流旅游等,许多电视、杂志、报纸等会主动加以宣传,而不需要旅游企业付费做广告。

(2)时尚旅游产品常常随着产品推出前的大量宣传而到来,因此生命周期中没有明显的缓慢增长的推出阶段,往往一开始就呈现出高速增长。

(3)在时尚旅游产品的目标市场中,没有明显的选择行为,如早期选用者、中期选用者、晚期大多数消费者等,整个市场的选择同时在产品推出后的短时期内发生。

(4)时尚旅游产品营销组合的目标在于快速进入市场,同时产品常常被一个分界很清楚的市场选取,这一市场通常是一个特殊的年龄集团。

(5)大多数时尚旅游产品是非基本旅游产品,其消费者常常自以为与其他人相比有显著的差异性或特殊性。

(二)延伸旅游产品的生命周期

延伸旅游产品有一个延伸的成熟阶段,这一延伸的成熟阶段也称饱和阶段。在饱和阶段,高度的重复购买形成一个稳定的销售额。最后可能会在市场的全部购买中找到一个持久销售地位。有很多旅游产品都呈现出延伸产品的生命周期的形态。

(1)大众旅游产品是指那些为人民群众经常使用的旅游产品,在某种程度上已成为必需品。如欧美人就把度假视为必需品。

(2)风行旅游产品是指那些在市场上影响广泛且吸引力较大的产品。如中国的长城、兵马俑观赏游览等,就风行于市场而经久不衰。

(3)功能性旅游产品是指那些具有普遍功能的产品。如饭店的餐厅,就能满足多方面的需求而具有较高的重复购买率。

(4)多效用旅游产品是指那些具有多种用途而能满足多方面或多层次需求的产品,如旅游饭店等,就具有持久的重复购买率。

(三)影响旅游产品生命周期变异的因素

旅游产品的生命周期之所以会发生变异,是因为受到多方面因素的影响,这些因素归纳起来主要有外部因素和内部因素两大类。外部因素是指影响旅游产品在市场上发展状况的外部条件,具体包括政治、经济、社会、竞争及一些偶发因素,甚至旅游接待国或某一旅游客源国发生诸如地震、火灾、水灾等自然灾害或爆发战争,都会冲击旅游产品的供给与需求,从而影响旅游产品生命周期的变异。内部因素是指旅游业内部的可控因素,主要包括资源特点、设施与服务因素、管理因素等。如新建的饭店、新开发的资源,由于管理不善,设备破坏严重,秩序杂乱无章,服务质量下降,都会对旅游者产生排斥作用,影响旅游产品的销售及旅游产品生命周期的延伸,从而导致旅游产品过早进入衰退期。

三、延长旅游产品生命周期的经营策略

由于旅游产品也存在生命周期,因此旅游企业通过对产品生命周期客观规律的认识,运用各种经营策略,延长旅游产品的成熟期,使企业获得最佳效益。延长旅游产品生命周期的策略概括起来有以下几种。

(一) 旅游产品改进策略

旅游产品改进策略是指通过对成熟期的旅游产品做某些改进以吸引新老旅游者。产品改进可从旅游产品的质量、功能、形态等几方面进行,如提高服务质量、改进旅游设施和设备、增设新的旅游服务项目、开辟新的旅游景观等。每进行一个方面的产品改进,相当于刺激出一个新的需求热点,从而使旅游产品的成熟阶段得以延长。如西班牙首都马德里市区游,过去主要靠著名的"东方宫"和几个广场等名胜古迹吸引旅游者,后来新增添了"星期日娱乐"项目。每逢星期日上午,在市内六个古董市场出售古董、古玩,供游客观赏和选购,下午则观看斗牛、赛马、足球赛等,使马德里市区对旅游者具有极大的吸引力而经久不衰。

(二) 旅游市场开拓策略

市场开拓策略是指为成熟期的旅游产品寻找新的顾客,开发新的市场。具体做法有两种。一是发展旅游产品的新用途,即在原产品功能的基础上开发新的旅游功能用途,使老产品焕发出新的生命力。如某度假区在原接待度假游客基础上,开辟健康、娱乐等旅游项目,使其具备新的功能作用而吸引了更多的旅游者。二是开辟新市场,即为原有旅游产品寻找新的使用者,使产品进入新的细分市场。如中国的重点观光旅游产品在欧美主要传统市场上已无较大潜力,保持这一产品生命力的有效途径之一就是为观光旅游产品寻找新的市场,通过开发新加坡、泰国、韩国、马来西亚等市场,使中国观光旅游再度掀起热潮。

(三) 旅游市场营销组合策略

市场营销组合策略,是对产品、促销、流通渠道和定价这四个因素的组合加以合理的改进和重组,以刺激销售量的回升。如提供更多的服务项目、改变分销渠道、增加直销、增加广告,或在价格上加以调整等,以刺激销售量,吸引更多的旅游者。

(四) 旅游产品升级换代策略

延长旅游产品生命周期的一项根本途径是使产品根据市场上不断涌现出的新需求,不断地实现旅游产品的升级换代,做好旅游产品开发工作。如对于中国观光旅游产品来说,理想情况是,当第一代观光产品,即以七大旅游城市为中心,散布于部分重点旅游城市的观光产品进入成长期后,就有第二代产品逐步进入开发建设阶段,如增加参与性活动在内的娱乐、观光型产品的出现。这样第一代观光产品进入成熟期后,第二代观光产品就进入了成长期,依此类推,使观光产品的生命周期得以延长。

第五节 旅游产品开发及策略

一、旅游产品开发的内容

旅游产品开发是根据市场需求,对旅游资源、旅游设施、旅游人力资源及旅游景点等进行规划、设计、开发和组合的活动。它包括两个方面的内容:一是对旅游地的规划和开发;二是对旅游路线的设计和组合。

(一)旅游地开发

旅游地是旅游产品的地域载体。旅游地开发是在旅游经济发展战略指导下,根据旅游市场需求和旅游产品特点,对区域内旅游资源进行开发,建造旅游吸引物,建设旅游基础设施,完善旅游服务,落实区域旅游发展战略的具体技术措施等。因此,旅游地开发就是在一定地域空间上开展旅游吸引物建设,使之与其他相关旅游条件有机结合,成为旅游者停留、活动的目的地。旅游地开发通常可分为以下五种形式。

(1)以自然景观为主的开发。这类开发以保持自然风貌的原状为主,但需要进行道路、食宿、娱乐等配套旅游设施建设,以及环境绿化、景观保护等。这类形式的开发必须以严格控制建设量和建设密度,不允许冲淡和破坏自然景观为前提,使人工造景建筑与自然环境协调一致。

(2)以人文景观为主的开发。这类开发主要凭借丰富的文化历史古迹和现代建设成就,进行维护、修缮、复原等工作,使其具有旅游功能。如有重要历史文化价值的古迹、遗址、园林、建筑形态。这类形式的开发一般需要较大的投资和维修费用。

(3)在原有资源和基础上的创新开发。这类开发主要是利用原有资源和开发基础的优势,进一步扩大和新添旅游活动内容和项目,以达到丰富特色、提高吸引力的目的。

(4)非商品性旅游资源开发。非商品性旅游资源一般是指少数民族地方的民族风情、传统风俗、文化艺术等,它们虽然是旅游资源但还不是商品,本身并不是为旅游而产生,也不仅仅为旅游服务。对这类旅游资源的开发,需要进行广泛的横向合作,与有关部门共同挖掘、整理、改造、加工和组织经营,在此基础上开发成各种旅游产品。

(5)利用现代科学技术成果进行旅游开发。这是运用现代科学技术所取得的一系列成就,经过精心构思和设计,再创造出颇具特色的旅游活动项目,如"迪士尼乐园""未来世界"等。现代科技以其新颖、奇幻的特点,融娱乐、游艺、刺激于一体,大大开拓和丰富了旅游活动的内容与形式。

(二)旅游路线开发

旅游路线是旅游产品的具体表现,是旅游地向外销售的具体形式。旅游产品开发成功与否与旅游路线能否为游客所接受密切相关,旅游路线是游客消费并满足旅游需求的具体体现。旅游路线开发,就是把旅游资源、旅游吸引物、旅游设施和旅游服务综合地联系起来,并与游客的期望相吻合,与旅游者的消费水平相适应的组合性创造活动。从开发过程来看,

旅游路线开发充分体现了旅游产品与有形产品在开发方式上的区别。一般有形产品是人们借助于劳动工具将劳动对象加工改造为特定的外貌和内质全然不同的符合人们新需求的物质产品。而旅游产品的生产过程则是旅游从业人员凭借着已开发的吸引物和已建成的旅游设施和其他服务设施,向人们提供符合旅游需要的服务,即通过旅游从业人员和旅游设施、旅游吸引物等组合成各种不同的旅游路线,以满足不同目的的旅游需求。在这里除了食品生产外,对所凭借的物质和非物质的劳动产品不存在外貌和内质的变化,只有不同形式的路线组合。因此,旅游路线开发实质上是组合开发。旅游路线开发的种类可以从不同角度进行划分。

(1) 按旅游路线的性质,可以划分为普通观光旅游路线和特种专项旅游路线两大类。

(2) 按旅游路线的游程天数,可以分为一日游路线与多日游路线。

(3) 按其使用的主要交通工具,可以分为航海旅游路线、航空旅游路线、内河大湖旅游路线、铁路旅游路线、汽车旅游路线、摩托车旅游路线、自行车旅游路线、徒步旅游路线,以及几种交通工具混合使用的综合型旅游路线等。

(4) 按使用对象的不同性质,可分为包价团体旅游路线、自选散客旅游路线、家庭旅游路线等。

二、旅游产品开发的原则

在旅游产品开发中,无论是对旅游地的开发,还是对旅游路线的组合,都首先要对市场需求、市场环境、投资风险、价格政策等诸多因素进行深入分析。根据对这些因素的分析和比较可产生一系列设计方案和规划项目,再选择其中既符合市场旅游者的需要又符合目的地特点,且具有竞争力的方案和项目进行开发。为此,旅游产品开发中必须遵循以下开发原则。

(一) 市场观念原则

旅游产品的开发必须从资源导向转换到市场导向,牢固树立市场观念,以旅游市场需求作为旅游产品开发的出发点。没有市场需求的旅游产品开发,不仅不能形成有吸引力的旅游目的地和旅游产品,而且还会造成对旅游资源的浪费和生态环境的破坏。

树立市场观念,一是要根据社会经济发展及对外开放的实际状况,进行旅游市场定位,确定客源市场的主体和重点,明确旅游产品开发的针对性,提高旅游经济效益。二是要根据市场定位,调查和分析市场需求和供给,把握目标市场的需求特点、规模、档次、水平及变化规律和趋势,从而形成适销对路的旅游产品。三是针对市场需求,对各类旅游产品进行筛选、加工和再创造,然后设计、开发和组合成具有竞争力的旅游产品,并推向市场。总之,树立市场观念,以市场为导向,才能使旅游产品开发有据有序,重点突出,确保旅游产品的生命力经久不衰。

(二) 效益观念原则

旅游业作为一项经济产业,在其开发过程中必须始终把提高经济效益作为主要目标;同时,旅游业又是一项文化事业,因而在讲求经济效益的同时,还必须讲求社会效益和环境效益。也就是要从整个开发的总体水平考虑,谋求综合效益的提高。

树立效益观念,一是要讲求经济效益。无论是旅游地的开发,还是某条旅游路线的组合,或是某个旅游项目的投入,都必须先进行项目可行性研究,认真进行投资效益分析,不断提高旅游目的地和旅游路线投资开发的经济效益。二是讲求社会效益。在旅游地开发规划和旅游路线产品设计中,要考虑当地社会经济发展水平,要考虑政治、文化及地方习惯,要考虑人民群众的心理承受能力,形成健康文明的旅游活动,并促进地方精神文明的发展。三是要讲求生态环境效益。按照旅游产品开发的规律和自然环境的可承载力,以开发促进环境保护,以环境保护提高开发的综合效益,从而形成"保护—开发—保护"的良性循环,创造出和谐的生存环境。

(三) 产品形象原则

旅游产品是一种特殊商品,是以旅游资源为基础,对构成旅游活动的食、住、行、游、购、娱等各种要素进行有机组合,并按照客源市场需求和一定的旅游路线而设计组合的产品。因此,拥有旅游资源并不等于就拥有旅游产品,而旅游资源要开发成旅游产品,必须根据市场需求进行开发、加工和再创造,从而组合成适销对路的旅游产品。

树立产品形象观念,一是要以市场为导向,根据客源市场的需求特点及变化,进行旅游产品的设计。二是要以旅游资源为基础,把旅游产品的各个要素有机结合起来,进行旅游产品的设计和开发,特别是要注意在旅游产品设计中注入文化因素,增强旅游产品的吸引力。三是要树立旅游产品的形象,充分考虑旅游产品的品位、质量及规模,突出旅游产品的特色,努力开发具有影响力的拳头产品和名牌产品。四是要随时跟踪分析和预测旅游产品的市场生命周期,根据不同时期旅游市场的变化和旅游需求,及时开发和设计适销对路的旅游新产品,不断改造和完善旅游老产品,从而保持旅游业的持续发展。

三、旅游产品开发策略

(一) 旅游地开发策略

旅游地开发最直接的表现形式就是景区景点的开发建设。一个旅游地要进行旅游产品开发,首先必须凭借其旅游资源的优势,或保护环境,或筑亭垒石,或造园修桥,使之成为一个艺术化的统一游赏空间,让原有风光更加增辉添色,更符合美学欣赏和旅游功能的需要。旅游地开发的策略,根据人工开发的强度及参与性质可分为以下几种。

(1) 资源保护型开发策略。对于罕见或出色的自然景观或人文景观,要求完整地、绝对地进行保护或维护性开发。有些景观因特殊的位置而不允许直接靠近开发,它们只能作为被观赏点加以欣赏,其开发效用只能在周围景区开发中得以体现。对这类旅游地的开发,其要求就是绝对地予以保护或维持原样。

(2) 资源修饰型开发策略。对一些旅游地,主要是充分加以保护和展现原有的自然风光,允许通过人工手段,适当加以修饰和点缀,使风景更加突出,起到"画龙点睛"的作用。如在山水风景的某些地段小筑亭台,在天然植被风景中调整部分林相,在人文古迹中配以环境绿化等,就属于这类开发。

(3) 资源强化型开发策略。这类开发指在旅游资源的基础上,采取人工强化手段,烘托优化原有景观景物,以创造一个新的风景环境与景观空间。如在一些自然或人文景点上搞园林造景,修建各种陈列馆和博物馆,以及各种集萃园和仿古园等。

(4) 资源再造型开发策略。这类开发不以自然或人文旅游资源为基础,仅是利用其环境条件或设施条件人工再创造景点,另塑景观形象。如在非资源点上兴建民俗文化村、微缩景区公园等。

(二) 旅游路线开发策略

旅游路线开发以最有效地利用资源、最大限度地满足旅游者需求和最有利于企业竞争为指导,遵循旅游产品开发的原则,具有以下几种旅游路线产品的组合策略。

(1) 全线全面型组合策略。即旅游企业经营多种产品线,推向多个不同的市场。如旅行社经营观光旅游、度假旅游、购物旅游、会议旅游等多种产品,并以欧美市场、日本市场、东南亚市场等多个旅游市场为目标市场。企业采取这种组合策略,可以满足不同市场的需要,扩大市场份额,但经营成本较高,需要企业具备较强的实力。

(2) 市场专业型组合策略。即向某一特定的市场提供其所需要的产品。如旅行社专门为日本市场提供观光、修学、考古、购物等多种旅游产品;或者以青年市场为企业的目标市场,开发探险、新婚、修学等适合青年口味的产品。这种策略有利于企业集中力量对特定的目标市场进行调研,充分了解其各种需求,开发满足这些需求的多样化、多层次的旅游产品。但由于目标市场单一,市场规模有限,企业产品的销售量也受到限制,所以在整个旅游市场中所占份额较少。

(3) 产品专业型组合策略。即只经营一种类型的旅游产品来满足多个目标市场的同一类需求。如旅行社开发观光旅游产品推向欧美、日本、东南亚等市场。因为产品线单一,所以旅游企业经营成本较少,易于管理,可集中企业资金开发和不断完善某一种产品,进行产品的深度加工,树立鲜明的企业形象。但采取这种策略使企业产品类型单一,增大了旅游企业的经营风险。

(4) 特殊产品专业型组合策略。即针对不同目标市场的需求提供不同的旅游产品。如对欧美市场提供观光度假旅游产品,对日本市场提供修学旅游产品,对东南亚市场提供探亲访友旅游产品;或者经营探险旅游满足青年市场的需要,经营休闲度假旅游满足老年市场的需要等。这种策略能使旅游企业有针对性地开发不同的目标市场,使产品适销对路。但企业采取此种策略需要进行周密的调查研究,投资较多,成本较高。

思考与练习

1. 怎样理解旅游产品的含义?
2. 旅游产品的价值有哪些特殊的性质?
3. 旅游产品具有哪些基本特性?
4. 旅游产品的供给构成包括哪些方面?
5. 简述旅游产品的划分类型。
6. 阐述旅游产品的生命周期。
7. 旅游产品的开发内容是什么?应当遵循哪些基本原则?

案例分析

深圳世界之窗旅游产品开发与创新

深圳世界之窗,位于深圳湾畔美丽的华侨城,占地48万平方米,是由中国旅游集团有限公司(占股51%)、华侨城集团有限公司(占股49%)共同投资兴建的大型文化旅游景区,分为世界广场、亚洲区、大洋洲区、欧洲区、非洲区、美洲区、世界雕塑园和国际街八大区域,囊括世界著名景点微缩景观130多处、十余个娱乐参与项目、恢宏大气的艺术晚会、丰富的异国风情表演和缤纷的主题文化节庆活动,"为中外游客营造了一个美妙欢乐的世界"。

深圳世界之窗善于创新,开创了以文化主题包装参与性娱乐项目的发展途径。穿越欧罗巴、飞跃美利坚、科罗拉多峡谷漂流、亚马孙丛林穿梭、金字塔探险、重返侏罗纪、印第安部落、阿尔卑斯冰雪世界等十余个娱乐项目的成功开发,使景区实现从纯观赏型到综合娱乐型的转变。2018年国庆前夕,景区再次推出全新XD动感影院——《极速富士山》。座椅动作最快可达400次每秒,最高模拟2G的失重感觉,影片和座椅动作同步度极佳,视觉和触觉匹配无限接近真实。游客可在极大程度上体验速度、失重、追逐等真实的感觉。

深圳世界之窗首创了大型广场艺术演出恢宏壮丽的模式,景区艺术演出形成了以广场晚会为核心,以恺撒宫晚会为繁枝,以景点演出为茂叶的完整表演体系,使不同层面的游客都可得到世界文化艺术的精神享受。开业至今相继推出《狂欢世界》《世界在这里相聚》《梦之旅》《拥抱未来》《创世纪》《跨世纪》《千古风流》《天地浪漫》等大型晚会。其中,《跨世纪》《千古风流》相继荣获IAAPA最高大奖——最佳整体制作奖和IAAPA最佳演出奖,《天地浪漫》成功入选由国家文化部和国家旅游局(现合为文化和旅游部)联合评选的第一批《国家文化旅游重点项目名录——旅游演出类》名录,创造了中国旅游艺术史上的奇迹。世界之窗在20多年艺术演出的基础上进行了一次视觉颠覆,推出了大型当代都市舞台游记《一路阳光》,青春、靓丽、时尚的全新艺术风格,独一无二的表现手法,恢宏大气的舞台展现,强烈的视觉冲击力和精湛的表演技艺,开启了国内大型广场艺术演出新的篇章。2018年国庆前夕,再次推出全新大型音乐舞蹈史诗《盛世纪》。以开放的艺术视野与国际化的创新方式,将中国传统文化精华中的舞蹈、戏曲、武术、杂技等多种艺术表现形式有机地融为一体,多侧面、全方位展现中国文化艺术在世界历史进程中的独特魅力。是继《创世纪》《跨世纪》之后,"世纪史诗"系列第三部,讲述中华民族千年梦想,展现人类文明盛世辉煌的又一原创力作。

深圳世界之窗还深度挖掘景区文化内涵,承办过2002年央视春晚、2007年香港回归十周年晚会等多场大型晚会和活动,成功协办第26届世界大学生夏季运动会闭幕式;景区还常年举办深圳国际啤酒节,万圣节,世界歌舞节,摇滚音乐节,流行音乐节,樱花节以及印度、埃及、非洲、南美文化风情节等异国风情浓郁的主题文化活动,其中,春季风车节、夏季深圳国际啤酒节、秋季万圣节、冬季冰雪节成为深圳市旅游市场较著名、成功的节庆活动。

截至 2014 年,深圳世界之窗累计接待游客 5500 万人次,经营收入 62 亿元,连续 13 年实现利润过亿元,主要经营指标名列全国旅游景区前茅,单日入园 7.6 万人次的纪录创国内文化主题公园之最。荣获深圳市科技进步奖、中国十大建设科技成就奖,获"代表深圳 25 年形象的深圳名片"旅游业绩唯一的功勋奖,两次摘得 IAAPA 演艺大奖等,形成了"来深圳必到世界之窗""过洋节就去世界之窗"的良好口碑和品牌效应,在中国主题公园发展史上呈现出特殊的"世界之窗现象",引发了社会各界的高度关注和深度思考。

(资料来源:根据深圳世纪之窗有限公司官网公开资料和中国旅游报 2014 年 6 月 20 日刊载文章《透过深圳世界之窗探讨主题公园发展之路》整理。)

案例思考

1. 深圳世界之窗旅游产品开发与创新的主要方式和策略有哪些?
2. 结合深圳世界之窗产品创新的成功经验,谈一谈如何延长主题公园旅游产品的生命周期,破解主题公园寿命短、难盈利的难题?

第三章

旅游需求与供给

学习引导：

旅游需求与供给是旅游产品生产和交换过程中一对重要的经济范畴，它们之间的关系既对立又统一，它们之间的矛盾运动构成了旅游经济活动的主要内容。本章把旅游需求与供给结合起来，着重阐述旅游需求与供给的概念、特征及影响因素，揭示了旅游需求与供给的内在规律及弹性，探讨了旅游供求的矛盾运动及平衡的调控方法，为解决旅游市场上的供求矛盾问题提供了理论指导。

学习目标：

通过本章学习，应重点掌握以下知识要点：

（1）旅游需求的概念、影响因素及规律；
（2）旅游供给的概念、影响因素及规律；
（3）旅游供求弹性；
（4）旅游供求平衡机制。

素养目标：

主要聚焦培养学生探究规律、辩证分析问题的思维方式。在讲授旅游需求规律和供给规律时引导学生充分理解和认识蕴含在旅游需求和供给背后的社会规律，培养学生探究规律、追寻真理的科学精神。在讲授旅游供求平衡时引导学生辩证认识旅游供给与需求的矛盾运动规律，培养学生辩证分析问题的思维方式。

第一节 旅游需求分析

一、旅游需求的概念

需求是指人们在一定条件下对某种事物渴求满足的欲望，是产生人类一切行为的原动力。当人们产生休闲、度假、游览、观光等与旅游相关的欲望时，则意味着人们将产生旅游需求。因此，从旅游经济的角度看，旅游需求就是指人们为了满足对旅游活动的欲望，在一定时间和价格条件下，具有一定支付能力可能购买的旅游产品的数量。简而言之，旅游需求就是旅游者对旅游产品的需求。正确理解这一概念，必须掌握好以下几点。

（一）旅游需求表现为旅游者对旅游产品的购买欲望

旅游需求作为旅游者的一种主观愿望，其表现为旅游者对旅游活动渴求满足的一种欲望，即对旅游产品的购买欲望，是激发旅游者的旅游动机及行为的内在动因。但旅游需求并不是旅游者实际购买的旅游产品数量，它只表现为对旅游产品的购买欲望，而这种购买欲望能否实现则取决于旅游者的支付能力及旅游经营者提供旅游产品的数量。

（二）旅游需求表现为旅游者对旅游产品的购买能力

购买能力是指人们在其收入中用于旅游消费支出的能力，即旅游者的经济条件。旅游者的经济条件，通常是用个人可支配收入来衡量。在其他条件不变的情况下，个人可支配收入越多，则对旅游产品的需求越大。此外，一定的旅游产品价格也是影响旅游者购买能力的重要因素。因此，旅游者对旅游产品的购买能力，不仅表现为旅游者消费旅游产品的能力及水平，而且是旅游者的购买欲望转化为有效需求的重要前提条件。

（三）旅游需求表现为一种有效需求

在旅游市场中，有效的旅游需求是指既有购买欲望又有支付能力的需求，它反映了旅游市场的现实需求状况，因而是分析旅游市场变化和预测旅游需求趋势的重要依据，也是旅游者制定经营计划和策略的出发点。凡是只有旅游欲望而无支付能力或者只有支付能力而无旅游欲望的需求均称为潜在需求。前一种潜在需求只能随社会生产力发展和人们收入水平提高，才能逐渐转换为有效需求。后一种潜在需求则是旅游经营者应开发的重点，即通过有效的市场营销策略，如广告、宣传、人员促销等，使其能够转换为有效的旅游需求。

二、旅游需求的产生

现代旅游需求的产生，既有主观因素，也有客观条件。从客观上讲，旅游需求是科学技术进步、生产力提高和社会经济发展的必然产物。其中，人们可支配收入的提高、闲暇的增多及交通运输条件的现代化是产生旅游需求的三大要素。

（一）人们可支配收入的提高是产生旅游需求的前提条件

可支配收入，是指人们从事社会经济活动而得到的个人收入扣除所得税的余额，是人们可以任意决定其用途的收入。随着社会经济的发展，人们的收入增加、生活水平不断提高，消费层次和消费结构也发生很大的变化，导致对旅游需求也日益增加。一般来讲，在人们可支配收入一定的条件下，人们用于衣、食、住、行及其他方面的支出比例基本不变。但是，随着人们可支配收入的增加，人们用于衣、食、住、行等方面的支出就会相对减少，而用于其他方面的支出则相对增加。因此，人们可支配收入的提高不仅是产生旅游需求的前提，而且对旅游的出行距离及内容等也具有决定性影响作用。

（二）人们闲暇的增多是产生旅游需求的必要条件

旅游活动必须花费一定的时间，没有时间就不能形成旅游行为，因而闲暇是构成旅游活动的必要条件。随着社会生产力的发展和劳动生产率的提高，人们用于工作的时间相对减少，而闲暇则不断增多。特别是许多国家和企业推行"每周五日工作制"和"带薪假日"，使人们的闲暇越来越多。有的国家和地区年休假日高达140天，占全年三分之一以上的时间。于是，人们不仅产生短期休闲旅游需求，以度过美好的周末，而且逐渐增加远程旅游及国际旅游需求,到世界各地游览、观光,到风景名胜区消闲度假。因此,闲暇的增加是产生旅游需求必不可少的条件。

(三)交通运输的现代化是产生旅游需求的"催化剂"

任何旅游活动都离不开一定的交通运输条件,特别是远程旅游及国际旅游,更讲求交通运输条件的舒适和方便。现代科学技术的进步,为人类提供了便利的交通运输条件,从而促进了旅游需求的产生和旅游业的发展。现代航空运输业的发展,极大地缩短了旅游的空间距离。大型民航飞机、高速公路、空调客车、高速列车等交通运输工具的现代化,促使旅游者在旅游活动过程中的空间移动更加舒适、方便和安全,不仅有效地刺激了人们的旅游需求,"催化"人们的旅游行为,而且缩短了旅途时间,减少了途中的劳累及单调,又进一步加快了国际旅游业的发展,使旅游业进入一种全球化发展的新趋势。

从主观上讲,在上述客观条件的基础上,由于人们的兴趣爱好及所处环境的差异,也会使人们产生各种各样的旅游需求。美国心理学家马斯洛分析了人们的需求有五个层次,即生理需求、安全需求、社交需求、自尊需求和自我实现需求。随着低层次需求得到一定满足,人们就会追求高层次的需求,而为满足社交、自尊及自我实现的高层次需求,就会激发人们的旅游需求。例如探亲访友、考察学习、疗养度假、旅行观光、览胜探奇等。总之,不论是主观因素还是客观条件,它们都是引起人们旅游需求的动因。因此,分析这些因素和条件,不仅能认识到旅游需求产生的内在必然性,还可以分析和预测旅游需求的发展及变化趋势。

三、旅游需求的影响因素

旅游需求除了受到收入水平、闲暇及交通条件的直接作用外,还是在政治、经济、文化、法律、自然、社会等各种因素的影响下而形成的一种复杂的社会经济现象。因此,要很好地了解旅游需求状况,把握其发展趋势,还必须对影响旅游需求的各种因素进行分析和研究。通常,影响旅游需求的主要因素有人口因素、经济因素、社会文化因素、政治法律因素、旅游资源因素等。

(一)人口因素

人口是影响旅游需求的基本因素之一,因为旅游本身就是人的一种行为。因此,人口的数量、素质、分布及构成对旅游需求产生着重要的影响,从而形成不同的旅游需求规模和结构。

人口的数量、素质及其变化影响着旅游需求量的变化。随着社会生产力的发展,人们的生活水平不断改善,参加旅游的人数也越来越多。从国际旅游比较中可以看出,一个国家人口数量大,则参与国际旅游的人数更多,从而对旅游产品的需求量也相应增多。人口素质也同旅游需求密切相关。通常,旅游者的文化素养及受教育程度直接影响着旅游需求的变化。一方面,由于旅游产品是一种综合性的产品,要求旅游者必须具备一定的文化知识,才能够对各种旅游名胜、旅游方式、旅游内容做出合理选择。另一方面,受过教育且文化素养较高的人,一般社会地位都相对较高,因而对世界各地情况了解的愿望也更强烈,从而刺激产生更多的旅游需求。

人口分布的城乡状况也对旅游需求产生影响。一般来讲,城市居民要求旅游的数量要比农村居民多得多。这是因为城市居民收入一般比农村居民要高,具有产生旅游需求的经济基础;同时,城市人口较稠密,环境质量较差,迫使城市居民外出旅游以寻求环境的调节;此外,城市发达的交通条件、灵敏的信息及其他条件,也使城市居民的出游率远较农村高得多。

人口的年龄、性别及职业构成也影响着旅游需求的产生及发展。从人口年龄构成看,不同年龄的人对旅游有不同需求。一般青少年精力充沛,渴望外出旅游,但往往易受经济收入不高的限制;中年人虽然也精力旺盛,具有工资收入及带薪假日,但又受家庭拖累;老年人既有经济收入,又无家庭拖累,具有较多的旅游需求,但又常常受身体健康条件限制。从人口性别上看,一般男性旅游者人数比女性旅游者要多。但随着社会经济发展,家务劳动社会化,以及妇女争取"男女平等"的要求,许多经济发达国家的妇女出游率也在不断上升。从职业构成看,由于人们的工作性质不一样,就决定了人们的收入水平、闲暇时间及公务出访机会也不一样,从而产生不同的旅游需求。通常,公务员、企业家、商务人员及自由职业者出差的旅游机会较多,科技人员、教师及医务人员进行学术交流的旅游机会较多。

(二) 经济因素

经济条件是产生一切需求的基础,没有丰富的物质基础和良好的经济条件,旅游需求便不可能产生。因此,国民经济发展水平、收入分配状况、旅游产品价格、外汇汇率等都直接或间接地影响着旅游需求的规模及结构。

国民生产总值(GNP),是指一个国家(或地区)在一定时期内所生产的最终产品和提供的劳务总量的货币表现,它反映了一个国家(或地区)在一定时期内整个社会物质财富的增加状况,是衡量经济发展水平的重要指标。从旅游经济角度看,如果旅游客源国的国民生产总值较高,则旅游需求就会增加,旅游的规模和结构就相应提高;如果旅游接待国的国民生产总值较高,则旅游设施及接待条件就相应较好,从而吸引旅游者及刺激旅游需求的能力就强。因此,不论是旅游客源国还是旅游接待国的国民生产总值的提高,都会刺激旅游需求不断增加。

在现实社会经济中,人们的收入水平及可支配收入状况也影响着旅游需求的变化。一方面,旅游需求随着人们的收入变化而呈正相关变化。当人们收入增加,则旅游需求越多;当人们收入减少,则旅游需求下降。因而,收入水平是影响旅游需求的数量因素。另一方面,在总收入不变的前提下,人们可支配收入的多少不仅影响旅游需求的数量,而且会影响旅游需求的结构,即随着旅游者旅游消费支出的增加,对某些旅游产品的需求会增加,而对另一些旅游产品的需求会减少。

从价格和汇率方面看,旅游需求与价格呈负相关关系。旅游产品价格上升,则旅游需求量下降;旅游价格下跌,则旅游需求量上升。另外,在国际旅游中,汇率变化对旅游需求的影响表现在:当旅游接待国的货币升值,则前往该国的旅游者或旅游停留时间就减少;反之,当旅游接待国的货币贬值,则促使前往该国的旅游需求增加。可见,汇率变化不一定会引起国际旅游总量增加或减少,但是会引起对货币升值的旅游接待国家的旅游需求减少,而对货币贬值的旅游接待国家的旅游需求增加。

(三) 社会文化因素

世界上不同国家具有不同的文化背景,从而在价值观念、风俗习惯、语言文字、宗教信仰、美学和艺术等方面存在着差异,进而影响到对旅游产品的需求,旅游活动的感受也有较大的差异。因此,在研究旅游需求时,就必须注意分析前来的旅游者所在不同国家的社会文化差异性,以及由于社会文化因素影响所形成的消费习惯和需求心理,尽可能适应旅游者的消费习惯和爱好,投其所好、避其所忌,才能促使旅游需求不断增加。

（四）政治法律因素

政治稳定是激发旅游需求,促使旅游需求不断增加的重要因素。不稳定的政治环境,往往使旅游者要承担各种风险,从而造成旅游者的心理压力而使旅游需求下降。因此,旅游接待国政局稳定,则对该国旅游产品的需求量多;反之,则对该国旅游产品的需求量少。有时,在一个旅游圈内,某一国家的政局不稳定,还会波及周围国家乃至整个旅游圈使得旅游需求普遍下降。此外,旅游接待国的有关法律法规及执行情况,也对旅游需求产生着直接和间接的影响。

（五）旅游资源因素

旅游资源是吸引旅游者的旅游对象物,是一个国家或地区的自然风貌和社会发展的象征,体现着该国或地区自然、社会、历史、文化及民族的特色,从而对生活在其他国家或地区的人们产生着吸引力。因此,根据现代人类多样化需求而发掘形成的旅游资源,正成为影响世界经济社会发展的新型战略性资源。一方面,随着人们对资源认识和利用向深度及广度发展,各种各样的旅游资源正被认识和发掘,并刺激人们旅游需求的产生;另一方面,各种自然旅游资源及人文旅游资源能否直接或间接地转化为经济优势,并带来经济收入,则是在旅游进入现代生活之后才有了肯定的答复,并随着旅游业的发展而释放出巨大的经济能量。可见,旅游资源与旅游需求相辅相成,旅游资源刺激旅游需求产生,旅游需求则促使旅游资源转换成经济优势,二者相互影响、相互作用和相互促进。

四、旅游需求规律

旅游需求的产生和变化受多种因素的制约和影响,但对旅游需求具有决定性影响的因素主要是旅游产品的价格、人们的收入状况及闲暇。

（一）旅游需求量与旅游产品的价格成反向变化

旅游产品价格是决定和影响旅游需求的基本因素。在影响旅游需求的其他因素不变的情况下,旅游需求量总是随旅游产品价格的涨落而发生相应的变化。当旅游产品价格上涨时,旅游需求量就会下降;当旅游产品价格下跌时,旅游需求量就会上升。根据旅游需求量与价格的关系,可以在坐标图上绘出旅游需求价格曲线(见图 3-1)。

在图 3-1 中,纵坐标代表旅游产品价格,横坐标代表旅游产品数量,于是,在坐标图中旅游产品价格的任一变动,都有一个与之相对应的旅游需求量,从而形成了旅游需求价格曲线。该曲线表示:旅游需求量与旅游产品价格成反向变化。当旅游产品价格从 P_0 下降到 P_2 时,旅游需求量从 Q_0 上升到 Q_2;当旅游产品价格从 P_0 上涨到 P_1 时,旅游需求量从 Q_0 下降到 Q_1。因而旅游需求价格曲线是一条自左上向右下倾斜的曲线。

（二）旅游需求量与人们的可支配收入成同方向变化

人们的可支配收入与旅游需求也有着密切的联系。因为旅游需求是一种有效需求,而有效需求必须是具有支付能力的需求。如果人们仅有旅游欲望而无支付能力,是不可能形成有效需求的。通常,人们可支配收入越多,对旅游产品的需求就越大。因而人们可支配收入同旅游产品之间存在着正相关变化的关系。

在图 3-2 中,纵坐标代表人们的可支配收入,横坐标代表旅游产品数量。于是人们可支配收入的每一任意变化,都有一个与之相对应的旅游需求量,从而形成了旅游需求收入曲线。该曲线表示:旅游需求量与人们的可支配收入成同方向变化。当可支配收入由 I_0 上升到 I_1 时,旅游需求由 Q_0 上升到 Q_1;反之,当 I_0 下降到 I_2 时,旅游需求由 Q_0 下降到 Q_2。因而旅游需求收入曲线是一条自左下方向右上方倾斜的曲线。

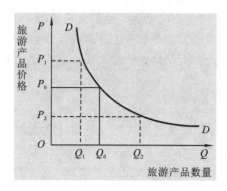

图 3-1　旅游需求价格曲线

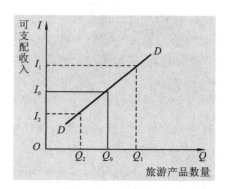

图 3-2　旅游需求收入曲线

(三)旅游需求量与人们的闲暇成同方向变化

旅游产品的消费是一种特殊的消费,必须占用一定的时间。尽管人们的闲暇并不属于经济的范畴,但它同旅游需求也具有密切的联系。闲暇不仅对旅游需求的产生具有决定性作用,而且直接影响着旅游需求量的变化。当人们的闲暇增多时,旅游需求量就相应增加;当人们的闲暇减少时,旅游需求量就相应减少。因而旅游需求同闲暇的关系就像旅游需求同可支配收入的关系一样,也成同方向变化。如果在坐标图中绘出旅游需求闲暇曲线,则是同旅游需求收入曲线相类似的曲线。

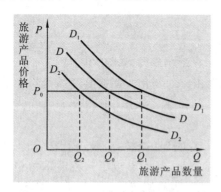

图 3-3　旅游需求曲线的变动

(四)旅游需求水平受其他因素影响而变动

旅游需求除了与旅游产品价格成反向变化外,还受其他各种因素影响而变化。在旅游产品价格既定的条件下,由于其他因素的变动而引起的旅游需求变化,称为旅游需求水平的变化。例如,在图 3-3 中,当人们的可支配收入增加时,在旅游产品价格 P_0 不变的情况下,就会增加旅游需求,从而引起旅游需求曲线 $D—D$ 右移到 $D_1—D_1$,并使旅游需求量由 Q_0 增加到 Q_1;反之,当人们的可支配收入减少时,在旅游产品价格 P_0 不变的情况下,就会减少旅游需求,从而引起旅游需求曲线 $D—D$ 左移到 $D_2—D_2$,并使旅游需求量由 Q_0 下降到 Q_2,这种变化就表现为旅游需求水平的变化。

五、旅游需求指标

旅游需求指标是旅游经济指标体系的有机组成部分,它是衡量一个国家或地区旅游需求状况的尺度,为人们掌握一个国家或地区旅游经济的发展态势提供了数量依据。

旅游需求的主要指标有以下几项。

(一) 旅游者人数指标

旅游者人数指标反映了旅游目的国或旅游目的地在一定时期内接待国内外旅游者的数量状况,一般以旅游者人次来衡量。旅游者人次是指一定时期内到某旅游目的国或旅游目的地的全体旅游者乘以到访的次数。

在我国,旅游者人数指标主要有两个:来华旅游入境人数和有组织接待的海外旅游者人数。来华旅游入境人数是指来我国探亲访友、度假观光、参加会议、从事经济、文化、体育、宗教等活动的外国人、华侨以及港澳台同胞的人数,包括过夜人数和不过夜人数,以海关登记的入境人数为准。有组织接待的海外旅游者人数是经过旅行社、旅游公司、饭店、政府部门、群众团体等企事业单位有组织接待的旅游者人数,是来华入境人数的一部分。

旅游者人数指标反映了旅游需求的总体规模,据此可以更好地掌握旅游需求的现状及趋势。需要说明的是,有时人次的减少并非坏事,这或许是停留时间增长导致的结果。

(二) 旅游者停留天数指标

旅游者停留天数的指标有两个:旅游者停留天数和旅游者人均停留天数。

(1) 旅游者停留天数。这一指标是指一定时期内旅游者人次与人均过夜数的乘积,它从时间角度反映了旅游者的需求状况,同时也表现了旅游产品吸引力的大小。我们在统计旅游人次时,一定要充分考虑旅游者的停留时间,以便全面衡量旅游需求的基本状况。

(2) 旅游者人均停留天数。这一指标是指一定时期内旅游者停留天数与旅游者人次数之比。它从平均数的角度反映了旅游需求的现实状况,同时也揭示了不同时期旅游需求的变化趋势。据此,我们可以分析其中的原因并制定相应的对策。

(三) 旅游者消费指标

旅游者消费指标是以价值形态来衡量旅游需求的一项综合型指标,它分为三个子指标:旅游者消费总额、旅游者人均消费额、旅游消费率。

(1) 旅游者消费总额。这一指标是指一定时期内旅游者在旅游目的地的全部货币支付,包括旅游者在旅游活动中所购买的各种商品和各项服务的开支,如餐饮费、住宿费、交通费、娱乐费和购物花费等。对于旅游目的国家或旅游目的地来说,这一指标反映了该国或该地区的旅游收入,具有重要的经济意义。值得说明的是,国际旅游者的消费总额不包括国际交通费,而国内旅游者的交通费则计入旅游消费总额之中。

(2) 旅游者人均消费额。这一指标是指一定时期内旅游总额与旅游人数之比,它以价值形态从平均数的角度反映了某一时期的旅游需求状况。我们可以通过该指标分析各客源市场的消费水平,了解旅游者消费的变化情况,进而确定相应的目标市场和营销策略。

(3) 旅游消费率。这一指标是指一定时期内一个国家或地区的出国旅游消费总额与该国或该地区的居民消费总额或国民收入的比率。可用公式表示为:

$$旅游消费率 = \frac{出国旅游消费总额}{居民消费总额} \times 100\%$$

旅游消费率从价值角度反映了一定时期内一个国家或地区的居民出国旅游需求的强度。

(四)旅游出游率与旅游重游率指标

(1)旅游出游率。这一指标是指一定时期内一个国家或地区出国旅游的人次与总人口的比率。可用公式表示为：

$$旅游出游率 = \frac{出国旅游人次}{该国总人口} \times 100\%$$

旅游出游率反映了一个国家或地区居民出国旅游需求的状况,可以此作为我们选择客源市场的依据。

(2)旅游重游率。这一指标是指一定时期内一个国家或地区的出国旅游人次与该国或该地区出国旅游人数之比。可用公式表示为：

$$旅游重游率 = \frac{出国旅游人次}{出国旅游人数} \times 100\%$$

旅游重游率反映了一定时期内一个国家或地区的居民出国旅游的频率,这是我们选择客源市场的又一项参考指标。

第二节　旅游供给分析

一、旅游供给的概念

供给是指厂商在一定条件下愿意并且能够提供某种产品的数量。从旅游经济学的角度看,旅游供给是指在一定时期和一定价格水平下,旅游经营者愿意并且能够向旅游市场提供的旅游产品数量。正确认识和理解旅游供给的概念,必须把握好以下几点。

(一)旅游供给是以旅游需求为前提条件

旅游需求是旅游供给的基本前提条件,旅游生产经营单位和部门,必须以旅游者的需求层次和需求内容为客观要求,建立起一整套适应旅游活动所需的旅游供给体系,保证提供旅游活动所需的全部内容。因为,一方面,人类的需求总是以一定的物质作为基础,旅游供给的资源和设施就是旅游需求的物质基础;另一方面,旅游又是一种社会生产活动,旅游供给要以旅游需求作为立足点和依据。在提供旅游产品的时候,要对旅游需求的动向、内容和层次进行必要的调查研究和预测,结合制约旅游供给的其他条件来制订计划,组织旅游产品生产,以达到实现旅游供给的目的。

(二)旅游供给必须是愿意并有可供出售的旅游产品

旅游需求决定了旅游供给的方向、数量和质量,但这仅仅是一种前提条件。要真正体现旅游供给,必须同时具备旅游经营者愿意出售旅游产品并有可供出售的旅游产品这两个条件。旅游供给同旅游需求一样,是相对于旅游产品的价格而言的,即在特定的价格下,总有特定的旅游产品供给量与之相对应,并随着价格的变动而相应变动。同时,旅游产品的供给还不仅仅是单个旅游产品数量的累加,而是综合反映了旅游产品的数量多少、质量高低。因此,要提高旅游供给,不能只抓旅游产品的数量,更重要的是提高旅游产品的质量,要在独特的自然与人文旅游资源的基础上,注重提高服务质量和旅游设施水平,才能增加有效供给,更好地满足市场需求。

（三）旅游供给包括基本旅游供给与辅助旅游供给两大类

基本旅游供给是指一切直接与旅游者发生联系,使旅游者在旅游过程中亲身接触和感受的旅游产品。它包括旅游资源、旅游设施、旅游服务和旅游购物等,是旅游供给的主要内容,也是旅游业的基本内容。辅助旅游供给,是指为基本旅游供给体系服务的其他设施,也称旅游基础设施,包括供水、供电、供气、污水处理、供热、电信和医疗系统,以及旅游区地上和地下建筑,如机场、码头、道路、桥梁、铁路、航线等各种配套工程。其特点是,它除了为旅游者提供服务外,还为非旅游者提供服务。基本旅游供给与辅助旅游供给的划分具有约定俗成的相对性。例如,旅游区内的交通常常划入基本旅游供给范围,而旅游区以外,且到达旅游区必须经过的交通则划入辅助旅游供给范围。

二、旅游供给的特点

旅游供给是一种特殊的产品供给,具有其自身的特殊性。这种特殊性是由旅游产品的特性所决定的,主要表现在以下几个方面。

（一）旅游供给的不可累加性

旅游产品的综合性特点表明,旅游供给是由多种资源、设施与服务要素构成的,并且这些构成要素具有异质性的特点,因而旅游供给不能用旅游产品数量的累加来测度,只能用旅游者数来表征,并反映旅游供给的数量及水平(容量)。至于怎样通过旅游产品的构成来测度旅游供给,则是一个需要进一步研究的课题。

（二）旅游供给的产地消费性

一般物质商品的生产是通过流通环节流出生产地,而旅游产品则是通过流通环节将旅游者请到生产地进行消费。因此,在深山老林兴建钢厂规划交通运输时,需要考虑返运物资与运出钢材的平衡。而在一般情况下,进出旅游景点的人数是相等的,无须虑及运输的平衡。而重点是考虑旅游景点、景区的环境容量及接待能力,其直接影响着旅游供给的数量和水平。

（三）旅游供给的持续性

通常,一般物质产品可通过再生产而持续不断地供给,若再生产停止,物质产品的生产与供给也就停止。旅游产品的生产供给则不一样,无论是景点、景区建设,还是宾馆、饭店,一旦建成就能在较长一段时间内持续供给,有的甚至可以永续利用,但是旅游产品一旦遭受破坏,则较一般物质产品要严重得多。因为,一般物质产品生产工厂的破坏可通过另建新厂来恢复供给,而旅游景点的破坏可使该种旅游供给能力永久丧失。

（四）旅游供给的非储存性

旅游供给的非储存性是由旅游产品生产与消费的同一性所决定的。一般物质产品可把产品储存作为调节供需矛盾的手段,但对旅游产品来讲,由于旅游产品生产、交换与消费的同一性,旅游产品不能储存,因而产品储存对调节旅游供需矛盾已失去意义,实际操作中有意义的只是旅游供给能力的储备,而非旅游产品供给的储备。

（五）旅游供给的个体性

因为旅游产品的使用价值在于满足人的心理和精神的需要,这种需要千差万别,所以旅游供给具有个别供给的特点。即使采用组团旅游的方式来提高规模效益,也要注意满足团队中个别旅游者的特殊需求。因此,旅游供给的多样性较之于物质产品供给更为重要。

三、旅游供给的影响因素

在旅游经济中,凡是使旅游供给增加或减少的因素都可视为旅游供给的影响因素。在一定时间内,旅游供给可以不发生变化,但并不能说明影响因素没起作用,而常常是影响旅游供给增加和减少的因素作用刚好抵消。影响因素表现的形式十分广泛,有系统内的,也有环境的;有直接的,也有间接的;有可控的,也有不可控的;有确定的,也有随机的;有单一的,也有综合的;有自然的,也有社会的……而且还可根据系统的层次逐一细分。要全面分析众多的影响因素是不可能的,在实际工作中,旅游供给的影响因素主要有以下几种。

(一) 旅游资源及环境容量

旅游供给的基本要素是旅游资源,而旅游资源是在特定的自然和社会条件下形成的,是旅游经营者不能任意改变的。旅游经营者只能把旅游资源优势作为旅游供给和旅游经济增长的依托点,以市场为导向,通过对旅游资源的合理开发,向旅游市场提供具有特色的旅游对象物,实现旅游资源优势向经济优势转换。因此,旅游资源不仅决定着旅游产品的开发方向和特色,而且影响着旅游供给的数量和质量。

此外,旅游目的地的环境容量也在很大程度上决定和影响着旅游供给的规模和数量,因为任何旅游目的地容纳的旅游者的数量总是有限度的。如果旅游者超过了旅游目的地的容量,不仅会造成对自然环境的破坏和污染,而且会引起当地居民的不满,甚至产生一系列社会问题,这样又会直接影响到旅游产品对旅游市场的吸引力。因此,旅游资源状况及环境容量是直接影响旅游供给的重要因素之一。

(二) 旅游产品和相关产品的价格

旅游供给直接受旅游产品价格的影响。当旅游产品价格提高,则旅游经营者在同样的成本投入中可获得更多的利润,因而会刺激旅游经营者增加旅游供给量;反之,当旅游产品价格下降,则会导致旅游经营者的利润减少,从而会减少旅游产品的供给量。因此,旅游供给的规模和数量直接受到旅游产品价格变化的影响,并与旅游价格成同方向变化。

旅游产品的供给量除了受自身价格变化的影响外,还会间接地受其他相关产品价格变化的影响。例如,如果飞机票涨价,而旅游目的地的旅游价格不变,则意味着旅游产品的相对价格降低了,从而相对利润也随之减少,于是必然引起社会要素资源的重新配置,进而影响到旅游产品供给量的变化。

(三) 旅游生产要素的价格

生产要素价格的高低直接关系到旅游产品的成本高低。尤其旅游产品是一个包含食、住、行、游、购、娱多种要素在内的综合性产品,各种要素价格的变化必然影响到旅游产品供给的变化。在旅游产品价格不变的情况下,若各种要素价格提高了,则必然使旅游产品的成本增加而利润减少,于是旅游产品供给量也随之减少。反之,若各种要素价格降低,则使旅游产品成本降低而利润增加,于是刺激旅游产品供给量随之增加。因此,旅游生产要素价格也直接对旅游供给产生着重要的影响作用。

（四）社会经济发展水平

旅游业不仅是一项综合性经济产业，也是一项依赖性很强的产业。因为旅游业的健康发展离不开社会生产力的发展，它需要在社会现有的经济发展基础上为旅游业提供必需的物质条件，才能形成旅游的综合接待能力，才能提供一定数量和质量的旅游产品。如果社会经济发展水平低，就不能保证旅游供给所需的各种物质条件。因此，社会经济发展的状况和水平不仅为旅游供给提供各种物质基础的保证，而且在一定程度上决定着旅游产品的供给数量和质量。

（五）科学技术发展水平

科学技术是第一生产力，是推动社会经济发展的强大动力，也是影响旅游供给的重要因素之一。科学技术进步为旅游资源的有效开发提供科学的手段，为形成有特色的旅游产品提供科学方法，为保护旅游资源、实现旅游资源的永续利用提供科学依据，并为旅游者提供具有现代化水平的完善的接待服务设施，为旅游经济发展提供科学的管理工具和手段。从而增加有效的旅游供给，加速旅游资金的周转，降低旅游产品成本，提升旅游经济效益。

（六）旅游经济发展的方针和政策

旅游目的地国家或地区有关旅游经济发展的方针和政策，也是影响旅游供给的重要因素之一。特别是有关旅游经济发展的战略与规划，以及扶持和鼓励旅游经济发展的各种税收政策、投资政策、信贷政策、价格政策、社会文化政策等，不仅对旅游经济发展具有重要的影响作用，而且直接影响到旅游供给的规模、数量、品种和质量。因此，旅游方针、政策是决定旅游供给的重要因素，是不断提升旅游综合接待能力的生命线，也是促进旅游经济发展的重要力量。

四、旅游供给规律

从以上分析可以看出，旅游供给的变化受多种因素的影响和制约，不同的因素对旅游供给的变化具有不同的影响，并形成一定的规律性。概括起来主要有以下几个方面。

（一）旅游供给量与旅游产品价格成同方向变化

旅游产品价格不仅是决定旅游需求的基本因素，也是决定旅游供给的基本因素。在其他因素不变的情况下，若旅游产品价格上涨，必然引起旅游供给量增加；若旅游产品价格下跌，必然引起旅游供给量减少。根据这种规律性，设纵坐标代表旅游产品价格，横坐标代表旅游产品数量，$S—S$ 代表旅游供给曲线。则在图 3-4 中旅游产品价格的任一变动，都有一个与之相对应的旅游供给量，并形成旅游供给曲线 $S—S$。该曲线反映了旅游供给量与旅游产品价格同方向变化的客观规律性。即当旅游产品价格为 P_0 时，有相对应的旅游供给量 Q_0；当旅游产品价格从 P_0 上涨到 P_1 时，旅游供给量由 Q_0 上升到 Q_1；当旅游产品价格从 P_0 下跌到 P_2 时，旅游供给量由 Q_0 下降到 Q_2。因此，旅游供给曲线是一条自左下向右上倾斜的曲线。

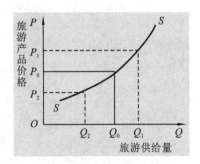

图 3-4　旅游供给价格曲线

(二)旅游供给能力在一定条件下的相对稳定性

旅游供给量与旅游产品价格的同方向变化并不是无限制的。事实上,由于旅游供给的特点及有关影响因素的作用,旅游供给能力在一定条件下是既定的,从而决定了旅游供给量的变动是有限的。所谓旅游供给能力,就是指在一定条件(包括时间和空间等)下,旅游经营者能提供旅游产品的最大数量。由于旅游供给的不可累加性及环境容量的限制,决定了旅游供给在一定时间、一定空间条件下,其供给量必然受到旅游供给能力的制约。一旦达到旅游供给能力,即使旅游产品价格再高,旅游供给量也是既定不变的。如图3-5所示,当旅游供给量小于Q_c时,旅游供给将随旅游产品价格变化而同方向变化;当旅游供给量达到Q_c时,即达到旅游供给能力时,无论价格如何变化,旅游供给量都不会发生变化。

(三)旅游供给水平受其他因素影响而变动

旅游供给变化不仅受旅游产品价格变动影响,也受其他各种因素的影响。在旅游产品价格既定的条件下,由于其他因素的变动而引起的旅游供给变动,被称为旅游供给水平的变动。例如,在图3-6中,当生产要素价格下降,必然引起旅游产品成本下降,从而在既定生产条件下会增加旅游供给,并引起旅游供给曲线由$S—S$右移到$S_1—S_1$;反之,当生产要素价格上升,必然引起旅游产品成本提高,而导致旅游供给下降,使供给曲线由$S—S$左移到$S_2—S_2$。这时,尽管旅游产品价格保持不变为P_0,但旅游供给量已发生变化,分别由Q_0上升到Q_1或下降到Q_2。

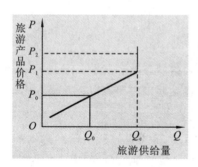

图3-5 受旅游供给能力限定的旅游供给价格曲线

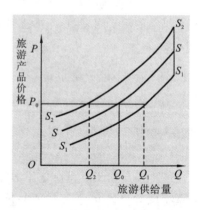

图3-6 旅游供给曲线的变动

第三节 旅游供求弹性

一、弹性的一般概念

在经济学中,弹性主要用来表明两个经济变量变化的关系。具体来讲,当两个经济变量之间存在函数关系时,作为自变量的经济变量x的任何变化,都必然引起作为因变量的经济变量y的变化。因此,所谓弹性,就是指作为因变量的经济变量y的相对变化对于作为自变

量的经济变量 x 的相对变化的反映程度。可用公式表示如下：

$$E = \frac{\Delta y/y}{\Delta x/x}$$

其中：

E——弹性；

y——因变量；

x——自变量；

Δy——因变量增量；

Δx——自变量增量。

弹性一般可分为点弹性和弧弹性。点弹性是指当自变量变化很小（在某一点上）时而引起的因变量的相对变化。如上式实际上就是点弹性的计算公式。而弧弹性是指自变量变化较大时，取其平均数对因变量的相对变化量。其计算公式如下：

$$E_a = \frac{y_1 - y_0}{(y_1 + y_0)/2} \bigg/ \frac{x_1 - x_0}{(x_1 + x_0)/2}$$

其中：

E_a——弧弹性；

x_0, x_1——变化前后的自变量；

y_0, y_1——变化前后的因变量。

点弹性与弧弹性的重要区别在于：点弹性是指因变量相对于自变量某一点上的变化程度；而弧弹性则是指因变量相对于自变量某一区间上的变化程度。

二、旅游需求弹性

旅游需求弹性是指旅游需求对各种影响因素变化的敏感性，即旅游需求量随各种影响因素的变化而相应变化的状况。由于旅游产品的价格和人们的可支配收入是影响旅游需求的基本因素，因此旅游需求弹性可具体划分为旅游需求价格弹性和旅游需求收入弹性。前者反映旅游需求量对价格变动的敏感程度，后者反映旅游需求量变动对收入变动的敏感程度。

（一）旅游需求弹性的影响因素

一般来讲，生活必需品的需求价格弹性较小，而奢侈品或高档商品的需求价格弹性较大。虽然旅游活动业已步入大众化的发展阶段，但是在人们可自由支配收入及闲暇时间有限的情况下，旅游活动对于大多数劳动阶层来说，仍然属于较高层次的消费品。旅游发展的实践证明，很多国家和地区旅游产品价格的变动都导致来访旅游者人次的变化，尽管有时在人次变化上可能不大，但是来访游客的停留天数却发生了相应的变化。这些情况都说明旅游需求价格弹性系数一般都大于1。另外，由于不同的旅游目的，或不同档次的旅游产品或各种单项旅游产品的功能不同，其需求价格弹性也不尽相同。如传统的旅游产品中往往包含吃、住、行、游、购、娱六要素，在组成旅游产品的六要素中，显而易见吃、住、行等基本旅游需求的价格弹性不大，而游、购、娱等非基本旅游需求弹性较大。认识旅游需求价格弹性的意义在于，弹性的大小决定着对旅游产品进行调整时是否该使用价格手段来增加总收益，如果使用的话，该使用何种价格手段来使旅游企业、旅游目的地实现增收。

(二) 旅游需求价格弹性

旅游需求价格弹性是指旅游需求量对旅游产品价格的反应及变化关系。根据旅游需求规律,在其他条件不变的情况下,不论旅游产品的价格是上涨还是下落,旅游需求量都会出现相应的减少或增加。为了测量旅游需求量随旅游产品价格的变化而相应变化的程度,就必须正确计算旅游需求价格弹性系数。所谓旅游需求价格弹性系数,主要是指旅游产品价格变化的百分数与旅游需求量变化的百分数的比值。其计算公式如下:

点弹性:

$$ED_p = \frac{dQ}{dP} \frac{P}{Q}$$

弧弹性:

$$ED_p = \frac{Q_1 - Q_0}{(Q_1 + Q_0)/2} \bigg/ \frac{P_1 - P_0}{(P_1 + P_0)/2}$$

其中:

ED_p——旅游需求价格弹性系数;

P_0, P_1——变化前后的旅游产品价格;

Q_0, Q_1——变化前后的旅游需求量。

由于价格与需求量成反向关系,因而旅游需求价格弹性系数为负值,于是根据旅游需求价格弹性系数 ED_p 的绝对值的大小,通常可区分为以下三种情况。

(1) 当 $|ED_p|>1$ 时,表明旅游需求量变动的百分比大于旅游产品价格变动的百分比,这时称旅游需求富于弹性。如果旅游需求是富于弹性的,其需求曲线上的斜率较大。在实际中则表明旅游产品价格提高,旅游产品需求量将减少,但减少的百分比大于价格提高的百分比,从而使旅游总收益减少;相反,如果价格下降,则需求量增加,但增加的百分比大于价格下降的百分比,从而使旅游总收益增加。

(2) 当 $|ED_p|<1$ 时,表明旅游需求量变动的百分比小于旅游产品价格变动的百分比,因此称旅游需求弹性不足。如果旅游需求是弹性不足的,则其需求曲线上的斜率就较小。在实际中则表明旅游产品价格提高,需求量将减少,但减少的百分比小于价格提高的百分比,从而使旅游总收益增加;相反,如果价格下降,需求量将增加,但增加的百分比小于价格下降的百分比,从而使旅游总收益减少。

(3) 当 $|ED_p|=1$ 时,表明旅游需求变动的百分比与旅游产品价格变动的百分比相等,因此称这种旅游需求价格弹性为单位弹性。如果旅游产品的需求价格弹性属于单位弹性,则旅游需求价格的变化对旅游经营者的收益影响不大。

(三) 旅游需求收入弹性

旅游需求不仅对旅游价格的变化具有敏感性,而且对人们的可支配收入变化也有灵敏反映。旅游需求收入弹性,就是指旅游需求量与人们可支配收入之间的反应及变化关系,而旅游需求收入弹性系数,则是指人们可支配收入变化的百分比与旅游需求量变化百分比的比值。可用计算公式表示如下:

$$ED_1 = \frac{(Q_1 - Q_0)/Q_0}{(I_1 - I_0)/I_0}$$

其中:

ED_I——旅游需求收入弹性系数；

Q_0，Q_1——变化前后的旅游需求量；

I_0，I_1——变化前后的可支配收入。

由于旅游需求量随人们可支配收入的增减而相应增减，因而旅游需求收入弹性系数始终为正值，这一正值表明当收入上升百分之一时引起需求量增加的百分比，或者当收入下降百分之一时引起需求量下降的百分比，并且可以区分为以下三种情况。

(1) 当 $ED_I > 1$ 时，表示旅游需求量变动的百分比大于人们可支配收入变动的百分比，说明旅游需求对收入变化的敏感性大，因此人们可支配收入发生一定的增减变化，会引起旅游需求量发生较大程度的增减变化。

(2) 当 $ED_I < 1$ 时，表示旅游需求量变动的百分比小于人们可支配收入变动的百分比，说明旅游需求对收入变化的敏感性小，因此人们可支配收入发生一定的增减变化，只能引起旅游需求量发生较小程度的增减变化。

(3) 当 $ED_I = 1$ 时，表示旅游需求量变动的百分比与人们可支配收入变动的百分比相等，因此旅游需求收入弹性为单位弹性，即旅游需求量与人们可支配收入按相同比例变化。

通常，高级消费品的需求收入弹性都较大。因为，随着社会生产力的发展及人们收入水平的提高，人们用于低级生活必需品的支出比重将逐渐下降，而用于高级生活消费品的支出比重将逐渐上升。旅游活动可以满足人们高层次的生活需求，并逐渐成为人们必不可少的生活消费品，所以旅游需求收入弹性一般都比较大。根据国际有关组织的研究表明：旅游需求收入弹性系数一般都在 1.3~2.5 之间，有的国家甚至高达 3.0 以上。

（四）旅游需求的交叉弹性

旅游产品是一种由食、住、行、游、购、娱所组成的综合性产品，它既表现为一个整体的产品，又表现为由若干产品组成的系列，即每一种要素都能构成独立的旅游产品。因此，从旅游需求的角度看，旅游产品既有替代性，又有互补性。

所谓旅游产品的替代性，就是指相同性质而不同类型的旅游产品在满足旅游消费需求方面具有相互替代的关系，例如宾馆、度假村、招待所、公寓、临时帐篷等都是向旅游者提供住宿需求的满足，而各种不同类型的住宿设施随着价格变化可以互相替代。

所谓旅游产品的互补性，就是指旅游产品各部分的构成中，是互相补充和互相促进的，即某一部分的存在和发展必须以其他部分的存在和发展为前提，或者某一部分旅游产品作用的有效发挥，必须以其他部分的存在及配合为条件。例如，航运公司的旅客增加，必然使旅游饭店和旅游餐饮的人数也相应增加；但如果旅游饭店仅有住宿而没有餐饮，则旅游饭店的服务功能就不能得到有效发挥。

正是由于旅游产品具有替代性和互补性的特点，因而某种旅游产品的需求量不仅对其自身的价格变化有反应，而且对其他旅游产品的价格变化也有反应。所以，旅游需求的交叉弹性就是指某一种旅游产品的需求量对其他旅游产品价格变化反应的敏感性。其计算公式为：

$$ED_c = \frac{(Q_{x_1} - Q_{x_0})/Q_{x_0}}{(P_{y_1} - P_{y_0})/P_{y_0}}$$

其中：

ED_c——旅游需求交叉弹性系数；

Q_{x_0}, Q_{x_1}——变化前后 x 旅游产品的需求量；

P_{y_0}, Q_{y_1}——变化前后 y 旅游产品的价格。

根据旅游产品的替代性和互补性特点，计算出来的旅游需求交叉弹性系数有两种情况。

（1）如果旅游产品 y 对旅游产品 x 具有替代性，那么旅游产品 y 价格下降必将引起对旅游产品 x 的需求量减少；反之，旅游产品 y 价格上涨则引起对旅游产品 x 的需求量增加。因此，对于具有替代性的旅游产品而言，其旅游需求的交叉弹性系数 ED_c 必然是正值。

（2）如果旅游产品 y 对旅游产品 x 具有互补性，那么旅游产品 y 价格下降必然引起对旅游产品 x 的需求量增加；反之，旅游产品 y 价格上涨则引起对旅游产品 x 的需求量减少。因此，对于具有互补性的旅游产品而言，其旅游需求的交叉弹性系数 ED_c 必然是负值。

从实际看，旅游产品的替代性与互补性并不是绝对的。在一定条件下，二者之间可能出现互相转化，即原来是替代的旅游产品转化为互补，原来是互补的旅游产品转化为替代。例如，航空、铁路、公路运输本是替代的，但为了开拓国内外旅游市场而把它们有机配套起来，于是就从替代关系转化为互补关系；同理，旅游汽车公司与宾馆原来提供服务是互补的，但如果宾馆建立相应的附属车队，以扩大服务内容，则旅游汽车公司与宾馆车队就由互补关系转化为替代关系。因此，旅游产品的替代性及互补性，不仅对旅游需求产生一定的影响，同时也是旅游经营者拓宽经营范围、实行资源优化配置、提高经济效益的重要途径。

三、旅游供给弹性

旅游供给弹性是指旅游供给对各种影响因素的变化做出的反应。由于旅游供给不仅受旅游产品价格的直接影响，还受到生产规模变化、生产成本和旅游环境容量等多种因素的影响，因而旅游供给弹性包括供给的价格弹性、供给的交叉弹性、供给的价格预期弹性等。下面着重分析旅游供给价格弹性和旅游价格预期弹性。

（一）旅游供给弹性的影响因素

不同的旅游产品供给弹性大小不一，在不同的时期，旅游供给弹性也不同。在一个较短的时间内，受资源、技术、设施等条件的制约，旅游价格的变化只会引起旅游供给量较小幅度的变化，故其价格弹性系数较小；在一个较长的时间内，旅游目的地会针对旅游价格的上涨设法增加旅游设施和基础设施，旅游价格的变化则会引起旅游供给量较大幅度的变化，故其价格弹性系数较大。在旅游经济运行中，由于旅游业的特殊性，旅游供给弹性通常较小。特别是在旅游业已具相当规模或者旅游环境容量已趋于饱和的情况下，一个旅游目的地要想迅速扩大旅游供给相对比较困难。造成这种情况的原因，一方面是因为旅游供给的扩大涉及旅游服务设施和旅游基础设施的增建或扩建，以及旅游从业人员的招聘和培训，为人、财、物和时间所限；另一方面则是因为旅游供给的扩大也会受到当地环境容量以及社会容量等诸多因素的制约，很难通过有效的方式迅速增加，因而旅游供给弹性通常较小。

（二）旅游供给价格弹性

旅游供给价格弹性是指旅游供给量对旅游价格的反应及变化关系。根据旅游供给规律，在其他影响旅游供给的因素不变的情况下，旅游供给是随旅游产品价格的变化而同方向变化。为了测定两者之间的变化程度，即旅游供给对价格的敏感性，就必须计算旅游供给价格弹性系数。所谓旅游供给价格弹性系数，就是指旅游供给量变化的百分数与旅游产品价格变化的百分数之比。其计算公式如下：

点弹性：

$$\mathrm{ES}_\mathrm{p} = \frac{\mathrm{d}Q}{\mathrm{d}P} \frac{P}{Q}$$

弧弹性：

$$\mathrm{ES}_\mathrm{p} = \frac{Q_1 - Q_0}{(Q_1 + Q_0)/2} \bigg/ \frac{P_1 - P_0}{(P_1 + P_0)/2}$$

其中：

ES_p——旅游供给价格弹性系数；

P_0, P_1——变化前后的旅游产品价格；

Q_0, Q_1——变化前后的旅游供给量。

由于旅游供给量与旅游产品价格同方向变化，因而其弹性系数为正值。根据旅游供给价格弹性系数 ES_p 值的大小，可以区分为以下几种情况。

(1) 当 $\mathrm{ES}_\mathrm{p} > 1$ 时，表明旅游供给量变动百分比大于旅游产品价格变动百分比，即旅游供给是富有价格弹性的。图 3-7 中 AB 弧上的供给价格弹性即表明这一特点。若旅游供给是富于弹性的，则说明旅游产品价格的微小变化将引起旅游供给量的大幅变化。

(2) 当 $\mathrm{ES}_\mathrm{p} = 1$ 时，表明旅游供给量变动百分比同旅游产品价格变动百分比是相等的，即旅游供给具有单位弹性。图 3-7 中 B 点的供给价格弹性系数就是单位弹性。

(3) 当 $\mathrm{ES}_\mathrm{p} < 1$ 时，表明旅游供给量变动百分比小于旅游产品价格变动的百分比，因而旅游供给弹性不足。图 3-7 中 BC 弧上的旅游供给弹性就表现为不足，表明旅游产品价格的大幅上涨或下跌对旅游供给量变化的作用不强。

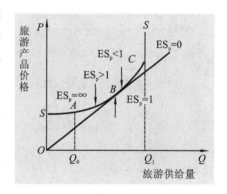

图 3-7 旅游供给价格弹性变化

除了以上三种情况外，尚有两种特殊情况：当 $\mathrm{ES}_\mathrm{p} = 0$ 时，称旅游供给完全缺乏价格弹性。因而图 3-7 中的旅游供给曲线是一条垂直于横轴的直线，表明无论旅游产品价格怎样变动，旅游供给基本保持不变。当 $\mathrm{ES}_\mathrm{p} = \infty$ 时，则称旅游供给是完全富有弹性的，或称旅游供给具有无限价格弹性。因而图 3-7 中的旅游供给曲线是一条平行于横轴的直线，表明在既定的旅游产品条件下旅游供给量可任意变化。

(三) 旅游价格预期弹性

旅游价格预期弹性，是指未来旅游价格的相对变动与当前旅游价格的相对变动之比。旅游价格预期弹性无论对于旅游者还是旅游经营者来讲，都是一个重要的影响系数。其计算公式如下：

$$E_\mathrm{F} = \frac{\Delta F/F}{\Delta P/P}$$

其中：

E_F——旅游价格预期弹性系数；

F——未来旅游价格；

P——现行旅游价格。

对于旅游者而言，当 $E_F>1$，表明旅游者预期未来价格的相对变动将大于现行价格的相对变动，于是现期旅游需求增加；反之，当 $E_F<1$，表明旅游者预期未来价格的相对变动将小于现行价格的相对变动，于是旅游者会持币待购从而引起现期旅游需求减少。但由于旅游需求同时受闲暇因素的影响，因而价格预期对于旅游需求的影响相对较小，即旅游需求价格预期弹性系数一般较小。

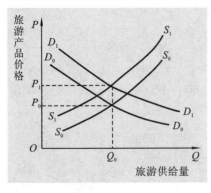

图 3-8　旅游供给价格预期弹性

然而，对于旅游经营者来讲，旅游供给价格预期弹性的作用则相对较大。当 $E_F>1$ 时，表明旅游经营者预期未来价格的相对变动将大于现行价格的相对变动，于是为了保持经营的稳定性，旅游经营者就会减少现期的旅游供给，从而引起旅游供给曲线从 S_0 向 S_1 移动（即旅游供给减少），而与此同时，旅游需求曲线会从 D_0 向 D_1 移动（即旅游需求增加），于是会造成旅游产品价格的暴涨（见图 3-8），即均衡价格从 P_0 上升到 P_1。反之，当 $E_F<1$ 时，表明旅游经营者预期未来价格的相对变动将小于现行价格的相对变动，即旅游市场价格稳定，于是旅游经营者就会增加现期的旅游供给，从而引起旅游供给曲线的右移（即旅游供给增加）；与此同时旅游需求曲线将会左移（即旅游需求减少），从而引起旅游产品价格的下跌。因此，把握好旅游价格预期弹性的变化，对于旅游经营者来讲是至关重要的。

第四节　旅游供求平衡

一、旅游供给与需求的矛盾运动

旅游供给与需求既互相依存又互相矛盾，它们通过旅游产品价格这一中介，有机地结合起来，从而形成了旅游供给与需求相互依存和相互矛盾的运动规律。

从旅游供给与需求的相互依存关系看，一方面，旅游供给虽然受许许多多的影响因素制约，但归根结底最基本的影响来自旅游需求。旅游供给的规划要以旅游需求为前提，离开旅游需求所制定的供给规划必然是盲目的。此外，自然和社会等各种因素对旅游供给的影响，往往也就是对需求的影响，或者是通过抑制旅游需求来限制旅游供给的发展。另一方面，旅游供给又是旅游需求实现的保证，它为旅游需求提供具体的活动内容。如果没有旅游供给的不断发展，旅游需求将永远停留在旅游的自然风光观赏水平上。从总体上看，旅游供给源于旅游需求，但在旅游业发展到一定程度之后，旅游供给又能激发旅游需求，产生旅游需求，促使人的旅游需求内容不断扩大，以及水平不断提高，从而改善人们的生活质量。

从旅游供给与需求的矛盾关系看，其矛盾主要表现在质量、数量、时间、空间和结构等方面。

(一) 旅游供给与需求在质量方面的矛盾

由于旅游供给的发展是以旅游需求为前提,所以旅游供给的发展滞后于旅游需求。在一定历史发展阶段的生产力水平上,与旅游资源相关联的设施、服务形成之后,它们的水平也就确定了,而人的需求内容、水平却在不断变化。旅游供给要跟上旅游需求内容、水平的变化,就需要一定的资金投入和建设时间;此外,受社会价值准则和道德规范的限制,对于有的旅游需求,不能提供相应的供给。加之旅游供给也有自己的生命周期,随着设施的磨损和老化,即使不断地局部更新,也难以阻止设施在整体上的老化,这就使得旅游供给的质量下降。反之,旅游供给的规划与建设不以旅游需求为前提,超出需求水平发展,会使旅游供给在近期内的效益降低,而在远期内因设施老化也达不到预期的效益目标。这些都是旅游供给与需求在质量方面的冲突表现。

(二) 旅游供给与需求在数量方面的矛盾

旅游供给与需求在数量方面的矛盾主要表现为供给能力与实际旅游者人数之间的矛盾。旅游目的地国家或地区,根据自己的社会经济条件,适应国内外旅游者的旅游需求,通过有计划、有步骤地建设而形成的旅游供给能力,在一定时间内是有限的,并具有相对的稳定性。旅游需求则随着人们收入水平的提高、消费水平与消费结构的变化而不断上升;同时,受社会政治经济状况和社会环境的制约、气候季节交替的影响,旅游需求也会相应地改变。简而言之,旅游需求量具有不稳定性和随机性的特点。因此,在一定时间内,必然会出现旅游供给总量与旅游需求总量之间的不平衡,形成供不应求或供过于求的状况。

(三) 旅游供给与需求在时间方面的矛盾

有些时间因素直接影响旅游供给能力的发挥,有些时间因素则不影响旅游供给能力的发挥,而是抑制旅游需求,造成旅游供给与需求的冲突。例如春意盎然或秋高气爽的季节,能引发人们到各风景区旅游观光;而隆冬季节,冰灯冰雕、滑雪冬泳则成为人们旅游需求的项目;至于炎热夏天,避暑胜地又供不应求了。又如节假日使旅游区比其他时间迎来更多的游客。而构成旅游产品的旅游设施和旅游服务,一旦相互配套,形成一定的供给能力,则具有常年同一性。因此,旅游供给的常年同一性与服务的季节性是旅游供给与需求在时间方面冲突的表现。

(四) 旅游供给与需求在空间方面的矛盾

旅游供给与需求在空间方面的矛盾主要表现为旅游资源在位置上的固定性和场地的有限性与旅游需求变动性的矛盾。特别是那些在国内、国际久负盛名的旅游点,在旅游旺季,游客如云,摩肩接踵,景观因之而减色;而有的风景区因客运能力不配套,进得去、出不来,旅游者望而却步,游人寥寥无几。近年来,模拟景观旅游应运而生,如深圳的锦绣中华、北京的世界公园,只在很小程度上缓解了"热点"的空间压力。因此,积极开发各种自然景观,建设高品位的景区、景点,是缓解旅游供给与需求空间方面矛盾的重要途径和手段。

(五) 旅游供给与需求在结构方面的矛盾

由于旅游者的组成不同,旅游活动中的兴趣爱好各异,民族习惯、宗教信仰、支付能力等千差万别,这就形成了旅游需求复杂多样、灵活多变的特点。而一个地区甚至一个国家的旅游供给,不管怎样周全规划和配备,总不可能做到面面俱到、一应俱全。旅游供给的稳定性、固定性与旅游需求的复杂性、多样性之间的鲜明反差,就形成了旅游供给与需求在结构上的冲突。

以上五个方面的矛盾是相互联系和相互影响的。它们共同反映了旅游供给与旅游需求矛盾不同于其他物质产品的供需矛盾的特殊性。

二、旅游供给与需求的均衡

旅游供给与需求的矛盾是绝对的,均衡则是相对的、有条件的。下面着重讨论在价格条件和季节条件下旅游供给与需求的均衡。

(一)在价格条件下的均衡

以 Q 表示旅游供给量或需求量,并作为横坐标,以价格 P 作为纵坐标,在平面直角坐标系中描绘出需求曲线 D 和供给曲线 S(见图3-9)。设需求曲线 D 与供给曲线 S 相交于均衡点 E。在 E 点,供给量与需求量相等,称为供求均衡,此时 P_0 称为均衡价格,Q_0 称为均衡产量。

如果旅游产品价格高于 P_0 而为 P_1,这时需求量减少到 Q_1,而供给量增加至 Q_2,旅游市场上出现超供给量 $Q_2 - Q_1$,即供过于求。如果市场价格降到 P_2 而

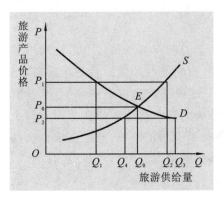

图3-9 旅游供给与需求的均衡

低于 P_0,则需求量增加至 Q_3,而供给量减少至 Q_4,这时的旅游市场上出现欠供给量 $Q_4 - Q_3 = -(Q_3 - Q_4)$,即供不应求。在实际中,人们总是希望通过采取措施,使 $Q_2 - Q_1$ 或 $Q_4 - Q_3$ 尽可能接近于零。

旅游供给与需求的均衡是动态的均衡。由于旅游供给一旦形成之后,则使用周期较长,因为价格变动使供给下降,除了劳务部分比较容易转产外,物质设施在短期内很难拆除,因此适宜采用供给曲线与需求曲线的移动来研究供给与需求的动态均衡。为简单起见,我们假定供给曲线与需求曲线在移动时形态不变,但在实际中,曲线移动时往往伴随形态的改变(见图3-10)。

(1) 社会性物价上扬而引起供给曲线与需求曲线均上移,则均衡点由 E 上升到 E',在均衡供给量 Q_0 不变的条件下,均衡价格由 P_0 上升到 P_1(见图3-10(a))。

(2) 社会生活结构调整,如工作日数减少,休假日如增加,引起需求曲线右移,均衡点右移到 E',则带动供给量增加,均衡价格也相应由 P_0 上升到 P_2,均衡产量由 Q_0 增加到 Q_2(见图3-10(b))。

(3) 社会生产结构调整,如第一、二产业因生产率的提高,冗余人员转入第三产业,这时出现价格不变的条件下社会能提供更多的旅游供给,或者地区性的旅游业迅速发展,使供给曲线右移,均衡点右移到 E',并引起均衡量由 Q_0 增加到 Q_3,而均衡价格由 P_0 下降到 P_3(见图3-10(c))。

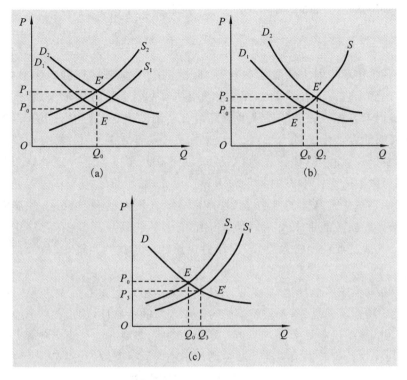

图 3-10 旅游供给曲线与需求曲线的移动

(二) 在季节条件下的均衡

如果以横坐标表示旅游供给量或需求量 Q,纵坐标表示月份 t,建立平面直角坐标系并绘出旅游需求曲线与供给曲线(见图 3-11)。需求曲线根据历年来的实际数据并作适当简化,以方便计算。供给曲线实际上是曲线,为简化讨论,这里将其简单地看成一条直线。供给曲线的设置应使供给过剩与供给不足两部分正好相等,即图 3-11 中直线 S_0 左边的阴影部分与直线 S_0 右边的阴影部分面积相等,S_0 称为纯量均衡供给曲线。

在实际中,旅游供给曲线的设置总是考虑放在直线 S_0 的右边,减少供给不足,如图 3-11 中的 S_1;甚至超过需求量峰值,如图 3-11 中的 S_2。原因主要有以下两点。一是经营策略的需要。由于旅游供给有"旺季"与"淡季"的区别,采用图 3-11 中的供给曲线 S_1,使供给在淡季的富余偏多,并酌情提高旺季的供给价格,抑制旺季的部分需求,以盈余填补淡季减少的收入。在制定旺季供给价格时,要考虑相应的需求价格承受力。通过"以旺补淡",实现旅游供求的季节均衡。二是由于旅游需求发展的需要。旅游需求量的增长,表现为图 3-11 中需求曲线 D 向右移动,在投资及其回收条件均能满足的前提下,尽可能在设置供给曲线时使之右移,如图 3-11 中的 S_2。这样设置的旅游供给曲线具有超前动态平衡的意义,即考虑到旅游供给的相对稳定性和旅游需求变化性的特点,使旅游供给相对超过旅游需求的水平,从而

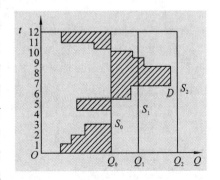

图 3-11 旅游供求的季节均衡变动

保证在一段时间内旅游供需的动态均衡。

三、旅游供给与需求的平衡

一般地,旅游供求均衡主要是量的相等,旅游供求平衡则具有更广泛的含义,它除了量的均衡外,还要求供需方在质的方面要相互适应,表现在旅游供求构成、供求季节和地区不平衡的协调等方面。旅游供求平衡意味着社会的人力、物力和资金的节约,以及旅游供给对精神文明建设产生的社会效益。旅游供求对供给方的人力、物力和资金的节约是直接的、显而易见的,而它的社会效益,则通过供需双方在市场上一定价格条件下的交换来实现,表现为供给方对需求方的满足和引导。因此,旅游供求平衡不仅仅是宏观控制的问题,而且供给方每一个具体的单位或部门,都应该在更高的系统层次,从旅游供给发展的长远目标来处理旅游的供求平衡。如果旅游供求平衡只从局部的经济效益出发,则可能会损害社会其他行业的经济效益,影响旅游供给社会效益的实现,并危及旅游供给方的远期利益。

与一般产品的供求平衡相比,旅游供求具有平衡的相对性和不平衡的绝对性,以及供需交换的随机性等特性。但是,基于旅游供给与需求矛盾的特殊性,旅游供求平衡还具有复杂性的特点。因此,旅游供求平衡是一个相当复杂的问题,需要在一个更大的系统空间中来认识、分析和解决。这给旅游供求平衡的调控增加了难度。所谓调控,总是相对于一定的目标而言的,人们事先赋予指定系统一个目标,然后运作系统,当发现系统状态偏离目标时,采用一定的手段,使系统状态指向目标,这一过程就是调控。旅游供求平衡调控的目标包括量的均衡与质的适应两部分。从实践看,旅游供求平衡调控有多种方式,概括起来主要有规划控制和过程控制两种方式。

（一）旅游供求平衡的规划控制

用控制论的语言来说,旅游供给规划是一种前馈控制,它对旅游供给的发展给出目标限定和范围。其内容包括旅游资源调研和开发,旅游需求预测,供给规模确定,旅游区规划和建设,基本旅游供给与相关旅游基础设施的发展计划,人员培训和行业规范等方面。在制定旅游供给规划的时候,要遵循社会主义市场经济规律、国家的方针政策,从社会主义现代化建设的总目标出发,使旅游供给的发展规模和发展速度既适应社会主义经济发展的需要,又符合国家或本地区的经济实力。

（二）旅游供求平衡的过程控制

旅游供求平衡的过程控制包括宏观调控和微观调控两个方面。在宏观层次,国家可以根据旅游经济发展的目标和旅游供求平衡的现实状况,通过政策对旅游供求运动进行引导或限制,促成旅游供求的平衡。在微观层次,对旅游供求平衡的调控,主要是通过市场机制来进行。当旅游市场上出现供过于求的情况时,旅游产品的价值就难以实现,价格不得不下降,生产旅游产品的资金就可能发生转移,从而使旅游供给减少;而当市场上出现供不应求时,旅游产品走俏,价格上扬,资金就可能由其他行业流入旅游业中,从而使旅游供给扩大。为了提高旅游供给随旅游需求而动态平衡的主动性,就要增加旅游供给能力的储备,根据旅游需求发展的趋势,适时扩大旅游供给。

思考与练习

1. 何为旅游需求？其产生的条件主要有哪些？
2. 阐述影响旅游需求的因素。
3. 分析说明旅游需求的规律性。
4. 何为旅游供给？其有哪些特点？
5. 阐述影响旅游供给的因素。
6. 分析说明旅游供给的规律性？
7. 怎样理解旅游需求弹性以及旅游供给弹性？
8. 旅游供求之间有何矛盾？如何实现旅游供求平衡？

我国带薪假期制度及其落实情况

国民休假制度成为近年来社会、经济、民生领域的热点话题。围绕"黄金周""小长假"等公共假日的讨论历久不息，针对带薪年休假制度"口惠而实不至"的抱怨更是不绝于耳。对此，有关部门高度重视，近年来陆续出台了一系列文件：2013年2月，国务院印发《国民旅游休闲纲要(2013—2020年)》，提出"到2020年，基本落实职工带薪年休假制度"；2014年8月，国务院印发《关于促进旅游业改革发展的若干意见》，明确提出要"将带薪年休假制度落实情况纳入各地政府议事日程"；2015年4月，中共中央、国务院印发《关于构建和谐劳动关系的意见》，强调要"切实保障职工休息休假的权利"，提出完善并落实国家关于职工工作时间、全国年节及纪念日假期、带薪年休假等规定。

一、相关法律法规

我国没有带薪公共假日的概念，与之相对应的是"法定节假日"。按照2013年修订的《全国年节及纪念日放假办法》，"全体公民放假的节日"共有11天，其中部分节日与周末双休日实行全国性"调休"，具体方案由国务院统一发布。就数量而言，我国带薪公共假日天数居于全球中等偏上水平。

就带薪年休假而言，2008年1月，国务院颁布的《职工带薪休假条例》规定："职工累计工作已满1年不满10年的，年休假5天；已满10年不满20年的，年休假10天；已满20年的，年休假15天。国家法定休假日、休息日不计入年休假的假期"；"单位根据生产、工作的具体情况，并考虑职工本人意愿，统筹安排职工年休假"；"单位确因工作需要不能安排职工休年休假的，经职工本人同意，可以不安排职工休年休假。对职工应休未休的年休假天数，单位应当按照该职工日工资收入的300%支付年休假工资报酬"；同时，还对带薪年休假的监督管理和违规制裁做出了原则性规定。按照该条例,人事部、人力资源和社会保障部分别于2008年2月和7月公布了《机关事业单位工作人员带薪休假实施办法》和《企业职工带薪休假实施办法》。从平均数量看,我国法律规定的带薪年休假天数相对较少,在全球处于偏低水平。

二、带薪年休假制度的落实情况

根据中国社会科学院财经战略研究院《中国国民休闲状况调查》课题组联合零点调查公司在全国7大区域、14个地级市(含城区、城镇、农村)采用分层随机方式,对6055个样本进行了入户调查,结果显示:

1. 带薪年休假权利受到劳动合同保护的状况

所有受访者中,仅61.5%的人表示与单位签署了劳动合同,外资企业、国有企业、政府机关、事业单位情况好于集体企业、私营企业和非政府组织,其中55.9%的私营企业受访者未签署劳动合同。在签署了劳动合同的受访者中,71.3%涉及了带薪年休假问题;具体到不同性质的单位而言,差异也较大,其中有39.8%的集体企业受访者和37.2%的私营企业受访者其劳动合同中未涉及带薪年休假问题。

2. 受访者对相关条例的了解程度

调查显示,近四成受访者不了解带薪年休假相关法规条例的具体内容,其中私营企业受访者中"不太了解"和"完全不了解"的人共占56%,集体企业受访者中占42.7%。

3. 受访者享受带薪年休假的情况

调查显示,受访者中40.1%没有带薪年休假,4.1%"有带薪年休假,但不能休",18.8%"有带薪年休假,可以休,但不能自己安排",而"有带薪年休假,可以休,且可自主安排"的仅占31.3%。具体到不同性质的单位而言,外资企业、国有企业、政府机关、事业单位、集体企业、私营企业的状况依次变差,其中私营企业中没有带薪年休假的占54.6%,"有带薪年休假,可以休,且可自主安排"的只有22.9%,集体企业就业者则分别为44.4%和25.7%。

4. 未享受带薪年休假者的补偿、交涉情况

调查显示,因带薪年休假不能落实或不能自主安排的受访者中,仅有18.1%获得经济补偿;具体到不同性质的单位而言,政府机关、事业单位、外资企业、国有企业好于其他单位。仅有7.7%的受访者就带薪年休假不符合相关规定而和单位进行过交涉;其中近半数的人未交涉的主要原因是"估计交涉也没什么用"(47.8%),其他依次为"担心丢掉饭碗"(18%),"担心影响个人发展"(13%),"觉得休不休假无所谓"(11.1%)。

5. 对带薪年休假制度实施前景与措施的看法

针对全面实施带薪年休假制度的可能性,保持积极乐观者占相对多数(共计55.9%),有23.9%的受访者认为"不太可能"或"完全不可能";具体到不同性质的单位而言,国有企业、政府机关、事业单位就职者更为乐观。就落实带薪年休假制度的具体措施而言,加强监管、完善法规细则、企业依法执行是受访者的主要期待。

带薪年休假是带薪假期的重要组成部分。相对于带薪公共假日(即"法定节假日")而言,人们可以根据自身及家庭情况自由选择享受带薪年休假的具体时间,因此如能很好实施,不仅可缓解我国集中休假、集中出行所带来的各种压力和问题,而且

能使人们真正体验到休闲的乐趣。然而遗憾的是,由于各种原因,带薪年休假制度的实施不尽如人意,并成为社会舆论关注的焦点问题。

(资料来源:本文摘自宋瑞,《带薪假期的国际经验与中国现实——基于全国调查的研究》,载《中国社会科学院研究生院学报》,2015年第4期。)

案例思考
1. 我国带薪休假制度落实的重点和难点在哪里?
2. 带薪休假制度的落实对缓解旅游供求矛盾实现市场均衡有何意义?

第四章

旅游市场及开拓

学习引导：

旅游市场是旅游产品交换的场所，也是实现旅游供求平衡的重要机制。本章通过分析旅游市场的概念和特点，阐述了旅游市场在旅游经济发展中的重要作用。并在此基础上，对旅游市场进行了科学的分类研究，对旅游市场竞争的类型及策略作了分析，最后探讨了旅游市场开拓的重要性、旅游目标市场的选择及开拓旅游市场的对策与策略。

学习目标：

通过本章学习，应重点掌握以下知识要点：

（1）旅游市场的特点及作用；

（2）旅游市场的分类；

（3）旅游市场竞争的必然性、内容及策略；

（4）旅游市场开拓的含义及策略。

素养目标：

主要聚焦引导学生树立改革创新、奋发进取的职业品格。在讲授旅游市场开拓时着眼我国改革开放以来开拓国内外旅游市场的实践，总结成功经验，引导学生充分了解感悟其中的困难和挑战，培养学生勇于改革创新、不断奋发进取的职业精神。

第一节 旅游市场的特点及作用

一、旅游市场的概念

市场是社会生产力发展到一定阶段的产物，哪里有商品生产和商品交换，哪里就有市场。早期的旅游活动并不是以商品形式出现的，而是一种社会现象。随着生产力的发展和社会分工的深化，商品生产和商品交换得到了发展，旅游活动逐渐商品化。一方面社会中出现了旅游活动的购买者，另一方面形成了专门为旅游者提供服务的行业，于是出现了以旅游者为一方的旅游需求和以旅游经营者为另一方的旅游供给，两者间的经济联系就构成了旅游商品交换。随着旅游商品交换的发展，旅游市场也随之产生并扩大。

旅游市场的概念有广义和狭义之分。广义的旅游市场是指在旅游商品交换过程中反映的各种经济行为和经济关系的总和。在现代旅游经济中,旅游市场反映了旅游需求者与供给者之间、旅游需求者之间、旅游供给者之间的关系,集中反映了旅游产品实现过程中的各种经济关系和经济行为。狭义的旅游市场是指在一定时间、一定地点对某种旅游产品具有支付能力的购买者,从这个意义上说,旅游市场就是旅游需求市场或旅游客源市场。

从旅游市场的概念看,旅游市场由旅游者、购买力、购买欲望和旅游权利四个主要因素构成。首先,旅游市场的大小取决于该市场上人口数量的多少。一个国家或地区总人口多,则潜在的旅游者就多,需要旅游产品的基数就大。因此,人口的多少反映了旅游产品潜在市场的大小。其次,旅游市场的大小取决于购买力。购买力是指人们支付货币购买旅游产品的能力,它是由收入水平决定的,没有足够的支付能力,旅游者便无法成行。再次,旅游市场的大小还取决于购买欲望。购买欲望是潜在购买力变成现实购买力的重要条件,没有购买欲望,即使有购买力也不能形成旅游市场。最后,旅游者拥有购买某种旅游产品的权利,能够自由地选择各种旅游产品。此外,旅游目的国或旅游客源国单方面的限制,也会使旅游权利受阻而导致无法形成国际旅游市场。以上四个要素是密切联系、缺一不可的,人口因素是前提,没有旅游者就没有市场;人口多而居民收入高的国家和地区才是真正具有潜力的市场;有了人口和收入,还必须使旅游产品符合旅游者的需求,引起其购买欲望;并在具备旅游权利的情况下,使潜在旅游市场变成现实旅游市场。

二、旅游市场的特点

旅游市场不同于一般产品市场和服务市场,它具有世界性、季节性、多样性和波动性等特点。

(一)旅游市场的世界性

旅游市场的发展经历了一个由国内向国际发展的过程。由于早期人们的旅游活动是在国内不同地区间进行的,所以旅游市场最初是在一个国家的范围内形成的。第二次世界大战之前,邻近国家间经济贸易关系的发展,促进区域性旅游市场的出现,如西欧、北美之间的旅游活动。第二次世界大战之后,随着社会生产力的发展,旅游活动扩展到世界各国,区域性旅游市场发展成世界旅游市场。因此,现代旅游市场是一个以全球为活动范围的统一的国际旅游市场,在这个旅游市场上,旅游者的足迹遍布世界绝大多数国家,而世界各国也都积极支持和鼓励旅游业的发展。

(二)旅游市场的季节性

旅游市场的季节性差别特别明显,这是由旅游地区的自然条件和旅游者的闲暇分布不均衡所造成的。如某些与气候有关的旅游资源会因季节不同而造成资源本身使用价值的不同,产生淡旺季的差别;旅游者纷纷利用带薪假日外出,也是造成旅游淡旺季的主要原因。因此,旅游目的地国家或地区应根据淡旺季的不同特点做出合理安排,以减少或消除季节性的影响。近年来,许多国家或地区的旅游组织和企业努力开发旅游淡季市场,使旅游市场向淡旺季均衡化方面发展。

开发淡季市场一般可采用两种市场开发战略。一是创造多种游乐方式,即在淡季到来之后另外增加新的娱乐内容以吸引游客,使旺季延长。二是利用优惠的价格,即利用降低价格在淡季扩大旅游市场,这样既可以将旺季中的游客吸引到淡季来,又可以将大量的潜在旅

游需求转化为现实的旅游需求。

(三) 旅游市场的多样性

首先,旅游市场的多样性表现为旅游产品种类的多样性,对于不同的国家、不同的自然风光和人文景观,旅游者可以从中得到各种不同的经历与感受。其次,旅游市场的多样性还表现为旅游者多种多样的偏好引起供给方面的多样性变化,使旅游产品种类更加多样,更好地满足旅游者的需求。最后,旅游市场多样性还表现为旅游产品购买形式和交换关系的多样性,即包价旅游、散客旅游、包价与零星购买相结合的旅游等。旅游市场的多样性不仅反映了旅游市场发展变化的特点,而且在很大程度上决定着旅游经营的成败。

(四) 旅游市场的波动性

旅游市场是非常敏感的,因为影响旅游需求的因素多种多样,任何一个因素的变化都会引起旅游市场的波动。对于某一具体旅游市场而言,某些意外事件或者重大活动都会在一段时间内改变客源的流向,使旅游市场呈现出较大的波动性。中国自1978年改革开放以来,旅游业发展经历了20世纪80年代的高速发展阶段,但在1989年之后旅游市场一度出现较大滑坡,直到1992年再度进入快速发展阶段,同时旅游市场也由卖方市场转向买方市场。从长期趋势来看,整个世界旅游市场还是持续向前发展的。

三、旅游市场的作用

旅游市场是社会经济高度发展的产物,是旅游业赖以生存和发展的条件,它对旅游经济的发展起着十分重要的作用,具体表现在以下几个方面。

(一) 交换作用

旅游市场是联结旅游产品生产者和需求者的纽带。通常,旅游市场上有许多不同的旅游产品生产者和需求者。旅游产品生产者通过市场为自己的产品找到购买者,需求者通过市场选择并购买自己感兴趣的旅游产品,因而旅游市场是实现旅游产品供给者和需求者之间交换关系的桥梁。旅游市场把旅游需求和供给衔接起来,解决了供求之间的矛盾,从而更好地满足旅游者的需求,更充分地发挥旅游接待设施的能力,促进旅游经济的健康发展。

(二) 调节作用

旅游市场的调节作用首先表现为它是调节旅游供求平衡的重要杠杆。在旅游市场上,当供求双方出现矛盾时,旅游经济活动就会受到影响,就会引起旅游市场竞争加剧和价格波动,于是就要通过市场竞争机制和价格机制的作用,调节生产和消费,使供求重新趋于平衡。其次,旅游市场对旅游经济的调节作用还表现为,通过市场调节,可以实现整个旅游业按比例配置各种资源,进一步实现社会经济资源的优化配置,并通过市场调节,使旅游部门和企业根据市场需要和供求状况合理分配社会劳动。旅游企业则可根据市场供求状况调整自己经营的旅游产品结构、投资结构以适应旅游者需求,获得较高效益。

(三) 信息交流作用

在市场经济条件下,旅游者的经济活动是通过市场动态变化表现出来的。旅游市场通过自身传递信息,为旅游目的地国家或地区制定旅游业发展规划和经济决策提供依据。作为旅游企业,一方面将旅游产品信息传递给市场;另一方面根据市场反馈的旅游需求信息和市场供求状况,调整旅游产品价格,组织生产适销对路的旅游产品。市场信息为旅游企业提供了经营决策的依据。旅游者一方面将需求信息传送到市场,为旅游产品生产经营者开发旅游产品提供依据;另一方面也从旅游市场上获取经济信息,指导、调整和变更旅游需求。总之,旅游市场通过信息传导,成为旅游经济活动的"晴雨表",综合地反映着旅游经济的发展状况。

(四)检验评价作用

旅游市场还可以检验旅游企业及其产品质量的优劣,推动旅游企业改善经营管理、提高服务质量。在旅游经济活动中,旅游者因支付一定的旅游费用而成为旅游服务的权利享有者,旅游企业则因获得一定的旅游收入而成为旅游服务的承担者。在旅游市场中,这种权利与义务、服务与被服务的相互关系,是通过买卖的形式而实现的。因此旅游费用价格高低、旅游服务质量好坏、旅游住宿等级如何、旅游交通和旅游景点状况如何都必然反映到旅游市场上来,旅游市场成了检验旅游企业经营管理的一面镜子。旅游者在决定是否对旅游产品进行购买之前,在旅游市场上必然要对旅游费用、食宿、交通、景点做出种种选择,只有适合旅游者需求的产品,才是他们愿意购买的旅游产品。旅游企业在旅游市场竞争中,只有认真地调查研究,看到自身经营管理方面的优势和劣势,充分吸取成功的经验和总结失败的教训,才能不断改善和提高旅游企业的经营管理水平和服务质量,提供旅游者易于接受、乐于消费的旅游产品。

第二节 旅游市场的分类

一、按地域划分旅游市场

世界旅游组织根据世界各地旅游发展情况和客源集中程度,将世界旅游市场划分为六大区域市场,即欧洲市场、美洲市场、东亚及太平洋地区市场、非洲市场、中东市场和南亚市场,这一划分反映了世界区域旅游市场的基本状况,并便于进行深入的比较研究。表4-1和表4-2反映了近几年来六大旅游市场在接待人数和旅游收入方面的基本状况。

表4-1 1950—2020年世界六大旅游市场接待国际旅游者比重 单位:%

年份	全世界	非洲	美洲	东亚及太平洋地区	欧洲	中东	南亚
1950	100	2.1	29.6	0.8	66.4	0.9	0.2
1960	100	1.1	24.1	1.0	72.5	1.0	0.3
1970	100	1.5	23.0	3.0	70.5	1.4	0.6
1980	100	2.5	21.3	7.3	66.0	2.1	0.8
1990	100	3.3	20.5	11.5	62.4	1.6	0.7
1995	100	3.3	19.7	14.8	59.4	2.0	0.8
2000	100	3.8	18.6	16.0	57.8	2.9	0.9
2020	100	5.0	18.0	27.0	45.0	4.0	1.0

资料来源:世界旅游组织。

表 4-2　1990—2010 年世界旅游和区域旅游的前景

地区	到达游客人数/百万人次			平均增长率/(%) (1990—2010 年)
	1990 年	2000 年	2010 年	
欧洲	283	372	476	2.6
美洲	94	147	207	4.0
东亚及太平洋地区	53	101	190	6.6
非洲	15	24	36	4.5
中东	8	11	18	4.1
南亚	3	6	10	6.2
全世界总计	456	661	937	3.7

资料来源：世界旅游组织。

从表 4-1 和表 4-2 可以看出，欧洲和美洲市场占有率较高，它们不仅是世界上主要的旅游客源地区，而且是主要的旅游接待地区；东亚及太平洋地区的旅游业发展迅猛，已经成为世界上主要的旅游客源地和旅游接待地；非洲具有丰富的自然资源和人文资源，旅游业的发展趋势较好；中东和南亚地区的市场占有率虽然较小，但仍然是有发展潜力的旅游地区。

二、按国境划分旅游市场

按国境划分旅游市场，一般分为国内旅游市场和国际旅游市场。国内旅游市场是指国境线范围以内的市场，国际旅游市场是指国境线范围以外的市场。国内旅游市场主要是本国居民在国内各地进行旅游；国际旅游市场主要是接待外国旅游者到本国各地旅游，以及组织本国居民到国外进行旅游。在国内旅游市场上，旅游者是本国居民，使用本国货币支付各种旅游开支，游客可以自由地进行旅游，而不受国界的限制。发展国内旅游可以对国内商品流通以及货币回笼起到促进作用。在国际旅游市场上，旅游者是其他国家居民，使用其他国家货币支付旅游开支，涉及货币兑换问题，参加旅游活动要有足够的证件，出国要有本国护照，进入旅游目的地国要得到旅游目的地国的签证许可等。国际旅游市场的营业额直接关系到一国外汇储备的增加或减少，随着输出旅游者数量的增加，旅游客源国外汇储备将会减少；随着接待国际旅游者数量的增加，旅游接待国的外汇收入将会增加。

三、按旅游消费水平划分旅游市场

根据旅游产品质量或旅游需求者的消费水平，可将旅游市场划分为豪华旅游市场、标准旅游市场和经济旅游市场。由于人们的收入水平、年龄、职业以及社会地位、经济地位的不同，其旅游需求和消费水平不同，对旅游产品质量的要求也不同。豪华旅游市场的市场对象是社会的上层阶层，他们一般不关心旅游价格的高低，希望旅游能反映出他们日常生活的水平，如参加旅行团，他们喜欢和具有同类社会和经济地位的人一起旅游。标准旅游市场的对象是大量的中产阶级。经济旅游的市场对象是那些收入水平较低或没有固定收入者。旅游经营者应根据其提供的旅游产品的等级，科学地进行市场定位，并在相应的市场上吸引和扩大自己的市场对象。

四、按旅游目的划分旅游市场

根据旅游目的可划分为不同性质的旅游市场,如观光旅游市场、文化旅游市场、商务旅游市场、会议旅游市场、度假旅游市场、宗教旅游市场等。20世纪50年代以来,除了以上传统旅游市场外,又出现了一些新兴的旅游市场,如满足旅游者健康需求的体育旅游市场、疗养保健旅游市场、狩猎旅游市场;满足旅游者业务发展需求的修学旅游市场、工业旅游市场、务农旅游市场、学艺旅游市场;满足旅游者享受需求的豪华列车旅游市场、豪华游船旅游市场和美食旅游市场;满足旅游者寻求刺激心理需求的探险与冒险旅游市场、秘境旅游市场、海底旅游市场、火山旅游市场、沙漠旅游市场、惊险游艺旅游市场,以及观看古怪比赛旅游市场等。此外,还有各种专项旅游市场等。由于不同旅游者的旅游目的不同,对旅游产品需求不同,不同旅游市场各有自己的市场范围和市场对象。

五、按旅游组织形式划分旅游市场

根据旅游组织形式不同,可将旅游市场分为团体旅游市场和散客旅游市场。团体旅游一般指人数在15人以上的旅行团,其旅行方式以包价为主,包价的内容可以灵活多样,通常包括旅游产品的基本部分,如食、住、行、游、娱,也可包括基本部分中的某几个部分。参加旅行社组织的团体包价旅游的优点是:其活动日程已经提前安排好,可使旅游者放心地随团旅游;而且旅行社是以优惠的旅行社价格分别购买各单项旅游产品,然后组织成旅游线路产品出售给旅游者,因而旅游者参加团体包价旅游价格较便宜。团体旅游的缺点是行动上不能自由灵活,时间上受旅行团的约束。

与团体旅游市场相对应的是散客旅游市场。所谓散客主要指个人、家庭及15人以下的自行结伴旅游者。散客旅游者可以按照自己的意向自由安排活动内容,也可以委托旅行社购买单项旅游产品或旅游线路中的部分项目。散客旅游的缺点是每到一处都需要考虑下一站的抵达和离开的进出海关手续及住宿安排等问题,散客旅游者所购买的各单项旅游产品的价格之和比旅行社同样内容的团体包价旅游的价格要高。

根据旅游者对目的地的熟悉程度、个性、兴趣及爱好,有些人喜欢参加团体旅游,如第一次出国旅游的游客、老年人等,而有些人喜欢单独外出旅游,不愿受旅行团的束缚。近年来,来华旅游市场一个明显的变化是散客迅速增加,团体旅游比重大幅度下降。散客增长是来华旅游市场日趋成熟的一种表现,它是合乎国际旅游市场需求趋势的。目前来华散客市场迅速增长的原因可归纳为以下几点。第一,旅游者经验日益丰富。随着国际旅游业的发展,许多旅游者经常出国而见多识广,阅历丰富,更喜欢独立进行远距离旅游,对从来没有去过的异乡客地的环境和生活也能很快适应。第二,旅游心理日趋个性化。当今许多旅游者倾向于在外出旅行时自由自在地按自己的意愿去寻求与众不同的经历,以满足个人求新、求奇的需求。第三,我国入境口岸与国际航线的增多,国内交通、住宿条件的改善,旅游服务的标准化,现代交通及通信事业的发展带来的旅游市场信息增加并迅速传播,使外国游客来我国旅行越来越方便,于是有更多的海外旅游者愿意单独旅游。第四,改革开放,与海外的经贸往来日渐频繁,商务客人越来越多,商务带观光、探亲访友带观光的客人也充实了来华散客旅游市场。因此,大力发展散客旅游是大势所趋,对于一个旅游目的地来讲,接待散客旅游者人数的多少已成为衡量其成熟与否的重要标志。

除上述旅游市场分类外,还可以从其他角度划分旅游市场,如根据季节划分为淡旺季旅游市场,根据国别划分为不同的客源国市场,等等。总之,旅游市场划分的目的是掌握不同旅游市场的特点,根据这些特点指导旅游供给和旅游市场的促销活动。

第三节 旅游市场的竞争

一、旅游市场竞争的必然性

市场竞争是客观存在的,只要有市场就必然有竞争,因而在旅游市场上自始至终都存在着竞争。旅游市场竞争,既包括旅游者之间选择旅游目的地的竞争,旅游经营者之间争夺旅游客源的竞争,也包括旅游者和旅游经营者之间对于旅游产品质量、旅游产品价格、旅游服务优劣的竞争。旅游市场竞争是旅游经济持续运行的内在机制,是旅游经济存在联系的外部强制形式。旅游市场竞争的存在具有客观必然性。这种客观必然性既来自市场经济运行一般规律的要求,也体现了旅游经济运行特殊的规律性要求。只有充分认识到旅游市场竞争的客观必然性,才能遵循客观经济规律,健全和完善旅游市场体系,充分发挥旅游市场机制和旅游市场功能的作用,促进旅游经济持续、快速、健康发展。

(一)旅游市场竞争是价值规律的客观要求

价值规律是商品生产的基本经济规律,它要求商品的价值由生产该商品所耗费的社会必要劳动时间所决定,商品交换以价值为基础,实行等价交换。在价值规律的作用下,各企业为争取实现自己生产的商品价值的有利条件,必然会积极采用新技术,改善经营管理,提高工作效率和产品质量,降低成本,从而争取更有利的竞争地位,促进商品价值尽快地顺利实现。可见,在市场经济条件下,只有通过市场竞争,价值规律的要求才能得到实现,市场竞争是价值规律的实现形式,是市场经济的内在机制的外部表现。这是不以人的主观愿望为转移的,具有其客观必然性。

(二)旅游市场竞争是供求规律运行的必要条件

旅游产品的交换不仅要遵循价值规律,还要受到旅游市场供求规律的影响和作用,而供求规律的运行又必须以旅游市场竞争为必要条件。在旅游市场上,旅游供求均衡是相对的,不均衡是绝对的。一般来说,当旅游市场出现供不应求时,表现为旅游需求大于旅游供给,于是必然出现旅游者之间争购旅游产品的竞争,而市场竞争的结果必然是促使旅游产品价格上涨进而刺激旅游供给增加;而当旅游市场出现供过于求时,表现为旅游供给大于旅游需求,于是也必然出现旅游经营者之间争夺旅游者的竞争,市场竞争的结果也必然会促使旅游产品价格下跌而刺激旅游需求增加。

(三)旅游市场竞争是应用科学技术的前提条件

科学技术是第一生产力,是推动现代旅游经济发展的重要动力。现代科学技术的进步,尤其是各种高新技术的普及和应用,不仅促进了旅游业的快速发展,也加剧了旅游市场的竞争。如电子计算机预订系统的普及,首先运用于航空客运预订系统,再到饭店销售预订系统,最终广泛应用于旅行社的游客预订和组团,特别是现代国际互联网的迅猛发展,更使现代旅游市场成为全球统一的大市场,简便快捷的网上促销、网上订房、网上组团、网上购物等电子商务系统使所有旅游企业都无一例外地经历着"适者生存"法则的考验。

（四）旅游市场竞争是旅游经济发展的客观规律

市场经济条件下,旅游市场竞争已经成为旅游经济发展的客观规律。首先,旅游市场竞争是旅游经济发展的必然趋势,尤其是随着 20 世纪 50 年代以来,世界旅游经济的快速发展,旅游市场已由卖方市场转变为买方市场,导致世界旅游市场竞争日趋激烈。进入 21 世纪后,旅游竞争态势随着世界旅游市场的日趋成熟而逐步升级,并且更加集中地反映在对旅游客源的争夺上。为了招徕更多的旅游客源,许多国家和地区纷纷调整旅游营销策略,采取更为积极的政策和更加灵活的促销方式开拓旅游客源市场,争夺国际旅游者。其次,旅游市场竞争有利于促进旅游企业提供优质的旅游产品,有利于促进旅游目的地不断提供更高水平的旅游服务,有利于推动旅游企业不断改善经营管理和提高经济效益,有利于推动旅游市场上旅游企业之间的优胜劣汰,从而促进现代旅游经济的持续、快速、健康发展。

二、旅游市场竞争的分类

竞争是市场存在的条件,但不同市场的竞争程度也有很大的差别。经济学家根据参与竞争厂商的多少和产品的差异程度,从理论上将市场分为四种类型,即完全竞争市场、完全垄断市场、垄断竞争市场和寡头垄断市场。

（一）完全竞争市场

完全竞争市场是指一种不受任何阻碍和干扰的市场。完全竞争的市场结构必须具备以下条件：一是市场上存在许多彼此竞争的旅游者和旅游经营者,每个旅游者和旅游经营者所买卖的旅游产品数量在整个市场上占有的份额都很小;二是各旅游经营者生产经营的同种旅游产品是完全相同的;三是所有生产要素资源能够在各行业间完全自由流动,旅游经营者可以自由地进入和离开完全竞争的市场;四是市场上每个旅游者和旅游经营者都具有充分的市场信息。只有具备以上四个条件的市场才能称为完全竞争的市场,因而完全竞争市场实际上只是一种理论上的假设。

（二）完全垄断市场

完全垄断市场是指一种产品市场完全由一家厂商所控制的状态,并且这个厂商生产的产品没有任何替代品,因而完全垄断厂商对其产品的价格和产量具有很大的控制权。完全垄断市场也属少见,只见于某些国家特许的独占企业,如公用事业（包括邮政、电话、自来水等企业）,对某种产品拥有专利权或拥有独家原料开采权的企业。在旅游经济中,某些独有的旅游资源开发成的旅游产品会形成垄断产品,从而形成一定的完全垄断市场。

（三）垄断竞争市场

垄断竞争市场是指一种既有垄断又有竞争的市场结构,它是一种介于完全竞争和完全垄断之间的市场类型。垄断竞争市场结构具有以下特点：一是同类旅游产品市场上拥有较多的旅游经营者,每一经营者的产量在市场总额中只占较小的比例,任一单独经营者都无法操纵市场;二是旅游经营者进入或退出市场较容易;三是不同的旅游经营者生产的同一类旅游产品间存在着一定的差异性,而这种差异性使质量或销售条件处于优势的旅游产品在价格竞争、市场份额的占有上略优于其他经营者的产品。

(四)寡头垄断市场

寡头垄断市场是指为数不多的旅游经营者控制了行业绝大部分旅游供给的市场结构。每个大企业在行业中都占有相当大的份额,以致其中任何一家经营者的产量或价格变动都会影响旅游产品的价格和其他经营者的销售量。这是介于完全垄断市场和垄断竞争市场之间的一种市场形式。在现实市场经济中,寡头垄断比完全垄断更为普遍。

从总体上看,旅游市场是一个垄断竞争的市场,该市场既包括垄断因素也包括竞争因素。其垄断性主要表现在以下几个方面。一是旅游产品具有差异性,即每个国家或地区的旅游资源状况不可能是完全相同的,从而导致每一种旅游产品都有其个性,都有其诱人之处。于是,旅游产品之间的差异性在一定程度上形成了一种垄断。二是政府的某些政策限制形成一定的垄断。例如目前我国政策规定,严格限制外国人到中国办旅行社,对合资饭店合资期限和投资比例也有明确规定,从而限制了完全竞争的市场态势。三是由于非经济因素限制,使旅游者不能完全自由选择旅游产品而进入任何旅游目的地。

三、旅游市场竞争的内容

旅游市场竞争的主要内容包括争夺旅游者、争夺旅游中间商、争夺旅游生产要素和提高市场占有率四个方面。

(1)争夺旅游者是旅游市场竞争中最基本、最核心的内容。争夺到的旅游者的数量越多,表明旅游产品的销售量越大,从而为旅游目的地国家、地区或旅游企业带来的收入越高,经济效益就会越好。

(2)争夺旅游中间商是指对从事转销旅游产品、具有法人资格的经济组织和个人的争夺。因为,各种各样的旅行社和旅游经纪人,是销售旅游产品的重要分销渠道,如我国的各类旅行社,以及外国的旅游批发商、旅游经营商和旅游零售商。通常,国际包价旅游产品大多数是通过国际旅行社、外国旅游批发商和旅游零售商来出售的。因此,争夺到的旅游中间商越多,得到的支持越大,旅游产品销量就越高。

(3)争夺旅游生产要素。旅游企业生产、提供旅游产品和服务必须占有一定的旅游生产要素,旅游生产要素是旅游企业生产、提供旅游产品和服务以及进行市场竞争的实体支撑。因此,高素质的旅游经营管理人才、技能娴熟的专业技术人员、现代科学技术以及某些特色鲜明的旅游资源等旅游生产要素已经成为旅游市场竞争的重要内容,也是旅游企业进行旅游市场竞争的实体要素支撑,对于改善旅游企业经营管理、提高旅游企业经济效益、强化旅游企业竞争优势具有至关重要的作用。

(4)提高市场占有率也是旅游竞争的重要内容之一。旅游市场占有率分为绝对占有率和相对占有率两种。

旅游市场绝对占有率是指一定时期内某旅游经营者接待的旅游人数与同期该旅游市场接待的旅游总人数的比率。可用公式表示如下:

$$旅游市场绝对占有率 = \frac{一定时期内某旅游经营者接待的旅游人数}{同期该旅游市场接待的旅游总人数} \times 100\%$$

旅游市场相对占有率是指一定时期内某旅游经营者的市场绝对占有率与同期、同市场范围最大竞争者的市场绝对占有率的比率。可用公式表示如下：

$$旅游市场相对占有率 = \frac{一定时期内某旅游经营者的市场绝对占有率}{同期、同市场范围最大竞争者的市场绝对占有率} \times 100\%$$

若旅游市场相对占有率大于1，则说明该旅游目的地国家、地区或旅游企业在市场竞争中处于优势；若旅游市场相对占有率等于1，则说明该旅游经营者与最大竞争对手势均力敌；若旅游市场相对占有率小于1，则说明该旅游经营者在市场竞争中处于劣势。

四、旅游市场竞争的策略

旅游市场竞争是剧烈的，因而必须采取合适的市场竞争策略。从国内外旅游市场竞争的状况看，旅游市场竞争策略可分为四种，即低成本策略、产品差别化策略、专营化策略及价格策略。

（一）低成本策略

低成本策略是指在保证旅游产品质量的前提下，采取有效措施，降低经营成本，追求在同行业中的低成本优势，然后采取低价格策略以达到扩大市场占有率的目标。

（二）产品差别化策略

产品差别化策略是指在开发旅游产品时，要创造本地区或本企业旅游产品的特色，使之与同行业其他产品相比，在旅游产品的组合设计、服务、推销方式等方面具有明显的优势，使旅游者更感兴趣，产生信赖，消除价格的可比性，从而产生强大的竞争力量。

（三）专营化策略

专营化策略是指专门为某一个或某几个特殊的细分市场服务的策略。为了实现旅游产品的差别化和低成本，在目标市场上具有特殊的竞争能力，赢得较高的利润率，应着力开发针对某些细分市场的旅游产品——特种旅游，以促进旅游市场占有率的提高。

（四）价格策略

价格策略是旅游市场竞争常用的策略。根据旅游产品的价格需求弹性大小，结合行业竞争的状况，通常可采用以下价格策略。

（1）维持原价策略。它是指对竞争者的价格变动不作任何反应。当企业降价会减少目标利润，不降价也不会失去很多市场份额时，维持原价策略能使目标市场的旅游者树立对本企业的信任，从而获得较多市场份额。

（2）降低价格策略。它是指追随竞争对手价格的降低，调低本企业产品的价格。当目标市场旅游者对价格十分敏感时，不降价会使企业失去市场份额，同时企业也有足够的余地承受产品降价的影响，而使企业利润损失不严重，可考虑采用降低价格策略。

（3）提高价格。市场竞争并不意味着都要降价。当目标市场旅游者对价格不敏感时，可以提高价格，并通过宣传促销在旅游者心目中树立起"一分价格一分货"的高质量、高档次的旅游产品形象。通常，只要提价幅度能为旅游者所承受，不仅能保持市场份额，而且可以适当增加企业的利润。

第四节 旅游市场开拓

一、旅游市场开拓的含义

旅游市场开拓是指为实现旅游产品的价值而进行的一系列与旅游市场的开发、占有和扩大密切联系的活动。旅游市场开拓要在明确旅游市场战略目标的前提下进行市场调研和预测,了解市场需求和竞争对手;在此基础上,分析旅游企业所处市场的宏观环境和微观环境,使企业经营活动适应市场环境的变化;进行市场细分,并在市场细分的基础上,选择目标市场;然后针对目标市场,确定合适的市场营销组合,最终实现旅游市场开拓的战略目标。

旅游市场战略目标是指在一定时期内,旅游市场营销工作的服务对象和预期所要达到的目的。即旅游目的地国家、地区或旅游企业为其旅游发展和经营所确定的一定时期的奋斗目标。进行旅游市场开拓,首先要明确一定时期的任务和目标。对于旅游行业而言,其任务和目标表现为开发本身所具有的旅游资源,形成高质量的旅游产品,并利用一切有利条件,满足旅游市场的需求,最大限度地获取经济效益和社会效益。对于旅游企业而言,其任务和目标表现为确定企业的业务经营范围和领域,寻求和判断战略机会的活动空间和依据。企业任务确定后,应把任务具体化为企业每一个管理层次的经营目标。

二、旅游市场调查和预测

为了确定好旅游市场的战略目标,加快对旅游市场的开拓,必须搞好旅游市场调查和市场预测。

(一)旅游市场调查

旅游市场调查分为宏观市场调查和微观市场调查。宏观市场调查主要包括市场总需求调查、市场总供给调查、市场环境调查等内容。旅游市场总需求是指整个社会在一定时期内有支付能力的,通过市场交换的对旅游产品的需求总量。旅游市场总供给是指整个社会在一定时期内对旅游市场提供的可供交换的旅游产品的总量。旅游市场宏观环境是指影响市场供求变化的经济、政治、社会、文化教育等状况。微观市场调查是就旅游企业生产经营状况开展的市场调查,是企业根据营销活动的需要而进行的特定调查,包括消费者需求调查、企业市场营销状况调查和市场竞争调查。旅游者需求调查主要包括旅游动机调查、旅游客源结构调查和游客费用支出状况调查。市场营销状况调查包括旅游者对新老旅游产品质量、产品生命周期各个阶段的要求、意见和建议的调查。市场竞争调查,主要调查企业有哪些竞争对手,哪些是现实的竞争对手,哪些是潜在的竞争对手,以及竞争对手的资金实力、旅游产品项目设计、服务质量、价格水平等状况。

按照旅游市场调查目的的不同,一般把市场调查分为探索性调查、描述性调查和因果关系调查。探索性调查是指正式调查前的试探性调查,一般采取研究第二手资料或召集专家开展询问调查。当市场调查的问题和范围较模糊时,可以采用探测性调查。如某旅游市场产品销量急剧下降,到底是什么原因所致不清楚,只有先作试探性调查,找出主要原因,才能做深入的正式调查。描述性调查,是指为了描述事物状况特征而进行的调查。它主要是通过深入实际调查研究,收集和整理有关事实的情况和资料,将市场的有关客观情况如实地加以描述和反映,来说明事物之间的因果关系及内在联系等。因果关系调查是要找出问题的原因和结果,也就是专门研究"为什么"的问题。描述性调查是提供问题中的各因素关联现象,而因果性调查是找出形成这类关系的原因。因果性调查把描述性研究中提出的变量分为自变量和因变量,进一步研究各自变量对因变量的影响程度和大小。

市场调查通常可分为三个阶段,即调查准备阶段、实地调查阶段和结果处理阶段。经过必要的调查准备之后,便应着手实地调查,收集资料。资料的收集可分为第二手资料和第一手资料的收集。第二手资料是他人收集并经过整理的资料,这些资料比较容易取得。第二手资料的来源是:企业内部资料,政府机关、学术团体公布的统计资料,公开出版的期刊、文献、报纸、书籍和研究报告等,有关国际或区域旅游组织和专业旅游市场调研机构的年报和其他资料等。第二手资料的收集比较简便,而且节省费用。第一手资料又称原始资料,是调查人员通过现场实地调查所收集的资料。其收集方法有调查法、观察法、实验法和会议法。调查法,可以用个别面谈或小组讨论等方法,也可以用电话询问、邮寄调查表或混合调查法进行。观察法是指调查人以直接观察具体事物作为收集资料的一种手段。实验法是指从影响调查对象的若干因素中,选出一个或几个因素作为实验因素,在其余诸因素均不发生变化的条件下,了解实验因素变化对调查对象的影响。会议调查法,通过召开专门的调查会议或者调查者利用参加其他会议的机会进行调查。由于各种会议集中了各种专门人才,因此能收集到内容广泛、水平较高的答复。

(二)旅游市场预测

旅游市场预测是指运用各种定性和定量方法,对旅游市场未来发展变化做出的分析和推断。科学的市场预测需要应用定量分析和定性分析方法,并且将两者有机结合起来。

定性分析是对预测目标的性质以及可能估计到的发展趋势做出的分析。旅游市场定性分析方法包括旅游者意见法、营销人员估计法、经理人员判断法和专家预测法。旅游者意见法是指通过对旅游者进行调查或征询来进行旅游市场预测的一种方法。其具体做法包括当面询问、电话征询、写信、要求填写调查表、设立意见簿、召开座谈会等。经理人员判断法是指旅游企业邀请企业内部各职能部门的主管人员根据各自的经验,对预测期的营业收入做出分析和估计,然后取其平均数作为预测估计数。此法简便易行,节省费用,对新企业是唯一可供选择的预测方法。营销人员估计法是由企业内外部的营销人员对市场做出预测的一种方法。使用这种方法的企业,要求每个推销员对今后的销售做出估计,营销经理再与各个推销员一起审核估计数字,并逐级上报预测数字并进行汇总。专家意见法是由企业聘请社会上或企业内部的专家进行市场预测的一种方法。

定量分析是用数学的方法来研究、推测未来事件的变化及发展趋势。用定量分析法预测旅游市场需求,一般要使用多种统计方法和计量经济学方法。常用的方法有时间序列分析法和回归分析法。时间序列分析法包括简单平均法、移动平均法、指数平滑法、变动趋势预测法等。回归分析法包括一元线性回归法和二元线性回归法等。

三、旅游市场细分与目标市场选择

(一)旅游市场细分

任何一种旅游产品的供给者,不管是一个旅游目的地国,还是一家旅游企业,都没有足够的实力面向整个旅游市场,满足所有旅游者的需要,因此有必要对旅游市场进行细分,以确定各个国家、地区或企业的市场目标。旅游市场细分,就是根据旅游者之间需求的差异性,把一个整体旅游市场划分为若干个旅游者群体,从而确定企业目标市场的活动过程。旅游市场细分不是产品分类,而是根据旅游需求的差异划分为不同的细分市场。旅游市场上有各种不同需求的旅游者,进行市场细分首先要发现不同旅游者之间的需求差别,然后把需求相同的旅游者归为一类,每一类就形成一个小的细分市场。常见的旅游市场细分的方法有地理细分、人口细分、心理行为细分等。

(1) 地理细分。它是指按地理位置来细分旅游市场,其涉及对游客来源以及游客所来自的国家的分析。它以现在及潜在的客源发生地为研究的出发点,根据旅游输出国与接待国之间的距离,可分为远程旅游市场和近程旅游市场;根据旅游者的国际流向,可把旅游市场细分为一级市场、二级市场和机会市场;根据旅游发生国,可分为不同国家的旅游市场。例如,我国海外客源市场格局是,20世纪80年代日本、美国遥遥领先,西欧三国(英国、德国、法国)与东南亚三国(菲律宾、新加坡、泰国)为二级市场;进入90年代以来,亚洲新起市场发展强劲,韩国、马来西亚、印度尼西亚、哈萨克斯坦均在几年之内进入年游客十万人以上行列。在亚太地区旅游市场上,又形成东亚、东南亚两大市场。东亚的日本年来华游客已逾百万人,韩国起步晚、速度快,大有后来居上之势;东南亚的马来西亚、印度尼西亚与东盟六国已连成一片,形成一个容量近百万的极富后劲的大市场。

(2) 人口细分。它是根据旅游者的年龄、性别、家庭规模、婚姻状况、家庭生命周期、收入水平、职业、文化程度、宗教信仰、民族、社会阶层等因素进行细分。如根据年龄可分为老年、中年和青年旅游市场;根据性别可分为男性和女性旅游市场;根据婚姻状况可分为已婚和未婚者旅游市场;根据受教育程度可分为受过高、中、初等教育的旅游市场;根据家庭生活周期分为不同阶段的旅游市场,如年轻单身、年轻夫妇没小孩、年轻夫妇有小孩、中年夫妇有小孩、中年夫妇子女成家和老年夫妇等阶段。每个细分市场都有其一定的特点和与众不同的需求,从而构成总体需求的多样性和每个小市场的特殊性。

(3) 心理行为细分。它是指按消费者心理行为细分市场。此类划分的依据主要是消费者性格、生活方式、旅游目的、购买时间和旅游者所追求的利益等。根据旅游目的可将旅游市场细分为度假、观光、会议、商务、奖励、探亲访友旅游市场;根据购买方式可将旅游市场细分为直接购买和通过旅行社购买两类市场。此外,由于旅游者所追求的利益主要有地位、声望、时髦、效用、享乐等,旅游者性格包括个性外向与内向、独立与依赖、乐观与悲观、开放与保守等,加之人们在不同社会环境中逐渐形成不同的生活习惯、消费倾向、对周围事物的看法等,因而旅游经营者可根据上述不同标准,对旅游市场进行不同的细分。

(二) 旅游目标市场的选择

旅游目标市场的选择是在市场细分化的基础上进行的。旅游企业在选择目标市场时可应用的策略一般有三种:无差异性市场策略、差异性市场策略和密集性市场策略。

(1) 无差异性市场策略。它是指旅游企业把整个市场看成是一个无差别的整体,认为所有旅游者对其产品和服务的需求是一样的,整个市场就是一个大目标市场。采用单一的市场营销组合满足整个市场需求。无差异性市场策略主要适用于一般的大众旅游观光者,用以满足其旅游观光的需求。

(2) 差异性市场策略。它是指旅游企业在市场细分的基础上选择几个细分市场作为自己的目标市场,针对每一细分市场的需求特点,设计和组合不同的旅游产品,并采取不同的旅游促销方式分别进行促销,以差别性产品和促销方式满足差异性的目标市场需求。目前,旅游发达国家的旅游企业大多采用差异性市场策略。

（3）密集性市场策略。它是指旅游企业在市场细分的基础上,只选择一个细分市场作为目标市场,确定一种营销组合来适应其需要。这种策略适用于资源能力有限的中小型旅游企业。这些旅游企业追求的不是在较大的市场上占有较小的份额,而是在较小的细分市场上占有较大的份额。

以上三种策略各有其优缺点,旅游企业在选择目标市场策略时要考虑企业实力、产品特点、市场特点、产品生命周期和竞争者市场策略等因素,灵活地确定自己的目标市场。

四、旅游市场开拓策略

一般来讲,影响旅游市场开拓的因素主要有两类。一类是外部环境因素。它包括人口环境、政治环境、法律环境、经济环境、文化环境、科学技术环境等宏观环境因素,也包括市场竞争者、中间商、供应商、社会公众等微观环境因素。这些外部环境因素是影响旅游市场开拓的不可控因素,只能通过环境分析,以发现有利的市场机会,克服不利的环境威胁,尽可能适应微观和宏观市场开拓环境。另一类是可以控制的因素,即旅游市场开拓策略。它是指旅游企业为取得最佳经济效益,在选定的目标市场上,在一定时期内,有计划地综合运用各种可能的市场营销策略和手段,进行旅游市场的开拓。

旅游市场开拓策略,就是把旅游产品、价格、促销和分销等组合起来,结合市场环境,推进旅游业营销工作,确保实现旅游市场战略目标。具体的市场开拓策略主要有以下几种。

（一）旅游产品策略

对于旅游企业而言,首先要决定用何种产品和服务来满足目标市场需求,它包括旅游产品组合、旅游产品生命周期、旅游新产品开发等方面。旅游产品开发是目前旅游市场开发的关键因素。目前我国的旅游产品开发面临产品结构单一、配套设施不完善、供给不适应需求、产品质量下降等问题。针对旅游产品开发存在的问题,可采取以下对策:一是加速观光产品的更新换代,满足旅游需求的不断变化;二是积极开拓专项旅游产品,适应市场细分化的需求;三是迅速推出散客产品,加快形成旅华散客市场。

（二）旅游价格策略

产品定位之后,就要根据目标市场上的旅游者需要和市场竞争状况,制定一个合理的有竞争力的旅游价格。旅游价格策略有新产品定价策略、心理定价策略和折扣与让价策略等。旅游价格制定的基础是成本,价格是由成本和盈利构成的。当旅游市场处于卖方市场形势下,可采用以成本为中心的定价方法;在买方市场形势和市场竞争比较激烈的情况下,应分别采用以需求为中心的定价方法和以竞争为中心的定价方法。

（三）旅游促销策略

促销是旅游目的地政府或企业为激发旅游者的购买欲望,影响他们的消费行为,扩大产品的销售而进行的一系列宣传、报道、说服等促进工作。促销的过程就是信息沟通的过程。促销策略就是对促销对象、促销技术、促销方法、促销效果进行科学的选择、配置、控制和评价的过程。促销手段有广告、营业推广、公共关系、人员推销等。目前,我国国际旅游市场促销面临的问题是促销投入太少,不适应市场开拓的需要;地方旅游企业出国推销的机会增多,参加联合促销的积极性减弱。针对上述问题,可采取下述对策:增加促销投入,利用旅游基金解决企业参展和促销的部分费用,进一步提高企业参展和联合促销的实效,并超前制订与布置旅游促销计划,加强旅游宣传品的针对性等。

(四)销售渠道策略

销售渠道是指旅游企业将旅游产品出售给旅游者时所经过的路线、环节、方式、机构设置以及如何选择和管理分销渠道等问题。旅游产品销售渠道主要有直接和间接两种。直接渠道是指旅游企业直接销售产品或通过自设的零售网点销售其产品给旅游者的途径;间接渠道是指旅游企业将其产品通过中间商(旅游批发商和旅游零售商)销售给旅游者的途径。目前我国旅游产品销售渠道存在的问题是旅行社的增长高于入境客源的增长幅度,形成买方市场的局面;部分旅行社缺乏积极进取精神,缺乏一批能够积极开发新市场、开拓新渠道、发展新客户的销售人员队伍等。针对这些问题,今后应采取的对策:一是开辟新的销售渠道,吸引有组织的团体旅游;二是发展专业旅行社,专门为不同行业提供有关的特色旅游;三是旅游企业要有长期投入的准备,不断巩固和发展销售网络;四是积极利用现代化通信手段(如电视广告、国际互联网等)促进旅游产品的销售。

思考与练习

1. 旅游市场在旅游经济发展中有何特点和作用?
2. 如何对旅游市场进行科学的分类?
3. 何为旅游市场竞争?其有哪些类型?
4. 旅游市场竞争的内容是什么?可采取何种策略?
5. 为什么要进行旅游市场细分?
6. 如何确定旅游市场的目标?
7. 结合实际,阐述如何开拓旅游市场。

案例分析

巴拿马看好中国旅游市场

2018年年底,旅游指南书《孤独星球》将巴拿马列为"2019年全球十大必去旅行目的国"第四位。洁白的沙滩、多彩的珊瑚、神秘的雨林、雾霭朦胧的高地、"世界桥梁"巴拿马运河……越来越多"巴拿马元素"正进入中国游客的视野。

"2017年赴巴拿马的中国游客只有2.2万人,2018年数量翻番,期待2019年突破15万大关。"谈到旅游合作,巴拿马旅游局负责中国市场推广的桑德拉·张说,虽然巴中建交不到两年,但巴拿马已成为许多中国游客心中的出境旅游目的地新选择。

巴拿马地峡造就了独特的景观,生物种类丰富。巴拿马生物学家胡安·梅特介绍说,巴拿马有972种鸟类,比美国、加拿大两国鸟类种类加起来还多。来自广西的张先生和其他观鸟爱好者一样,非常享受在巴拿马的游览:"看到林中鸣叫嬉戏的鸟儿,就如同看到正在尽情玩耍的孩子们,那份快乐无法用语言表达。"

2018年4月,在中巴双方的共同努力下,中国国航的一条新航线由北京出发,经停美国休斯敦抵达巴拿马,比其他已有航线节省了3到6个小时。"通常来说,规划一条新航线需要至少两年时间,而国航在短短4个月内做到了!"巴拿马旅游部长古斯塔沃·西姆赞叹。

2018年8月,64家巴拿马A级旅游业务经销商获权接待中国旅行团。在巴中旅游业者的合作下,每个到达巴拿马的中国旅行团都将配备一名中国籍翻译和一名巴拿马籍导游。9月,巴拿马旅游部推出手机应用程序"到巴拿马去",向中国游客推介巴拿马的景点、历史和文化传统,希望巴拿马成为中国游客在拉丁美洲的首选旅游目的地之一。巴拿马与中国银联、支付宝的支付渠道合作,提升中国游客的海外支付体验。考虑到中国游客往返拉美旅途费用较高,巴拿马还与周边的哥伦比亚、哥斯达黎加、古巴、厄瓜多尔和墨西哥等国联合开发旅游线路,为中国游客提供更多物有所值的选择。

"巴拿马400多万人口中有28万华人,自从2017年6月中巴建交以来,专门接待中国游客的华人旅行社从3家增长到8家,它们为中国游客精心准备,对员工进行汉语培训,让远道而来的中国客人感到宾至如归。"巴拿马中旅社总经理黄晖说。

(资料来源:陈效卫:《巴拿马看好中国旅游市场》,载《人民日报》,2019年1月2日。)

案例思考

1. 为什么近年来赴巴拿马旅游的中国游客数量快速增长?
2. 结合上述案例分析国际旅游市场的开发策略。

第五章

旅游价格及策略

学习引导：

价格是国民经济的"晴雨表"，旅游价格是旅游经济的一个重要调节器，它既是调节旅游经营者、旅游消费者利益的一个重要经济机制，也是旅游宏观调控的一个重要手段。本章从理论上分析了旅游价格的概念、特点及种类；分析了旅游价格的形成原理及旅游产品的定价目标；然后结合旅游经济发展实际，介绍了各种旅游产品的定价方法和策略，以及旅游定价政策等问题。

学习目标：

通过本章学习，应重点掌握以下知识要点：

（1）旅游价格的特点；

（2）旅游价格的构成及形成机理；

（3）旅游产品定价方法和策略。

素养目标：

主要聚焦社会主义核心价值观，引导学生诚信做人做事。结合案例讲授旅游价格制定、旅游定价方法和策略，让学生充分认识科学合理制定旅游价格的重要性及欺诈和失信行为的社会危害，让学生树立诚信做人做事的信念。

第一节 旅游价格的特点及分类

一、旅游价格的特点

旅游价格是旅游者为满足旅游活动的需求而购买单位旅游产品所支付的货币量，它是旅游产品的价值、旅游市场的供求和一个国家或地区的币值三者变化的综合反映。在市场经济中，一方面旅游活动的商品化是必然结果，旅游者食、住、行、游、购、娱等需求必须通过交换活动，通过支付一定的货币量才能获得满足。另一方面，旅游经营者在向旅游者提供旅游产品时，必然要求得到相应的价值补偿，于是在旅游者与旅游经营者之间围绕着旅游产品的交换而产生了一定货币量的收支，这就是旅游价格。从旅游经营者的角度看，旅游价格又表现为向旅游者提供各种服务的收费标准。旅游产品不同于一般产品，其特殊性决定了旅游价格具有不同于一般产品价格的特点,主要表现在以下几个方面。

(一)综合性与协调性

旅游产品要满足旅游者食、住、行、游、购、娱等多方面的需求,旅游价格必然是旅游活动中食、住、行、游、购、娱价格的综合表现,或者是这些单个要素价格的总体显示。同时,旅游产品的供给方分属于不同行业与部门,必须经过科学的协调,使之相互补充、有机搭配。因此,旅游价格又具有协调性,使各有关部门的产品综合地提供给旅游者。

(二)垄断性与市场性

旅游产品的基础是旅游资源,而独特个性是旅游资源开发建设的核心,这就决定了旅游价格具有一定的垄断性。它表现为一方面在特定时间和特定空间范围内旅游产品的价格远远高于其价值,高于凝结于其中的社会必要劳动时间。另一方面,旅游产品又必须接受旅游者的检验,随着旅游者的需求程度及满足旅游者需求条件的改变,旅游产品的垄断价格又必须作相应的调整,从而使旅游价格具有市场性,即随着市场供求的变化而变化。

(三)高弹性与高附加值性

由于旅游需求受到诸多不可预测因素的影响,因而旅游者的旅游需求及旅游动机也是千变万化的。相反地,旅游供给却又相对地稳定,于是这种供求矛盾造成相同旅游产品在不同的时间里价格差异较大,从而使旅游价格具有较高的弹性。从某种意义上讲,旅游活动就是旅游者获得独特心理感受的过程,在不同档次的旅游环境中,相同的旅游产品给旅游者的感受差异会很大。旅游产品的档次愈高,服务愈好,旅游者愿意支付的旅游价格也会愈高,其中便蕴含了较高的附加值。

(四)一次性与多次性

旅游产品中,餐厅的食品、旅游纪念品等商品,是使用权与所有权都出售,其价格是一次性的;此外,诸如旅游景点、旅游交通和客房等均只出售使用权而不出售所有权,从而造成不同时间的价格有所不同,因而又存在多次性价格。因此,旅游产品价格实质上是一次性与多次性相统一的价格。

二、旅游价格的分类

旅游价格可按照不同标准进行不同的分类。从旅游经营的角度出发,常见的旅游价格分类主要有以下几种。

(一)基本旅游价格和非基本旅游价格

这种分类是按照旅游者在旅游活动中对旅游产品需求程度的差异而做出的。基本旅游价格是旅游活动中必不可少的旅游需求部分的价格,包括食宿价格、交通价格、游览价格等。非基本旅游价格是指旅游活动中对每个旅游者来说可发生也可不发生的旅游产品价格,如纪念品价格、通信服务价格、医疗服务价格、娱乐服务价格等。

基本旅游价格是满足旅游者基本需求部分的价格,基本旅游价格不合理,旅游者的基本需求得不到合理的满足,旅游活动要么无法进行,要么留下遗憾,从而直接影响到旅游客源的多少。因此,合理地确定基本旅游价格十分重要。大量非基本旅游价格是在旅游者基本需求获得满足的基础上产生的,从而有利于刺激旅游者的进一步需求,影响旅游者的旅游消费结构,从而增加旅游目的地的收入。这就要求在制定非基本旅游价格时,必须充分考虑基本旅游需求的独特个性,并按照其功能特性,制定合理的价格。

(二)一般旅游价格和特种旅游价格

这种分类是按照旅游产品构成内容的不同而做出的。一般旅游价格是指以旅游产品价值为基础来确定的旅游产品价格,如餐饮价格、住宿价格、交通价格、日用生活品价格等。这些旅游产品与国民经济的其他相关行业、部门的产品具有明显的替代性,因而其价格必须按照社会平均利润率,以旅游产品的价值为基础来制定。特种旅游价格是价格与价值背离较大的旅游产品价格,如旅游购物品中的古玩、名画的价格,名人住过或游览过的旅游景点的价格。这类旅游产品在特定的时间和空间内具有独占性,其价格也可以视作垄断价格,其价格制定不受成本高低的影响,而主要取决于市场的供求状况。

(三)国际旅游价格和国内旅游价格

这种分类是按照旅游者的国籍不同而做出的。国际旅游价格是向海外游客标明的价格,国内旅游价格是向本国旅游者标明的价格。由于不同国家的经济发展水平不一样,不同国籍的旅游者的购买力客观上有差异,因此,区分国际旅游价格与国内旅游价格不仅符合旅游经济活动的实际,而且有助于经济相对落后的国家或地区吸收更多的外汇。通常的表现是,发展中国家的国际旅游价格比国内旅游价格要高得多。随着经济的区域化和全球一体化进程的加深,服务贸易将日益世界化,旅游价格的国际国内差异也将逐渐缩小。因此区分和确定国际旅游价格和国内旅游价格的差异,必须以世界经济的发展,尤其是世界服务贸易的发展状况为依据,才能制定出既符合实际又科学合理的旅游价格。

(四)包价、部分包价和单项价格

这种分类是按照旅游者购买旅游产品的方式做出的。旅游包价也叫统包价格,是旅行社为满足旅游者的需要而提供的旅游产品基本部分和旅行社服务费的价格。它由三部分组成:一是旅游出发地与旅游目的地之间的往返交通费;二是旅游目的地向旅游者提供的旅游产品的价格;三是旅行社的管理费用和盈利。旅游包价是旅游者一次性支付的价格。单项价格是旅游者按零星购买方式所购买的旅游产品的价格,亦即是在一定时期内不同旅游经营者所规定的各种单项旅游产品的价格,如客房价格、餐饮价格、交通价格、门票价格等。部分包价是介于包价与单项价格之间的旅游价格,指旅游者一次性购买部分旅游产品的组合,同时又以零星购买方式而购买另外的单项旅游产品,如参加某次运动会、某项球赛、某种娱乐的价格,或以某个特殊地方为目标的参观游览所提供特殊产品和服务的价格。随着旅游客源由团队向散客方向的发展,部分包价和单项价格将逐渐增多。

三、旅游价格体系

旅游经济活动是一种综合性的经济活动,它涉及众多的行业和部门;旅游消费是一种综合性消费,它围绕着旅游者的食、住、行、购、娱等需求涉及繁多的旅游产品的交换。不同的旅游产品在质量、规格、花色、式样上各不相同,这些旅游产品在再生产过程中还存在所处阶段上的差别、地区上的差别和季节上的差别等。因此,不同旅游产品的价格各异,相同旅游产品也有价格的不同。由于旅游价格是纷繁复杂的,各种旅游价格之间是相互联系、相互制约的,其客观上存在着一定的比例关系,从而形成了旅游产品的价格体系。所谓旅游产品价格体系是指各种旅游产品价格相互联系、相互制约而形成的旅游产品价格的总和或旅游产品价格的有机整体。

科学合理的旅游价格体系,既能使旅游者在支出一定旅游费用的情况下获得需求的最大满足,又能使旅游经营者获得适当的利润,促进旅游企业的发展,还能调节旅游市场的供给与需求,推动旅游经济健康运行,促进旅游业蓬勃发展。因此,分析和研究旅游价格体系,保持旅游价格体系的科学性和合理化,具有十分重要的意义。旅游价格体系的科学性和合理化就是旅游价格之间的比例合理化。旅游价格的比例关系主要有旅游产品的比价、旅游产品的差价和旅游产品的优惠价。

(一) 旅游产品的比价

旅游产品的比价是指不同旅游产品价格的比较关系,其形成的基础是生产不同旅游产品所耗费的不同社会劳动量的比例,即价值量的比例。旅游产品比价安排得合理,有利于旅游产品的生产与流通,从而有利于旅游市场的供求平衡。如果旅游产品的开发结构不合理,如饭店过剩、景点不足或景点没有特色,则旅游产品比价就表现为饭店价格高、景点价格低或者饭店价格低、景点价格高,从而使旅游产品比价不合理,其结果必然影响饭店与景点的生产与流通,影响旅游市场的供求平衡。此外,合理的旅游产品的比价还能使各类旅游产品的生产者都能得到社会平均利润,有助于调动生产者的积极性,促进旅游经济的发展。

旅游产品的比价大致可以分为两类。一类是具有互补关系的旅游产品之间的比价关系,如旅游产品中食、住、行、游、购、娱之间的比价关系,这类旅游产品比价合理化的前提是各类互补旅游产品之间在质量、档次、数量、比例上的相互对应和一致。另一类是具有替代关系的旅游产品之间的比价关系,如一般旅馆、商务旅馆、汽车旅馆、度假村、农舍式旅馆等之间的比价关系,安排这类旅游产品的比价,要在遵循价值决定价格原则的基础上,着重考虑旅游市场的供求与产品的特色。如一个有特色的一般旅馆的床位价可能与一家星级饭店的床位价相差不远,而农业旅游发展中的农舍式旅馆的价格与其他具有替代关系的旅游饭店的价格显然差异较大。

(二) 旅游产品的差价

旅游产品的差价是指同种旅游产品由于购销环节、购销地区、购销时间及其他原因而引起的价格差额。旅游产品的差价的实质是旅游产品在流通过程中自身价值(基础劳动量)和新增价值(流通中新投入劳动量)的货币化综合表现。旅游产品差价的大小,决定着旅游产品价格水平的高低,从而影响到旅游者和旅游经营者的经济利益。通常,旅游产品的差价主要包括以下几种。

(1) 批零差价。它一般指同种旅游产品在同一时间、同一市场零售价格与批发价格的差额。由于零售产品比批发产品要多投入人力、物力、财力,因此零售价格客观上要比批发价格高。同时,随着社会分工的深化,在现代旅游经济活动中,旅游产品的销售成为旅游经济运行的重要环节,这也推动着旅游产品批零差价的形成和合理化。

(2) 地区差价。它指同种旅游产品在不同购销地区的价格差额,它是购销差价在空间上的反映。旅游地区差价可以调节不同地区间的旅客流量,刺激"冷点"地区旅游业的发展,减轻"热点"地区旅游环境的压力,起到平衡各地区旅游业经济效益的作用。

(3) 季节差价。它指同种旅游产品在同一市场不同季节的价格差额,它是购销差价在时间上的反映。旅游季节差价是为了调节旅游"淡旺季"的游客流量,以达到淡季不淡,旺季不过分拥挤的目的。

(4) 质量差价。它一般指同种旅游产品在同一市场上由于质量不同而形成的价格差额。任何旅游产品都存在着质量高低的差别,如饭店不同星级有不同服务质量。为了实行按质论价、优质优价,就要通过合理的质量差价来保护旅游者和旅游经营者双方的利益,使旅游者获得与价格相一致的服务,使旅游经营者获得与价格相一致的收益。

(三) 旅游产品的优惠价

旅游产品的优惠价是指旅游产品供给者在明码公布的价格基础上,给予一定比例的折扣或优惠的价格,它实质上也是一种差价。如有的航空公司对团体旅游实行每16人可以免票一张的优惠。旅游产品的优惠价主要有以下几种。

(1) 销量优惠。它指根据购买旅游产品数量的大小实行优惠,游客数量越大,则优惠越多。具体又可分为累计折扣优惠和非累计折扣优惠。累计折扣优惠是在规定时间内同一旅游者累计购买旅游产品或服务的数量超过一定数额时,可给予一定的折扣优惠,它有利于建立旅游企业与旅游者之间长期固定的合作关系,有利于稳定客源渠道,保持旅游人数的稳定增长。非累计折扣优惠是规定旅游者每次达到一定数量或购买多种旅游产品达到一定金额所给予的价格折扣,它有利于鼓励和刺激旅游者扩大购买量,同时减少交易成本。

(2) 同业优惠。它指旅游产品批发商给予零售商的折扣,如旅游目的地饭店业给旅行社优惠住房价和一定的佣金。同业优惠可以充分发挥中间商的销售职能作用,是稳定销售渠道的重要措施之一。

(3) 季节优惠。它指旅游企业在经营季节性波动较大产品和服务时,在淡季给予旅游者的价格优惠。它有利于旅游企业的设施和服务在淡季时被充分利用,有利于旅游企业的正常经营。

(4) 现金优惠。它指为鼓励旅游者以现金付款或提前付款而给予旅游者一定折扣的优惠,以加速资金周转,减少资金的占用成本。

第二节 旅游价格的制定

一、旅游价格的构成

(一) 旅游价格的构成

从旅游产品经营者的角度看,旅游价格由成本和盈利两部分构成。成本是指生产费用,它包括生产旅游产品时用于建筑物、交通运输工具、各种设备、设施及原材料等物质的耗费和旅游从业人员旅游服务的劳动补偿部分。盈利是指旅游从业人员新创造的价值部分,它包括向政府交纳的税金、贷款利息、保险费用和旅游商品经营的盈利等。在旅游单项价格构成中,旅游价格包括旅游经营者的成本与利润;但在统包价格中,旅游价格则由各个单项旅游产品的单价之和加上旅行社的成本与盈利构成。

在旅游价格的构成中,成本不是旅游企业的个别成本,而是社会平均成本,即旅游企业的平均成本。成本是企业在正常的市场环境中定价的最低点。在一定时期内社会平均成本是一个相对固定的量,若旅游企业的个别成本低于社会平均成本,在市场竞争中就占有利地位,对价格制定就拥有较大的灵活性,能获得较好的经济效益。反之,若旅游企业个别成本高于社会平均成本,则将处于被动地位,定价的自主权就小,经济效益也差。因此,旅游企业应当尽可能降低个别成本,以争取较大的定价自主权。

旅游价格中的盈利是一个变量,它有一个最高界限和最低界限。最高界限是以多数旅游者能够接受为限度,最低界限是以社会平均利润率为依据。超过最高界限旅游者接受不了,会造成客源减少,旅游收入降低,从而影响旅游业的发展;低于最低界限则将使旅游企业得不到正常利润,使已有的旅游投资撤出旅游业,而新的投资不愿进入旅游业,从而引起资源的重新配置,并阻碍旅游经济的发展,长此下去,会导致旅游业无法维持和发展。因此,旅游价格中的盈利应当在最高界限与最低界限之间变动。

从旅游者的角度看,旅游价格的构成分为基本构成和自由选择两部分。基本构成是指旅游者出游前在对旅游产品的感性认识和粗略理解基础上所预算的旅游支出构成;自由选择是指旅游者在旅游过程中,通过对旅游产品的亲身体验和主观预测而对基本构成的调整,它包括对基本构成总量的增减和对基本构成的结构改变,以及调整下次旅游的预算。如某旅游者在某条旅游线路上旅游时,由于获得了非常独特的心理满足,于是请亲友再打些钱来多停留一些日子,并希望下次再来。对于旅游者的这种旅游价格构成,要求旅游经营者应充分注意两个方面:一是加强推销能力,通过较宽的营销渠道和较强的宣传促销让旅游者对旅游产品有更多的认识和理解,从而尽可能增加旅游者的旅游预算;二是提供优质的旅游服务,对旅游者产生较强的吸引力,从而增加旅游者的自由选择。

(二)旅游价格构成的影响因素

1. 市场供求规律影响旅游产品价格形成

旅游产品无论其价值高低,都必须拿到市场上进行交换,其价值和使用价值才可能实现。而产品在交换的过程中,其价格就不可避免地受到供求规律的影响。可以说,在价值量一定的情况下,旅游产品的价格很大程度上取决于旅游市场上供需双方的关系变化。一般而言,供大于求时,旅游价格趋于下降;供不应求时,旅游价格趋于上升。例如,近年来,随着旅游业的快速发展,我国许多地区的旅游饭店数量剧增,很快出现了供过于求的状况,很多饭店不得不大肆削价,旅游价格趋于下降。

2. 市场竞争状况影响着旅游产品价格

旅游市场上的竞争,既有供给者之间的竞争,也有需求者之间的竞争,还有供给者与需求者之间的竞争。供给者之间的竞争是卖方争夺买方的竞争,会使旅游产品的市场成交价实现在较低的价位上;旅游需求者之间的竞争是买方争夺旅游产品的竞争,会使旅游产品的市场成交价实现在较高的价位上;而出现供需双方的竞争时,供给者坚持要以更高的价格将旅游产品卖出,需求者坚持以更低的价格买到合适的产品,双方力量的对比最终将决定成交价格是向上倾斜还是向下倾斜,但是向上倾斜的量不能超过旅游者所愿付出的最高价格,向下倾斜的量也不能超过旅游经营者所能接受的最低价格,否则买卖不能继续进行。不同的市场时期,竞争中的主要矛盾并不相同,在不同的时期也会发生相应的变化,从而影响旅游价格形成。

3. 政府的宏观调控影响着旅游价格的形成

市场机制和价格机制并不能完全解决市场运行中的存在的所有问题，政府必须适时进行调控，其中就包括价格政策的调控。例如，近年来，旅游业的快速发展导致旅行社大量涌现，非正规的旅行社及导游严重破坏旅游地形象。为此，国家有关部门制定相应的政策，对旅行社聘请导游做出强制性规定，严格导游资格认证，打击各种导游吃回扣、欺诈现象，客观上保护了旅游消费者的利益。

二、旅游价格制定的原理

（一）旅游产品的价值决定供给价格

价格是价值的货币表现，价值取决于社会必要劳动时间。这一基本理论也适用于旅游产品，就是说旅游价格是由旅游产品的价值决定的，是由生产旅游产品的社会必要劳动时间决定的。所谓社会必要劳动时间，就是指在现有社会正常生产条件下，社会平均的劳动熟练程度和劳动强度下制造某种使用价值所需要的劳动时间。社会必要劳动时间不同，商品的价值不一样，其价格也应当有差异。合理的旅游价格反映旅游资源对旅游者的吸引程度，吸引力强、观赏价值高的旅游资源，蕴含有大量的物化劳动，应当收取较高的价格。旅游价格的制定还体现出旅游设施的数量和质量，如豪华宾馆与一般宾馆虽然都是宾馆，但其设施的配套与完善度、舒适与先进程度差距很大，所花费的社会必要劳动时间差异明显，因而其价格有较大的差别。此外，旅游价格的水平还体现着旅游服务人员所提供的服务劳动的质量水平，包括客房、餐饮、翻译、导游等，热情周到、高质量的服务体现出服务人员的业务素质较高，付出了更多更复杂的劳动，其理应得到较高的报酬。

旅游产品的价值决定旅游产品的供给价格，这是旅游价格的下限，低于这一下限，旅游经营者所付出的社会必要劳动就得不到合理的补偿，旅游产品的再生产就难以继续。此外，由于旅游经营者的经营水平和经营状况不同，其个别劳动时间或者低于社会必要劳动时间，或者高于社会必要劳动时间。按照社会必要劳动时间决定价值量从而决定供给价格的规律，可以反映出不同旅游经营者的经营水平和经营状况，从而保护好的，淘汰差的，促使旅游经营者不断改善经营管理，降低消耗，推动旅游业的发展。另外，按照社会必要劳动时间决定供给价格的规律，也保护了旅游者的经济利益，使旅游产品货真价实地满足旅游者的消费需求。

（二）旅游业与其他行业的比较决定需求价格

需求价格是指在一定时期内旅游者对一定量的旅游产品愿意和能够支付的价格，它表现为旅游者的需求程度和支付能力。旅游业与国民经济其他行业相比较而决定旅游需求价格，主要表现在三个方面：一是旅游业比其他行业适度超前发展，以旅游业的优质服务和高层次满足、刺激旅游需求，创造旅游市场，从而增加旅游者的旅游需求强度，形成和抬高旅游需求价格；二是旅游业同其他行业相比，人们的其他需求可以或者已经通过其他行业得到满足，而旅游需求还没有满足和没有比较好地满足，这时人们的旅游需求程度较强；三是其他行业的发展使人们形成了旅游支付能力，从而使旅游者的旅游意愿转变为现实的旅游活动，旅游需求价格也便有了现实性。

旅游需求价格是旅游价格的上限，超过上限即超过旅游者的意愿和支付能力，旅游者的旅游活动就不能成行或者因而减少,再有特色的旅游产品、再有吸引力的旅游资源也会成为空谈。

(三) 旅游市场竞争决定市场成交价格

旅游市场竞争通过旅游产品的供给者之间、需求者之间和供给者与需求者之间的竞争决定市场成交价格。供给者之间竞争的结果使市场成交价格在较低的价位上实现,需求者之间竞争的结果使市场成交价格在较高的价位上实现。因此,当旅游产品供过于求时,旅游价格只能体现旅游经营者的生存目标即较低的供给价格;当旅游产品供不应求时,旅游价格可以体现旅游经营者的利润最大化目标,从而体现了较高的交易价格,但不能超过旅游需求的价格。

假定在一定时间长度内,新的旅游企业没能进入,原有的旅游企业来不及退出或改变其生产规模,旅游产品市场成交价格可以分为五类,如图 5-1 所示。

(1) 成交价格 P_0 等于平均成本加平均利润。

(2) 成交价格 P_1 高于平均成本加平均利润,两者的差额(P_1-P_0)即为旅游经营者获得的超额利润。

(3) 成交价格 P_2 等于平均成本(平均固定成本加平均变动成本),这时旅游经营者不盈不亏。

(4) 成交价格 P_3 高于平均变动成本,这时虽然处于亏损状态,但旅游经营者还将继续经营,以便部分地收回已经支出的固定成本。

(5) 成交价格 P_4 等于平均变动成本,这是旅游产品的最低价格,若低于此价格,则旅游经营者必须停止经营。

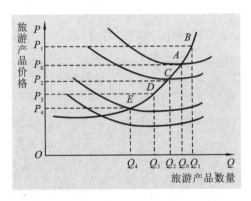

图 5-1 旅游产品市场成交价格类型

(四) 经济政策调节旅游产品市场成交价格

在市场经济中,市场作为配置社会资源的机制,其本身也会有内在缺陷,"市场失灵"或"市场失效"是经常发生的,客观上要求政府通过经济政策调控市场。特别是当前我国市场体系尚不健全,旅游市场还有诸多问题,价格机制还不能充分发挥作用,在这样的情况下,政府经济政策对旅游价格的影响尤为重要。从我国旅游经济发展实际看,经济政策对旅游价格的调节主要包括以下方面。

(1) 政府通过对旅游企业的审批年检,调节一个国家或地区的旅游企业数量,从而影响旅游产品的供给,调节旅游价格。

(2) 政府通过对旅游市场价格的调控,减少和避免旅游价格的信号失真,使旅游价格趋于合理。

(3) 政府通过旅游经济发展政策直接和间接地影响旅游业的投资与旅游需求,进而影响旅游价格的变化。

(4) 国民经济的发展状况决定通货膨胀率的高低和汇率的变动,从而影响旅游价格的变化。

综上所述,旅游价格制定的原理是:旅游价格一般以供给价格为下限,以需求价格为上限,旅游市场成交价格在上、下限之间,在特殊时期可能低于供给价格的下限。旅游市场成交价格不仅是旅游市场竞争的结果,也受政府经济政策的影响,如图5-2所示。

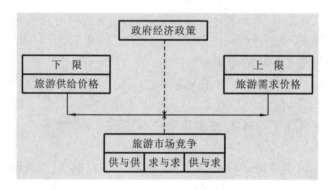

图 5-2　旅游价格形成示意图

三、旅游价格制定的目标

价格制定的目标是指企业在对其生产或经营的产品进行定价之前,预先设定的、有意识地要求达到的目的和标准。旅游企业在制定旅游价格时,必须首先确定旅游价格制定的目标,因为它是旅游价格决策的依据,直接关系到价格策略和定价方法的选择。因此必须慎重对待,科学地确定旅游定价目标。

旅游定价目标是由旅游企业的生产经营目标决定的,它是生产经营目标的具体化。定价目标必须与旅游企业生产经营的总目标相适应,为总目标服务。旅游企业作为市场经济的主体,其生产经营的根本目的是价值的增值,是追求收益的最大化。因此,判断旅游定价目标制定得正确与否,取决于一个较长时期内最终是否给企业带来尽可能多的利润总量。由于影响旅游企业收益大小的因素很多,这些因素又具有不确定性和多变性,因而旅游企业生产经营的总目标在根本目的一致的基础上又呈现出多样化的特点,于是旅游定价目标也是多种多样的。围绕收益最大化而展开的旅游定价目标,概括起来主要有三大类。

(一) 以反映和提高产品质量为目标

产品质量是产品价值的表现,是产品价格的基础。旅游产品价格必须反映旅游产品质量,做到质价相符,才能吸引游客,增大销量,实现收益的最大化。旅游定价选择这种定价目标具体又可分为以下三种类型。

(1) 反映旅游产品特色的目标。旅游产品特色指产品的造型、质量、功能、服务、品牌、文化氛围的全部或部分,它反映了旅游产品对旅游者的吸引力。旅游产品有特色,旅游者不仅对该产品满意,而且还会期望通过消费这种旅游产品来炫耀自己与众不同的品位,显示其经济上的富有或地位上的优越,以获取精神上的满足。因此,这种旅游产品在定价时具有有利地位,其价格也相应要比同类旅游产品高。

(2) 反映旅游产品垄断的目标。旅游资源是旅游产品形成的基础,在一定的时空环境里,对旅游资源进行科学开发和组合而形成的旅游产品具有稀缺性,其价格也便具有垄断性。如深圳锦绣中华、西安兵马俑和云南石林等这类产品的稀缺性使之与同行业竞争对手相比具有很强的竞争能力,旅游者的边际需求评价较高,因此其定价可以取较高的价位,高于其他同类旅游产品的价格。

(3) 提高旅游者满意度的目标。旅游者通过旅游获得精神上的体验,留下长久的回忆,旅游服务对旅游者的心理感受和满意度影响很大。由于旅游者的文化背景、个人素养不同,阅历各异。因此,相同的旅游服务(即使是标准化的、规范化的服务)对不同的旅游者来说会有不同的感受,从而形成不同的评价。旅游企业针对不同旅游者的需求提供有针对性的服务,得到旅游者的较高评价,提高旅游者的满意度,可以制定较高的旅游价格。

(二) 以保持和扩大市场占有率为目标

市场占有率,又称市场份额,是指某旅游企业产品销售量或旅游收入在同类产品的市场销售总量或旅游总收入中所占的比重。市场占有率是企业发展的基础,代表着潜在的利润率。旅游企业的市场份额越大,就越有发展潜力,增加利润的机会就越多。特别是旅游产品既不能储存、又不能运输,因此,保持和扩大市场占有率尤为重要。以稳定和扩大旅游市场占有率为目标,具体又可分为以下三种类型。

(1) 以稳定价格为目标。旅游企业采用稳定价格的目标,实质是想通过本企业产品的定价或少数几家旅游大企业产品的定价左右整个市场价格水平。选择这种定价目标的应当是那些实力雄厚、市场占有率较高的大企业。

(2) 以有助于市场推销为目标。旅游价格与旅游产品配置,促进销售和分销渠道结合,共同构成旅游目的地或旅游企业的营销组合,产品、价格、分销和促销四大要素彼此配合、相互依赖,形成强有力的营销阵容,推动旅游产品的顺利销售。因此,旅游价格的制定和调整要考虑其他三个要素,要有利于其他要素作用的发挥,以保持和提高市场占有率。

(3) 以符合市场行情为目标。旅游业是一个市场导向型产业,市场占有率的形成和变化是旅游市场竞争的结果。旅游企业要保持和提高自己的市场占有率,其价格制定必须符合市场行情,脱离市场行情的旅游价格很难吸引旅游者,也就很难保持市场占有率。

(三) 以稳定和增强企业竞争力为目标

稳定和增强旅游企业的市场竞争力,有助于使其在市场竞争中不断谋求有利地位,较好地实现旅游产品的价值,取得尽可能多的收益。旅游定价选择这种定价目标具体又可分为以下三种类型。

(1) 以增加当前利润为目标。这一目标是指旅游企业通过价格手段在短期内获取最大限度的利润。它适用于旅游产品的技术含量和质量指标在短期内居于市场领先地位,旅游者认同感明显,短期内供不应求的企业。这时旅游企业或通过薄利多销的低价,或通过厚利适销的高价较快地获取最大利润。待到其优势消失的时候,旅游企业已经有了开发新产品的财力,又可以营造新的竞争优势。

（2）以一定的均衡收益为目标。当旅游企业在同行业中占据主导地位，能够掌握市场需求情况，并基本能控制本企业的市场份额时，旅游企业可以选择一个保持长期稳定收益的定价水平，以一个固定的收益额作为定价目标，以使本企业在市场竞争中稳步发展。

（3）以平均利润为目标。当旅游企业的经营管理水平处于同行业中的中等地位时，企业往往以获取平均利润作为定价目标。

综上所述，旅游价格制定的目标是多种多样的，不同的企业可能有不同的定价目标，同一旅游企业在不同时期也可能有不同的定价目标。在遵循收益最大化的基本目标前提下，旅游企业应当根据所处的市场竞争环境、企业本身的经济实力、旅游产品的特点及其在生命周期中所处的不同阶段来确定具体的定价目标。

第三节 旅游定价的方法和策略

一、旅游定价方法

旅游定价方法是旅游企业在特定的定价目标指导下，根据企业的生产经营成本，面临的市场需求和竞争状况，对旅游产品价格进行计算的方法。旅游定价方法选择的正确与否，直接关系着旅游定价目标能否顺利地实现，关系着旅游业的经济效益能否有效地提高。通常，旅游定价方法有以下几种。

（一）成本导向定价法

成本导向定价法是以旅游企业的成本为基础来制定旅游产品价格的方法，成本加上企业的盈利就是旅游产品的价格。成本导向定价法具体又分为以下几种。

1. 成本加成定价法

成本加成定价法是将生产经营中耗费的固定成本除以产品销量加上单位变动成本得到单位产品成本，再加上按成本计算的一定比例的利润，即为纳税前价格，纳税前价格加上应纳税金便形成旅游产品的售价。其计算公式如下：

$$P = \frac{(F/Q+V)(1+R_p)}{1-T_s}$$

其中：

P——旅游产品价格；

Q——预计销售量；

F——固定成本；

V——单位变动成本；

R_p——成本加成率（利润率）；

T_s——营业税率。

例：某宾馆有客房 500 间，全部客房年度固定成本总额为 400 万美元，单位变动成本为 15 美元/（天·间），预计客房出租率为 80%，成本利润率为 30%，营业税率为 5%，试确定客房的价格。

解：根据所给数据，计算如下：

$$P = \frac{\left(\frac{4000000}{500 \times 80\% \times 365} + 15\right) \times (1 + 30\%)}{1 - 5\%} = 55.12/95\% = 58.02(美元/(天·间))$$

2. 盈亏平衡定价法

盈亏平衡定价法是指旅游企业在既定的固定成本、平均变动成本和旅游产品估计销量的条件下,实现销售收入与总成本相等时的旅游价格,也就是旅游企业不赔不赚时的产品价格。其计算公式为:

$$P = \frac{F/Q + V}{1 - T_s}$$

例:某饭店有餐座 200 个,餐厅每天应摊销的固定费用为 1800 元,每餐座平均消耗原材料 15 元,预计餐座销售率为 60%,该饭店营业税率为 5%。试确定餐厅每餐座的销售价格。

解:根据所给数据可得:

$$P = \frac{\frac{1800}{200 \times 60\%} + 15}{1 - 5\%} = 30/95\% = 31.58(元)$$

根据盈亏平衡定价法确定的旅游价格,是旅游企业的保本价格。低于此价格旅游企业会亏损,高于此价格旅游企业则有盈利,实际售价高出保本价格越多,旅游企业盈利越大。因此,盈亏平衡定价法常被用作对旅游企业各种定价方案进行比较和选择的依据。

3. 目标成本定价法

目标成本是指企业为谋求长远利益和整体利益,根据所处的内外部环境和条件及其变化趋势而拟定的一种预期成本。目标成本不同于实际成本,而是一种"影子成本",一般低于现实成本。目标成本定价法,就是以经过努力能够达到的预期成本为依据,加上一定的目标利润和应纳税金来制定价格的方法。其计算公式为:

$$P = \frac{C_m(1 + R)}{1 - T_s}$$

其中:

C_m——目标成本;

R——目标成本利润率;

T_s——营业税率。

旅游企业采取较低的预期成本定价,必须努力扩大销量,使现实成本迅速降低,才能实现利润目标和长远利益增大。它主要适用于经济实力雄厚、营销能力强的旅游企业及新的旅游产品定价。

4. 千分之一法

在制定旅游饭店的房价时,不少人认为,房价应占整个饭店造价的千分之一,这就是千分之一定价法。如某饭店总造价 5000 万元,有客房 200 间,故每间客房价格为 250 (50000000÷200×1/1000)元。

成本导向定价法是旅游企业生存所必需的,是商品经济发展的客观要求。因为旅游价格低于成本,旅游企业就会亏损,其生存就会面临严峻的挑战,长此以往,旅游企业就会被市场淘汰。成本导向定价法计算简便,利于核算,同行业之间也可以比较,还给人以买卖公平的感觉。但成本导向定价法只考虑了产品的成本,反映了以产定销的经营思想,没有考虑市场竞争、旅游需求及市场其他环境因素的变化，因而成本导向定价法灵活性差，不利于旅游企业获取最佳利润。成本导向定价法适用于旅游市场还处于卖方市场或市场经营环境比较稳定的情况。

(二) 需求导向定价法

需求导向定价法就是根据旅游者的需求程度、需求特点以及旅游者对旅游产品价值的认识和理解程度来制定价格，需求强度大时定高价，需求强度小时定低价。这是因为旅游需求是一个国家或地区发展旅游业的前提条件，如果没有客源，没有需求，旅游业不仅不能发展，而且不能生存。因此，旅游定价必须关注旅游需求。同时，旅游者愿意支付的价格高低不仅取决于旅游产品本身有无效用和效用的大小，而且取决于旅游者对旅游产品的主观感受和评价。因此，分析旅游者对旅游产品价值的认识和理解状况，把握旅游需求强度，据此进行旅游价格的制定，就成为旅游定价方法的一个重要类别。

需求导向定价法反映了旅游需求，有利于旅游产品流通和旅游产品价值的实现。但由于这种定价方法与成本没有必然联系，供不应求时，价高利大；供过于求时，价低利微，甚至亏损。因此，旅游企业要注意不同供求状况下利润的合理分配。常用的需求导向定价法主要有以下几种类型。

1. 差别需求定价法

差别需求定价法又称差别定价法，是指在旅游产品成本相同或差别不大的情况下，根据旅游者对同一旅游产品的效用评价差别来制定差别价格的方法。常见的差别需求定价法有以下几种。

(1) 同一旅游产品对不同旅游者的差别定价。如同一饭店对散客、团队客人、家庭客人的价格差别，同一景点对国内旅游者和国外旅游者的价格差别。

(2) 同一旅游产品在不同地点的差别定价。同样的餐饮在一般餐厅与在宾馆餐厅的价格不同，在餐厅享用与送到客房享用的价格不同；同样星级的宾馆，接近交通线路、旅游景点或商业中心，其客房价格可定高些。

(3) 同一旅游产品在不同时间的差别定价。如淡旺季价格的不同（我国物价部门规定，旅游淡季综合服务费可比平季水平下浮 30%～40%，旺季可比平季上浮 6%），旅馆在周末与平时的价格不同。

(4) 同一旅游产品在增加微小服务后的差别定价。如客房增加叫醒服务后的价格要高些，每天送一束鲜花可提高价格。

实施差别定价法应当注意几点：一是价格的平均水平不应低于运用成本加成定价法制定的价格水平；二是旅游产品需求市场必须能够被细分，并且在不同的细分市场上能反映出不同的需求强度；三是分割市场和控制市场的费用不能超过区分需求定价法所能增加的营业收入；四是差别定价法不能引起旅游者的反感，要符合旅游者的效用价值评价。

2. 声望定价法

旅游企业有意识地把某种旅游产品的价格定得高些，以此来提高旅游产品和旅游企业的档次与声望，这种定价方法叫声望定价法。声望定价法的依据在于：旅游者经常把价格的高低看作旅游产品质量的标志，所谓"便宜无好货，好货不便宜"，正是这种心理特征的表现。同时，有一部分旅游者把购买高价旅游产品作为提高自己声望的一种手段，如由公司付费的奖励性旅游、高级商务旅游等就是这样。常见的声望定价法有以下几种。

(1) 一些高星级宾馆常有一套或几套价格很贵的客房,如总统套房,其目的主要是以此来提高整个宾馆的档次与声望。

(2) 名胜古迹、历史上名人居住过的地方,其定价也常用声望定价法,如庐山上一些伟人、名人住过的别墅,虽然客房设施较差,但房费很高。

(3) 一些旅游产品的最低价不低于旅游者所愿意支付的最低价,否则,旅游者会怀疑旅游产品的质量。如一瓶高级香水,定价在几百元以上可能有人购买,而定价在十几元可能反而无人问津。

采用声望定价法,必须注意以下约束条件:其一,旅游企业有较高的社会声誉,其旅游产品必须是优质的并有不断的改进,否则就不能维持和巩固旅游者对该产品的信赖;其二,价格不能超过旅游者心理和经济上的承受力。

3. 心理定价法

心理定价法是为了刺激和迎合旅游者购买旅游产品的心理动机的定价方法。根据人们行为的心理过程模式,即需要→动机→行为→满足,我们把围绕旅游者购买行为而进行有效定价的心理定价法也归为需求导向定价法这一类。常见的心理定价法有以下几种。

(1) 非整数定价法。中低档旅游产品常用此法定价,这是为刺激和迎合旅游者的求廉心理而采取保留恰当的价格尾数的定价方法。如 9.80 元比 10.00 元便宜,9.19 元与 9.99 元的价格心理差距比 9.99 元与 10.39 元的价格心理差距小。这种定价方法不仅让旅游者感到便宜,而且旅游者还认为这是经过仔细计算后确定的价格,因而感到准确、可靠。

(2) 整数定价法。高档旅游产品常用此法定价,它是为满足旅游者显示自己地位、声望、富有等心理需要而采取整数价格的定价方法。如一件首饰原定价为 492 元,若改定为 500 元,则对于有能力购买首饰的旅游者来说,多付出 8 元不在乎的,但价格高 8 元使这件首饰的声望价格增加了许多,给旅游者带来更大的心理满足。

(三) 竞争导向定价法

竞争导向定价法是指旅游企业在市场竞争中为求得生存和发展,参照市场上竞争对手的价格来制定旅游价格的定价方法。市场经济是竞争经济,旅游企业不可避免地要遇到各种竞争因素,所不同的是不同的旅游企业由于主客观条件的不同,所要考虑的竞争程度不同而已。以竞争导向定价,就是为了竞争或避免竞争的直接冲突,其着眼点在竞争对手的价格上,而不管本身价格与成本及需求的变化。竞争导向定价法一般可以分为以下几种类型。

1. 同行比较定价法

同行比较定价法是指以同行业的平均价格水平或领导企业的价格为标准来制定旅游价格的方法。这种定价方法既可使本企业价格与同行业的价格保持一致,在和谐的气氛中促进企业和行业的发展,同时企业也可得到平均的报酬。这种定价方法还使企业之间的竞争避开价格之争,而集中在企业信誉、销售服务水平的竞争上。当本企业旅游产品的质量、销售服务水平及企业信誉与其他同行企业相比有较大差异时,其定价可在比照价格基础上加减一个差异额。

2. 排他性定价法

排他性定价法是指以较低的旅游价格排挤竞争对手、争夺市场份额的定价方法。如果说同行业比较定价法是防御性的,那么排他性定价法则是进攻性的。排他性定价法具体可分为两种类型。

(1) 绝对低价法。本企业旅游产品价格绝对低于同种旅游产品的价格,这样可以争取更广泛的顾客,排挤竞争对手;还可以使一些参与竞争的企业望而生畏,放弃参与竞争的念头。

(2) 相对低价法。对某些质量好的名牌旅游产品,适当降低价格,缩小名牌旅游产品与一般旅游产品的价格差异,以促使某些低质的同类旅游产品降低价格,直至这些企业因无利可图而退出市场。

3. 率先定价法

率先定价法是指旅游企业根据市场竞争环境,率先制定出符合市场行情的旅游价格,以吸引游客而争取主动权的定价方法。在激烈的市场竞争中,特别是在市场需求表面停滞而潜在增长的情况下,旅游企业谁率先制定出符合市场行情的旅游价格,谁就拥有了占领市场的有利武器,也就拥有了竞争取胜的基础。

4. 边际贡献定价法

边际贡献是指每增加单位销售量所得到的收入超过增加的成本的部分,即旅游产品的单价减去单位变动成本的余额,这个余额部分就是对旅游企业的"固定成本和利润"的贡献。当旅游产品的销量足够大,旅游企业的当期固定成本已经收回,增加的旅游产品销量可以不考虑固定成本时,新增旅游产品的单价大于单位变动成本的余额即是对旅游企业的利润贡献,那么边际贡献大于零的定价可以接受。如旅游旺季一间双人客房按正常价格出售,增加一张床位的价格可按边际贡献方法定价。旅游淡季时旅游产品供过于求,旅游企业低价销售产品没有盈利,但不销售则亏得更多。如一间客房成本价为 100 元/天,其成本构成为固定成本 60 元,变动成本 40 元,如不得已销售价降为 90 元/天,卖则亏 10 元/天,不卖则亏 60 元/天,故还是卖为好。当然,如果售价低于 40 元/天,则以不卖为好。因此,可以这样概括边际贡献定价法,它是指保证旅游产品的边际贡献大于零的定价方法,即旅游产品的单价大于单位变动成本的定价方法。

二、旅游定价策略

旅游定价策略是指旅游企业在特定的经营环境中,为实现其定价目标所采取的定价方针和价格竞争方式,具体表现为对各种旅游定价方法的有效选择上。旅游定价策略与旅游定价方法二者相辅相成,共同为实现旅游定价目标服务。定价策略决定定价方法的选择,定价方法影响定价策略的落实。没有明晰的定价策略,定价方法的选择和调整就会变得僵化、呆滞或盲从,就很难准确地把握竞争时机,实现定价目标和经营目标。因此,研究和制定有效的旅游定价策略,是实现旅游定价目标的重要环节。一般来讲,旅游定价策略可以分为以下三大类。

(一) 旅游产品不同生命周期阶段上的定价策略

旅游产品在不同的生命周期阶段上,具有不同的市场特征和产品特征,旅游定价也应有不同的策略。

1. 推出期的定价策略

旅游产品从开发论证完毕到投入市场的初始阶段,称为推出期,这一阶段旅游产品本身还不完善,销售额低,单位成本高,市场上旅游消费者少,主要是革新者和冒险者,旅游企业的竞争对手,在特定空间内唯我独尊。在这一阶段,旅游定价常用策略有以下几种。

(1) 低价占领策略。它指以相对低廉的价格,力求在较短的时间内让更多的旅游者接受旅游新产品,从而获得尽可能高的市场占有率的定价策略。这种定价策略有利于尽快打开销路,缩短推出期,争取旅游产品迅速成熟完善;同时,还可以阻止竞争者进入市场参与竞争。但这种定价策略不利于尽快收回投资,影响后期进一步降价销售。

(2) 高价定价策略。它又称取脂定价策略或撇油定价策略,是指把旅游新产品的价格定得很高,以便在短期内获取丰厚利润的定价策略。这种定价策略如果成功,可以迅速收回投资,也为后期降价竞争创造了条件。但这种策略的风险较大,如果旅游消费者不接受高价,则因销售量少而难以尽快收回投资。这种定价策略比较适合于旅游产品特色明显且其他旅游企业在短期内难以仿制或开发的旅游产品。

2. 成长期的定价策略

旅游产品在成长期其销售量迅速增加,单位产品成本明显下降,旅游消费增多,旅游企业利润逐渐增大,市场上同类型产品开始出现并有增多的趋势。这一阶段旅游定价可选择的策略有以下几种。

(1) 稳定价格策略。稳定价格策略即保持旅游价格相对稳定,把着力点放在旅游促销上,通过强有力的促销组织较多的客源,完成较多的销量,从而实现利润最大化。

(2) 渗透定价策略。在消费者增多的情况下,以较低的价格迅速渗透、扩展市场,从而较大幅度地提高市场占有率。

3. 成熟期的定价策略

在成熟期,旅游需求从迅速增长转入缓慢增长,达到高峰后缓慢下降,旅游产品趋于成熟,成本降到最低点,旅游者对旅游产品及其价格有了比较充分的了解。这一阶段常常选择竞争定价策略,即用相对降价或绝对降价的方法来抵制竞争对手。采用绝对低价策略时,要把握好降价的条件、时机和幅度;采用相对低价策略时,要辅之以旅游服务质量的提高。

4. 衰退期的定价策略

当旅游需求从缓慢下降转向加速下降,旅游产品成本又有上升趋势时,旅游产品进入衰退期。这一阶段的定价策略有以下几种。

(1) 驱逐价格策略。驱逐价格策略即以尽可能低的价格,将竞争者挤出市场,以争取旅游者的策略。此时的旅游价格甚至可以低到仅比变动成本略高的程度,因为此时旅游企业的固定成本已经收回,高于变动成本的余额便是对企业的贡献。也就是说,驱逐价格策略的低价以变动成本为最低界限。

(2) 维持价格策略。维持价格策略即维持原来的价格,开拓新的旅游资源和旅游市场来维持销售量的策略。这样做既可使旅游产品在旅游者心目中原有的印象不致急剧变化,又可使企业继续有一定的经济收益。

(二) 旅游产品不同需求价格弹性的定价策略

旅游产品的需求价格弹性可以是反映旅游产品需求量与价格之间关系,如果旅游价格较小的升降变化引起旅游产品需求量较大的增减变化,则该旅游产品的需求价格弹性较大;如果旅游价格的升降变化并不引起旅游需求量明显的增减变化,则该旅游产品的需求价格弹性较小。旅游产品需求价格弹性大小不同,可以采取不同的旅游产品定价策略和调价策略。一般地,旅游需求价格弹性大,可以采取低价策略和调低价格策略,因为旅游价格的下调将引起旅游需求的明显增多,从而实现薄利多销,获取最大化利益;旅游需求价格弹性小,则可以采取高价策略和抬高价格策略,因为较高的旅游价格并不对旅游需求产生明显的影响,旅游产品销售量基本不变,而高价则有厚利,便可实现利益最大化。

在分析判断不同旅游产品的需求价格弹性时需要注意两点。其一,一种产品被旅游者视为必需品的程度不同,旅游需求价格弹性不同。一般来说,涉及旅游者的食、住、行、游等产品是旅游生活的必需品,其需求价格弹性较小,在不超过旅游者承受力前提下宜采取高价策略;而涉及旅游者的购物、娱乐等产品是旅游活动中的奢侈品,其需求价格弹性较大,在考虑其成本和市场竞争的基础上宜采取低价策略。其二,就总体状况而言,旅游产品的需求价格弹性将由较大向较小演变。目前,在人们收入还不很宽裕的情况下,旅游消费还是一种高档消费,旅游需求价格弹性较大;随着社会物质文化生活水平的提高,人们的可支配收入将会逐渐增多,旅游日渐成为人们生活中的必需品,旅游需求价格弹性就会减小。

(三) 汇率变动下的定价策略

汇率是指两国货币之间的比价,即用一国货币单位来表示另一国货币单位的价格。汇率变动对国际旅游价格的影响很大,出入境旅游价格应根据汇率变动的情况进行相应的调整。

旅游目的地国的货币升值,汇率下降,用目的地国的货币报价,表面上看价格没有变化,但实际上入境旅游者带来的外汇收入呈隐性增加,对目的地国有利。同时,由于目的地国的币值坚挺,也会造成入境旅游人数的锐减,尤其当目的地国经营的旅游产品需求弹性较大时,汇率下降会使需求的减少幅度大于货币的增值所带来的实际收入的增加幅度,对目的地国不利。如近年来日本的出境旅游者比入境旅游者多,这与它的币值坚挺有一定的关系。因此,汇率变动下的定价策略,应根据汇率的升降变化和旅游产品的需求价格弹性大小来选择。

(四) 通货膨胀时的定价策略

通货膨胀是在流通领域中的货币供应量超过了货币需要量,即超过了代表市场上商品价值的货币数量而引发的货币贬值、物价上涨现象。通货膨胀时,旅游产品的价格应提高,而且提价的幅度要超过通货膨胀率,否则,即使旅游价格的变动幅度与通货膨胀率同步,旅游企业也会因折旧费和固定资产残值额不能随时上调而受到损失。

三、旅游定价政策

旅游定价政策是指旅游价格的管理政策。我国要建立社会主义市场经济体制,企业是市场经济的主体,旅游价格制定的主体是旅游企业。市场经济客观上存在着市场失效或市场失灵,由于利益驱动致使旅游价格决策在一定程度上不利于旅游经济的发展。因此,在分析旅游价格及策略时,必须明确旅游定价政策。

旅游定价政策的基本内容是:由旅游企业自身根据成本和供求关系确定旅游价格;由旅游行业组织在竞争的基础上确定协议旅游价格,旅游企业承担执行协议价格的义务并保留适度的价格浮动权;由旅游管理部门提供旅游价格信息服务和引导。

(一) 旅游企业拥有充分的价格制定权和经营管理权

市场经济是竞争经济,旅游业是市场导向型产业,遵循市场的经济规律,必须使旅游企业成为独立的旅游产品的生产者和经营者,旅游价格的制定权是旅游企业独立的表现和结果。

(二)加强旅游价格的行业自治

经营旅游业,利润较高,风险也大,因此需要大量的市场信息。单个的旅游企业既难以抵御市场的大风大浪,也难以获得大量的有效信息,客观上要求联合。同时,政府不能直接干预企业经营,又需要组织引导企业,发布信息,执行规则,也需要中间组织传递。因此,旅游行业组织是旅游企业之间横向的联结点,又是政府与旅游企业纵向的联结点。承担着政府和企业都无法替代的功能。行业组织的责任是规范旅游企业的行为,对有损国家利益和行业利益的行为进行查处,收集和发布市场信息,制定旅游参考价格。

(三)政府对旅游企业的价格提供服务

政府通过价格政策的发布与实施来引导、规范和调控旅游价格的变化,在保证旅游者的消费利益的同时,也确保旅游企业应有的经济效益。

第四节 旅游产品价格的监管

价格管理是国民经济管理的重要组成部分。可以说,当今世界上,几乎没有一个国家对市场价格不实施一定的干预政策,只是干预程度、干预形式不同而已。

一、旅游产品价格监管的作用

(一)促进旅游市场机制作用的发挥,维护竞争秩序

市场机制是资源有效配置的基本机制之一。只有在国家合理有效的干预下,市场机制才能正常运转,竞争才能有效充分展开。价格是市场机制的核心,完全自由的价格调节并不能保证价格体系的合理化,混乱的价格极易导致价格体系的崩溃,导致资源配置的失衡。完全依靠市场价格的波动来调节经济活动具有很大的盲目性,在很多情况下不一定能反映市场供求的真实情况。因此,国家必须采取有效的管理措施,对市场价格的波动实施一定程度的干预,以保证市场体制的正常运转,维护市场竞争的正常进行。

(二)防止旅游市场价格大起大落,保持旅游业稳定发展

在市场经济条件下,价格的起伏涨落是由市场供求关系所决定的。旅游也是十分敏感的行业,由于某种原因而导致市场上的供求关系发生急剧变化的现象会经常发生,从而造成市场上价格的大起大落,这对于社会经济正常运行和旅游业的稳定发展都极其不利。因此政府对市场价格进行有效的管理,给予正确的引导,是完全必要的。

(三)加强旅游市场价格管理,保护广大消费者的利益

在激烈的市场竞争中,一些企业往往不是采用正当手段去获取利益,而是采取一些不正当的手段牟取暴利。突出的是采取价格欺骗的方式,这是某些旅行社在经营中经常采用的手段。由于旅游活动的异地性,旅游者一旦参加了某一旅游团,他对产品购买的选择权就基本结束,而在旅游活动中是否能真实地实现原有的承诺,游客在购买时是无法得到证实的。

因此,为了防止旅游活动过程中价格欺诈现象的发生,维护游客的利益,政府有关部门必须对旅游价格进行有效的管理和监督。

二、旅游产品价格监管的形式和手段

(一)旅游产品价格监管的形式

1. 市场调节价

市场调节价是指由经营者自主制定,通过市场竞争形成的价格。对市场调节价的理解应当把握以下4点。

(1)市场调节价是由市场主体即经营者制定。这种市场主体就是市场经济条件下自负盈亏、自主经营的经营者,他们依据生产经营成本和市场供求状况等决定自己经营产品的价格。

(2)市场调节价是由经营者在经营过程中自主制定的价格。所谓自主,一是表示市场调节价,它是经营者按照自己的意愿制定和调整的价格;二是表示经营者在制定价格时,主要依据生产经营成本和市场供求关系来决定价格的高低,经营者的定价权力不受任何单位和个人的干涉。

(3)市场调节价是一种竞争性的价格。经营者具有自主定价权,这只是市场调节价发挥作用的必要条件,不是充分条件。让市场调节价发挥合理配置资源的作用还要求经营者之间有充分的竞争关系。因为经营者有了自主权后,就要寻找一种对自己有利的经营条件,经营者之间将会产生排他性。如果没有竞争,经营者的定价自主权就可能变成垄断权。

(4)市场调节价又是经营者依法制定的价格。经营者虽然是自主制定价格,不受任何单位和个人干涉,但经营者必须是在遵守国家的法律、法规、规章和相关政策的前提下,自主制定价格,不能实施任何违法行为。

2. 政府指导价

政府指导价是指由政府价格主管部门或其他相关部门,按照定价权限和范围规定基准价及其浮动幅度,指导经营者制定的价格。对政府指导价的理解应当把握好以下3点。

(1)政府指导价的定价主体是双重的,即由政府和经营者共同制定价格,其中,第一主体是政府,第二主体是生产经营者。

(2)第一定价主体即政府必须按照规定的定价权限和范围,先制定一个基准价及其浮动幅度。

(3)政府指导价是两个定价主体结合的产物。政府制定一个基准价及其浮动幅度后,经营者可以在这一基准价及其浮动幅度的范围内自主制定价格。

3. 政府定价

政府定价是指由政府价格主管部门或者其他相关部门,按照定价权限和范围制定的价格。对政府定价的理解应当把握好以下3点。

(1)定价主体是政府,是单一主体而不是双重主体。

(2)政府定价也必须按规定的定价权限和范围进行。

(3)政府对产品和服务直接制定价格,有很大的强制性和相对的稳定性。

一般说来,只有垄断性的、稀缺的、需要保护的、关系社会稳定和公益性行业的价格需要保留政府定价权。

4. 价格管制

价格管制是指政府根据形势和既定政策,运用行政权力直接规定某些产品的价格或价格变动幅度,并强制执行。这种价格管制不仅不受市场影响,反而影响市场,从而调整供求关系,以满足国家管理的需要和大众的根本利益。价格管制主要有最高限价、最低支持价、双面价格管制和绝对价格管制4种类型。

最高限制价格是指政府对某一产品设定市场最高价格,这一设定通常小于市场均衡价格,导致供给的减少,需求大于供给会产生排队、黑市交易、限额购买等现象,造成社会福利的损失,增加社会成本。最低支持价格是指政府对某一产品设定市场最低价格,这一设定通常高于市场均衡价格,导致供过于求。由于多出的部分常由政府购买,如农业,因此,会导致政府支出的增加,使政府背上沉重的包袱。以上两者都会造成资源配置的无效率。双面价格管制是指同时规定最高限价与最低限价。绝对价格管制是指政府对某些产品直接规定的价格。

价格管制是一把双刃剑。管制价格应根据价格管制的目标、市场供求关系、货币供应量、利率、汇率水平等多种因素科学确定,否则可能既达不到价格管制的预期目标,又破坏市场机制的自动发挥,对整体经济运行造成不必要的冲击。

(二) 旅游产品价格监管的手段

旅游产品价格监管的手段主要有经济手段、行政手段、法律手段。其中,经济手段是价格管理的主要手段。

1. 经济手段

价格管理中的经济手段,包括政府运用货币投入、银行利率、投资、信贷、税收、补贴及重要物资储备等经济政策和经济手段对市场价格进行有计划的指导和调节,间接控制商品价格的相对水平和物价总水平。比如,当经济发生衰退萧条时,实行扩张性的宏观财政政策和货币政策,以求通过刺激总支出或总需求来促使价格回升并加速经济增长;当经济中出现不合理的商品比价关系及由此而导致的资源配置不当时,对那些价格过低和盈利过少的行业或产品,或给予财政补贴,或减免税收,或提供较低利息率的贷款,或是政府组织收购,增大需求量。

2. 行政手段

价格管理中的行政手段是指运用行政命令,采取行政强制手段来管理和协调各种价格关系的一种方法,如传统的价格监审制、定价许可证制、提价申报制等各种行政规章制度。在有些领域出现法律监督和经济手段干预不够有效的情况下,国家将动用行政力量和权力来直接介入有关价格的决定,即对价格进行直接干预。例如,在旅游旺季因部分旅游产品价格疯涨或某些旅游企业恶性价格战而影响了旅游市场的健康发展,国家可以采取行政手段进行干预。

3. 法律手段

价格管理中的法律手段是指国家通过制定有关价格法律规范来实现对价格的管理。价格法律规范包括价格法律法令、条例、决定、规定及管理办法等法规形式,国家可以将有关价格的方针、政策和有关管理价格的经济手段、行政手段,以及有关控制价格机制运行所要遵循的准则,通过法律形式固定下来,赋予其法律效力,使之具体化、条文化、定型化和规范化,实现以法治价。众多的法规条例可以形成一张密实的大网,使企业被紧紧地置于其中,迫使其定价行为和经营行为规范化,并符合国家利益和社会利益。

(三) 旅游产品价格监管的内容和组织形式

旅游产品价格的监督检查是指县级以上各级人民政府价格主管部门及受其委托的组织对管理对象执行价格法律、法规、规章和政策情况进行的监督检查活动。

1. 价格监督检查的主要内容

(1) 宣传国家价格法律和政策,保证其贯彻实行。

国家价格法律和政策是国家实行宏观经济管理目标及价格水平控制目标的首要保证,其正确贯彻实施,依赖于全体公民对国家价格法律、政策的认识水平和贯彻国家价格法律政策的自觉性。因此,开展价格监督检查工作,既要监督检查价格法律、政策的执行情况,及时纠正和处理价格违法行为,又要大力宣传,加强各方面自觉守法的意识,维护法律和政策的严肃性。

(2) 监督中央和地方各项价格调控措施的贯彻落实,确保价格改革和管理任务的实施。

中央和地方各项价格调控措施是促进国民经济两个根本性转变,实现经济建设的持续健康发展的重要手段,需要有计划、有步骤地贯彻落实。价格监督检查,通过查处各种价格越权行为和价格违法行为,发挥推动和保障价格调控措施贯彻落实的作用,从而保证各项任务的顺利完成。

(3) 建立完善的价格监督检查网络,有效地规范价格行为。

促使商品生产企业积极与监管部门良性互动,建立价格收费目录清单,搞好明码实价工作。通过网络、报纸等平台发布游客普遍关注的景区景点、旅游服务项目收费等价格信息,增强价格监测预警能力,为市场创建一个公开、透明、平等的竞争环境,增强经营者价格诚信的信誉度,促进和保障市场经济的健康发展,切实维护好消费者的价格权益,增强市场监管能力。一旦发现价格运行中的苗头性、倾向性问题,要采取有力措施并加以研究分析,及时解决问题。

(4) 加强领导,搞好队伍建设。

建立一支高素质的价格监督检查队伍,是我国价格监督检查顺利有效实施的可靠保证,各级组织都要为此而努力。

2. 价格监督检查的组织形式

(1) 国家监督。

国家监督是指各级政府的物价检查机构对价格的监督检查,这是价格监督的主要形式。我国从1983年开始建立各级省、市、县物价检查所,它们是物价监督检查的行政执法机关。国家监督具有法定性、严格的程序性、强制性和直接效力性等特点。

(2) 社会监督。

社会监督是指由国家机关以外的社会组织和公民(如消费者组织、新闻媒体、居民或村民委员会及消费者个体等)对价格行为进行的不具有直接法律效力的监督检查。其有广泛性、标志性和启动性(其积极、主动的监督方式可能引发和启动国家监督机制的运行,导致带有国家强制性的监督手段的运用)等特点。不足之处是缺乏强制性和震慑性。

(3) 企业内部监督。

企业内部监督是指企业价格管理机构或人员对本单位执行物价政策和纪律的情况实行监督。它与价格的国家监督、社会监督一样,是物价工作的一项重要和必要的内容。企业内部监督的优点是对情况比较了解,能够有的放矢。其缺点是有些监管人员工作缺乏主动性和责任心,对内部违纪现象不闻不问,甚至说情袒护。

思考与练习

1. 旅游价格与一般商品价格相比有何特点?
2. 科学合理的旅游价格体系包括哪些内容?
3. 阐述旅游价格制定的原理。
4. 如何运用旅游定价政策促进旅游定价合理化?
5. 结合实际,谈谈如何加强旅游价格管理。

国家公园门票浮动定价策略之国际经验

国外的国家公园门票经常采取一定浮动定价策略,如根据淡旺季差异、人群差异等情况变化实行浮动定价。

一、年票和联票制度

部分国家公园推行年票制度或联票制度实现国家公园门票价格多元化。旅游年票是指有效期内(一年及以上)可在一定行政区域(地级市、省)内或跨行政区域的单个或多个景区(点)多次免费使用或享受一定折扣优惠的门票凭证,通常有国家年票、区域年票和单个公园年票。如美国国家公园年票(America The Beautiful National Parks and Federal Recreational Lands Pass)由美国公园管理局(National Park Service)发行,在1年内可出入国家公园、国家保护区、国家历史遗迹、森林管理局、土地管理局以及鱼类野生生物管理局管辖的2000余个各类公园。加拿大国家公园年票(Discovery Pass)实质上是区域年票,在47个国家公园中有26个国家公园实施加拿大联邦政府发行的年票(而其他国家公园实行单个公园年票),年票由加拿大国家公园管理机构发行。澳大利亚的6个国家公园中,3个由原住居民与政府联合管理的国家公园对进入者收取门票,其他3个国家公园免费。

二、人群差异定价

一些国家公园针对境外游客进行差别定价,如尼泊尔对本国、南亚区域合作联盟国家游客(包括孟加拉国、不丹、马尔代夫、尼泊尔、印度、巴基斯坦、斯里兰卡等国家)、其他外国游客依次收取从低到高的门票价格,平均门票价格比率为1∶47∶104。还有一些国家公园根据游客的年龄、职业、健康状况进行差别定价,例如部分国家公园对老人、儿童、残疾人等推出优惠门票价格。

三、季节性差异定价

与大部分旅游服务设施一样,国家公园也根据旅游淡旺季实行季节性浮动定价。如美国41个收费国家公园中,有17个公园实行淡旺季浮动定价。2017年10月,美

国国家公园管理局提出在全美 17 个国家公园的旺季提高门票费用,旺季非商业私人用车 70 美元/辆,摩托车 50 美元/辆,自行车及步行 30 美元/人。在此之前,17 家国家公园车辆门票均价为 21.25 美元,旺季浮动为 229%。摩托车 17.68 美元,旺季浮动为 183%。行人 13.91 美元,旺季浮动为 114%。加拿大 35 个收费国家公园中有 7 个公园施行门票淡旺季差异定价策略,成年人、老年人、家庭票三类票种淡旺季价格浮动在 20%~100%。其中有 3 个公园涨幅在 30% 左右,1 个公园涨幅在 20% 左右,剩余 3 个涨幅在 100% 左右。值得一提的是,针对商业团队的个人票价在淡旺季之间没有差异。尽管美国和加拿大国家公园都针对淡旺季对门票价格做出调整,但是加拿大旺季门票为淡季的 1.5~2 倍,而美国国家公园的旺季门票价格为淡季的 2~3 倍。

(资料来源:陈朋,张朝枝:《国家公园门票定价:国际比较与分析》,载《资源科学》,2018 年第 12 期。)

案例思考

1. 与单一票价相比,门票浮动定价有哪些优缺点?
2. 旅游企业实施浮动定价策略时应考虑哪些因素?

第六章

旅游消费及效果

学习引导：

旅游活动作为一种生活方式，说到底是一种高级消费方式。它是人们在衣、食、住、行等基本物质文化生活需要得到满足之后，还有多余的收入和闲暇而产生的新的消费需求。本章对旅游消费内容、旅游消费结构、旅游消费效果等问题进行了理论分析和阐述，其对于开拓旅游市场、制定旅游价格、投资旅游项目、建立旅游产业结构、制定旅游经济发展战略与规划等，都具有十分重要的意义。

学习目标：

通过本章学习，应重点掌握以下知识要点：

(1) 旅游消费的作用；

(2) 旅游消费方式的概念及未来趋势；

(3) 旅游消费结构的影响因素；

(4) 旅游消费效果的影响因素；

(5) 旅游消费效果的衡量。

素养目标：

主要聚焦价值观教育，培养学生理性健康消费观念和简约适度的生活理念。讲授旅游消费方式和旅游消费效果时，引导学生认识外部环境及个人价值观对消费的影响，认识过度消费、盲目消费和攀比消费等不良消费行为的危害，培养学生树立理性的消费观念，向学生传递简约适度的生活理念。

第一节 旅游消费的特点及作用

一、旅游消费的性质

旅游消费是指人们在旅行游览过程中，为了满足自身发展和享受的需要，而进行的各种物质资料和精神资料消费的总和。旅游消费从其性质上可作如下界定。世界旅游组织（UNWTO）将它定义为由旅游单位（游客）使用的或为他们而生产的产品和服务的价值。

就性质而言，旅游消费是人们在旅游过程中，通过购买和消费旅游产品来满足个人发展和享受需要的高层次消费。它与一般人类消费的不同之处在于以下几点。

(1) 就消费主体而言，旅游消费属于个体性消费。个人消费，包括满足基本生存需要的消费和满足发展与享受需要的消费两个方面。满足基本生存需要的消费，是为了维持个人和家庭最低生活需要的生活资料的消费，是保证劳动力再生产所必需的最低限度的消费；满足发展与享受需要的消费，则是为了提高人们的文化素质，陶冶情操，发展劳动者的智力、体力，从而达到丰富劳动力内涵和扩大再生产的目的。因此，旅游消费属于满足发展与享受需要的消费，是一种高层次的消费。是否选择旅游消费、消费什么旅游产品、什么时候进行消费以及消费层次、消费数量等，都取决于旅游消费主体的个人消费能力、消费意识、消费习惯、消费水平及个体决策行为等，并且旅游消费效果也因人而异。

(2) 旅游消费是一种高层次消费。以马斯洛的需要层次理论来看，旅游消费是在满足人们的衣、食、住、行等基本生理需要的基础上，为进一步满足人们的发展和享受需要而产生的高层次消费。随着科学技术的发展和社会生产力的提高，以及人们生活的不断改善，旅游已日益成为人们生活中不可缺少的一个组成部分，旅游消费在人们总消费中占据的比重也越来越大。

(3) 旅游消费是一种精神性消费。从消费形态来看，旅游消费包括物质消费和精神消费两种。旅游者在旅游过程中，除了有形物质产品的消费以外，还有以物质产品形态为依托的精神产品和服务产品的消费。因此，旅游消费既不同于一般的物质产品的消费，也不同于一般的服务产品的消费，而是一种包括物质产品、精神产品和服务产品在内的多样性消费。

旅游消费除了以上的特殊性之外，也具有人类消费的一般共性。

(1) 旅游消费具有消费的自然过程属性。在旅游活动中，人们需要消费一定的物质产品和服务来满足自身的生理需要，如通过消费食物来解除饥饿和摄取各种营养来补偿人体的新陈代谢，通过消费衣物和住宿设施来防御寒冷和恢复体力，通过消费交通运输服务来减少体力消耗等，这些消费内容反映了人与客观世界的相互关系，是旅游消费的自然过程。

(2) 旅游消费具有消费的社会过程属性。在不同的生产关系下，人们之间的经济关系不同，价值观念、消费意识也不同，这就决定了人们的旅游消费方式、旅游消费结构和旅游消费效果也不同。因此，旅游消费作为社会经济活动的重要组成部分，不能脱离社会而孤立地进行，它必然要与一定的生产关系相联系，因而具有消费的社会过程属性。

二、旅游消费的特点

任何消费都是社会生产力发展的结果，是人们收入增加和生活水平提高的标志。旅游活动涉及政治、经济、文化等广泛的社会领域，旅游消费的内容包含食、住、行、游、购、娱等诸多方面，因而旅游消费具有其自身的特殊性。如果说一般传统产品的消费方式是把消费过程与再生产过程相对区分开来，那么作为现代消费方式的旅游则把消费过程与再生产过程融为一体。因此，旅游消费具有许多不同于一般传统产品消费的特点。

（一）旅游消费是综合性消费

旅游消费是一个连续的动态过程，贯穿于整个旅游活动之中，因而综合性是旅游消费最显著的特点。首先，从旅游消费活动的构成看，旅游活动是以游览为中心内容的，但是为了实现旅游的目的，旅游者必须凭借某种交通工具，在旅途中必须购买一定的生活必需品和旅游纪念品，必须解决吃饭、住宿等问题。可见，旅游活动是集食、住、行、游、购、娱于一体的综合性消费活动。其次，从旅游消费的对象看，旅游消费的对象就是旅游产品，旅游产品是由旅游资源、旅游设施、旅游服务等多种要素构成的,其中既包含物质因素,也包含精神因素;既有实物形态,又有活劳动形态。因此,旅游消费对象是多种要素、多类项目的综合体。再次,从参与实现旅游消费的部门看,旅游消费是众多部门共同作用的结果,许多经济部门和非经济部门均参与了旅游消费的实现过程。前者包括餐饮业、旅馆业、交通业、商业、农业等;后者包括环保、园林、文物、邮电、海关等。这从另一个侧面也证明了旅游消费的综合性特点。

(二)旅游消费是以劳务为主的消费

这里所指的劳务即服务,服务是以劳务活动形式存在的、可供满足某种特殊需要的经济活动。在旅行游览过程中,旅游者首先必须满足基本的生理需要,因而必然要消费一定量的实物形态的产品。但从总体上看,服务消费占主导地位。旅游服务消费,不仅在量上占绝对优势,而且贯穿于旅游者从常住地向旅游地的移动,到旅游地参观游览,再返回常住地这一消费过程的始终。旅游服务是由各种不同的服务组合成的总体,一般包括饭店服务、交通服务、导游服务、代办服务、文化娱乐服务、商业服务等。

旅游服务一般不体现在一定的物质产品中,也不凝结在无形的精神产品中,而是以劳务活动的形式存在着,从而构成旅游产品的特殊形式。这种产品只有被旅游者享用时,它的价值才被实现;一旦旅游活动结束,旅游服务的使用价值就不复存在,从而决定了旅游消费与旅游产品相一致的特性。主要表现在以下几个方面。一是旅游消费的异地性。旅游服务是无形的,不可转移的,因此,旅游者必须离开常住地,离开熟悉的基本生活环境,克服空间距离,才能实现旅游消费。二是旅游消费与旅游交换的同一性,即一般物质产品的交换和消费是两个独立的环节,但就旅游消费而言,服务的提供必须以旅游者的存在即旅游者的实际购买为前提。为此,旅游消费和旅游交换在时间和空间上是统一的。三是旅游消费的不可重复性。旅游服务的使用价值对旅游者来说是暂时的,旅游者离去,旅游服务即告终止。这样,随着服务的时间、场合及服务人员心情的变化,即使是同一服务员提供的服务,其标准和质量也会相差很多。因此,旅游者在一生中不可能消费完全相同的服务产品。

(三)旅游消费是伸缩性很强的消费

伸缩性是指人们所需消费产品的数量及品种之间的差异,以及这种差异随着影响消费诸因素的变化而变化,表现出扩大或紧缩的状态。所以,伸缩性一方面是就人们对消费品种、数量和质量需求变化情况而言;另一方面是就影响消费诸因素对消费需求变化而言。旅游消费作为一种高层次的消费,具有很强的伸缩性,具体表现在以下几个方面。

(1)旅游消费是无限性消费。美国心理学家马斯洛曾把人的需要分为生理需要、安全需要、社会需要、自尊需要和自我实现需要。旅游消费是人们的基本需要即生理需要和安全需要得到一定满足后,为实现更高层次的需要而进行的高级消费形式,因而没有数量限制。随着社会经济的发展及人们消费水平的提高,旅游消费必然不断增加。

(2)旅游消费是弹性较大的消费。一般来说,满足人们生存需要的消费弹性较小,而满足人们享受、发展需要的消费弹性较大,旅游消费属于后者。许多因素都会影响旅游消费的数量和质量。除了通常所说的价格、收入外,国际政治经济形势,旅游者的职业、年龄、性别、受教育程度、宗教信仰、兴趣爱好,以及旅游地的社会经济发展水平、风俗习惯,等等,都直接或间接地影响着旅游消费。

(3) 旅游消费是季节性消费。这主要体现在两个方面。一是旅游消费需求集中在某些月份或季节。如德国人旅游集中在夏季3个月，巴黎人喜欢8月份外出旅游。二是某些月份或季节旅游消费的内容集中于某些特定的旅游消费对象。例如，夏季的海滨胜地游人如织，而一到冬季，出现在海滩上的游客则较少。

（四）旅游消费具有互补性和替代性

旅游消费的综合性，使得构成旅游消费对象的各个部分具有互补的性质。例如，假设杭州中国国际旅行社接待了10名从桂林赴杭州的美国旅游者，这10名旅游者除了消费导游服务外，还要支付从桂林至杭州的交通费，在杭州必须支付住宿费、餐饮费、购物费等。因此，一项旅游消费的实现必然伴随着众多其他项目消费的产生，旅游消费这个特点要求有关部门互相配合，加强合作，以利于提高经济效益。

旅游消费的替代性是指旅游消费对象每一构成部分之间的相互替代的性质。例如，某旅游者从甲地到乙地乘了飞机，就不会再乘火车或轮船。到了乙地后，若某旅行社安排了他的旅游活动，他就不会再接受其他旅行性的导游服务。若他住进了度假旅馆，一般就不会再入住其他旅馆。由此可见，旅游消费中的替代性是十分明显的。而旅游者在选定某种成分以后，势必会舍弃其他成分，因而这种替代性加剧了旅游业的竞争。

三、旅游消费的作用

旅游作为一种高级消费方式，对于促进人们全面发展，提高劳动力素质，提高劳动生产率和促进经济发展等，都具有重要的作用，主要表现在以下几个方面。

（一）旅游消费是社会再生产过程中的重要环节

消费是促进国民经济循环的动力，在生产、交换、分配和消费的四个环节中，生产是起点，消费是终点。如果把社会再生产看作是一个周而复始不断更新的过程，那么消费是第一个生产过程的终点，又是第二个生产过程的起点。旅游消费不仅是旅游者对物质产品的消费，而且包括对精神产品——服务的消费。通过消费，一方面使这些产品的价值和使用价值得到实现，另一方面对旅游所需的物质产品和精神产品的再生产提出了新的要求。生产和消费相互依存，互为前提，生产和消费相互创造了对方。旅游消费在社会再生产过程中的重要作用还表现在：旅游消费的扩大，不仅要求原有的旅游企业和部门进一步发展，增加一批新的旅游企业和部门，而且要求向旅游业提供产品和服务的其他部门和行业也要相应地发展，从而促进整个社会经济的繁荣。旅游消费的扩大，必然刺激社会多生产符合旅游者需求的旅游产品，开发更多的有吸引力的旅游资源，增设新颖健康的旅游项目，从而进一步推动旅游业自身的发展。

（二）旅游消费是高质量劳动力再生产的创造因素

完成生产过程的两个重要因素是生产资料和劳动力。前者是生产条件的客观因素，后者则是保证物质资料再生产的必要条件，是生产过程中起决定作用的最活跃的主观因素。劳动力再生产是物质资料再生产的先决条件，现代化大生产需要社会提供与之相适应的高质量、高水平的劳动力，要求劳动者具有专业的技能，广博的文化知识，高度的主动性、敏捷性和创造性，以及健康的体魄和饱满的精力。为此，不仅需要满足劳动者基本生存的需要，不断改善劳动者的物质生活条件，还要大力发展德、智、体等方面的教育，以提高劳动者的思想品德及文化素质。旅游消费是一种潜移默化的思想品德及文化素质教育,能使人们陶冶身心、增进健康、开阔视野、增长知识,有利于高质量劳动力的再生产。近些年来,一些经济发达国家已逐步把旅游消费作为劳动力再生产的一个促进因素而予以鼓励。旅游消费能使劳动者的体力和智能得到恢复和发展,激发劳动者的生产热情,使劳动者在各自工作岗位上全面地发挥自己的才能,从根本上提高社会的劳动生产力。

(三) 旅游消费是旅游产品价值得以实现的手段

旅游产品只有在消费中才能得到最后的完成。这是因为,第一,旅游消费是旅游产品生产的目的和对象。生产取决于需要,而需要的形成和发展,又在很大程度上取决于消费的发展,从某种意义上说,消费需要和消费水平决定了生产的发展方向和发展速度。第二,旅游消费是使旅游产品价值得以实现的最后行为。如果没有旅游消费,旅游产品就卖不出去,旅游产品的价值就不能实现,旅游经济的运行就难以顺利进行。第三,旅游消费又是对旅游产品的最终检查。如果旅游产品不符合消费需要,旅游产品就会滞销,旅游经济就不能顺利运转。因此,通过旅游消费还可以检验整个旅游经济结构是否合理,旅游经济效果是否理想,旅游业是否健康、持续地发展。

(四) 旅游消费能够引导旅游产品的开发

一方面,通过旅游消费,能够检验旅游产品的数量、价格、结构等是否符合消费者的需要。这会对旅游业再生产提出新的需求,促进旅游企业不断开发具有吸引力的旅游产品,增加更多新颖健康的旅游活动内容,合理组织食、宿、行、游、购、娱等,从而生产出更多符合人们需要的旅游产品,既能满足旅游者不断扩大的旅游需求,又能促进旅游业的协调、可持续发展。另一方面,随着经济的发展和人们收入水平的提高,人们在某个层次的旅游消费需求得到满足之后,又会产生出许多新的更高层次的旅游消费需求,从而对旅游产品的生产提出更高的要求。

(五) 旅游消费是丰富和美化人们生活的重要手段

消费在人类社会活动中极为重要。从长期看,随着社会经济发展和人们生活水平的提高,物质消费在人们消费结构中的比重将相对下降,而精神消费的比重将相对增加。旅游消费作为一种享受性和发展性的高层次消费活动,能够丰富和美化人们的生活,最大限度地满足人们享受和发展层次的需要。为了提高旅游消费的娱乐性、享受性,旅游目的地国家或地区必须依托各种旅游资源,凭借各种基础设施、接待设施等物质资料,为旅游者提供舒适、方便、卫生、安全的旅游产品和服务。这样不仅能够丰富旅游活动的内容,而且能够丰富人们的生活内容、提高人们的生活质量,最终促进社会主义物质文明和精神文明建设。

第二节 旅游消费方式

一、旅游消费方式的概念和内容

旅游消费方式是指人们在旅游活动中消费物质资料、精神产品和劳务的方法与形式。它是随着社会生产力发展、人们生活水平不断提高而产生的一种高层次消费方式,是人们社会生活及经济活动的重要组成部分。就其内容而言,旅游消费方式主要说明在一定的旅游环境条件下,旅游者为什么消费、有何能力消费、以什么形式消费、用什么方法消费旅游产品,以满足自己的旅游需要。具体而言,旅游消费方式包括以下几个方面的内容。

(一) 旅游消费意识

人们的旅游消费过程是在其旅游消费意识支配和控制下进行的,而旅游消费意识则由旅游者的消费心理和消费观念所构成。

旅游消费心理是指人们在一定条件下形成的由自身感觉所体验的心理活动,包括旅游消费动机、意向、兴趣等。它属于浅层的旅游消费意识,具有自发性和可变性,其主要受某种社会环境影响而自发地形成,并随着客观环境的变化而变化。

旅游消费观念是指人们在一定的人生观、价值观基础上所形成的消费意识。它反映了人们对旅游消费的一种较强的心理倾向和价值评判,是一种深层次的旅游消费意识,通常具有相对的稳定性。

旅游消费心理直接决定和影响着旅游者的消费动机及其行为,而旅游消费观念则为人们的旅游活动提供消费模式。将相对稳定的旅游消费观念与相对变化的旅游消费心理结合起来,就构成了人们的旅游消费意识。

(二) 旅游消费习惯

旅游消费习惯是指人们在一定条件下经常发生的、带有倾向性的旅游消费行为。它具有民族性、地域性和相对稳定性的特点。一般地,不同国家,不同地区和不同民族的旅游消费习惯,是在各自特定的经济、政治、地域和文化背景下形成的、具有相对稳定性的社会心理及其行为表现,是造成不同国家、不同地区旅游消费中文化形态和民族习俗差异的重要因素。因此,旅游消费习惯是旅游消费方式的重要内容,也是影响旅游消费方式的重要因素。

可见,旅游消费习惯对旅游消费方式的影响,主要反映在民族传统、文化风俗和宗教信仰等对旅游者的食、住、行、游、购、娱等旅游消费方式的影响上。由于民族传统、文化风俗和宗教信仰等在短期内一般不会发生很大变化,因而这种影响也会保持相对的稳定性和连续性。对此,旅游目的地国家或地区在发展旅游经济时必须充分认识到这一特点,尊重不同客源市场旅游者的消费习惯,提供适应不同客源市场旅游消费习惯的旅游产品和服务,最大限度地满足旅游者的消费需求。

(三) 旅游消费能力

旅游消费能力是指旅游者为满足自身旅游需求而消费旅游产品的能力。旅游消费能力包括物质消费能力和精神消费能力,前者是指旅游者为满足自己生理上的需要,在旅游活动中对于食、住、行等方面的消费能力;后者是指旅游者为满足其精神及心理方面的需要而对游、购、娱等方面的消费能力。

旅游消费能力是由一定的社会生产力水平所决定的。一方面,在旅游消费对象一定的条件下,旅游消费能力的大小取决于社会的、生理的和文化的发展水平。社会经济的发展和人们收入水平的提高会使人们的家庭生活方式和消费方式发生改变,从而促进了人们文化生活条件的改善和消费水平的不断提高以及人们消费层次的提升,这是构成旅游消费能力的物质和经济基础。但这只是一种可能的旅游消费能力。另一方面,要将这种可能的旅游消费能力变为现实,还需要提高旅游服务的质量和水平。旅游服务质量差、服务水平低,则旅游消费能力的实现就可能受到阻碍,甚至无法实现;反之,旅游服务的质量和水平越高,则将旅游消费能力变为现实的可能性越大。

(四)旅游消费水平

旅游消费水平主要是指旅游活动中,旅游者通过消费旅游产品而在物质和精神需要方面获得的满足程度。旅游消费方式与其他消费方式一样,总是要通过一定的旅游消费水平来体现,尤其是旅游产品和服务的质量更是如此。由于旅游消费所包含的旅游产品和服务的质量,既包括物质消费品及其服务的数量和质量,又包括精神消费品及其服务的数量和质量。因此,对旅游消费水平必须从物质消费与精神消费、旅游消费的数量与质量的统一中来认识和把握。

由于生产关系决定消费关系,因而旅游消费水平还反映不同的社会性质特征。因为不同个人、家庭和消费群体的旅游消费水平差别,必然要反映人们所处的不同的经济利益关系及其在社会经济中的不同地位。这是在分析旅游消费时不可忽略的重要因素。

(五)旅游消费结构

旅游消费结构是指旅游者在旅游活动中对各类旅游产品消费的数量比例及其相互关系。它不仅反映了各类旅游消费产品和服务在旅游总消费中的比例关系,而且反映了由生产力所决定的旅游消费的水准和质量以及旅游消费方式的基本特征。

旅游消费结构反映了各类旅游消费产品和服务在旅游总消费中的比例关系。在旅游总消费中,交通、住宿、餐饮、娱乐、游览、购物、通信、医疗等各项支出占总支出的比例是旅游消费结构的基本内容,也是判断旅游消费水准和质量等的基础。

旅游消费结构还反映了旅游消费水准和质量。旅游者的旅游消费内容是否丰富、消费支出的大小、消费层次的高低、消费方式的差别等反映了不同消费者群体在旅游消费上的差别,也反映了各类旅游者在旅游消费中的比例关系,这种差别和关系的实质是对一定的社会生产力水平和生产关系的反映和体现。

旅游消费结构反映旅游消费方式的基本特征。旅游消费结构既反映了旅游消费在满足人们的生理需要同时满足人们的享受和发展需要中的比例关系,又反映了旅游消费在满足个人消费、家庭消费及社会公共消费中的比例关系,以及旅游消费既有商品性消费又有自给性消费的比例关系,等等。

二、旅游消费方式的发展趋势

旅游消费方式的发展同一定的社会生产力水平相联系,它与旅游业自身的发展水平有关,也与整个社会以及其他同旅游消费相关的经济部门的发展水平相联系,同时也反映了旅游消费的经济性、文化性、精神享受性等特点。随着现代科学技术的发展、经济的发展、社会的进步以及旅游业的快速发展,旅游消费方式呈现出以下发展趋势。

(一)旅游消费水平逐步上升

旅游消费是人们文化生活的组成部分,是一种包含着较多精神内容的、高层次的生活方式,其消费水平随社会经济发展水平的变化而变化。

从目前情况看,我国经济发展水平较低,人均收入不高,因而我国的旅游消费水平整体不高。一是我国个体旅游消费水平尚处于较低阶段,旅游者的基本旅游消费支出占总消费支出的比重很高；相反,非基本旅游消费支出所占的比重太低。二是我国国内旅游以中低档旅游消费为主流,国内旅游收入仍然主要依靠旅游人数逐年攀升所带来的总量提高。尽管商务旅游、会议旅游等会在我国有快速发展,但这构不成国内旅游消费的主体,作为国内旅游主体的家庭旅游、老年旅游的花费处于中档水平,而学生和农民旅游则通常属于低档消费。

随着经济的发展和人们收入的提高,人们用于满足物质文化需要的消费支出必然会增加,人们对旅游产品和服务的消费也会越来越多,从而使旅游消费水平相应得到提高,这是旅游消费方式发展的特点和必然趋势。

（二）旅游消费结构不断优化

旅游消费结构优化是指旅游消费的内容、方法和形式实现多元化,并适应人们不断变化的旅游需要。这就要求,旅游消费内容和旅游活动方式的具体选择,必须既有利于旅游者消除疲劳、增进健康,又有利于旅游者增长知识、修身养性、促进智力的发展。从目前旅游消费结构变化的趋势看,观光旅游份额逐步下降,商务、购物旅游活动比重上升；自然风光旅游产品份额减少,内涵丰富的文化旅游产品份额直线上升；度假旅游逐步兴起并走向成熟。因此,我们应当跟踪和把握好旅游消费结构变化的趋势,通过对旅游消费结构的不断优化,使旅游者通过各种旅游活动达到开阔视野,以及培养和发展自己的各种兴趣和能力、提升自身精神文化素养的目的。

（三）旅游消费环境良性发展

精神消费及其满足是旅游消费的重要内容。良好的旅游消费环境可以提高旅游者的精神满足程度,因而它不仅是高品位、高质量旅游产品的重要组成部分,也是顺利实现旅游消费的必要条件。人们旅游的主要动机是追求清新、舒适、宁静、安全的自然环境和社会环境。因此,旅游消费首先必须有利于生态环境的保护,特别是某些特定的旅游活动,如狩猎、钓鱼、森林旅游等,必须以不损害自然界的生态平衡为前提,严禁滥捕、滥采和滥猎。同时,合理的旅游消费还应该通过旅游活动的开展,增强人们对自然资源和历史文物的保护意识,激发旅游者主动地维护和改善生态环境,促进旅游经营者积极筹集资金治理环境污染,保证旅游消费环境的良性发展。最后,旅游消费还需要一个良好的社会环境,需要旅游者、旅游经营者以及政府一起行动,创建一个良好的旅游消费的社会环境。

（四）旅游消费市场供求平衡

一般而言,旅游需求具有较大的变动性,而旅游供给则具有相对的稳定性。因此,应努力使旅游消费能够保证旅游"淡旺季"和旅游"冷热"地区的旅游消费市场的相对平衡发展,使各个旅游时期和各个旅游地区保持一定的旅游消费规模,以提高旅游设施和设备的利用率,充分发挥旅游消费对饮食服务、旅馆、交通运输、邮电通信、金融、商业及娱乐等行业的带动和促进作用。就现有旅游供给能力看,要针对旅游高峰时期游客较多的状况,尽量保证在旅游"旺季"和旅游"热点"地区,旅游消费的水平和结构与旅游地的接待能力相适应,切实解决旅游"旺季"和旅游"热点"地区的"吃饭难""住宿难""乘车难"等问题,不断提高旅游消费的良好效果和综合经济效益。从长期考虑,应根据旅游需求适时适量开发旅游产品,提高旅游产品质量,优化旅游产品结构,以满足旅游者的旅游消费需要,提高旅游消费的水平和结构,促进旅游消费方式的改善。

第三节 旅游消费结构

一、旅游消费结构的分类

旅游消费结构是指旅游者在旅游过程中所消费的各种类型的旅游产品及相关消费资料的比例关系，旅游消费结构可从不同角度进行划分。

(一) 按满足人们旅游需求的不同层次分类

一般来讲，人们的旅游消费可分为生存消费、享受消费和发展消费，而旅游者在旅游过程中的消费具体又可以分为餐饮、娱乐、游览、住宿、交通等方面的消费，其中食、住、行是满足旅游者在游览中生理需求的消费；而观赏、娱乐、学习等消费则是满足旅游者精神享受和智力发展的需要。这两种消费相互交错，在旅游活动中很难划分它们中间的区别和界线。在满足旅游者生存需要中必须满足其享受和发展的需要，而在满足旅游者享受与发展的需要中又掺杂着其生存需要的满足。

(二) 按旅游消费资料的形态分类

按照旅游者在旅游活动中的消费形态可把旅游消费划分为物质消费和精神消费两种。物质消费是指旅游者在旅游过程中所消耗的物质产品，如客房用品、食物、饮料和购买的纪念品、日用品等实物资料。精神消费，是指供旅游者观赏、娱乐的山水名胜、文物古迹、古今文化、民俗风情等精神产品，还包括在旅游活动的各环节中所享受到的一切服务性的精神产品。这一分类也具有相对性，物质消费如满足了旅游者的需求，旅游者在精神上会感到愉快；精神消费虽主要是满足旅游者的精神需要，但其中不少是以物质形态而存在的。

(三) 按旅游消费对旅游活动的重要程度分类

根据旅游消费的重要程度一般可将其分为基本旅游消费和非基本旅游消费。基本旅游消费是指进行一次旅游活动所必需的而又基本稳定的消费，如旅游住宿、饮食、交通游览等方面的消费；非基本旅游消费是指并非每次旅游活动都需要的并具有较大弹性的消费，如旅游购物、医疗、通信消费等。

(四) 按旅游目的地和客源国等进行综合分类

在旅游消费结构分析中，通常把上述分类有机结合，并根据不同的旅游目的地、不同国家或地区的旅游者，不同的旅游类别，以及不同旅游季节的旅游开支进行综合分类，从而为旅游市场研究提供科学的依据。

二、影响旅游消费结构的因素

旅游消费不是人类生存的必要消费，它属于人类高级享受和发展需要的消费。因此，它的需求弹性较大，很多因素都会影响旅游消费的数量和质量。除了国际政治、经济、环境或气候变化等因素的影响外，旅游者的收入水平、年龄、性别、职业和受教育程度以及风俗习惯、兴趣爱好等，都是影响旅游消费结构的因素。此外，旅游供给国或目的地服务范围、服务项目、服务质量、服务态度和旅游各部门的协调配合能力，以及社会治安等也都是影响旅游消费结构的因素。概括起来,影响旅游消费结构的主要因素有以下几种。

（一）旅游者的收入水平

旅游消费是满足人们高层次需求的消费。即使人们有了旅游的需求,也只有当人们的收入在支付其生活费用之外尚有一定数量的结余时,才能使需求变为现实。旅游者的收入水平越高,购买旅游产品的经济基础就越好。所以,收入水平决定着消费水平,也决定着需求的满足程度,从而决定着消费结构的变化。旅游者的收入越多,旅游需求就能满足得越充分,就能促使旅游消费从低层次向高层次发展。如国际旅游者中的商人、学者、教授、医生的收入比较高,他们旅游时大多要住高级宾馆、吃美味餐食、乘飞机坐头等舱、出入乘汽车等。而一般小职员、中小学教师、工人、农民的消费水平与消费结构就大不一样,他们在旅游中以观赏游览为主,对住宿、饮食和交通的需求不高,其中不少人是身背背包的徒步旅游者和自备帐篷的旅游者。

（二）旅游者的构成

不同年龄、性别、文化、职业的旅游者,不同的风俗习惯、兴趣爱好,都是影响旅游消费结构的因素。通常,青年人对饮食要求多而不精,而对游览、娱乐性的开支则较大;老年人对饮食、住宿、交通的要求比较高;妇女的旅游消费中以购物消费所占比重最大;而商人、参加会议的旅游者则要求现代化的旅游设施设备、高质量的饮食和服务。此外,旅游者的收入和带薪假日长短的不同,影响着旅游者的停留天数和消费数量;旅游者的文化、习俗又影响着旅游者的爱好兴趣,使其对旅游产品的内容和质量要求各异。总之,旅游者构成的每一因素,都不同程度地影响着旅游消费结构的变化。

（三）旅游产品的结构

生产发展水平决定消费水平,产品结构从宏观上制约着消费结构。向旅游者提供的住宿、餐饮、交通、游览、娱乐和购物等各类旅游产品的生产部门是否协调发展,旅游产品的内部结构是否比例恰当,都是影响旅游消费结构的因素。特别是在国民经济中,向旅游业提供服务的各相关产业部门的结构如果搭配不合理,没有形成一个相互协调、平衡发展的产业网,就会导致旅游产品比例失调,各构成要素发展不平衡,从而不仅不能满足旅游者需求,反而造成供求失衡,破坏了旅游产品的整体性。例如,交通工具短缺,航线航班奇缺,会使游客进不来,出不去,或者进来了又散不开。而旅游设施设备不足,游娱网点过少,又使旅游者来了无住处,住下了又无处游,或者旅游项目单调、枯燥,旅游资源缺乏吸引力等。这些情况都会使旅游产品在旅游市场上失去竞争能力,丧失客源。因此,旅游产品结构决定着旅游消费结构,决定着旅游者的消费水平和消费数量。

（四）旅游产品的质量

发展旅游业不但需要一定数量的旅游产品,而且需要高质量的产品。如果旅游产品的数量虽然符合旅游需求的总量,但其质量差、生产效率低、使用价值小,则仍然不能满足旅游者的消费需求,并且必然要影响到旅游消费的数量和结构。旅游产品的质量包括三个方面：一是向旅游者提供称心如意、物美价廉的旅游产品,即提供的旅游产品要达到适销、适量、适时和适价的要求;二是旅游服务效率,对每一项旅游服务都要求做到熟练敏捷,为旅游者节约时间,提供方便;三是旅游服务态度,即在旅游服务过程中要礼貌、热情、主动、周到。只有提高旅游产品质量,使旅游者获得物质与精神上的充分满足,提高他们的消费水平,才能使旅游消费结构日趋完善。

（五）旅游产品的价格

旅游产品价格的变化影响着旅游者的消费数量和消费结构。由于旅游产品的需求弹性大，所以当旅游产品的价格上涨而其他条件不变时，人们就会把旅游消费转向其他替代商品的消费，使客源量受到很大影响。反之，当旅游产品价格下跌，或者旅游价格不变而增加了旅游产品的内容，人们又会把用于其他商品的消费转向旅游。因此，旅游产品价格的变化不仅影响旅游消费构成，而且影响旅游需求量的变化。

（六）旅游者的心理因素

旅游者的消费习惯、购买经验、周围环境等不同程度地影响着消费结构。消费方式的示范性及旅游者的从众心理也影响旅游者的支出投向。如历史上兴起的温泉旅游热、海滨旅游热及现代的文化旅游热等。

三、旅游消费合理化

旅游消费合理化是一个动态的发展过程，它是指旅游消费从不合理状态向合理化状态不断逼近的渐进过程。一般来说，在居民收入、闲暇一定的前提下，合理旅游消费的内容和基本标准包括下面三层含义：一是旅游消费的发展速度要适度，要与旅游业和其他同旅游消费有关的经济部门的发展水平相适应；二是旅游消费的内容必须丰富多彩，方式要多种多样，切忌"白天看大庙，晚上睡大觉"那种单调刻板的旅游消费方式；三是旅游消费结构要优化，即食、住、行、游、购、娱之间及其各自内部的支出比例要恰当，要体现出旅游消费的经济性、文化性、精神享受性等特点，以最大限度地提高旅游消费的经济社会效益，促进消费者身心健康和全面发展。具体来说，要实现旅游消费的合理化，就应满足以下一些基本要求。

（一）要努力实现旅游消费结构优化

要实现旅游消费结构优化，首先必须实现旅游消费的多样化。所谓旅游消费多样化，就是指旅游消费的内容和形式必须丰富多彩、生动活泼。旅游消费多样化是旅游消费合理化的基本要求。旅游就是人们花钱买享受，它要求人们玩得痛快、充实、有益。因此，旅游消费内容和旅游活动方式的具体选择，必须满足消费者各种各样的需要，既要有参观游览、学习访问，又要有各种能让旅游者参与其中、亲身体验的娱乐活动；既有利于旅游者消除疲劳、增进健康，又有利于旅游者增长知识、修身养性、促进体力和智力的发展。由于旅游消费结构是反映旅游者在旅游过程中所消费的各种消费资料（物质产品、精神产品、服务）的比例关系，其一般可分为饮食支出、住宿支出、交通支出、购物支出、游览支出、娱乐支出等。其中住宿、饮食、交通等方面的支出，基本上是用于满足旅游者的生理需要，而游览、娱乐和购物方面的支出则基本上是为了满足旅游者的鉴赏等需要。因此，旅游者是通过这些活动来达到开阔视野，培养和发展自己的各种兴趣和能力，提升自身精神文化素养的目的。这就要求旅游经营者必须不断优化旅游消费结构，满足人们多样化的消费要求。

（二）要实现旅游消费市场供求平衡

受时间、空间、政治、经济、社会心理等因素的影响，旅游需求具有很大的变动性，而旅游产品的供给能力一旦形成，便具有一定的稳定性。因此，合理的旅游消费结构，一方面应保证在旅游淡季和旅游"温冷点"有一定的消费规模，以提高旅游设施、设备的利用率，充分发挥旅游消费对饮食服务、旅馆、交通运输、邮电通信、金融、商业及娱乐业等行业的促进作用；另一方面，在旅游旺季和旅游"热点"，旅游消费的水平和结构应与旅游地的接待能力相适应。在一定时期和一定地点，无论是旅馆业所能提供的住宿服务、床位数，饮食业所能提供的饮食服务，还是交通运输业所能提供的客运服务，各类旅行社所能提供的翻译、导游、咨询服务等都是既定的。如果某地某时旅游消费的发展超越了各种服务的供给能力，则势必会造成"吃饭难""住宿难""乘车难"等问题，浪费旅游者的时间、精力，破坏旅游者的消遣、娱乐情趣，从而降低旅游消费的效果。

（三）要有利于旅游环境的保护和改善

良好的旅游环境属于高品位旅游资源和旅游产品的重要组成部分，是旅游消费得以顺利高效进行的必备条件，人们出门旅游的主要动机之一便是追求一个清新、舒适、宁静、安全的自然环境和社会环境。因此，合理的旅游消费首先必须有利于环境的保护和生态平衡的维持，某些特定的旅游活动，如狩猎、钓鱼等必须以不损害自然界的生态平衡为限，严禁滥捕、滥猎、滥采。合理的旅游消费还应该通过旅游活动的开展，一方面增强人们对自然资源和历史文物的保护意识；另一方面筹集资金，建设必要的排污设施，改善旅游区的环境状况。

（四）要有利于促进社会文明进步

旅游消费是人们文化生活的组成部分，是一种高层次的包含着较多精神内容的生活方式，它的合理发展必须能给旅游者以新颖、舒适、优美、健康的感受，激发人们热爱生活、追求理想、奋发向上、努力学习的情感，提高其思想、艺术、文化修养，防止和打击各种腐败和不健康的现象，用丰富多彩的旅游活动内容和服务项目来充实旅游者的精神世界。

第四节　旅游消费效果

一、旅游消费效果的含义

在旅游消费中，要消耗一定量的物质产品与劳务，即旅游消费的"投入"；而通过旅游消费使人们的体力和智力得到恢复和发展，精神得到满足，即旅游消费的"产出"。在旅游者的消费过程中，投入与产出、消耗与成果、消费支出与达到消费目的之间的对比关系，就是旅游消费效果。通常，可从不同的角度对旅游消费效果进行划分。

（一）按旅游消费的研究对象划分

按旅游消费的研究对象可将旅游消费效果分为宏观旅游消费效果和微观旅游消费效果。宏观旅游消费效果是指把所有旅游消费作为一个整体，从社会角度研究旅游产品的价值和使用价值，分析旅游消费的状况、旅游者的满足程度、旅游消费对社会生产力及再生产的积极影响，以及对社会经济发展所起的促进作用等。微观旅游消费效果是指旅游者通过旅游消费，在物质上和精神上得到的反映，如旅游消费能否达到旅游者预期效果，旅游者能否获得最大满足等。

（二）按消费的投入产出关系划分

从一定的消费投入与所取得的成果之间关系的密切程度划分，可将旅游消费效果分为直接旅游消费效果和间接旅游消费效果。直接旅游消费效果指的是一定的旅游消费投入直接取得的旅游消费成果,如旅游者花钱乘车实现了空间位移等。间接旅游消费效果是指一定的旅游消费投入,其旅游消费效果并不直接显示出来,而是潜在地反映出来,如旅游陶冶情操,提升人们的素质,则需要通过人们的工作生活实践,才能具体体现出来。

总之,旅游消费效果是一个包含丰富内容的范畴,只有从不同角度、不同方面进行比较分析,才能得出关于旅游消费活动的综合性效果。

二、旅游者消费的最大满足

旅游消费效果最直接的体现,就是旅游者消费的最大满足。所谓旅游者消费的最大满足,是指旅游者在支出一定时间和费用的条件下,通过旅游消费获得的精神与物质上的最佳感受。同一种旅游活动给予不同旅游者的满足程度往往因人而异,这要根据每个旅游者的性别、年龄、职业、经历、习惯、心理等各种不同因素所反映的主观印象去评价,也就是旅游者在旅游过程中的感受与其主观愿望相比较,即旅游者的最大满足和在旅游过程中实际所得与主观愿望的最大相符程度。因此,旅游者消费最大满足的决策包括以下两个方面。

(一)旅游消费与其他消费的决策

当人们的基本生理需要得到满足之后,就会将多余的收入用于提高文化生活水平,以满足人们享受与发展的需要,或是储存起来留待日后消费。但无论怎样安排,一个有理性的消费者总要选择一下,在收入水平限制和产品价格既定下,怎样消费才能使他们得到最大的满足。

假设表 6-1 表示旅游食宿与旅游商品的不同数量的组合给旅游者所提供的效用是相同的,也就是说,当旅游者外出旅游 6 天并同时购买 8 个单位的旅游商品,同旅游者外出旅游 3 天并同时购买 30 个单位的旅游商品所得到的需求满足是相等的。则在没有限制条件下,任一产品组合都可使旅游者得到充分满足。

表 6-1 旅游者获得消费者满足的各种产品组合

旅游天数/天	6	4	3	2
旅游商品/单位	8	15	30	45

然而,由于旅游者可支配收入仅有 900 元,他的支出就受到 900 元的限制而使他不能任意选择产品组合,而必须根据可以支配的 900 元来选择使他获得最大满足的产品组合。于是就有表 6-2 中的几种产品组合。

表 6-2 旅游者预算限制下的可能消费产品组合

旅游天数/天	6	4	2	0
旅游商品/单位	0	15	30	45

显然,从经济学的角度看,根据表 6-1 可绘出旅游者的无差异曲线 LL',根据表 6-2 可绘出旅游者的预算线 MM'。把这两条线绘在同一坐标中(见图 6-1),则可以看出:图 6-1 中只有在 B 点两条线才相切,说明采用 B 种产品组合,即外出旅游 4 天,同时购买 15 个单位旅游商品,可以实现旅游者消费的最大满足。

(二)旅游目的地选择的决策

当某旅游者决定利用假期进行旅游时,他首先要做好选择旅游目的地的决策。影响旅

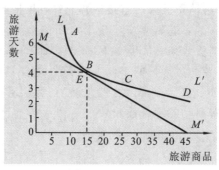

图6-1 旅游者消费的最大满足决策

游者对旅游目的地做出决策的因素不仅有旅游目的地的吸引力,还有旅游者的收入、假期长短和不同旅游产品的价格等。假设在北京旅游,每天平均费用25元,去承德旅游,每天平均费用为17.5元。那么,根据该旅游拥有175元的旅游预算,他要考虑:是把预算全部用于北京的7日游,还是承德的10日游?或者两地各游览一定天数?假定该旅游者的愿望是要同时到两地旅游,那么,根据他的旅游预算开支,就存在着在两地各停留多少天才能使他得到最大满足的问题。这样的决策可通过定量分析而得出可获得最大满足的旅游目的地组合。

以上是从理论上阐述了旅游者对旅游消费最大满足的决策过程。在实践中,除了旅游者本身的收入、时间、爱好、年龄等限制因素外,还受到旅游产品供给国或地区的影响,如旅游资源的吸引力、旅游产品价格、旅游服务质量,以及旅游产品供给国或地区的政策法令、社会治安、人际关系等诸多因素的制约。这些因素都是旅游者制定旅游消费决策时重要的权衡依据。

三、旅游消费效果的评价

旅游消费的目的是满足人们发展与享受的高层次需求,旅游消费的最大满足不仅包含物质消费的最大满足,更重要的是旅游者精神需要的最大满足。精神需要的满足是凭借物质资料,通过人与人的相互交往而实现的。因此,在旅游消费中,除了物质产品外,人对人的直接服务和关怀,人们之间的相互尊重和友谊等,都对旅游者消费的满足程度起着决定性作用。旅游消费的特点决定了评价旅游消费效果的复杂性,它不仅以是否满足了旅游者的几个限制因素为标准,而且要符合以下三个基本原则。

(一)旅游产品价值和使用价值的一致性

在市场经济条件下,旅游产品(物质产品与精神产品)作为消费资料进入消费领域,以商品形式满足人们的消费需要,在使用价值上必须使旅游者能够得到物质与精神上的享受,在价值量上要符合社会必要劳动时间。对国际旅游者来说,旅游产品的价值量要符合国际社会必要劳动时间,旅游产品的价格要能正确反映旅游产品的价值。也就是说,旅游产品的数量与质量不仅应等同于国际上同等价格的旅游产品,而且要使旅游者得到与其支付的货币相对应的物质产品和精神产品,只有这样才能实现旅游者消费的最大满足。

(二)微观消费效果与宏观消费效果的一致性

根据研究角度的不同,旅游消费效果可分为宏观与微观两个方面。宏观旅游消费效果是以微观旅游消费效果为基础,微观旅游消费效果是以宏观旅游消费效果为根据,但两者之间的矛盾也是客观存在的。微观旅游消费效果反映出个人的主观评价,这是由旅游者的个性特征(年龄、性别、风俗、习惯、文化程度、性格爱好和宗教信仰)不同所决定的,因而要满足不同旅游者的消费需求,就要做好市场的调研和预测,分析研究旅游者的心理倾向,因人而异地做好安排。对个别盲目追求庸俗低级的精神刺激的旅游者要妥善引导,以丰富多彩的旅游内容和健康的服务项目来充实旅游者的精神世界。通过旅游消费,给旅游者以新颖、舒适、优美、健康的感受,激发人们热爱生活、追求理想、奋发向上、努力学习的情感。这样,不仅提高了旅游者的个人消费效果,吸引旅游者延长旅游日程和提高重返率,从而使旅游消费资料得以充分利用,而且通过旅游消费促进了人们精神修养和文化素质的提升,从而进一步增强了宏观旅游消费效果。

（三）旅游消费效果与生产成果、社会效果的统一

旅游消费的对象往往就是生产成果,生产的经济成果直接影响消费效果,考察消费效果也要兼顾生产消费资料的经济效果。如有些地区开发的旅游产品,其消费效果可能很好,但旅游产品所产生的经济效果可能很差。片面强调消费效果,完全抛开经济效果,也是不科学的。

旅游消费活动不仅是满足人们物质和精神需要的经济行为,同时也是一种社会行为。因此,评价旅游消费效果还要注意其社会效果。例如旅游活动中某些博彩性项目,虽然其消费的经济效果可能是好的,但这种消费不利于人们的身心健康,甚至造成有害的社会影响,因而应坚决予以摒弃。

四、旅游消费效果的衡量

对旅游消费效果的衡量,既可以从旅游消费(需求)方面衡量,又可以从旅游产品生产(供给)方面衡量。

（一）旅游者的旅游消费效果

这里主要分析微观旅游消费效果。从微观层次看,旅游消费效果作为一个主观的心理评价,可用旅游者通过旅游消费获得的满足或效用来说明。旅游消费效用是指旅游者在消费旅游产品时所得到的满足程度,是对旅游消费的心理感受和主观评价。经济学关注的是,满足程度或效用如何度量,以及如何才能获得最大效用。根据序数效用理论(依据基数效用理论可以推导出同样的结果),一个理性的旅游者会在他既有的收入约束下对其所面临的旅游消费产品组合进行选择,以便获得最大效用。假定旅游者在旅游活动中仅消费旅游产品 X(价格为 P_X)和 Y(价格为 P_Y),X、Y 可以任意组合,每一个数量组合都会带给旅游者一定的效用,并且每一个组合都对应于 XOY 坐标平面上的某一点,而所有效用水平相同的点的轨迹就形成一条无差异曲线(无差异曲线有无数条,它布满了整个 XOY 坐标平面)。此外,旅游者将一定的收入(设为 I)用于购买 X 和 Y 两种产品,则旅游者所能够买的产品组合构成一条向右下方倾斜的直线,通常称之为旅游者的预算线。现在,我们就可以用无差异曲线和旅游者的预算线来分析旅游者的最大化效用。

第一步,设效用函数为 $U=f(X,Y)$,而与某一无差异曲线相对应的效用函数为 $U=f(X,Y)=U_0$。

第二步,设预算线为:

$$I = P_X X + P_Y Y$$

其中：

I——旅游者用于旅游消费的预算支出；

P_X、P_Y——旅游产品 X 和 Y 的价格；

X、Y——旅游者对两种旅游产品的购买量。

第三步，分析旅游者的消费均衡

根据消费者效用最大化均衡条件有：

$$\mathrm{MRS}_{XY} = -\frac{\Delta Y}{\Delta X} = \frac{P_X}{P_Y}$$

其中：MRS_{XY}表示旅游产品 X 对 Y 的边际替代率，即旅游者在保持其总效用水平不变前提下，为增加一单位的 X 而必须放弃的 Y 的数量。因此，MRS_{XY}实际上也是无差异曲线的斜率的绝对值，即 $\mathrm{MRS}_{XY} = -\dfrac{\Delta Y}{\Delta X}$。

该等式的含义是，旅游者在一定的收入约束下，其所选择的旅游产品组合应当使两种产品的边际替代率等于两种产品的价格之比。这样，旅游者便能获得最大效用。

这一推导过程可以用图 6-2 来说明。

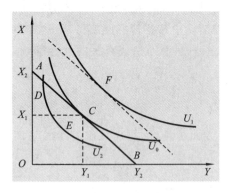

图 6-2　旅游者最大效用均衡

如图 6-2 所示，U_0、U_1、U_2分别代表某旅游者的三条效用水平不同的无差异曲线，其中，$U_2 < U_0 < U_1$。旅游者的全部收入 I 所能购买的 X 产品的量为 A 所代表的量 X_2，而他全部收入 I 所能够买的 Y 产品的量为 B 所代表的量 Y_2，线段 AB 就是该旅游者的预算线，因而他所能购买的产品组合只能是 OAB 这一面积范围内的产品组合。

那么，该旅游者在何处获得最大效用呢？答案是在线段 AB 和无差异曲线 U_0 的切点 C 处获得最大效用。因为在线段 AB 之内（如 E 点），旅游者尚有多余的收入，因而增加对旅游产品的消费可以提高效用；而在 AB 之外（如 F 点），旅游者目前的收入水平又不能达到要求。同时，在线段 AB 之上的点也不一定满足条件（如 D 点处于线段 AB 之上，但这一收入水平完全可以用来购买效用水平处于 U_2 和 U_0 之间的任何产品组合）。因而只有 C 点的产品组合才是旅游者在现有旅游消费支出水平下能获得最大效用的旅游产品组合。

同样，我们也可以根据这一均衡条件分析旅游者为了获得一定的效用需要多大的预算支出。这对于我们更好地理解和把握旅游者的消费行为，合理设计和开发各具特色的旅游产品以满足游客需要，进而促进旅游经济的发展具有重要意义。

（二）旅游目的地旅游消费效果

在宏观层次上，可以把所有旅游消费作为一个整体，通过分析旅游者在旅游目的地的消费支出来衡量旅游目的地的旅游消费效果。这类旅游消费支出指标主要有旅游消费总额、人均旅游消费额、旅游消费率、旅游消费构成。

（1）旅游消费总额是指一定时期内所有旅游者在旅游目的地进行旅游活动过程中所支

出的货币总额。它从价值形态上反映了旅游者整体在旅游目的地消费的旅游产品的总量。旅游消费作为社会消费总额的重要组成部分,也是构成社会总需求的重要部分,它可以用来判断旅游目的地的旅游经济规模、资源利用状况尤其是劳动力资源的利用状况等。

(2)人均旅游消费额是指一定时期内平均每个旅游者在旅游目的地的旅游消费支出的货币金额。它反映了旅游者在某旅游目的地的旅游消费水平,这为旅游经营者开拓旅游市场和开发产品提供了依据。

(3)旅游消费率是指一定时期内一个国家或地区的旅游者的消费支出占该国家或地区个人消费支出总额的比例。它反映了一定时期内一个国家或地区的旅游者对旅游消费的强度和水平。

(4)旅游消费构成是指旅游者在旅游活动过程中,食、住、行、游、购、娱等消费的比例关系。旅游消费构成不仅反映了旅游者消费的状况和特点,而且为旅游目的地国家或地区合理配置旅游资源、开发旅游产品提供了科学依据。

第五节 旅游消费转型升级

一、旅游消费转型升级的表现

转型是事物的结构形态、运转模型和人们观念的根本性的转变过程,升级是指从较低级别升到较高级别的过程。转型是从一种形态转向另一种形态,升级是从一个低的层次进入高一级的层次,转型升级则是转型和升级同时发生的过程。我国旅游经济运行正在从大众旅游发展的初级阶段向中高级阶段演化,旅游业的转型升级是多方面和多层次的。从不同的角度分析,旅游业的转型升级表现出不同的特点。旅游消费的转型升级是旅游产业转型升级的重要方面。旅游消费的转型升级通过消费水平、消费对象、消费方式、消费环境等多个角度表现出来,这也构成了现阶段旅游消费的重要特征。

(一)旅游消费水平逐步提高

2015年,我国旅游市场的规模超过40亿人次,旅游消费总量近1万亿美元,对国民经济和社会就业的综合贡献率均超过了10%。旅游产业的高速发展,使得旅游消费迅速普及,旅游进入大众旅游时代,由少部分人的生活追求变成大多数人的所能所爱,全体国民对旅游休闲价值的认识逐步提高。《国民旅游休闲纲要(2013—2020年)》中提出,到2020年,职工带薪年休假制度基本得到落实,城乡居民旅游休闲消费水平大幅增长,国民休闲质量显著提高,与小康社会相适应的现代国民旅游休闲体系基本建成。

(二)旅游消费环境不断优化

人们外出旅游的主要动机是追求一个清新、舒适、宁静和安全的自然环境及社会环境,良好的旅游环境是旅游消费得以顺利有效进行的必备条件。同时,旅游消费环境的不断优化,也会继续刺激居民外出旅游。我国旅游业经过几十年的发展,首先是旅游消费的生态环境得到了改善,增强了人们对自然资源和历史文物的保护意识,激发游客主动地维护和改善环境;其次是旅游消费的市场环境和服务水平明显改善,跨区域的交通设施快速发展,旅游公共服务建设和便民服务措施进一步优化,旅游市场监管不断增强,保障了游客的权利和满意度。

(三)旅游消费产品不断多样化

从旅游消费产品看,各种类型各种层次的产品层出不穷。尽管观光旅游仍然是我国旅游市场,特别是大众旅游市场的重要组成部分,但已不再是市场的主体产品。休闲度假旅游、特种旅游、康体养生旅游、修学旅游、商务旅游等新型旅游产品快速发展,一系列旅游新业态正在快速形成,使旅游产品类型更加丰富,正在不断推动旅游消费以观光旅游为主,向观光、休闲、度假并重转变。许多旅游目的地推出类似"商务+温泉"和"商务+高尔夫"等模式的旅游产品,使各种旅游产品组合的方式更加多元化。

(四)旅游消费方式不断多元化

从旅游消费方式看,在旅行社组织的团队旅游人次数稳步增长的同时,散客旅游已经成为旅游方式的主体。特别是自驾车旅游的兴起,使旅游方式的总体格局发生了很大转变。同时,互联网培育了新的旅游消费组织形式,加上在线旅游的移动变革,散客化、自由行出游趋势明显,俱乐部旅游、网上拼团旅游等新的旅游方式在年轻人中大受欢迎。随着体验性、休闲性等现代元素渗入传统的旅游方式,私人定制旅游这种全新的旅游消费方式正在日益兴起。

二、旅游消费转型升级的意义

(一)有利于促进旅游产业的转型升级

在市场经济中,消费的转型升级是产业和经济转型升级的重要动力。因此,适应消费者的变化,满足消费者需求,是各市场经营主体需要主动去做的,旅游业也如此。游客需求的不断变化和个性化,促使旅游企业转变经营理念,充分运用信息技术,整合各类要素,不断更新产品,创新服务,旅游产业内部要素不断融合,与外部产业关联逐步密切,推动旅游产业转型升级和旅游经济体系走向完善。

(二)有利于促进游客旅游品质的提升

旅游消费是人们的高层次消费,随着游客休闲度假需求快速增长,对基础设施、公共服务、生态环境的要求越来越高,对个性化、特色化旅游产品和服务的要求也越来越高,旅游需求的品质化趋势日益明显。旅游业正是通过旅游产品的丰富、旅游环境的优化、旅游服务的便利等,带给游客更大的消费效果和满足感,增强游客的旅游体验,提升旅游品质。

(三)有利于促进社会消费结构的升级

旅游业已成为国民经济战略性支柱产业,随着全面建成小康社会持续推进,旅游已经成为人民群众日常生活的重要组成部分,旅游消费在居民消费中所占比例不断增大。适应游客旅游消费需求,推进旅游消费转型升级,对社会消费的转型升级作用明显,有利于消费结构的优化升级,带动国民经济转型升级。

三、旅游消费转型升级的途径

积极推动旅游消费的转型升级,需要从以下3个方面不断完善。

（一）推动旅游产品创新

产品是消费的保障,旅游产品创新是引导旅游消费转型升级的重要力量。要充分发挥旅游业关联性强的特点,实施"旅游+"战略,推动旅游与城镇化、新型工业化、农业现代化和现代服务业的融合发展,延伸旅游产业链条,拓展旅游发展新领域,以新业态、新服务、新配套来创新旅游产品引导旅游消费向更文明、更健康的方向发展。

（二）建立健全旅游消费相关法律政策

相关法律政策是旅游消费转型升级进行的重要保障,需要各级政府、组织做好政策措施方面的配套。《中华人民共和国旅游法》公布实施,为旅游消费市场治理、保障游客正当权益发挥了突出作用。今后,应切实落实职工带薪休假制度,制订带薪休假制度实施细则或实施计划,保障劳动者休闲的权利。同时,还应加大旅游消费的财政支持力度,拓展旅游开发的投融资渠道,强化人才智力支撑,进一步满足居民旅游休闲消费升级需求。

（三）提升旅游服务水平

旅游服务水平是旅游消费转型升级的重要支撑。在游客可支配收入与时间一定的情况下,潜在旅游需求能在多大程度上转化为现实旅游需求,与旅游服务水平和消费环境密切相关。提供旅游公共服务,已经成为对旅游消费进行有效引导、调控的一种手段。在推进旅游消费转型升级的过程中,既要考虑旅游需求的激发,更要把重点放在旅游服务水平的提升上。

今后,还应在提升旅游信息化水平,完善旅游配套设施,构建方便、快捷的交通集散体系,建设旅游集散中心、咨询中心等方面作出努力。优良的旅游消费环境不仅有利于增加旅游消费,同时,也能够给旅游消费的转型升级创造一个良好的空间。

思考与练习

1. 旅游消费方式由哪些要素构成?
2. 怎样理解旅游消费的作用?
3. 旅游消费具有哪些特点?
4. 应该从哪些角度对旅游消费结构进行分类?
5. 影响旅游消费结构的因素有哪些?
6. 如何进行旅游消费效果评价?

案例分析

老年人旅游消费升级明显

2018年11月,携程旅行网、途牛先后发布《2018老年人跟团旅游消费升级报告》和《2018爸妈游消费分析》,对过去一年60周岁及以上客户的旅游消费情况及特征等进行分析。分析结果显示,2018年,老年人旅游消费升级明显,按年龄分,"50后"最舍得花钱,平均单次旅游消费达3115元;按地域排名,无锡银发族高居榜首,人均旅游消费近8000元。行程舒适和精神愉悦成为老年人旅游的主旋律。

携程旅行网的报告显示,老年人需求升级,足迹遍布全球74个国家,其中八成选择跟团游。根据携程跟团游和自由行数据,选择跟团游的老年游客占比达82%。携程"爸妈放心游"项目负责人告诉记者:"老人跟团游从一开始主打'舒适轻松'到今天强调'安全和服务',老年人对于玩法、社交、精神需求等又提出了新要求。其实,老年人的旅游需求一直在更新,产品也一直在升级。"

如今,老年游客在选择跟团游产品时,越来越重视品质。对于"低价团",老年游客已经能够认识其中的陷阱与危害。根据携程跟团游和自由行数据,2018年老年游客选择四钻和五钻产品的比例已达85%,行程舒适和精神愉悦成为老年人旅游的主旋律。

老年人喜欢通过什么方式预订旅游产品?根据携程跟团游和自由行数据,2018年有54%的老年游客喜欢在携程这样的在线旅游平台线上预订。这些人中,有51%的通过App来预订旅游产品,相较于2016年的35%,提高了16个百分点,高于通过网页端、电话预订的比例。老年人不仅正在通过手机刷微信,报个旅行团也成为潮流,真正做到了"说走就走"。不过,通过门店等线下途径报名旅游的老年人基数依然庞大,46%的老年游客喜欢在门店咨询后预订。

银发族的消费升级还体现在对于新型旅游方式的接纳上。定制旅游、私家团、主题游、邮轮等"网红"产品备受老年游客追捧。以携程定制游数据为例,在定制游人群中,55岁以上的定制游客占比16%,人均消费达到3500元,其中在定制需求中被提到最多的关键词是五星航空、行程舒适和特殊饮食。随着河轮游的发展,不少银发族开始选择乘河轮畅游欧洲等地,河轮游出游人次同比增加105%。途牛网《2018爸妈游消费分析》显示,"星途艺术号东欧五国匈牙利—斯洛伐克—奥地利—捷克—德国12日游""尼克维森号德国—捷克—奥地利—斯洛伐克—匈牙利巡游12日游""维京尼约德号多瑙河维也纳—布达佩斯10晚12天游""维京河轮阿姆斯特丹—巴塞尔莱茵河巡游10晚12日游"等线路很受欢迎。

2016年3月,途牛网对外发布产品品牌"乐开花爸妈游",通过打造更丰富、个性化、高品质的旅游产品,满足爸妈游群体差异化需求,提升用户的出游体验,助推爸妈游市场良性发展。途牛网的数据显示,2018年,上海、北京、南京、天津、沈阳、武汉、西安、成都、合肥、太原等城市消费者对"乐开花爸妈游"产品青睐有加。

从人均旅游花费角度来看,哪里的爸妈最"不差钱"?途牛网数据显示,2018年,途牛服务的60周岁及以上客户人次与上一年度相比提升了40%。同时,年均出游次数3次以上的超过6成。无锡、金华、长沙、长春、开封、武汉、上海、蚌埠、石家庄、深圳十个城市的爸妈,人均旅游消费排名靠前。

(资料来源:赵垒:《老年人旅游消费升级明显》,载《中国旅游报》,2018年11月6日。)

案例思考

1. 老年人旅游消费升级表现在哪些方面?
2. 推动老年人旅游消费升级的因素有哪些,旅游企业如何更好地满足老年游客旅游消费升级的需求?

第七章

旅游投资决策与评价

学习引导：

旅游投资是一个国家或地区旅游经济发展必不可少的前提条件，也是旅游业实现扩大再生产的物质基础。在掌握旅游市场需求与供给的基础上，要开拓旅游市场，就必须根据旅游市场竞争与发展的态势，进行旅游项目的投资与决策。本章正是从旅游项目投资分析的角度，阐述旅游投资决策的基本概念和主要内容，介绍旅游投资的可行性研究方法以及与投资决策相关的成本分析、风险分析和方案评价的原理与方法。

学习目标：

通过本章学习，应重点掌握以下内容：

(1) 旅游投资的概念和类型；

(2) 旅游投资决策过程分析；

(3) 旅游投资决策可行性研究内容；

(4) 旅游投资成本概念及分类；

(5) 旅游投资项目评价方法。

素养目标：

主要聚焦培养学生持之以恒的精神和实事求是的态度。在讲授旅游投资的特点和决策过程时强调投资的复杂性、不确定性和长期性等特点，引导学生找准自己的定位，明确目标，坚持不懈，培养学生持之以恒的精神。在讲授项目可行性研究的基本原则时引导学生秉持实事求是的态度，在生活、工作中不盲目决策。

第一节 旅游投资的概念

一、旅游投资的概念

投资一词具有双重含义。一是指特定的经济活动，即为了将来获得收益或避免风险而进行的资金投放活动。投资活动按其对象分类，可分为产业投资和证券投资两大类。产业投资是指经营某项事业或使真实资产存量增加的投资。证券投资是指投资者用积累起来的货币购买股票、债券等有价证券，借以获得效益的行为。本书研究的是旅游产业投资。二是指投放的资金,即为了保证项目投产和生产经营活动的正常进行而投入的活劳动和物化劳动价值的总和,主要由固定资产投资和流动资产投资两部分构成。在实际生活中,投资的这两种含义都被人们广泛地应用着。本章着重研究的是对某一旅游项目投放的资金。

旅游投资则是指旅游目的地政府或企业在一定时期内,根据旅游市场需求及发展趋势,把一定数量的资金投入某一旅游项目的开发建设,获取比投入资金数量更多的产出,以促进旅游业发展的经济活动。旅游投资一方面是旅游经济活动正常运行和发展必不可少的资金投放活动,以使旅游经济活动具有足够的固定资产和流动资金的投入,实现旅游业的扩大再生产和促进旅游经济持续发展;另一方面是通过增量投入来优化旅游经济存量结构,提供更多的旅游产品和服务,以满足人们日益增长的旅游需求的重要经济活动。

旅游业是向旅游者提供旅游产品的行业,这些产品包括食、住、行、游、购、娱六大内容,其中,每一方面都需要投入必要的资金。而对旅游投资来说,着重研究的是固定资产投资。固定资产投资与流动资产投资相比有其不同的特点。

(1) 固定资产投资的结果形成的是旅游基础设施和配套设施,它决定了未来旅游活动的地点、规模和特色,并且决定了相应流动资产投资的数量和结构;

(2) 固定资产投资回收期长,并且由其所决定的未来旅游活动的地点、规模和特色,还相应影响着流动资产的周转速度,影响着全部投资风险的大小。由此可见,旅游投资决策的关键是固定资产投资决策。

二、旅游投资的资金来源

旅游投资项目建设所需资金的来源,从总体上看可以划分为股权资金和债务资金两类。股权资金包括吸收直接投资、发行股票、企业保留盈余资金。债务资金包括发行债券、借款、租赁融资等。

(一) 股权资金

1. 吸收直接投资

按经营方式划分,吸收直接投资包括两大类。一类是合资经营,即由出资各方共同组建有限责任公司。其特点是共同投资、共同经营、共担风险、共负盈亏。出资各方可依法以货币资金、实物、其他产权等形式向合资企业投资,形成法人资本。投资方对所投入的资本负有限责任,并按资本额分配税后利润,享受所有者权益。另一类是合作投资经营。在这种经营方式下,双方的合作不以股权为基础,合作各方的投资或合作条件,收益或产品分配,风险和亏损的承担,经营管理方式,以及合作期满后的财产归属等合作事项,均由合作各方在签订的合作合同中予以规定。

2. 发行股票

发行股票是旅游股份有限公司筹集自有资本的方式。股票持有者是股份有限公司的股东,按股票的票面金额依法对公司承担有限责任,并依法享有权力。股票是一种所有权证书,股票的持有者就是公司的所有者之一;股票是一种永不返还的有价证券,没有还本期限,投资者不能要求退股返还本金,但可以依法有偿转让给他人。股份有限公司在满足法定条件且获得相关机构核准后,其股票可在交易所上市。

3. 企业保留盈余资金

企业保留盈余资金的主要来源是折旧和税后未分配利润。企业保留盈余资金是指企业把一部分盈利留在企业作为再投资之用。

(二)债务资金

1. 发行债券

债券是现代企业为筹集资金而发行的,承诺债权人按约定的期限还本付息的一种有价证券。与股票相比,债券代表着一种债权债务关系,企业要按规定的日期还本付息,债权人无权参与企业的经营管理,无权参与企业的盈利分配。在我国,旅游企业要发行债券,必须具有一定的条件,并经有关部门批准。

2. 借款

借款是指企业向银行等金融机构以及向其他单位借入的资金,包括信用贷款、抵押借款、信托贷款等。我国旅游企业既可以向国内的商业银行、非银行金融机构申请贷款,也可以通过一定途径向国际货币基金组织、世界银行、国际金融公司、国际开发协会、亚洲银行等申请贷款。

3. 租赁融资

租赁是指出租人以租赁方式将出租物租给承租人,承租人以交纳租金的方式取得租赁物的使用权,在租赁期间出租人仍保持出租物的所有权,并于租赁期满收回出租物的一种经济行为。租赁已成为现代企业融资的一种重要方式。

三、旅游投资的特点

旅游投资作为旅游经济的重要内容和国民经济的组成部分,不同于一般工农业投资和服务业投资,它是一个涉及面广且内容丰富的投资领域,具有一般投资项目的客观规律性,又具有与一般项目投资的不同特点。深刻认识这些特点,对于研究和掌握投资活动的规律,具有重要意义。

(一)投资领域的复杂性

旅游业是一个涉及食、住、行、游、购、娱等多方面的综合性产业,因此旅游投资具有广泛性和复杂性的突出特点。

(1)旅游投资内容涉及旅游景点、旅游饭店、旅游餐饮、旅游娱乐、旅游交通建设等各方面,而不同方面的旅游投资内容和要求又各有差别,决定了投资内容的广泛性和复杂性。

(2)旅游投资内容涉及建设用地计划、物质资源供应、劳动力使用、资金筹集和占用等,其投资规模和结构不仅要与整个旅游经济发展规模和结构相适应,而且要与国民经济发展水平和比例关系相平衡,才能充分发挥旅游投资对旅游经济和社会经济发展的促进作用。

(二)投资周期的长期性

旅游投资项目不同于工农业投资项目的最大特点,是大多数旅游投资项目必须一次或大部分完成投资建设后才能用于消费,这就决定了旅游投资建设的周期很长。尤其是旅游投资大多数形成固定资产,投资项目造型庞大,地点固定,又具有不可分割性,这些决定了投资建设的周期很长。从投资实施到资产形成期间,大量的一次性费用长时间退出流通领域,并且在这一较长时期内不能创造出任何有用成果,要到整个建设周期完结,才能形成资产。

(三) 旅游投资的不确定性

预期能获取经济效益是经济活动的普遍要求。旅游投资一般都是在期望值高于银行信用利率的基础上做出决策,但是,实施投资的结果,是不是就一定能带来预期的收益呢?很难确定,因为存在不能保值、增值,甚至发生亏损而无法收回投资的风险。旅游投资收益的不确定性,与投资活动涉及面广、影响因素多、投资周期长密切相关。具体来说,形成旅游投资收益不确定性大的特点的因素有以下几种。

(1) 新的信息的不确定性。旅游投资预测和决策,是基于现有的数据和信息做出的,而未来情况是多变的,新的信息不断到来,这些新的信息会和最初人们的预测有很大差距。

(2) 管理因素对效益的形成与大小影响很大。投资者即使拥有稳定的投资来源和足够的投资品,也未必可以保证一定能够实现期望值,因为在周期很长的投资过程中,投资管理是否得力,将在很大程度上决定着投资的收益。

(3) 预测和决策本身难免会有技术上的偏差和失误,这是造成投资收益不确定的一个方面。旅游投资收益不确定的特点,应当有助于投资的自我约束力,促使投资者科学预测、慎重决策、强化管理,避免和减少投资失误,争取更大的效益。同时,还要因势利导,建立和健全投资责任制。

四、旅游投资的类型

任何旅游投资都有一定的目的性,而不同的旅游投资目的就形成不同的旅游投资内容和特点,并形成不同的投资形式和类型。

(一) 长期投资和短期投资

总体看来,旅游投资具有周期较长的特点,但旅游投资的内容不同,旅游投资的回收期也不同,按投资时间可将旅游投资划分为长期投资和短期投资。

1. 长期旅游投资

经济学中所说的"长期"是指具有足够时间来改变固定资产投资规模的时期。长期旅游投资绝大多数用于固定资产的投资,如对旅游饭店、餐饮等建筑设施和设备、旅游交通道路和运输工具等基础设施、旅游景区景点开发和建设、旅游娱乐项目等固定资产的投资,也包括对旅游无形资产、长期有效证券等方面的投资。与短期投资相比,长期投资具有回收期长、发生作用的时间长、投资效益高和风险大等特点。

2. 短期旅游投资

经济学中的"短期"是指没有足够时间来改变固定资产投资规模的时期。短期旅游投资主要用于日常旅游经营活动所必需的流动资产的投资,如购买原材料、低值易耗品、必要的仓库存货、短期有价证券,以及现金、应收账款等。尽管短期投资的风险较小,但其投资收益也比较低。

(二) 新建、改造和维护投资

按旅游项目的建设性质和开发程度,可将旅游投资划分为以下三种类型。

1. 新建旅游项目投资

新建旅游项目是指旅游目的地国家或地区为了满足旅游者及旅游市场多样化的需要,而新开发的旅游项目。如开发建设新的旅游景区景点,新建宾馆饭店、旅游餐厅、娱乐设施等。

2. 改造旅游项目投资

改造旅游项目是指在原有旅游产品规模上,对不适应旅游业发展需要的部分设施设备进行改造或增建的旅游项目。如对旅游饭店的客房和餐厅进行重新装修和装饰,对旅行社的预订电脑系统进行更新和升级,增添商务、汇兑、保健等旅游服务,增加部分旅游娱乐设施设备等。新建旅游项目投资的目的在于提高旅游接待设施设备的档次和旅游服务质量,从而提高旅游产品的综合质量。

3. 维护旅游项目投资

维护旅游项目是指对原有旅游产品进行恢复、保护的旅游投资项目。如对旅游景区的恢复和保护,对旅游饭店客房、餐厅及旅游娱乐设施的维修保养,对导游及其他服务人员的培训。其目的在于保持一定旅游经营规模和服务水平,保持旅游目的地国家或地区的旅游经济效益。

(三)独立投资、合作投资和股份投资

旅游产业的综合性特点决定了旅游投资主体的多样性,既有国内投资,又有国外投资,既有国家投资,又有集体投资和个人投资。概括起来,按照旅游投资主体可将旅游投资划分为以下三个方面。

1. 独立投资

独立投资是指由一个投资主体单独对某一旅游项目进行投入的形式。这个旅游投资主体可以是国家,也可以是个人或集体;可以是国内投资主体,也可以是国外投资主体。独立投资的优点是对投资目的和决策容易形成统一意见,有利于较快地进行决策,并加强对工程建设的管理;不利之处在于资金筹措难度较大,旅游投资风险也由一个主体承担。

2. 合作投资

合作投资是指由多个投资主体共同对某一旅游项目进行投资的形式,可以是多个企业联合投资,也可以是企业和个人合作投资,或者国内和国外合作投资。合作投资的优点是可以集合众多投资主体的资金和经验,提高资金筹集能力,减少旅游投资的风险性;不利之处是对投资主体的协调性工作增加,决策难度加大,时间花费较多,有时甚至难以形成统一的意见。

3. 股份投资

股份投资是按照现代公司产权制度建立的旅游投资形式,即由多个投资主体自愿投资而组成旅游股份公司,按照公司制度进行经营和管理。旅游股份公司还可以根据国家规定,按照一定的要求和程序通过证券市场筹集资金。此外,按建设内容,旅游投资还可划分为旅游交通、景区、饭店宾馆、餐饮、旅游购物、游乐、旅游教育和其他项目投资。

第二节 旅游投资决策

一、决策与旅游投资决策

(一)决策的类型

决策是指从多个为达到同一目标而可以相互替代的行动方案中选择最优方案的过程。

决策贯穿于人类社会经济活动的各个方面,大至国家大政方针的决策,小至个人生活、工作的决策,尤其是经济部门和企业,在经济活动中更是面临大量的决策问题。因此,旅游业也不例外,没有旅游投资决策,就没有旅游项目的建设和旅游业的可持续发展。通常,决策有各种各样的分类,一般可分为三种类型,即确定型决策、非确定型决策和风险型决策。

1. 确定型决策

确定型决策是指决策的条件和因素均处于确定情况下的决策。例如,旅游企业有一笔资金,可以用来购买利率为14%的五年期国库券,也可以用来购买某公司利率为11%的三年期企业债券,这两种利率都是确定的,旅游企业购买它们均不存在任何风险。但是二者利率不同,还本付息期也不同。因而旅游企业必须根据自己的目标,从中选择最优的方案,这就是确定型决策。

2. 风险型决策

风险型决策也叫统计型决策或随机型决策。它需具备以下几个决策要素:一是决策者试图达到一个明确的决策目标;二是决策者具有可供选择的两个以上的可行方案;三是有两个以上不确定的决策条件及影响因素;四是不同方案在不同条件及因素作用下的损益值可以计算出来;五是决策者可以对各种条件及因素作用的概率进行估计。在上述要素构成下的决策,即为风险型决策。这类决策一旦失误,会给企业和投资者带来损失。例如,某旅游企业有两个可供选择的投资方案,即在经济发展的不同时期,相同的概率下,两个投资方案所产生的投资报酬是不一样的。根据表7-1的资料,通过计算风险报酬可以看出,在考虑各种经济状况出现的概率的情况下,B方案的投资回报高于A方案,因此应选择B方案。

表 7-1 风险决策表

经济状况	概率	报酬/万元	
		投资方案 A	投资方案 B
繁荣时期	0.2	4000	6000
一般时期	0.5	2000	2000
衰退时期	0.3	0	−1000
风险报酬		1800	1900

3. 非确定型决策

非确定型决策是指决策的条件和因素处于完全不确定情况下的决策。由于决策条件和因素既不确定也不能估计,所以只能在做出方案比较后,再进行决策。具体决策方法有乐观决策法、悲观决策法、折中决策法等。

(二)旅游投资决策

旅游投资决策是为达到一定的旅游投资目标,而对有关投资项目在资金投入上的多个方案比较中,选择和确定一个最优方案的过程。从投资的目的看,可将旅游投资决策方案分为以下三种类型。

(1)为获取经济和财务收益的旅游投资决策方案。如对饭店、餐馆的投资建设,主要目的就是为了获取超过投资成本的利润,并且使利润最大化。这类投资多属于企业性投资决策。

（2）为获取经济效益和社会效益的旅游投资决策方案。例如,兴建秦兵马俑博物馆、改善和提高漓江水质、整治滇池等。其主要目的是发展当地名牌旅游产品,使经济效益、社会效益、环境效益等都得到改善和提高。这类投资决策多属于地方和国家投资决策。

（3）为获取特定的经济或非经济效果的旅游投资决策方案。前者如开设免税商场和旅游购物中心,以赚取外汇。后者如建设旅游院校或培训设施,以培养和训练旅游业发展中所需要的各类人才。这类投资决策也属于地方和国家投资决策。

在旅游企业投资决策中,根据企业发展的需要,其投资决策方向又具体分为以下几种不同情况。一是扩大经营规模,即不断扩大现有旅游企业的生产经营规模,如增建客房、餐厅、娱乐设施等,以提高经济效益。二是更新改造,主要是指对饭店的客房、餐厅进行重新装修、装饰,对饭店的预订电脑系统进行更新等,以提高设施设备的档次,从而提高综合服务质量。三是不断开发旅游新产品,来满足旅游者多样化的需求。例如,建设旅游景区、景点,新建饭店、餐厅、娱乐设施等,或对传统产品进行挖掘改造,使其成为优质产品。四是购买国家发行的国库券或其他企业发行的债券。

二、旅游投资决策中的基本概念

投资决策对旅游部门和企业来说是十分重要的,因为它关系到旅游部门和企业未来的发展方向、发展速度和获利的可能性。所以为了保证投资决策的正确性,必须对有关投资决策的数据进行收集,为投资方案的比较和选择提供定量的依据。涉及旅游投资决策数据的一些基本概念及其计算方法主要包括以下内容。

（一）净现金投入量

为了评估投资方案,首先要估计投资费用大小。净现金投入量是指因决策引起的投资的增加量。它包括建筑物和附属设施费用、家具与设备费用、经营设备费用、技术服务费用、开业前费用、流动资金等。

（二）净现金效益量

旅游部门或企业在进行投资时,总期望它将来在若干年内每年能获得一定的效益。在投资决策中,这种效益是用净现金效益量来衡量的。净现金效益量是指旅游企业在经营中因投资决策而引起的现金效益的增加量。净现金效益量的计算公式如下:

$$NCB = \Delta S - \Delta C$$
$$NCB = \Delta P' + \Delta D$$
$$NCB = \Delta P(1-t) + \Delta D$$

其中:

NCB——净现金效益量;

ΔS——销售收入的增加量;

ΔC——经营费用的增加量(不包括折旧);

ΔP——利润的增加量;

ΔD——折旧的增加量;

$\Delta P'$——税后利润的增加量;

t——税率。

（三）机会成本

机会成本又称择一成本，它是指在同时具有多个投资方案时，将资金投入到其中一个方案而放弃其他方案可能丧失的收益。例如，某旅游企业有一笔资金，它既可投入餐厅的扩建，也可投入商场的扩建。如果不投入商场的扩建而用于餐厅的扩建，那么投资于餐厅扩建的机会成本就是指放弃投资于商场的扩建所可能获得的利润。因此，机会成本为投资决策提供了方案比较的重要依据。

（四）资金时间价值

资金时间价值，是指一定量的资金未投入生产流通而存入银行，经过一段时间后所带来的利息收入。在进行投资决策时，必须考虑资金时间价值，才能做出正确的投资决策。对资金时间价值的计算方法主要有以下几种。

1. 单利计算法

单利计算法只按本金计算利息，每期利息并不在下期加入本金中增算利息。其计算公式如下：

$$I = PV \times i \times n$$
$$S_n = PV + I = PV \times (1 + i \times n)$$

其中：

S_n——终值，即本利和；

PV——现值，即本金；

I——利息；

i——利率；

n——计息期数。

2. 复利计算法

复利计算法是一种将每期利息并入下期本金中增算利息，逐期滚算、利上加利的计算方法。复利计算包括复利终值的计算和复利现值的计算。

（1）复利终值的计算。它是指以每年一定的利率来计算若干年后的本利和。其计算公式为：

$$S_n = PV \times (1+i)^n$$

上式是指复利次数为一期一次，若一期不止复利一次，而是复利 m 次，则复利终值的计算公式为：

$$S_n = PV \times \left(1+\frac{i}{m}\right)^{m+n}$$

（2）复利现值的计算。与复利终值的计算正好相反，复利现值是指将预期若干年后每年按一定利率计算所得的终值折算成现在的本金。其计算公式如下：

$$PV = S_n \times \frac{1}{(1+i)^n}$$

3. 年金计算法

年金是指在一个特定的时期内，每隔一段相同的时间，收入或支出相等金额的款项。年金按收支的时间不同可分为普通年金、预付年金、递延年金、永续年金等，下面给出普通年金的计算方法。

（1）普通年金终值的计算。年金终值是一定时期内每期期末收付款项的复利终值之和。其计算公式如下：

$$S_A = R \times \frac{(1+i)^n - 1}{i}$$

其中：

S_A——年金终值；

R——每期的年金；

i——利率；

n——年金的计息期数。

（2）普通年金现值的计算。年金现值与年金终值的计算正相反，它是每期等额款项收付的复利现值之和。其计算公式如下：

$$PV_A = R \times \left[\frac{1 - (1+i)^{-n}}{i} \right]$$

其中：

PV_A——年金现值。

（五）贴现率

在旅游投资决策分析中，还有一个重要的数据，即贴现率。所谓贴现率，就是指在投资决策分析中，把未来值折算为现值的系数。例如复利现值计算中的 $\frac{1}{(1+i)^n}$ 和年金现值计算中的 $\left[\frac{1-(1+i)^{-n}}{i} \right]$。如果贴现率定得高，现值就小；贴现率定得低，现值就大。所以，合理确定贴现率也是正确评价投资项目的关键。

三、旅游投资项目优先顺序的确定

在旅游投资决策中，投资的目的是获得包括经济效益在内的综合效益，或获取特种的经济或非经济的效果。在旅游建设项目中，获取经济的或非经济的效果主要有如下几个方面：第一，获取更多的外汇收入；第二，提供更多的就业机会；第三，更好地调整国家或地区内经济发展的不平衡性；第四，更好地继承和发挥在社会文化方面的作用；第五，更好地保护和改善环境。

在对各种旅游投资项目进行顺序排列时，一方面要注意必须符合国家或地方政府旅游政策所强调实现的目标，即属于政府要重点实现的主要目标的旅游建设项目应排在首位，并依次类推；另一方面在确定优先顺序时，应尽可能做好可行性研究，用数量指标来表示投资项目实现某一特定目标的程度。通常，对投资项目进行优先排序时，使用的数量指标主要有以下几种。

（一）外汇收入指标

某项旅游项目建成后的外汇收入能力，反映了一定时期内所赚取的外汇净额与同期产生这一净额所需国内资金之间的关系。在国外，一定时期是指该项目投入建设期加上建成后5年的时间，而不是可行性研究要求的20年。相关计算公式如下：

$$F = \frac{X - Y}{Z}$$

其中：

F——旅游项目外汇收入能力；

X——旅游项目在一定时期内获取的旅游外汇收入；

Y——旅游项目在一定时期内支出的外汇成本；

Z——旅游项目在一定时期内支出的该国货币成本。

在上式中，X 数值仅是一种估计，是根据规定时期内旅游项目所接待的旅游者人次、旅游者平均停留时间和人均消费数预测的结果。X、Y、Z 三个数值在使用时，必须用贴现率折算成现值。

（二）提供就业指标

一项旅游投资项目提供直接就业的能力可根据该项目有关招用的人次数与向该项目职工所付的工资总额来测量。相关计算公式如下：

$$E = \frac{n}{m}$$

其中：

E——旅游项目提供的直接就业能力；

n——旅游项目在一定时间内支出的工资总额；

m——旅游项目在一定时间内发生的总成本。

（三）社会文化影响指标

同上述指标不同，一项旅游投资项目对社会文化的作用难以用数量表示，它只能依靠主观判断。为了最大限度地减少主观判断的偏差，需组织专门的专家小组，对旅游投资项目可能给社会文化带来影响的各个方面进行评价，并对起积极作用的用正数表示，对起消极作用的用负数表示。通常，旅游项目对社会文化产生的影响主要有：对恢复、保护和合理利用名胜古迹的影响；对传统艺术和文化遗产的作用；对人们思想与职业道德的影响；对当地居民消费方式的影响；对传统社会结构与家庭的影响；对国内旅游的促进作用等。

（四）综合效益指标

对获取综合效益的旅游投资项目优先顺序的排列，首先应分别列出各投资项目产生综合效益的各个领域，并分别计算各领域的数值；其次，根据国家或地方政府旅游政策所强调的重点对各个领域的数值进行加权，以确定各领域的相对重要性；最后，计算在同一离散范围内每一领域加权数值同基点（这里为平均数）的偏差，并以此为基础来比较各个方案的优劣。表 7-2 给出了一个旅游投资项目综合效益计算实例。

表 7-2 旅游投资项目综合效益计算表

综合效益	旅游投资项目									平均数 X	权数 W
	方案 I			方案 II			方案 III				
	X_1	X_1	$X_1 W$	X_2	X_2	$X_2 W$	X_3	X_3	$X_3 W$		
获得外汇收入	0.5	−0.9148	−0.2844	1.2	1.046	0.3138	0.8	−0.094	−0.0282	0.833	0.3

续表

综合效益	旅游投资项目									平均数 X	权数 W
	方案Ⅰ			方案Ⅱ			方案Ⅲ				
	X_1	X_1	X_1W	X_2	X_2	X_2W	X_3	X_3	X_3W		
取得利润	0.2	−10	−1	0.4	10	1	0.3	0	0	0.3	0.1
提供就业机会	0.4	0	0	0.3	−1	−0.1	0.5	1	0.1	0.4	0.1
调整经济的不平衡性	0.3	−0.321	−0.096	0.2	−0.799	−0.24	0.6	1.115	0.335	0.367	0.3
对社会文化的影响	−3	−0.949	−0.142	0	0.095	0.014	4	1.044	0.157	0.333	0.15
环境保护	−5	1.147	0.057	−12	−0.459	−0.023	−13	−0.688	−0.034	−10	0.05
合计			−1.4653			0.9648			0.5298		1.0

第三节 旅游融资渠道

在分析旅游融资的内容上,融资渠道和融资方式是一对既有联系又有区别的概念。融资渠道解决的是资本来源的问题,融资方式则解决的是通过何种方式取得资本的问题,两者之间存在一定的对应关系。同一融资渠道的资金往往可以采用不同的筹集方式获得,而一定的融资方式既可以适用于某一特定的融资渠道,也可以适用于不同的融资渠道。在旅游融资时,需要实现两者的合理选择和有机结合。

一、旅游融资方式

(一)旅游融资方式的含义

旅游融资方式是指社会资金由资金盈余部门向旅游行业转移的形式、手段和途径,也可以说是储蓄向旅游投资转化的形式、手段、途径和渠道。在资源配置过程中,融资方式是融资活动的具体体现。旅游企业要长期、持续和稳定地进行生产经营活动,需要一定数量的资金。同时,旅游企业要开展对外投资或调整资金结构,也需要筹集和融通资金。旅游企业融资是企业根据其生产经营、对外投资及调整资金结构的需要,通过一定的渠道,采取适当的方式,获取所需资金的一种行为。

(二)旅游融资方式的分类

1. 内源融资和外源融资

按旅游融资过程中资金的来源分类,旅游融资方式可分为内源融资和外源融资。内源融资是指旅游企业通过自身经营活动产生的资金而形成融资来源,即在企业内部可实现融通的资金,是企业不断将自己的储蓄转化为投资的过程。内源融资资金主要由留存收益和折旧构成,数额的大小主要取决于企业可分配利润的多少和股利政策,一般无须花费融资费用,从而降低了资本成本。当企业单纯靠内源融资不能获得所需要的足够资金时,就要寻求外源融资。外源融资是指企业通过一定的方式向企业之外的其他经济主体筹集资金而形成的融资来源。其方式包括银行贷款、发行股票、企业债券等。此外,企业之间的商业信用、融资租赁也属于外源融资的范围。

2. 权益融资和债务融资

按旅游融资过程中资金的性质分类,旅游融资方式可分为权益融资和债务融资。权益融资也称股权融资,是指通过发行股票、优先股、股票期权等向股东筹集资金的一种融资方式。股权融资所获取的资金形成旅游企业的股本,投资者享有旅游企业偿还债务后剩余资产的所有权。旅游企业依法拥有财产支配权,股权资本没有还本付息的压力,融资风险低。债务融资也称负债融资,是指旅游企业依法向其他债权人借入资金,并依约使用、须按期偿还资金的一种融资方式,主要通过长期借款、发行债券、融资租赁等方式来筹集资金,所筹集的资金形成旅游企业的债务。借入资金体现旅游企业与债权人的债务与债权关系,对资金在约定的期限内享有使用权,承担按期还本付息的义务,债权人无权参与企业的经营管理。

3. 直接融资和间接融资

按旅游融资过程中资金的供给者分类,即是否需要借助金融中介进行融资,旅游融资方式可分为直接融资和间接融资。直接融资是指旅游资本需求者不需借助金融中介,直接与资本供给者达成交易协议,获得所需要资本的融资方式。其融通的资金直接用于生产、投资和消费。典型的直接融资就是发行股票和发行债券,可以直接通过资本市场,最大限度地向社会公众投资者和机构投资者筹集大量资本,提高公司知名度。这种融资方式的程序较为复杂,融资费用较高,融资效率较低。间接融资是指旅游资本需求者需要借助金融中介,间接从资本供给者获得所需要资本的融资方式。典型的间接融资是通过银行借款、信托公司进行融资等。金融中介在资本需求者和资本供给者之间起着桥梁和纽带作用。这种融资方式的程序较为简单,融资费用较低,融资效率较高。

4. 短期资金和长期资金

按旅游融资过程中资金使用期限的长短分类,旅游融资方式可分为短期资金和长期资金。短期资金一般是指供企业一年以内使用的资金,主要包括现金、应收账款、存货等方面。短期资金常采用商业信用、银行短期借款等方式来筹集。长期资金一般是指供企业一年以上使用的资金,主要投资于新产品的开发与推广、生产规模的扩大、厂房和设备的更新等,一般需要几年或十几年才能收回资金。长期资金通常采用吸收直接投资、发行股票、发行债券、银行借款、融资租赁、留存收益等方式来筹集。

二、旅游融资渠道

(一) 旅游融资渠道的含义

旅游融资渠道是指企业筹集资金来源的方向与通道,能够体现出所融资金的来源与性质。融资渠道主要由社会资本的提供者及数量分布决定。认识和了解各融资渠道,有助于企业充分拓宽和正确利用融资渠道,企业需要根据自身特点和融资环境选择适合的融资渠道。

(二)主要的旅游融资渠道类型

1. 银行信贷

投资者根据国家相关政策的规定,向银行申请附有一定条件的借贷资金称为银行贷款,其特点是偿还期长,在债券期限内利率不变,而利息费用作税前列支,利息可产生节税效应。按照中国人民银行发布的《贷款通则》的规定,借款人对银行贷款的使用要符合国家法律、行政法规和中国人民银行发布的行政规章,遵守安全性、效益性和流动性的原则。目前,我国中小旅游企业主要的融资方式是银行贷款。我国银行分为商业银行和政策性银行两种。商业银行是以盈利为目的、从事信贷资金投放的金融机构,为公司提供各种商业性贷款。政策性银行是为特定公司提供政策性贷款的金融机构,包括国家开发银行、中国农业发展银行和中国进出口银行。银行信贷资金都要还本付息,因此,能促使企业讲求经济效益。

2. 债券

投资者为了筹集所需资金,发行的一种信用凭证进行出售称为债券。购买债券的人有按期取得规定的利息,并且在债券到期日收回本金。债券融资是旅游企业作为债务人通过举债筹集资金,并向债权人承诺一定时期内还本付息的融资方式,具有税盾作用、财务杠杆作用及资金结构优化作用。对中小旅游企业而言,发行债券的数量、价格、利息率、偿还方式及时间等都可以自己做主。通过债券融资能够合理地掌握权益负债比,利用财务杠杆作用,使企业的资金可以更灵活且更加易于控制。由于我国中小旅游企业本身资金并不雄厚,市场的不可预测极易导致企业由于经营不善和高额利息而面临巨大的压力,因此,受本身权益资金数额及利息的影响,其发行债券融资的数量是有限制的。

3. 股权

股权融资是指企业的股东出于自己的个人意愿,出让自己的部分所有权。资金不通过金融机构而是凭借股票这一载体从资金盈余部门流向资金短缺部门,通过企业增资的方式引进新的股东,这样的融资方式具有不可逆性、长期性及无负担性的特点。同国外旅游上市企业相比,我国旅游企业的发展空间大,其优点在于发行股票融资具有永久性,无须归还,没有固定的股利负担,反映了公司的实力并作为其他融资方式的基础及加速信息流动等。其缺点在于资金成本较高,分散公司的控制权等。

4. 政府投资

政府投资是指政府部门为了实现服务社会的职能,满足整个社会基本的需求,实现经济繁荣和社会的发展而投入资金,使其转化为实物资产的一种行为过程。国家对企业的直接投资是国有企业最主要的资金来源渠道。在现有国有企业的资金来源中,其资本部分大多是在我国计划经济时期由国家财政以直接拨款方式形成的。现在这种国家财政投资已经很少了,但仍将是基础性行业和公益性行业公司资本的重要来源。政府投资在旅游行业融资中占据了十分重要的地位,投资重点主要放在旅游基础设施的建设上,包括道路、环保、旅游教育、通信及宣传等方面。政府投资的优点在于可以对引导社会投资方向、调整旅游行业投资结构、为社会创造良好的投资环境等起到促进作用;其不足之处在于投资额受到政府财政计划的约束,对旅游企业的直接投资非常有限。

5. 外商投资

外商投资是指旅游目的地运用优惠的税率和政策让利来吸引外商投资旅游景点、餐饮、饭店及娱乐设施等旅游项目,主要以外商独资和中外合资的形式进行融资,需要政府的鼎力相助。外商投资的优点在于可以对中小旅游企业构成很好的联动作用,在企业财务结构的调整、企业管理及企业股权结构的调整都会产生很大的影响;其缺陷在于企业必须掌握好自身的核心竞争力,小心防备被外资吞噬的风险。

6. 民间资本投资

民间资本是指除了国有企业资本和外国企业资本之外的我国中小企业资本中民间闲置的资本,包括民营企业资本、自然人资本、个体工商户资本等。可采用独资、合资和特许经营等多种方式参与旅游业的经营管理。随着国家政策的不断调整,民营企业投资旅游行业规模不断增大。其优点在于市场反应快、决策效率高、在旅游开发中强化旅游创新、资金成本较低;其缺点在于在旅游开发过程中政府的约束、专业化程度不高以及与国有资本的冲突等。

三、旅游融资平台

(一)旅游产业基金

作为产业投资基金的一个重要分支,旅游产业投资基金的投资重点主要定位于旅游业,旨在通过市场化融资平台引导社会资金流向,筹备发展基金,促进旅游基础设施和旅游景区的开发建设,助推旅游产业的结构升级以及挖掘和培育优质旅游上市资源等。旅游产业投资基金的发起人应选择经营股权的各类投资公司,在现阶段,可选择证券公司、国有大型旅游集团参与产业投资基金的发起。旅游产业投资基金可以采用公募和私募的方式,公募受政府主管部门监管,向非特定投资者公开发行受益凭证的证券投资基金;私募主要是向金融机构如商业银行、证券公司和保险公司等,政府引导基金以及地方大型旅游企业等特定机构投资者募集资金。旅游产业基金的组织形式有3种选择,分别是公司型、有限合伙型、信托契约型。目前,大多数以公司型产业基金和契约型产业基金为主,一般投向景区开发、基础设施建设、旅游房地产、酒店业等领域,主要以参股的方式进行投资,被投资企业需要满足特定的条件。

(二)投融资公司

投融资公司是通过各种途径、运用各种手段进行旅游项目投资和融资行为的经济主体。其通过资金的有效配置,提高资金运用效益,促进旅游经济的发展。目前,地方融资平台公司并没有一个标准明确的体制约束,根据政府对融资平台公司的直接影响程度不同,大体上可以将其分为单纯为政府融资的平台公司和带企业性质的平台公司。地方政府的旅游融资平台公司虽然是单独注册的公司,但注册资本来自财政或政府提供的土地,主要管理者由政府派任。这类公司的主要任务有两个:一是进行项目融资,主要是需要政府公共支出的旅游基础项目;二是负责项目投资,即把过去由建设单位负责的项目,交给这些融资平台,但平台公司并不自己施工,而是通过向社会招标来完成项目,待项目建成验收后,再交给建设单位使用。带企业性质的融资平台公司其实并非真正意义上的独立核算公司,只是采用了一些公司化的管理方法,基本任务与单纯的融资平台公司完全一样,但其经营管理者并非政府派出,而是向社会招聘。

（三）旅游产权交易平台

产权交易是指在市场经济条件下各经济主体之间发生的生产要素以及附着在生产要素上的财产权利的有偿转让行为。产权交易是一定的产权主体对作为商品的产权客体的买卖活动，需要凭借产权交易市场。我国旅游业面临重大的发展机遇，巨大的旅游市场将吸引更多的旅游产品和项目投资，需要进入市场寻求资本，形成产业化发展，这样就需要产权交易机构为之提供专业服务。产权交易是多层次金融体系中重要的一环，是金融创新的重要载体和平台。目前，我国旅游产权交易信息不集中、服务不专业，使我国有限的旅游资源面临旅游市场迅速扩张的巨大压力，而重复建设和盲目粗放式开发更加重了资源供需失衡。国务院《关于加快旅游业发展的意见》和国务院《关于推进海南国际旅游岛建设的若干意见》都明确提出了金融创新探索的任务，很多方面的交易需要产权交易市场来承担。旅游产权交易平台提供了信息网络和交易场所，以企业的股权、物权、债权、知识产权、工业产权、其他无形资产产权及政府公共旅游资源、特许经营权交易等为交易对象，通过高效的信息发布平台，广泛征集买家和卖家，发挥撮合交易功能，促进产权合理流动。旅游产权交易平台建设为旅游经济的发展提供强有力的金融支撑，对推动旅游经济发展方式转变具有重要的战略意义。

四、旅游融资服务体系

当前，旅游企业特别是中小企业的融资服务和现实需求之间仍存在较大的差距，应逐步发挥国有担保机构的主导作用，引导社会资金投资组建各类商业性担保机构，开发旅游产业保险产品，化解旅游企业项目建设融资瓶颈，特别是小微旅游企业融资难问题。

（一）旅游信用担保公司

旅游信用担保公司是指在旅游行业中以担保为专业，具有较强金融实力，可代为清偿债务的特殊法人性质的机构。它在中小旅游企业和金融机构之间架起了一座连接彼此的桥梁。通过创设旅游信用担保公司，帮助中小企业向金融机构申请融资时提供信用担保，化解银行信贷风险，使金融资本与产业资本转换畅通，因此，担保公司成为目前金融机构和中小企业的保险屏障。旅游信用担保公司可以由企业出资组建，具有独立法人、产权明晰、商业化运作、以盈利为目的等特征；可以由政府预算拨款组建，担保机构附属于政府相关职能部门，担保对象或担保项目由政府分管行政领导审查批准，具有一定政策性；也可以由政府和其他专业性商业担保公司作为主要的共同出资人，同时，吸收其他市场主体投资组建，实行合作经营。

（二）旅游融资担保公司

旅游融资担保公司是指依法设立、经营旅游融资担保业务的有限责任公司和股份有限公司。当被担保人不履行对债权人负有的融资性债务时，由担保人依法承担合同约定的担保责任。我国融资担保公司分为政策性、商业性和互助性融资担保公司3种，以前两者为主。这3种融资担保公司在资金来源、运作模式等方面具有自己的特点。政策性融资担保公司的资金主要来源于政策性资金，包括政府预算拨付、国有土地和资产划拨等。商业性融资担保机构的资金主要来源于企业、个人出资等方式。互助性担保融资机构是中小企业为缓解自身货款难而自发联合组建的，资金主要来源于会员企业，实质上是会员企业之间互帮互助、互担风险的一种自我服务组织。

（三）旅游保险产品

我国面向游客和旅行社的旅游意外保险和责任保险发展相对比较成熟，需要进一步将旅游保险服务延伸到旅游六要素的各个环节，形成系统的旅游保险链，为游客提供全面的保险保障。另外，在服务于旅游企业经营方面，要积极探索地方保险业与银行业更广领域和更深层次的合作，推进旅游项目融资领域的保险业务，发展与景区道路交通、水电气、景区环境设施建设等相关的保险服务，为旅游企业经营开发多元化和综合性的旅游保险服务产品。

第四节　项目可行性研究

一、可行性研究的必要性

可行性研究是在投资项目建设之前，由开发者、投资者、经营者委托可行性研究单位或人员，对投资项目是否可行所进行的一系列分析研究。其包括投资可行性项目技术上是否可行，开发上是否可能，经济上是否优化等内容。研究人员应本着客观、全面的态度，对各种相应资料进行收集、处理和分析，判断该项目能否取得预期的经济效益。因此，可行性研究就是对拟定的投资项目在未来能否带来经营上和经济上的利益而对市场和经济前景进行研究，以确定投资项目在技术上、开发上和经济上的可行性。

（一）可行性研究是旅游项目投资必不可少的工作

旅游投资项目建设包括三个主要的阶段，即投资前阶段、投资建设过程阶段和生产经营过程阶段。可行性研究属于项目建设投资前的主要工作内容。为了保证旅游投资项目的有效实施，达到投资的基本目标，并且在生产经营过程中实现投资利润的最大化，就必须对市场，包括竞争者市场，进行研究分析；对投资项目的选址和区域特点进行分析；对生产经营过程中原材料、燃料、动力、设备、劳动力等资源的来源渠道和价格等进行分析；对旅游建设项目总成本进行估算；对生产经营成本与收益进行分析。以确定旅游建设项目在技术上是否可行，开发上是否可能，经济上是否合理，从而为投资开发者提供决策依据。

（二）可行性研究是评估旅游项目的重要依据

可行性研究是旅游项目建设中一项重要的前期工作，是旅游投资项目得以顺利进行的基础和必要环节。可行性研究的主要目的就是判断拟建的旅游投资项目能否使产权投资者获得预期的投资收益，要达到或完成这一目的，就必须用科学的研究方法，经过多方分析并提供可行性研究报告，供该项目上级主管部门或者投资者作为对该项目进行审查、评估和决策的依据。

（三）可行性研究为筹集资金提供重要的参考依据

旅游投资项目多属于资金密集型项目，往往需要注入大量的资金。对于旅游项目开发单位而言，除自筹资金和国家少量预算内资金外，大部分需要向金融市场融资，其中主要渠道是向银行贷款。作为商业银行，为保证或提高贷款质量，确保资金按期收回，要实行贷前调查,并对旅游投资项目的可行性进行审查。因此,可行性研究报告可为银行或资金借贷机构进行贷款决策提供参考依据。

二、可行性研究的基本原则

可行性研究作为对拟建的旅游投资项目提出建议,并论证其技术上、开发上和经济上是否可行的重要基础工作,在对旅游项目进行可行性分析论证时,必须坚持以下基本原则。

(一)根据项目的具体要求进行研究

由于各个旅游投资项目的背景情况千差万别,所以可行性研究并没有千篇一律的模式。在实际工作过程中,研究人员对市场需求、项目规模、设计要求的确定,以及编制财务计划所使用的方法,都应根据项目的具体要求而定。

(二)提供充分论据供决策者参考

可行性研究是投资者、开发者、经营者和相关部门进行决策时的重要参考依据,因而报告中证据必须充分,论证过程必须全面,并明确提出研究的结论和事实,为决策者提供依据。

(三)正确使用定量和定性分析相结合的方法

在可行性研究中,应把定量分析和定性分析的方法相结合,通过精确可靠的数据尽可能客观地得出定性结论,使可行性研究更富科学性、准确性和可操作性。

(四)实事求是地预测项目效益

如果研究人员经过研究认为某一旅游投资项目无法取得预期的效益和目标,则应本着实事求是的态度,毫不迟疑地向投资者报告,而不应该牵强附会地做出一个并不可行的可行性报告,从而导致旅游投资项目实施后带来巨大损失。

三、可行性研究的内容

为确保可行性研究的准确性和可操作性,通常可行性研究主要包括以下内容。

(一)市场需求调查

需求是企业经营活动的起点,在对旅游投资项目进行可行性分析时,首先要进行市场需求调查,即预测国内外旅游消费者对其产品或服务的需求量,以此调查为基础,预测项目投入后未来发展的前景,从而确定旅游建设项目的规模和产品,以及应采用何种服务方式等。

(二)市场区域特点和选址方案

旅游投资项目可行性研究离不开对本地区或邻近地区市场区域特点和经济情况的分析。要对建址的地理位置、地形、地质、水文条件、交通运输和供水、供电、供气、供热等市政公用设施条件,以及当地或邻近地区的社会经济状况进行分析,以确定旅游投资项目建设的可行性。

(三)项目工程方案

主要研究旅游投资项目建设的工期安排、进展速度、建设内容、建设标准和要求、建设目标及主要设施布局、主要设备的选型及所能达到的技术经济指标等,以确定旅游投资项目所提供的旅游产品或服务的规格和要求。

(四) 原材料、燃料、动力供应

主要研究旅游投资项目建成后原材料、动力、燃料等的供应渠道、价格变动、使用情况和维修条件等，以保证项目建成后的正常运转，确保旅游产品和服务的提供。

(五) 劳动力的需求和供应

主要研究旅游投资项目建设时和完成后的劳动力使用、来源、培训补充计划以及人员组织结构等方案，以确保投资项目建成后人力资源的充分利用和正常运行。

(六) 投资额及资金筹措

主要研究为保证旅游投资项目顺利完成所必需的投资总额、外汇数额、投资结构、固定资产和流动资金的需要量、资金来源结构、资金筹措方式及资金成本等，从资金上保证旅游投资项目建设的顺利进行。

(七) 效益评价

从社会效益、环境效益和经济效益三方面研究旅游投资项目建成后对周围环境和社区所带来的影响和作用，对其可能产生的不良影响要做出预测性分析，并采取相应措施，尽力减少和避免其不利影响，确保旅游投资项目在获得较佳经济效益的同时也能带来较好的社会效益和环境效益。

四、可行性研究的种类

从旅游投资项目的实际出发，可行性研究又可分为投资机会研究、初步可行性研究和最终可行性研究。

(一) 投资机会研究

投资机会研究是指在一个确定的地区或部门内，在利用现有资源的基础上所进行的寻找最有利的投资机会研究。其主要目的是为旅游投资项目提出建议，旅游项目建议书就是在投资机会研究的基础上形成的。投资机会研究比较粗略，主要是对旅游效益项目的可行性进行一些估计，并非进行详细的计算。但是，这种研究是必要的，因为每个项目都需要确定是否有必要进一步获取建设的详细资料。国外投资机会研究对总投资估算的精确度一般要求在正负30%之间。

(二) 初步可行性研究

初步可行性研究是在投资机会研究的基础上，对拟议的旅游投资项目的可行性所进行的进一步研究。它主要是针对那些比较复杂的建设项目而进行的，因为这类项目仅凭投资机会研究还不能决定其取舍，必须进一步进行可行性分析。初步可行性研究要解决的主要问题是：进一步论证投资机会是否有可能；进一步研究拟议的旅游投资项目建设可行性中某些关键性问题，如市场分析、中间工厂实验等；分析是否有必要开展最终可行性研究。初步可行性研究在国外旅游投资项目中对投资估算的精确度一般要求在正负20%之间。

(三) 最终可行性研究

最终可行性研究即在上级主管部门批准立项后对旅游投资项目所进行的技术经济论证。它需要进行多种方案的比较。投资项目越大，其内容就越复杂。最终可行性研究是确定旅游投资项目是否可行的最终依据,也是向有关管理部门和银行提供进一步审查和资金借贷的依据。国外旅游投资项目最终可行性研究的精确度一般要求在正负10%之间。

总之,在旅游投资项目建设中,常常涉及开发者、经营者、资产借贷者、资产投资者和政府机构等,每一方面从各自的利益出发,都要对拟建的工程进行可行性研究。所以可行性研究往往又可分为投资前研究、经营研究、资金研究、资产投资研究和政府机构研究等内容。投资前研究是由开发者进行的,主要研究项目开发或建设的投入和开支是否合算。项目开支包括设计费、土地征购费和主体投资三大部分。经营研究是由经营部门进行的,主要是估计该旅游投资项目工程完工后的市场销售情况和预测未来经营中可能带来的经济效益。资金研究是由资金借贷者进行的,主要是研究该项工程建设所需要投入的资金数量及资金分配。资产投资研究是由资产投资者进行的,主要是预测该项工程建成后在资产投资收入和资产现金流动的基础上,研究投资利润与税收上的好处(如减免税等)。政府机构研究是由政府有关部门进行的,主要是评价该项旅游投资项目建成后对财政、经济、社会、环境及周围地区的影响。

第五节　旅游成本分析

一、成本概述

成本一般是指为了实现一定目的而用货币测定的支出。从经济学理论看,成本是指产品价值中的物化劳动和活劳动的货币表现;从企业经营角度看,成本是指企业为生产和销售产品所支出的费用总和。具体来说,成本包括三个方面的含义。

(一)成本是生产和销售产品所耗费的经济价值

从企业生产经营角度看,企业的生产和销售活动要得以顺利进行,就必须消耗一定的生产资料和劳动力,生产和销售产品所消耗的生产资料的价值、支付劳动力的劳动报酬以及为维持生产经营活动而进行的一般管理活动所发生的各种费用,共同构成了企业的成本。

(二)成本是取得物质财富所付出的经济价值

从社会经济活动看,人类为进行各项经济活动,获取必需的物质财富,就必须发生各种物质方面的消耗,并投入一定的劳动,为此而支付各种费用。这些费用随着社会经济活动的进行,又具体转变为生产成本和经营成本,并表现为一定时期内社会经济活动所必需的社会经济成本,即取得物质财富必须付出的经济价值。

(三)成本是广义的成本

成本作为为了实现一定经济目的所付出的经济价值,可以是已经付出的,也可能是尚未付出但允许付出的。因此,从广义来说,成本是达到一种目的而放弃另一种目的,或是采取一种行动方针而放弃另一种行动方针所牺牲的经济价值或付出的代价。

二、成本的意义

成本是反映旅游业和旅游企业经营管理水平的一个综合性指标。正确认识成本及其在旅游业和旅游企业经营活动中的作用,对于发展旅游经济,搞好旅游企业管理有着十分重要的意义。

(一) 成本是旅游企业进行各项决策的重要依据

旅游企业经营的目的是为旅游者提供高质量的服务,同时以最少的耗费取得最大的经济效益。因此,旅游企业在进行投资决策时,要想在较短的时间内收回投资,在日常的经营活动中获得较高的盈利,就必须以成本为依据进行最佳投资方案的选择,并根据成本对旅游投资项目做出科学的决策。

(二) 成本是旅游企业竞争取胜的关键性因素

市场竞争瞬息万变,任何企业要增强活力、竞争能力、内在发展能力和盈利能力,就必须努力降低成本。因为成本是制定价格的基础和依据,只有成本降低了,价格才有竞争力,盈利能力才能增强,才能提高旅游企业在市场上的竞争能力,不断增强旅游企业的活力,并为旅游企业的发展奠定物质基础。因此,成本是旅游企业增强市场竞争能力,在市场竞争中取胜的关键因素。

(三) 成本综合反映了企业经营管理水平的高低

旅游企业总成本、单位成本、费用率是综合反映企业管理工作的几项重要经济指标,企业材料物品消耗的多少、劳动生产率的高低、服务设施的利用情况、人员构成是否合理等都可以通过成本反映出来。旅游企业的成本越低,反映出其经营管理水平越高。所以,通过成本分析能及时发现旅游企业经营管理中出现的各种问题,为提高旅游企业经营管理水平提供参考和指导。

(四) 成本直接影响国家财政收入变化

在价格一定的情况下,企业成本越高,盈利就越少,上交给国家的税利就越低;成本越低,盈利就越多,上交给国家的税利就越多。在价格随成本升降的情况下,成本高,价格相应就会提高,从而使竞争力下降,上交给国家的税利也减少;而成本低,价格就会相应降低,从而使价格竞争力增强,上交给国家的税利相应增多。由此可知,成本的高低直接影响了国家财政收入的相应变化,进而影响到整个宏观经济效益。因此企业在处理价格、盈利、成本之间的关系时,必须从全局出发,为国家提供更多的财政收入。

三、成本分类

为有效控制旅游成本,取得良好的旅游经济效益,必须根据成本的性质、构成及支出范围等进行科学的分类,按不同的分类特点进行成本控制。

(一) 按成本的经济内容分类

(1) 营业成本。它一般指直接为旅游者提供服务所发生的支出。由于旅游企业包括很多不同的服务部门,使各部门营业成本有着不同的内容。例如旅行社营业成本包括住宿费、餐费、车费、陪同费、文杂费、邮电费、劳务费、地陪及加项费、其他费用等;旅游饭店营业成本包括住宿成本、餐饮成本、商品成本、洗涤成本以及其他成本等;旅游车船公司营业成本包括工资、福利费、燃料费、材料费、轮胎费、折旧费、大修费、养路费、服装费和其他费用等。

(2) 营业费用。它是指各营业部门在经营中发生的各项费用,包括运输费、装卸费、包装费、保管费、保险费、燃料费、水电费、展览费、广告宣传费、邮电费、差旅费、洗涤费、清洁卫生费、低值易耗品摊销、物料消耗、经营人员的工资(含奖金、津贴和补贴)、职工福利费、工作餐费、服装费以及其他营业费用等。

(3) 管理费用。它是指为组织和管理旅游企业业务活动而发生的全部费用,包括工资(管理人员工资和各项津贴)、工会经费、职工教育经费、劳动保险费、待业保险费、劳动保护费、董事会费、外事费、租赁费、咨询费、审计费、公务费、宣传费、诉讼费、土地使用费、土地损失补偿费、技术转让费、研究开发费、水电费、燃料费、税金、折旧费、修理费、无形资产摊销、开办费摊销、坏账损失、上级管理费用以及其他管理费用等。

(4) 财务费用。它是指发生的各项利息净支出、汇兑净损失、金融机构手续费、加息及筹资发生的其他费用等。

(二) 按成本的形态分类

(1) 固定成本。它是指其成本总额不随经营业务量的增减而变动的成本。一般包括工资、福利费、租金、折旧费、保险费、利息支出等。随着经营业务量的增加,固定成本总额不变,但单位固定成本呈下降趋势。

(2) 变动成本。它是指总额随着经营业务量的变化而成比例变化的成本。一般包括燃料费、材料费、水电费、办公费、计件工资等。它们的发生量与完成的任务量、取得的收入有直接关系。随着经营业务量的增加,变动成本总额成比例变化,而单位变动成本一般是固定不变的。

(三) 按照管理责任分类

(1) 可控成本。它是指在会计期间由一个责任单位有权确定开支的成本。如部门经理对本部门所生产的旅游产品的成本、工资费用等就可以施加影响,并有权做出决定,那么这些成本费用对该部门经理来说就是可控成本。

(2) 不可控成本。它是指在一定时期内责任单位对成本费用的发生无法控制的成本。如折旧费对于部门经理来说就是不可控的。

划分可控成本与不可控成本是相对于一定时间和空间而言的,因为有些成本费用从短期看是不可控的,但从长期看又是可控的。把成本划分为可控成本和不可控成本,其目的主要是明确各责任单位的职责,起到更有效地控制成本费用的目的。

(四) 按投资项目形态分类

(1) 建筑物成本。它是根据项目建筑设计师和建筑承包商的估算所得出的支出。一般按该项目建筑物面积和每平方米的单位成本来计算出建筑物总成本。

(2) 非建筑物成本。它主要包括家具、固定装置和设备、网球场等室内外娱乐活动设施、停车场、环境美化、管道铺设、路面修筑等成本数额。

(3) 软成本。它一般包括法律咨询费、设计费、筹资成本、保险费、开办费、营业资本和营业初期的现金支出等。

(4) 土地成本。它是指进行一项投资征用土地而必须支出的价值。

第六节 旅游投资风险分析

一、投资风险的含义

投资风险是指一项旅游投资所取得的结果与原期望结果间的差异性。对大多数投资活动来说,都存在一个风险问题,只是风险程度不同而已。如果一个投资方案只有一个确定的结果,就称这种投资为确定性投资。例如,旅游企业投资购买政府国库券 100 万元,年利率 10%,每年可获得利息收入 10 万元,这种比较可靠的投资就属于确定性投资,确定性投资一般没有什么风险。旅游企业投资决策所涉及的问题都具有长期性,与未来旅游产品相关的需求、价格和成本等因素都具有不确定性质,某些因素的变化往往会直接引起投资效果的变化,甚至某些在投资决策时认为可行的方案,投入实施以后会由于某些因素的变化而变成不可行的。所以任何一项投资决策都会出现风险,因而要对风险做出正确的评判,并力求使这种风险降至最低程度。

二、投资风险的衡量

可以用风险率指标来衡量投资风险的大小。风险率就是指标准离差率与风险价值系数的乘积。标准离差率是标准离差与期望利润之间的比率;风险价值系数一般由投资者主观决定。风险率计算出来后和银行贷款率相加,所得之和如果小于投资利润率,那么方案是可行的,否则是不可行的。例如某企业有两个投资方案可供选择,两个方案都需投资 150 万元,其可能实现的年利润额及其概率情况如表 7-3 所示。

表 7-3 投资方案比较表

可能的结果	甲方案		乙方案	
	利润/万元	概率	利润/万元	概率
较好	45	0.3	50	0.3
一般	35	0.5	35	0.5
较差	25	0.2	0	0.2

(一)期望利润的计算

期望利润是指投资方案最可能实现的利润值。它是各个随机变量以其各自的概率进行加权平均所得到的平均数。其计算公式为:

$$E = \sum_{i=1}^{n} X_i \cdot P_i$$

其中:

E——期望利润;

X_i——第 i 种结果的利润;

P_i——第 i 种结果发生的概率。

根据表 7-3 中的相关数据可得:

$$E_甲 = 45 \times 0.3 + 35 \times 0.5 + 25 \times 0.2 = 36(万元)$$
$$E_乙 = 50 \times 0.3 + 35 \times 0.5 + 0 \times 0.2 = 32.5(万元)$$

(二)标准离差与标准离差率的计算

标准离差是指各种可能实现的利润与期望利润之间离差的平方根。其计算公式如下:

$$\sigma = \sqrt{\sum_{i=1}^{n}(X_i - E)^2 \cdot P_i}$$

其中:

σ——标准离差。

$$\sigma_甲 = \sqrt{(45-36)^2 \times 0.3 + (35-36)^2 \times 0.5 + (25-36)^2 \times 0.2} = 7(万元)$$
$$\sigma_乙 = \sqrt{(50-32.5)^2 \times 0.3 + (35-32.5)^2 \times 0.5 + (0-32.5)^2 \times 0.2} = 17.5(万元)$$

由于甲方案的标准离差小于乙方案的标准离差,说明甲方案的风险小于乙方案。标准离差率是标准离差与期望利润之间的比率,其计算公式为:

$$\sigma' = \frac{\sigma}{E} \times 100\%$$

其中:

σ'——标准离差率。

甲方案: $\sigma'_甲 = \frac{7}{36} \times 100\% = 19.44\%$

乙方案: $\sigma'_乙 = \frac{17.5}{32.5} \times 100\% = 53.84\%$

$\sigma'_甲 < \sigma'_乙$,说明甲方案比乙方案风险小。

(三)风险价值的计算与衡量

标准离差率计算出来后,就可以计算风险率了。风险率是标准离差率与风险价值系数的乘积。其计算公式为:

$$\delta = \sigma' \cdot F$$

其中:

δ——风险率;

F——风险价值系数。

根据表7-3中的相关数据,假设投资者确定风险价值系数为10%,则两个方案的风险率分别为:

$$\delta_甲 = 19.44\% \times 10\% = 1.94\%$$
$$\delta_乙 = 53.84\% \times 10\% = 5.38\%$$

再假如银行现行贷款利率为17%,那么,只要投资利润率超过贷款利率与风险率之和,就认为此方案是可行的,否则就会由于风险过大而被否决。

甲方案的投资利润率为24%($\frac{36}{150} \times 100\%$),大于贷款利率与风险率之和18.94%(17%+1.94%),因此可对甲方案进行投资;乙方案的投资利润率为21.67%($\frac{32.5}{150} \times 100\%$),小于贷款利率与风险率之和22.38%(17%+5.38%),由于风险过大,因而不能采用乙方案进行投资。

三、旅游投资风险的处理

旅游投资风险是不可避免的。伴随着投资风险的加大，投资者对投资的预期收益率也在提高，以使用较高的收益率来补偿较大的风险。在一般情况下，企业投资风险有两种：一种是系统风险，又称市场风险，是指企业本身无法回避的风险，是所有企业共同面临的风险，如物价上涨、经济不景气和自然灾害等；另一种是非系统风险，又称企业风险，是指由于经营不善、管理不当等一系列与企业直接有关的意外事故所引起的风险，它可以通过组合投资和加强管理等方式予以抵消或减少，如投资多样化，就是分散和减少风险的有效途径。

第七节 旅游投资项目的评价方法

一、返本法

返本法是指通过计算一项旅游投资项目投产后所产生的税后利润总和等于该项目初始投资额时所需年限的方法，又称为返本期法。这种方法主要是计算投资所需要的返本期长短，如果每年的净现金效益量相等，可用每年净现金效益量除净现金投资量，即可得到返本期。如果每年的净现金效益量不等，就需要用推算的方法求返本期，一般也可通过计算年均净现金效益量来推算。假设某旅游项目有三个方案（见表7-4），试计算哪一方案最佳。

表 7-4 旅游项目三个投资方案的净现金流量表

年 份	投 资 方 案		
	方案 A/万元	方案 B/万元	方案 C/万元
0	−1000	−1500	−2000
1	200	500	1000
2	200	500	600
3	400	300	400
4	400	200	1000
5	400	200	
6	500	1000	

注：表中的负值净现金流量指净现金投资量，正值净现金流量指净现金效益量。

根据表 7-4 中的有关数据，可计算出旅游投资项目各方案的返本期如下：

$$方案 A 返本期 = \frac{1000}{(200+200+400+400+400+500) \div 6} = 2.86(年)$$

$$方案 B 返本期 = \frac{1500}{(500+500+300+200+200+1000) \div 6} = 3.33(年)$$

$$方案 C 返本期 = \frac{2000}{(1000+600+400+1000) \div 4} = 2.67(年)$$

使用返本法评价投资方案，需要首先确定一个标准返本期，即最低限度的返本期，然后将建议的投资方案的返本期与其进行比较,小于标准返本期的方案均可接受。其中,返本期最短的方案为最优方案。例如表 7-4 中三个方案的标准返本期都约为 3 年,那么根据计算,投资方案 A 和 C 的返本期都低于 3 年,因而这两个方案都是可以接受的,而其中 C 方案的返本期最短,因而 C 方案为最优方案,A 方案是次优方案。

返本法的优点是便捷、简单、易懂。但其不足之处在于:一是未考虑资金的时间价值;二是只考虑了投资回收期,却忽略了投资回收期以后该项目各年的盈利状况,从而准确性不够高。

二、净现值法

净现值等于投资方案未来预期收益总现值减去投资费用后的余额。其计算公式如下:

$$\text{NPV} = \sum_{t=1}^{n} \frac{R_t}{(1+i)^t} - C$$

其中:

NPV——净现值;

C——投资费用;

R_t——投资项目在未来 t 年内的收益量(各年收益不等);

i——资金成本率。

在上式中,若企业资金是从银行借贷的,则资金成本率为银行利息率;若资金来源于企业积累,则资金成本率为资金的机会成本;若资金来源于多种渠道,如银行借款、债券、股票、利润留成,那么资金成本率等于各项资金的成本率与各项资金在资金总额中所占百分比乘积之和。若净现值为负值,说明该方案不可行;若净现值等于零,意味着该方案的预期收益刚够还本付息;只有当净现值为正值时,方案才可接受,净现值越大,则收益越多,该方案可行性越强。

例如,某旅游企业欲投资一项旅游工程,其投资方案的净现金投资量为 6500 万元,第一年末的净现金收益为 1000 万元,第二年末的净现金收益为 1150 万元,第三年末的净现金收益为 1300 万元,第四年末的净现金收益为 1450 万元,第五年末的净现金收益为 1700 万元,第六年末的净现金收益为 1800 万元,第七年末的净现金收益为 1900 万元,资金成本率为 6%。该项目的净现值是多少?这个方案可否接受?

按公式计算如下:

$$\begin{aligned}\text{NPV} &= \frac{1000}{1+6\%} + \frac{1150}{(1+6\%)^2} + \frac{1300}{(1+6\%)^3} + \frac{1450}{(1+6\%)^4} + \frac{1700}{(1+6\%)^5} \\ &\quad + \frac{1800}{(1+6\%)^6} + \frac{1900}{(1+6\%)^7} - 6500 \\ &= 1000 \times 0.943 + 1150 \times 0.89 + 1300 \times 0.84 + 1450 \times 0.792 + 1700 \times 0.747 \\ &\quad + 1800 \times 0.705 + 1900 \times 0.665 - 6500 \\ &= 943 + 1023.5 + 1092 + 1148.4 + 1269.9 + 1269 + 1263.5 - 6500 \\ &= 1509.3(\text{万元})\end{aligned}$$

净现值为正值,说明该方案可行。如果有两个方案,其净现值均为正值,则看这两个方案是否独立。若二者各自独立,则都可采纳;若二者互相排斥,只能取其一,则应选择净现值较大者。

净现值法的优点是不仅考虑了资金的时间价值,能反映方案的盈亏程度,而且考虑了投资风险对资金成本的影响,鼓励企业从长远和整体利益出发进行决策。净现值法的缺点是只反映了投资方案经济效益量的方面(盈亏总额),而没有说明投资方案经济效益质的方面(单位资金投资效率)。这样容易促使决策者趋向于采取投资大、盈利多的方案,而忽视盈利少,但投资更少,经济效益更好的方案。

三、内部投资回收率法

内部投资回收率是指投资方案的未来预期净效益与投资费用之差等于零时的利息率或贴现率。如投资方案的内部投资回收率大于企业或上级主管部门规定的最小投资回收率,则投资方案可取,否则不可行。内部投资回收率的计算公式如下:

$$\sum_{t=1}^{n} \frac{R_t}{(1+r)^t} - C = 0$$

其中:

C——投资项目的全部现金支出;

R_t——投资项目在未来 t 年内的净现金效益;

r——投资项目计算的内部投资回收率。

由于该公式是一个 t 次方程,要求出内部投资回收率 r 的值,靠手算较困难。可借助计算机计算,如果没有计算机,一般采用试算法。根据上例旅游企业的例子,计算如下:

$$6500 = \frac{1000}{r} + \frac{1150}{(1+r)^2} + \frac{1300}{(1+r)^3} + \frac{1450}{(1+r)^4} + \frac{1700}{(1+r)^5} + \frac{1800}{(1+r)^6} + \frac{1900}{(1+r)^7}$$

先按 $r=10\%$ 进行试算(见表 7-5)。当资金成本率为 10% 时,第 1~7 年的现值系数顺序为 0.909、0.826、0.751、0.683、0.621、0.564 和 0.513。根据现值系数可算出按 10% 计算的贴现率的现值,大于期初的净投资量,说明内部投资回收率比 10% 要大。再按 12% 进行试算,用同样方法,算得净现值小于期初的净投资量,说明内部投资回收率要比 12% 小,因此,内部投资回收率为 10%~12%。

表 7-5 贴现率试算表

年 份	净现金效益	10%贴现率的现值系数	现 值	12%贴现率的现值系数	现 值
	(1)	(2)	(3)=(1)×(2)	(4)	(5)=(1)×(4)
1	1000	0.909	909	0.893	893
2	1150	0.826	949.9	0.797	916.55
3	1300	0.751	976.3	0.712	925.60
4	1450	0.683	990.35	0.636	922.2
5	1700	0.621	1055.7	0.567	963.9
6	1800	0.564	1015.2	0.507	912.6
7	1900	0.513	974.7	0.452	858.8
净效益量的总现值			6871.15		6392.65

10%~12% 的内部投资回收率究竟是多少呢?设内部投资回收率为 x,则

$$\frac{|6871.15|}{|6392.65|} = \frac{x-10}{12-x}$$

计算得 $x=11.04\%$,即内部投资回收率为 11.04%。

从经济意义上来说,内部投资回收率实质上是资金成本的加权平均数,因为旅游投资项目资金来源往往是多渠道的。内部投资回收率法的优点是它为企业主管部门控制企业投资的经济效果提供了一个行业内部统一的、合理的衡量标准,这对加强行业投资管理具有重要的现实意义。该方法的不足之处是内部投资回收率只是一个相对值,容易引起投资额大、内部投资回收率低但收益总额很大的方案遭到否定。

四、利润指数法

利润指数法是用单位投资所获得的净现金效益来比较投资方案经济效果的方法。

$$PI = \sum_{i=1}^{n} \frac{R_t}{(1+r)^t} \div C$$

其中:

PI——利润指数;

C——投资费用;

R_t——投资项目在未来 t 年内的净现金效益;

r——资金成本率。

通过计算,若 PI>1,则投资会取得盈余,说明该方案可接受。若 PI<1,则会亏损,该方案不可行。

思考与练习

1. 旅游投资决策有哪些类型?
2. 为什么要对旅游投资项目进行可行性研究?
3. 如何对旅游投资项目进行成本分析?
4. 阐述旅游投资风险分析的方法。
5. 阐述旅游投资项目可行性研究的方法和内容。
6. 试比较旅游投资项目的评价方法。
7. 举例说明不同类型的旅游融资渠道、平台和服务体系。

案例分析

阿房宫景区为何"短命"

"六王毕,四海一,蜀山兀,阿房出。覆压三百余里,隔离天日。骊山北构而西折,直走咸阳。"当年唐末诗人杜牧挥笔写下《阿房宫赋》时怎能想到,千年之后这"天下第一宫"又起争端。2013年,曾作为陕西省重点招商项目、投资2亿多元的阿房宫景区,在运营13年后将面临拆除命运,取而代之的是规模更大、耗资更多的阿房宫国家考古遗址公园。

拆之伏笔——国家文物局始终未批复,项目规划时即处于"灰色地带"

秦阿房宫遗址位于西安市西郊15千米的阿房村一带，总面积约11平方千米。作为我国历史上较著名的宫殿建筑群之一，1961年阿房宫被国务院公布为第一批全国重点文物保护单位。1995年阿房宫景区破土动工，2000年正式运营。2006年，这一景区曾被评为"陕西最值得外国人去的10个地方"之一。"这个项目是拿到市规划局的选址意见书、市计委的立项报告和市文物局的动工函，我们才租地开工的。"秦阿房宫旅游股份有限公司董事长雷应魁说，当时不仅为阿房宫景区办过相应的手续，而且还是请陕西省文保中心设计的。"刚启动时我们投入了大量宣传，效益很好，但近几年门口有市政工程修路，旅行社的车进不来，资金周转不了，一直亏损也没法再进一步修整。"他坦言，从2012年5月的一纸"拆迁通知"后，景区就越来越不行了。除了经济效益不佳，阿房宫遗址保护管理办公室副主任李军也承认，该景区在规划时即处于"灰色地带"。"结合当时经济发展迫切、遗址保护理念简单的背景来看，地方政府认为这是个好项目，但由于国家文物局一直没有批复，这一记'擦边球'其实是在默认的状态下运转。"

改之难题——与国际文保理念相悖，按照遗址保护方案必须拆除"违建"

听李军介绍，阿房宫景区是20世纪90年代规划设计的，当时的文物保护只对遗址本体进行保护。"当时全国兴起主题公园热，农民企业家雷应魁成立了一个民营股份制企业，在遗址旁300多米的一般保护区上租了680亩地，建立了这个历史公园式景区。"

不过到了2005年，国际古迹遗址保护协会第十五届世界大会在西安召开，提出了国际上最新的文物保护理念：不但要保护好古迹遗址，更要保护它的生存环境。李军认为，时代变了，要求也变了，阿房宫作为国家级100处大遗址之一，现在要申遗、要建设成国家级考古遗址公园，就必须重新按规建设。

既然原景区投入这么大，能不能依靠整理改造，通过"再利用"的方式融进大遗址公园呢？"这可不行，因为和国家文物局制定的遗址保护规划方案有冲突。"李军说，景区处于限高8米的建设控制区，但现有的建筑超过30米，且位于遗址正南方。据《史记》记载，阿房宫与南山之间应该有个视觉通廊，因此遗址公园的规划方案中要求保持阿房宫南北通视，现有的公园景观必须拆除。

眼看本月底就要把公园停营移交，雷应魁很不舍得，"这里的一草一木都是我们建设的"。但他也坦言，从大方面来考虑，这是必走的路。"小项目服从大规划，就希望拆除后管委会能给公司重新划一块地，让企业转型，解决后续发展。"对此，李军也表示目前正在请有资历的第三方评价公司对地面附着物进行评估，给予适当补偿。

建之启示——新建遗址公园须解决文保与商业难题，不重蹈"短命"覆辙

运营13年终遭拆除，巨大投资化为泡影，阿房宫景区的"短命"令人唏嘘。当年建景区时，各方都有想法：地方政府想要招商引资做项目，开发商想通过旅游业谋求经济效益，当地百姓也希望借此改善生活环境。但经济发展和现实需求，终究与文物保护发生了冲突。这样的碰撞，不只发生在阿房宫。作为十三朝古都，西安拥有大量文物和古遗迹，尤其是规模庞大的周秦汉唐四大古都遗址更令人艳羡。不过，由于这些古老遗址以土木结构为主体，易破坏难考查，同时地域大占地广，使大片迫切需要

经济发展的土地无法安排大型建设和市政工程,文物保护和经济发展一直处于"交锋"关系。

如今,阿房宫遗址上又要破土动工,商业开发与文物保护的难题再次摆在眼前。"从2004年起就请陕西省文物局下属的文化遗产规划设计研究院,开始编制阿房宫遗址保护规划,由于中国社科院考古工作的持续进展和当初秦人建成阿房宫与否的争议,直到2012年年初才基本完成。"李军说。

据介绍,阿房宫遗址保护管理办公室决定采用城市公园和遗址保护相结合的方法,计划3年内建成2.3平方千米的考古遗址公园,完整保护古迹并免费对市民开放。同时,在外围共12.5平方千米的阿房宫人文旅游区,发展文化产业、旅游业、服务业、高端地产等来拉动经济。

为了不再重蹈阿房宫景区的"短命"覆辙,2012年管委会还首创"阿房宫国家考古遗址公园建设前期研究"和"国内外遗址公园比较",在慎重的调研基础上才正式启动具体规划。"就为提高遗址公园建设的科学性和前瞻性,让它更长寿。"李军强调说。

(资料来源:王乐文:《阿房宫景区为何"短命"》,载《人民日报》,2013年4月1日。)

案例思考

1. 如何避免旅游项目投资决策失误?
2. 阿房宫景区拆除的案例能带给我们哪些启示?

第八章

旅游收入与分配

学习引导：

旅游收入是旅游经济活动的重要内容，它一方面反映了旅游者的旅游需求通过旅游经营者的旅游供给而不断得到满足；另一方面又体现着旅游产业部门和企业在生产经营活动的价值运行与价值实现过程中，自身不断得到发展。旅游收入与分配是旅游经济运行的前提，对其进行考察分析，是十分重要的。本章从收入和分配两个方面入手，对旅游收入分类、指标、旅游企业收入和分配，以及旅游收入乘数的作用等进行了分析和阐述。

学习目标：

通过本章学习，应重点掌握以下知识要点：

(1) 旅游收入的概念及分类；

(2) 旅游收入的计算方法；

(3) 影响旅游收入的因素；

(4) 旅游收入的再分配流向；

(5) 旅游收入乘数和旅游收入漏损的概念。

素养目标：

主要聚焦引导学生树立职业认同和信心。在讲授旅游收入时着重强调我国旅游业发展对国民经济的贡献，在讲授旅游乘数时指出旅游具有"一业兴、百业旺"的特点，增强学生对旅游专业的认同感和自豪感，坚定学生对旅游业发展的信心。

第一节 旅游收入的分类

一、旅游收入的概念

旅游收入是指旅游目的地国家或地区在一定时间内（以年度、季度、月度为单位），从旅游产品的销售中所得到的全部货币收入的总和。旅游收入直接反映了某一旅游目的地国家或地区旅游经济的运行状况，既是评价该国（地区）旅游经济活动效果的综合性指标，同时也是衡量该国（地区）旅游业发达与否的重要标志。

旅游收入是旅游企业存在和发展的前提。通常而言,在其他条件不变的前提下,旅游收入变化和旅游利润的增减是同方向的:旅游收入增加,旅游利润也增加,反之亦然。

近年来,随着改革开放的不断深入,我国旅游业迅猛发展,旅游收入逐年上升(见表8-1)。

表8-1　2000—2013年中国旅游总收入及年增长率

年　份	旅游收入/亿元	比上年增长/(%)
2000	4519	12.9
2001	4995	10.5
2002	5566	11.43
2003	4874	−12.4
2004	6840	40.34
2005	7650	12
2007	8640	22
2008	11600	5.8
2010	15700	21.7
2012	25900	15.2
2013	29500	14

资料来源:旅游统计年鉴和商务部网站。

伴随我国国内旅游的逐年升温,国际旅游也在飞速发展,我国国际旅游(外汇)收入在最近的10年间增长了4.7倍,年均增长水平为19%,国际旅游(外汇)收入在世界的排名由第二十一位提升到第五位,显示了我国国际旅游发展的强劲势头。2000—2013年中国国际旅游(外汇)收入及世界排名如表8-2所示。

表8-2　2000—2013年中国国际旅游(外汇)收入及世界排名

年　份	国际旅游(外汇)收入/亿美元	世界排名
2000	162.24	7
2001	177.92	5
2002	203.9	5
2004	257.39	5
2005	292.96	6
2007	419.19	6
2008	408.43	4
2010	458.14	5
2012	500.28	4
2013	516.64	6

资料来源:世界旅游组织和商务部网站。

二、旅游收入的重要地位

旅游收入直接反映了某一旅游目的地国家或地区旅游经济的运行状况,是衡量旅游经济活动及其效果的一个不可缺少的综合性指标,也是衡量某一国家或地区旅游业发达与否的重要标志。

(一) 旅游收入体现着旅游业对国民经济的贡献

发展旅游业的目的是为了发展同全世界各国人民间的友好往来,促进国际经济、文化、技术交流,满足国内外旅游者对旅游产品的需求。旅游收入的多少,一方面体现着旅游接待量的增减、旅游服务质量的高低、旅游产品的畅销程度和旅游者对旅游需求的满足程度;另一方面也体现着旅游业对国家所做贡献的大小,以及对国民经济的促进和影响作用。在旅游产品生产或经营成本不变的情况下,旅游收入的多少与旅游利润成正比例关系。旅游收入越多,旅游利润就越大;反之,旅游收入越少,旅游利润就越小。由此可见,旅游收入的增长对旅游企业的发展起着决定性作用,对国民经济和旅游业的发展也起着举足轻重的作用。

(二) 旅游收入体现了货币回笼和创汇的状况

旅游经营活动包括国内旅游业务和国际旅游业务两部分。通过开展国内旅游业务活动,可引导人们进行合理消费,让人们在旅游活动中增长见识、丰富知识、开阔眼界,同时通过销售旅游产品和提供服务,完成回笼货币的任务。通过开展国际旅游业务活动,努力销售本国各类旅游产品,取得旅游外汇收入,对减少国家外贸逆差、平衡外汇收支、增强国家外汇支付能力以及增加国家外汇储备做出贡献。

(三) 旅游收入反映了旅游经济活动的成果

旅游收入体现了旅游经济活动的成果,旅游收入的增加标志着流动资金周转的加速。每一次旅游收入的取得,都标志着在一定时期内、一定量的流动资金所完成的一次周转。因此,在一定时期内,旅游收入的取得越快越多,就意味着流动资金周转次数多、速度快,占用的流动资金越少,旅游企业的经济效益就越好。

三、旅游收入的分类

旅游收入综合反映了旅游企业的生产经营成果。为了明确地认识旅游收入的内涵,更好地分析旅游经营活动过程,指导旅游企业进行经营决策,可以从不同角度对旅游收入进行分类。

(一) 按旅游收入来源划分为国际旅游收入和国内旅游收入

(1) 国内旅游收入。主要是指旅游目的地国家或地区的旅游经营部门和企业,因经营国内旅游业务,向国内旅游者提供产品和服务而取得的本国货币收入。国内旅游收入来源于本国居民在本国境内的旅游消费支出,是本国物质生产部门劳动者所创造财富的转移和国民收入再分配的结果,它体现着一个国家或地区内经济发展的状况以及国家与企业、企业与企业、企业与居民间的经济关系。国内旅游收入的增加一般不会导致一国财富总量的增加。

(2) 国际旅游收入。主要是旅游目的地国家或地区的旅游经营部门和企业,因经营国际旅游业务,向外国旅游者提供旅游产品和旅游服务等所取得的外国货币收入,通常被称为旅游外汇收入。国际旅游收入来源于国际旅游者在旅游目的地国家或地区的入境旅游消费支出,也是旅游目的地国家或地区向外出口旅游产品和旅游服务所取得的收入,是另一种形式的对外贸易,它意味着旅游目的地国家或地区的国民收入的增长,体现着旅游客源国与旅游接待国之间所形成的国际经济关系。

在分析国内旅游收入和国际旅游收入的性质和特征时,还应注意以下问题。

第一,国内旅游收入与本国居民的国内旅游消费支出在数量上是相等的。而国际旅游收入与国际旅游者在旅游过程中的消费支出在数量上是不相等的。旅游目的地国家或地区的收入,只是旅游者旅游开支的一部分,只包括国际旅游者入境后在旅游目的地国家或地区内的食、住、行、游、购、娱等方面的花费。国际旅游者旅游消费支出的相当一部分是用于支付由旅游客源国或地区至旅游目的地国家或地区的国际交通费,以及国外旅游经营商、零售商、代理商的佣金。

第二,国内旅游收入以本国货币计算,国际旅游收入以外汇计算。由于不同时期内各国和地区货币兑换率的变化,同量的旅游外汇收入在不同时期用不同货币单位衡量,旅游收入的数量会产生较大的差别。因此,在衡量一国旅游收入时,采用不同的货币单位具有不同的含义,尤其是对不同时期的旅游收入进行比较时,要注意其可比性。

第三,国内旅游收入作为旅游目的地国家国内生产总值(GDP)的组成部分,国际旅游收入作为旅游目的地国家国民总收入(GNI)的组成部分,在衡量旅游目的地国家的旅游业对本国国民经济的贡献时,要考察由旅游业创造的收入占整个国民生产总值的比例,以此证明旅游业在该国的地位和影响作用。

(二)按旅游需求弹性划分为基本旅游收入和非基本旅游收入

(1)基本旅游收入。通常是指在旅游过程中,旅游目的地国家或地区的旅游部门和企业通过向旅游者提供旅游交通、食宿、游览景点等旅游产品和服务所获得的货币收入的总和,是每个旅游者在旅游过程中必须支出的费用。尽管每个旅游者由于支付能力不同,需求层次不同,花费的标准不同,支付货币额的多少不同,但都是必须要支出的。因此,对每一个旅游者来说,基本旅游收入是缺乏弹性的,是一种固定支出。正由于这一点,基本旅游收入与旅游者人次数、旅游者的停留时间和旅游者的消费水平成正比例变化,它们之间的关系可用以下公式表示:

$$R = N \cdot Q \cdot T$$

其中:

R——基本旅游收入;

N——旅游者人次数;

Q——旅游者人均消费支出;

T——旅游者停留时间。

在其他条件不变的情况下,旅游者人次数越多,旅游者人均消费支出越高,旅游者停留时间越长,旅游目的地国家或地区获得的基本旅游收入就越多。

(2)非基本旅游收入。一般是指在旅游活动中,旅游目的地国家或地区的旅游相关部门和企业,通过向旅游者提供医疗、通信、购物、美容、金融、保险、修理、娱乐、体育等旅游设施和服务所获得的货币收入的总称,是旅游者在旅游过程中可能发生的各种费用支出。由于旅游者的需求不同、支付能力不同、兴趣爱好不同、消费习惯不同,使旅游者的这类支出具有较强的选择性和灵活性,并非每一个旅游者在旅游活动中都必须有这类支出。因此,这部分服务项目的需求弹性较大,具有不稳定的特点,是一种可变的支出。对旅游目的地国家或地区来说,非基本旅游收入的增减,虽然也受旅游者人数、旅游者人均消费水平、旅游者停留天数的影响,但不像基本旅游收入那样呈明显的正比例变化,这使得非基本旅游收入具有很大的不稳定性。在旅游业较发达的国家和地区中,非基本旅游收入在旅游总收入中所占比重较大,是旅游收入的一个重要组成部分。

由于基本旅游收入具有相对刚性的特征,而非基本旅游收入则具有较大的弹性特征,因而两者在旅游收入总量中所占比重的大小,成为衡量一个国家或地区社会经济发展程度和旅游业发展水平的重要参考指标之一。某一旅游目的地的非基本旅游收入所占的比重越大,表明该地区旅游业的发展水平越高,旅游收入的增长潜力越大;若某一旅游目的地的非基本旅游收入在旅游收入总量中所占比重较小,则说明该地区的旅游业仅处于初创和发展阶段,在产品结构、旅游项目开发、经营方式等方面都有待进一步提高和发展。

(三)按旅游收入构成划分为商品性旅游收入和劳务性旅游收入

(1)商品性旅游收入。主要指为旅游者提供物质形式的旅游产品而得到的收入,包括销售旅游商品和提供餐饮等所获得的收入。商品销售收入是向旅游者销售旅游商品而得到的收入,包括销售各种生活用品、工艺美术品、药品、书报杂志等得到的收入;餐饮销售收入主要指为旅游者提供膳食、饮料等而得到的收入。

(2)劳务性旅游收入。一般是指为旅游者提供各种劳务性服务而获得的收入,包括旅行社的业务费收入、住宿费、交通费、邮政通信费、文化娱乐费以及其他各项费用收入。旅行社业务收入是指旅行社营业收入中扣除支付给有关部门的住宿费、餐费、交通费、文娱活动费等费用后余下的翻译导游费、各项手续费及其他服务性收入;住宿费是指为旅游者提供饭店、宾馆客房住宿服务而获得的收入;交通费则指为旅游者提供地区间的飞机、火车、轮船、汽车等长途运输和市内交通服务而获得的收入;邮政通信费是指为旅游者提供邮寄文件、包裹、长途电话、电报等服务而获得的收入;文化娱乐费是指为旅游者提供游览、娱乐、文艺表演等各种文化娱乐服务而获得的收入。

(四)按时间长短将旅游收入划分为年度收入和季度收入

这种分类方法的优点是:时间概念强,便于及时掌握经营状况,以便了解旅游者的需求动向,制定相应的经营方案,扩大旅游收入;便于比较各个不同时期的旅游收入增减变化情况,有利于发现影响旅游收入变化的各种因素,寻求增加旅游收入的新途径;便于企业开展经济活动分析,根据供求变化,协调各类经济活动。总之,从时间角度划分旅游收入,有利于加强旅游企业的经济核算,加速资金周转,改善经营管理,提高劳动效率和经济效益。

第二节 旅游收入指标及计算

一、旅游收入指标

旅游收入指标是反映旅游经济现象数量方面的指标,说明旅游经济现象的实质,反映旅游经济现象的水平、规模、速度和比例关系。旅游收入指标是用货币单位计算和表示的价值指标,是补偿劳动消耗、实现旅游业再生产的先决条件,也是旅游目的地国家或地区的旅游企业和有关部门掌握和分析旅游经济活动的重要工具。旅游业经常使用的旅游收入指标主要有以下几类。

(一) 旅游收入总量指标

旅游收入总量指标是指在一定时期内,旅游目的地国家或地区的旅游经营部门和企业,向国内外旅游者出售旅游产品和其他服务所获得的货币收入的总额。这一经济指标综合反映了该国家或地区旅游经济的总体规模状况和旅游业的总体经营成果。

1. 旅游总收入

旅游总收入是指在一定时期内,旅游目的地国家或地区向国内外旅游者出售旅游产品和相关劳务所获得的以本国货币所计算的国际国内旅游收入的总和,其综合反映了该国家或地区旅游业的总体规模和经营成果。旅游总收入通常用本国货币计量表示,可以用公式表示如下:

$$R_T = R + P_e = (N \times P) + P_e$$

其中:

R_T——一定时期旅游总收入;

R——基本旅游收入;

N——旅游总人次;

P——人均旅游消费支出;

P_e——非基本旅游收入。

2. 旅游外汇总收入

该指标是指一定时期内旅游目的地国家或地区向外国游客提供旅游产品、购买物品和其他劳务所取得的外国货币收入的总额,也是外国旅游者入境后的全部消费支出总额。该指标一般用美元表示。其计算公式如下:

$$R_f = N \times E \times T$$

其中:

R_f——旅游外汇总收入;

N——接待外国旅游者人天数;

E——国际旅游者人均天消费支出;

T——国际旅游者平均停留时间。

(二) 人均旅游收入指标

人均旅游收入指标是指旅游目的地国家或地区在一定时间内,平均从每一个旅游者消费中所获得的收入,也是旅游者在旅游目的地国家或地区旅游活动过程中的平均货币支出额,它反映了旅游者的平均消费水平和旅游目的地国家或地区平均提供旅游产品和其他劳务的价值量。人均旅游收入指标是某一时期内旅游收入总量与旅游者人次的比值。

1. 人均旅游收入和人均旅游(外汇)收入

人均旅游收入是指旅游目的地国家或地区平均每接待一个游客人次所获得的货币收入,自然,它也是旅游者在旅游目的地国家或地区旅游活动过程中的平均花费。人均旅游收入指标是某一时期旅游总收入与同期接待的旅游总人次之比。

当我们把游客的身份局限于海外游客时,该指标则演变为人均旅游(外汇)收入指标,该指标表明平均每个海外游客在旅游目的地国家或地区境内的人均外币支出额。一般以美元为计量单位。

2. 人均天旅游收入和人均天旅游（外汇）收入

人均天旅游收入是指旅游目的地国家或地区平均每天从每个游客那里所获得的货币收入。它是某时期人均旅游收入与该段时期人均停留天数之比。

同样的，当我们把游客的身份局限于海外游客时，该指标演变为人均天旅游（外汇）收入指标。

表 8-3 为 2012 年海外游客在华人均消费情况。

表 8-3 2012 年海外游客在华人均消费情况

海外游客	人均天花费/(美元/人)	平均在华停留时间/天	人均花费/(美元/人)
外国游客	185.72	8.5	1578.62
香港同胞	142.19	4.3	611.42
澳门同胞	135.09	5.7	770.01
台湾同胞	172.50	7.4	1276.5
平均	158.87	6.48	1059.14

资料来源：国家旅游局《2012 年入境旅游者花费抽样调查结果及据此重新测算的 2012 年 1—10 月份旅游外汇收入》。

（三）旅游外汇收入指标

旅游外汇收入指标是指在一定时期内旅游目的地国家或地区向海外旅游者提供旅游产品和其他劳务所获得的外国货币收入的总额，也是外国旅游者入境后的全部消费总额。旅游外汇收入指标是衡量一国国际旅游业发展水平的重要标志之一，又是反映该国旅游创汇能力的一项综合性指标。在国际旅游业中，它常被用于同外贸商品出口收入和其他非贸易外汇收入进行比较，以说明一国国际旅游业在全部外汇收入中的地位和对弥补国家外贸逆差所做的贡献。表 8-4 列出了 1978—2013 年中国旅游外汇收入状况及各年增长率，可以看出旅游创汇水平自改革开放以来有较快的增长。

表 8-4 1978—2013 年中国国际旅游（外汇）收入

年 份	（外汇）收入/百万美元	发 展 指 数
1978	262.90	100
1982	843.17	320.7
1986	1530.85	582.3
1990	2217.58	843.5
1994	7322.81	2785.4
1998	12562	4778.2
2000	16224	6171.2
2004	25739	9790.4
2008	40843	15535.5
2012	50028	19029.3
2013	51664	19651.6

资料来源：《中国旅游年鉴》和商务部网站。

(四) 人均旅游外汇收入指标

人均旅游外汇收入指标是在一定时期内,旅游目的地国家或地区平均每接待一个海外旅游者所取得的旅游外汇收入额,同时它也是每一个海外旅游者在旅游目的地国家或地区境内的人均外币支出额。这一指标是一定时期内该国家或地区旅游外汇收入总额与该国或地区接待的海外旅游者人次的比值。该指标主要用于分析比较不同时期接待海外旅游者的外汇收入情况。人均旅游外汇收入指标数值的高低与入境旅游者的构成、支付能力、在境内停留时间以及旅游目的地国家或地区的旅游接待能力有密切关系。

(五) 旅游换汇率指标

旅游换汇率指标是指旅游目的地国家或地区向国际旅游者提供单位本国货币的旅游产品所能换取外国货币的数量比例。通常,旅游换汇率与该国家或地区同期的外汇汇率是一致的。在不同的时期,外汇比价不同,旅游换汇的数值也就不同。在国际经济交往中,旅游外汇收入属于非贸易外汇,换汇成本低于贸易外汇。即以一定数量货币表示的出售给国际旅游者的旅游产品,要比同量货币表示的出口一般商品能换取到较多的外汇收入。旅游换汇率指标反映了旅游外汇收入对一个国家或地区国际收支平衡作用的大小,其愈来愈引起各个国家和地区,特别是发展中国家和地区的高度重视。

(六) 旅游创汇率指标

旅游创汇率指标是指旅游目的地国家或地区在一定时期内经营国际旅游业务所取得的非基本旅游收入与基本旅游收入的比率。国际旅游者来到旅游目的地国家或地区购买基本旅游产品,同时引起对非基本旅游产品的购买,使旅游目的地国家和地区增加了外汇收入。旅游创汇率与非基本旅游收入成正比,与基本旅游收入成反比。非基本旅游收入越多,旅游创汇率就越高。这一指标数值的高低,既反映了旅游目的地国家或地区产业结构、经济体系的完善程度,也反映了该国家或地区旅游业的发达程度和创汇的能力与潜力。因此,要不断扩大旅游者对非基本旅游商品的消费支出,就要不断挖掘潜力,发挥本国或本地区的旅游资源特色优势,推出各种有特色的旅游产品和服务,吸引旅游者,扩大旅游者的消费,才能不断提高非基本旅游收入在旅游收入中的比重,进而提高旅游创汇率。

(七) 旅游外汇净收入率指标

旅游外汇净收入率指标,是指旅游目的地国家或地区在一定的时期内经营国际旅游业务所取得的全部外汇收入扣除了旅游业经营中必要的外汇支出后的差额,并与全部旅游外汇收入的比值。在旅游业发展过程中,既要通过销售旅游产品获取外汇,也要从所获取的外汇收入中,支出一部分用于购买旅游业发展所必需的国内短缺物资以及其他支出。这些外汇支出包括以下内容:从国外进口必要的旅游设施、设备、原材料等;境外旅游宣传和统一驻外机构费用支出等;偿付外商投资利息、利润分红和国外管理人员费用;以及为适应海外来华旅游者的需求,从国外进口各种日用消费品的支出等。上述这些方面的支出都会造成旅游外汇收入中的一部分再流向国外。因此,在最大限度地满足旅游者需要的前提下,在旅游外汇总收入既定的条件下,用于经营旅游业务所支出的外汇越少,旅游外汇净收入率就越高。这一指标既反映了旅游目的地国家或地区增收节支,尽量减少外汇流失的情况,又是衡量该国家或地区社会经济发展总体水平和完善程度的重要标志之一。

通过上述指标,结合一定时期内接待旅游者的数量、构成、消费水平等指标,可以为旅游经营者掌握旅游发展的规模、速度、结构和水平,制定旅游发展规划,选择最佳旅游市场提供依据和信息,从而不断提高旅游业的经营管理水平和旅游企业的经济效益。

二、影响旅游收入的因素

旅游业是一个关联性、依赖性较强的行业,由于各种社会经济现象和经济关系等多种因素不同程度的影响,使得某一旅游目的地国家或地区在一定时期内的旅游收入和旅游外汇收入量都会出现不同程度的高低变化。可以说,旅游收入量是多种影响因素的函数。具体来讲,影响旅游收入的因素主要有以下几种。

(一) 接待旅游者人数

旅游目的地国家或地区接待旅游者人数的多少,是影响旅游目的地国家或地区旅游收入高低的基本因素。在正常情况下,旅游收入与接待的旅游者人数成正比例关系变化。虽然旅游者的个人消费水平由于其收入水平和支付能力的不同会产生较大差异,但接待旅游者人数增加,会使旅游收入的绝对数增加;接待旅游者人数减少,旅游收入也随之减少。

(二) 旅游者支付能力与平均消费水平

在旅游接待人数既定的条件下,旅游者的支付能力和人均消费水平是旅游目的地国家或地区旅游收入增减变化的另一决定因素。旅游者的平均消费水平和支付能力与旅游目的地国家或地区的旅游收入成正比例关系变化。旅游者的支付能力强、平均消费水平高,旅游目的地国家或地区的旅游收入就增加。反之,旅游者的支付能力和平均消费水平低,则旅游目的地国家或地区的旅游收入就减少。旅游者的支付能力和平均消费水平的高低与旅游者的年龄、社会阶层、家庭状况、职业、个人可支配收入以及消费偏好等因素也有着密切的联系。

(三) 旅游产品质量和旅游资源的吸引力

旅游产品的质量和旅游资源的吸引力及开发程度是影响旅游收入的重要因素之一。旅游目的地国家或地区旅游资源的丰富程度、开发程度、旅游产品特色,是吸引旅游者的重要方面;而旅游产品的质量和品位高低,又是吸引旅游者进行购买的重要原因。所以要充分利用旅游目的地国家或地区的旅游资源及其吸引物,不断对旅游产品进行深层次的开发,调整产品结构,提高产品质量,从而提高旅游者的消费支出,增加旅游收入。

(四) 旅游者在旅游目的地的停留时间

在旅游者人次、旅游消费水平既定的条件下,旅游者在旅游目的地的停留时间长短对旅游收入的增减有着直接的影响。旅游者人均停留时间与旅游收入之间存在着正比例变化的关系,旅游者在旅游目的地停留时间越长,其所花费支出就越大,旅游目的地的旅游收入就会随之增长。反之,旅游者在旅游目的地停留时间越短,旅游花费越少,则旅游目的地的旅游收入就越小。旅游者停留时间的长短与旅游者个人的闲暇、旅游目的地对旅游活动的组织安排、所提供的旅游产品的吸引力以及其他消费品和服务的多样性、丰富程度等因素有着密切的联系。

(五) 旅游目的地的旅游价格

旅游价格是影响旅游收入高低的一个最直接的因素,它们两者之间存在着密切的依存关系,旅游收入等于旅游产品价格与出售的旅游产品数量的乘积。根据旅游需求规律,在其他条件不变的情况下,不论旅游产品的价格是上涨还是下落,旅游需求量都会出现相应的减少和增加。为了测量旅游需求量随旅游产品价格的变化而相应变化的程度,就必须正确计算旅游需求价格弹性系数,并据此正确地计算旅游收入。

(六)外汇汇率

外汇汇率是各个国家不同种类货币之间的相互比价。外汇汇率对旅游目的地国家或地区旅游收入的变化产生一定的影响。如果旅游目的地国家相对旅游客源国的货币贬值,即汇率降低,在旅游目的地国家价格未提高的条件下,会刺激该旅游客源国的旅游需求,导致旅游目的地国家或地区的入境旅游人数增加,从而使旅游外汇总收入增加。反之,如果旅游目的地国家相对旅游客源国的货币升值,则汇率提高,那么,将会抑制旅游客源国的旅游需求,导致旅游目的地国家或地区入境旅游者人数减少,从而使该国旅游外汇总收入降低。由此可见,由于汇率的变化,同量的旅游外汇收入在不同时期会因旅游目的地国家的汇率变化而出现差异,有时差异会较大。因此,在衡量旅游目的地国家或地区的旅游收入时,应注意分析因汇率因素变动而形成的差异,这样,才能使旅游目的地国家或地区在不同时期内所取得的旅游收入更具真实性和可比性。

(七)旅游统计因素

旅游收入有些来自直接旅游部门,也有些来自间接旅游部门,由于受诸多因素的影响,致使旅游统计部门所统计出来的旅游收入并不能真实地反映旅游目的地国家或地区所取得的旅游收入。主要表现在:一是旅游部门之间、旅游部门与非旅游部门之间对旅游收入常常会出现遗漏或重复统计的现象;二是旅游者在旅游活动中所支出的有些费用,如小费就无法统计到旅游目的地国家或地区的旅游收入中,致使该旅游目的地国家或地区的旅游收入统计出现遗漏。三是在探亲旅游过程中,某些旅游者以馈赠礼品、土特产品等方式来换取亲朋好友所提供的免费食宿,这种交换方式所产生的旅游收入也是无法进行统计的。四是由于"地下旅游经济活动"的存在,即旅游者与旅游从业人员以私下交易方式,将购买旅游服务和产品的钱直接交给餐厅服务员、导游员、出租汽车司机等,致使旅游收入减少和政府税收减少等,也增加了旅游统计中的遗漏现象。

三、提高旅游收入的途径

旅游收入是旅游目的地国家或地区在一定时期内旅游经营成果的一个表现,旅游收入的增长和提高对旅游目的国家或地区,以及旅游企业来说是至关重要的。为此,应通过以下途径来提高旅游收入。

第一,利用各种条件机会,开展各类促销活动,宣传旅游目的地国家或地区的旅游形象,争取增加旅游目的地国家或地区的旅游接待人次。

第二,研究开发各类旅游资源和高质量、高品位的旅游系列产品,使资源优势转化为经济优势,以优质的旅游产品,去赢得旅游者的喜爱,增加旅游产品的价值含量,提高接待旅游者数量。

第三,改变那些气氛呆板、内容单一、千篇一律、无独特性的旅游活动,用丰富的旅游活动内容、精彩的节目、精心的旅游线路组织来留下旅游者,延长旅游者在旅游目的地的停留时间,增加旅游者的消费支出。

第四,研究旅游者的消费行为,针对旅游者需求,充分利用各种经济手段,如价格、汇率等因素,来充分满足旅游者的消费需求,同时又提高旅游目的地国家或地区的旅游收入。

第五,旅游收入是旅游经济活动的重要内容,旅游统计必须准确反映旅游经济活动的数量变化。因此,要针对旅游统计工作中存在的许多不规范因素,对旅游收入的统计工作进行研究,寻找最佳的统计方法和途径。如通过抽样调查了解旅游者的消费支出状况,来修正按法定程序统计的各种数据,为旅游部门或企业总结和预测旅游业发展状况,制定有关经营发展战略提供准确的情况和资料。

第三节 旅游收入分配

一、旅游收入分配的概念

旅游收入分配与国民收入分配一样,通常是经过初次分配和再分配这两个过程来进行和完成的。

旅游收入是旅游目的地国家或地区各旅游部门和企业经营收入的总和。旅游收入的初次分配是在直接经营旅游业务的旅游部门和企业内部进行的。初次分配的内容是旅游营业总收入中扣除了当年旅游产品生产中所消耗掉的生产资料价值后的旅游净收入。旅游净收入又是旅游从业人员所创造的新增价值,旅游净收入在初次分配中最后可分解为职工的工资、企业的盈利以及政府的税收。

旅游收入进行初次分配后还必须进行再分配。再分配是在旅游业的外部,在全社会经济范围中进行的。其分配的内容和渠道如下。首先,旅游部门和企业为扩大再生产,向有关行业的企业购买各种物质产品和服务,从而使旅游部门和企业的盈利转换为相关行业部门的收入。其次,旅游部门和企业的职工,把所得工资的一部分用于购买其所需要的产品和劳务,使相关部门企业获得收入。再次,旅游部门和企业把旅游收入中的一部分用于支付各种税金等,从而转化为政府的财政预算,用于经济建设、公共福利事业和旅游产业的发展等。

旅游收入经过上述初次分配和再分配两个过程后,就实现了旅游收入的最终分配和使用。

二、旅游收入的初次分配

旅游部门和企业在取得旅游收入以后,首先应该在直接经营旅游业务的部门和企业中进行分配。这些部门和企业包括饭店、旅行社、交通部门、餐饮部门、旅游景点、旅游用品和纪念品商店等。在一定时期内,旅游部门和企业付出了物化劳动和活劳动,向旅游者提供满足其需要的旅游产品,从而获得营业收入。但值得强调的是,所获得的营业收入并不是全部参与初次分配,首先应从中扣除当期为生产旅游产品而消耗的物质生产资料部分,如设备和设施的折旧、原材料和物料消耗、建筑物的折旧等,使它们从价值上得到补偿,从实物形态上得到替换。这部分价值的补偿属于当期旅游部门和企业的净收入,其价值通过营业成本核算转移到经营成本中去,从出售旅游产品的收入中直接补偿。所以,它不能用于扩大再生产和职工的消费,也就不存在分配的问题。

(一)旅游收入初次分配的流向

参与初次分配的是旅游营业收入中扣除了物质补偿之后的剩余部分,即旅游净收入(见图 8-1)。旅游净收入经过初次分配后,分解为职工工资、政府税收和企业留利三大部分。

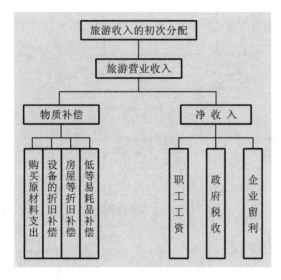

图 8-1 旅游收入的初次分配

(1)职工工资。它是指旅游部门和企业根据合理的分配原则,向旅游从业人员支付的工资,作为其提供劳务的报酬,满足其自身和家庭生活的需要。

(2)政府税收。旅游部门和企业按照国家税收政策的规定向政府纳税,成为国家财政预算收入的一部分,由国家统筹安排和使用。从 1994 年开始,我国实行了新税制,规定旅游经营中的劳务性收入上缴营业税的税率为营业收入的 5%;旅游经营中的商品性收入上缴增值税,基本税率为营业收入的 17%,低税率为营业收入的 13%。在扣除了营业成本、营业费用、租金、利息、营业税之后,旅游部门和企业经营所得纯利润上缴所得税的税率为纯利润额的 33%。

(3)企业留利。旅游部门和企业的自留利润被称作企业净利润,留归企业自行安排分配和使用。在我国旅游部门和企业中,企业净利润又可分为企业公积金和公益金两部分,分别用于企业的自身发展和职工的福利支出等。

(二)包价旅游收入的初次分配

旅游收入的初次分配是在各旅游部门和企业中进行的。旅行社是旅游业赖以生存和发展的"龙头"部门,由于旅行社的特殊职能和地位,使它在旅游收入的初次分配中起着特殊的作用。其中,包价旅游收入的初次分配出现了与前述分配过程不同的分配形式。

旅游业是一项跨地区、跨国界的综合性的产业,是由各经济部门和非经济部门遵循旅游市场的引导而构成的综合性经济行业,如饭店、交通、购物商店、观赏景点、娱乐等,都是构成旅游业的基本要素。它们在向旅游者提供产品时,必须协调一致,才能获得各自应得的利益。旅行社作为旅游业的"龙头"部门,是组织、规划旅游产品、开展宣传促销、招徕和接待旅游者的经济组织。旅行社根据市场的需求,首先向住宿、餐饮、交通、游览、娱乐的部门和企业预订单项旅游产品,经过加工、组合,形成不同的综合性旅游产品(包价旅游),出售给旅游者,由此获得包价旅游收入。这种包价旅游收入首先表现为旅行社的营业总收入,在扣除了旅行社的经营费用和应得利润后,旅行社根据其他各旅游企业提供产品和服务的数量和质量,按照预定的收费标准、所签订的经济合同中列定的支付时间、支付方式和其他有关规定,分配给这些旅游部门和企业应得的旅游收入。这些部门和企业获得营业收入后,才按照前述的分配方式进行旅游收入的初次分配。包价旅游收入的初次分配流向如图8-2所示。

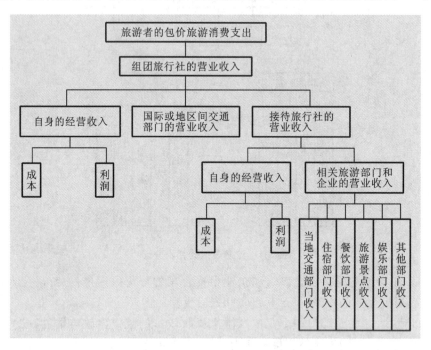

图 8-2 包价旅游收入的初次分配

旅游收入的初次分配又体现为旅行社的营业总收入转为各旅游部门和企业的营业收入。由于包价旅游收入是旅游收入的重要组成部分,以及旅行社在旅游收入分配中所起的先导作用,旅游目的地国家或地区旅游总收入的很大部分首先是通过旅行社的经营所取得,又通过旅行社分配出去的。所以,旅行社的经营活动既是旅游营业收入的来源,又决定了旅游营业收入的分配,从而具有双重职能。旅游营业总收入数量的多少,旅游部门和企业营业收入的多少,在某种程度上往往取决于旅行社经营活动的强弱程度。因此,提高旅行社经营管理水平和市场竞争能力,对增加旅游营业收入是十分重要的。

三、旅游收入的再分配

(一)旅游收入的再分配的主要原因

旅游收入的再分配是指在旅游收入初次分配的基础上,在旅游业外部进一步分配的过程。对旅游收入进行再分配的主要原因在于:一是为了使旅游业能不断扩大再生产,满足其自我发展和自我完善所必需的物质条件的需要,使消耗掉的原材料和物资设备等能得到补偿;二是满足旅游业从业人员的物质文化生活需求,以恢复和增强其体力和智力,继续为旅游者提供优质服务;同时,满足劳动者的家庭需要,使劳动力不断地再生产;三是国家把集中的资金作为财政预算用于发展国民经济和社会事业,建立国家社会各项储备基金和社会保证基金,以及国防建设费用等,同时还支付国家机关、文教卫生等事业单位的经费和工作人员工资,推动社会经济的繁荣和发展。

(二)旅游收入再分配的流向

旅游收入经过初次分配以后,在初次分配的基础上,按照价值规律和经济利益原则,在旅游目的地国家或地区的全社会范围内,进行再分配,以实现旅游收入的最终用途。旅游收入再分配的流向主要包括以下几个方面。

(1)旅游收入中上缴政府的各类税金构成政府的财政预算收入。政府通过各种财政支出的方式来实现旅游收入的再分配,政府的财政支出主要用于国家的经济建设、国防建设、公共事业和社会福利投资及国家的储备金。其中一部分可能会作为旅游基础建设和重点旅游项目开发资金又返回到旅游业中来。

(2)旅游收入中支付给旅游从业人员个人的报酬部分。其中大部分被用于购买他们所需要的生活用品和劳务产品,以满足旅游从业人员自己和家庭成员的物质生活和文化生活需要,保证劳动力的再生产。这部分支出构成了社会经济中相关的提供生活资料和提供劳务的行业的营业收入。旅游从业人员个人收入消费之后所剩下的另一部分则存入银行、购买保险、购买国库券等,又形成了国家金融建设资金和保险部门的收入等。

(3)旅游收入中的企业自留利润分为公积金和公益金两部分。公积金主要用于旅游部门和企业扩大再生产的追加投资,购买新的设备和设施,新产品的研制,技术更新改造,开辟新的市场,以及弥补企业亏损等方面。公益金主要用于旅游部门和企业职工与集体的福利,作为职工住房、医疗、教育、文体等活动的投资。公积金和公益金的支出构成了直接或间接为旅游部门、企业提供产品与服务的相关部门的营业收入。

(4)旅游收入中还有一部分流向其他部门。如支付贷款利息而构成金融部门的投入,支付保险金而构成保险部门的收入,支付房租或购买住宅而形成房地产部门的收入,租赁设施设备而形成租赁单位的收入等。

由图8-3可以看出,旅游收入的再分配是旅游经济活动的重要一环。旅游经济活动与其他经济活动一样,同样也是一个不断重复和扩大的运动过程。在这个过程中,旅游产品再生产所消耗掉的劳动力与物质资料在价值上要不断得到补偿,在实物上要不断得到替换。即一方面表现为旅游产品再生产的不间断进行,另一方面又表现为旅游收入的不断再分配。通过旅游收入的再分配,把旅游业收入的大部分集中于国库,有计划地投放在国家重点项目和亟待开发的地区,加速这些地区社会经济和旅游事业的发展,以保证与其他经济、社会部门的协调。

旅游收入经过初次分配和再分配的运动过程,实现了最终用途,从而形成两大部分。一部分形成消费基金,其余大部分形成积累基金。在旅游收入的分配过程中,每个旅游部门和企业都有自身的利益,在分配时应给予兼顾。但每个旅游部门和企业自身的利益,同整个国家旅游业的利益和发展又是密不可分的。没有整个国家的利益,没有整个旅游业的利益,就没有旅游部门和企业的利益。所以,旅游收入的分配应把国家利益、旅游业整体利益摆在第一位,将国家利益、旅游部门和企业的利益以及旅游业职工的个人利益有机结合起来,正确处理好三者之间的关系,正确处理好眼前利益与长远利益的关系,这是旅游收入分配时必须遵循的基本原则。

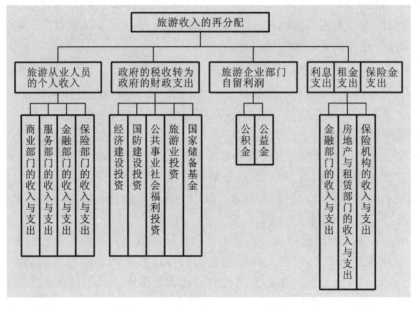

图 8-3　旅游收入的再分配

第四节　旅游收入乘数效应

一、乘数效应的概念

乘数在现代经济学中主要被用于分析经济活动中某一变量的增减所引起的经济总量变化的连锁反应程度。在经济运行过程中,常会出现这样的现象,一种经济量的变化,可以导致其他经济量相应的变化。这种变化不是一次发生,而是一次又一次连续发生并发展。如一笔原始花费进入某一经济领域系统后,会不断流通,经过多次循环,使原来那笔货币基数发挥若干倍的作用。这种多次变化所产生的最终总效应,就称为乘数效应。

经济活动中之所以会产生乘数效应,是因为各个经济部门在经济活动中是互相关联的。某一经济部门的一笔投资不仅会增加本部门的收入,而且会在国民经济的各个部门中引起连带反应,从而增加其他部门的收入,最终使国民收入总量成倍地增加。由此可见,某一行业的发展必然会促进一系列同该行业相关的间接部门的生产,从而带动整个国民经济的协调发展。

二、旅游收入乘数效应

（一）旅游收入乘数效应的含义

旅游收入乘数效应是用来衡量旅游收入在国民经济领域中,通过初次分配和再分配的循环周转,给旅游目的地国家或地区的社会经济发展带来的增值效益和连带促进作用的程度。自 20 世纪 60 年代以来,旅游业在全世界各地发展迅速,并成为许多国家重要的经济部门之一,对其他经济部门和整个社会经济产生了较大的促进和带动作用。因此,旅游经济学家把乘数效应概念引入到旅游经济活动的分析之中,从而产生了旅游收入乘数效应的概念。

旅游业是"无烟工业",但它必须靠"有烟工业"——物质生产部门的支持,才能得以存在和发展。旅游者的交通,要依靠飞机和机车制造业,而这些制造业又要依赖黑色金属和有色金属钢铁、铝、铜等工业的发展;旅游者的住宿要依靠建筑业来建造饭店;旅游者的膳食要靠农业部门提供丰富多样的农副产品;旅游者的购物也要靠轻工业和手工业提供各种旅游商品。由此可见,旅游业的发展必然会促进一系列同旅游相关的间接部门的生产,从而带动整个国民经济的发展。正是由于旅游业的发展,对旅游业间接有关的部门产生了影响,增加了有关部门的收入,因而可在经济整体上用旅游收入乘数来衡量旅游业的地位和作用。

通常,旅游者的一笔消费支出进入旅游经济运行系统中后,经过多个环节,使原来的货币基数发挥若干倍的作用,在国民经济各部门中引起连锁反应,从而增加其他部门的收入,最终使国民总收入成倍增加。例如,旅游者在饭店里食宿,饭店职工从旅游者花费中获得工资,工资的一部分用于饭店职工的生活支出,其生活支出又注入本地经济;而餐厅对食品饮料的进货,又会使农民的收入增加,农民收入的增加,又会促进社会消费品销售量的增加。这种通过旅游者的花费对某一地区的旅游业的货币注入而反映出来的国民收入的变化和经济影响,就是旅游收入乘数效应。

(二)旅游收入乘数的计算

旅游收入乘数效应可通过计算旅游收入乘数来判定,通常用 K 表示旅游收入乘数,根据一定的投入增量和收入增量,即可计算旅游收入乘数,其计算公式如下:

$$K = \frac{\Delta Y}{\Delta I}$$

其中:

K——旅游收入乘数;

ΔY——收入增量;

ΔI——投入增量。

旅游收入乘数表明了旅游目的地对旅游行业的投入所导致的本地区综合经济效益最终量的增加。但应该指出,乘数效应的形成必须以一定的边际消费倾向为前提。因为无论是海外游客还是国内游客在某旅游目的地的消费都是对旅游行业的投入,当这笔资金流入旅游目的地国家或地区的经济运行中,就会对生产资料和生活资料生产部门以及其他服务性企事业单位产生直接或间接影响,进而通过社会经济活动的连锁反应,导致社会经济效益的增加。如果把这笔资金的一部分储蓄起来或用于购买进口物资,使资金离开经济运行过程或流失到国外,就会减少对本地区经济发展的注入和作用,也就是说,边际储蓄倾向和边际进口物资倾向愈大,对本地区的经济发展的乘数效应就愈小。根据以上乘数原理,计算旅游收入乘数的公式可进一步表述为:

$$K = \frac{1}{1-\text{MPC}} \quad \text{或} \quad \frac{1}{\text{MPS}} \quad \text{或} \quad \frac{1}{\text{MPS}+\text{MPM}}$$

其中:

MPC——边际消费倾向;

MPS——边际储蓄倾向;

MPM——边际进口物资倾向。

上述公式表明：乘数与边际消费倾向成正比，与边际储蓄倾向成反比。边际消费倾向越大，乘数效应就越大；边际消费倾向越小，乘数效应就越小。边际储蓄倾向越大，乘数效应就越小；边际储蓄倾向越小，乘数效应就越大。

例如，某旅游目的地旅游边际消费倾向为70%，即表示在这个地区的旅游收入中，70%的资金在本地区的经济运行系统中运转，而余下30%的资金用于储蓄或购买进口物资，或是离开了本地区的经济运行。则：

$$K = \frac{1}{1-\text{MPC}} = \frac{1}{1-0.7} = 3.3$$

或

$$K = \frac{1}{\text{MPS}} = \frac{1}{0.3} = 3.3$$

即旅游收入经过初次分配和再分配获得了3.3倍于原始收入量的经济效果。如果把80%的资金投入经济运行中，仅有10%的资金用于储蓄，10%的资金用于购买进口物资。则：

$$K = \frac{1}{1-\text{MPC}} = \frac{1}{1-0.8} = 5$$

或

$$K = \frac{1}{\text{MPS}+\text{MPM}} = \frac{1}{0.1+0.1} = 5$$

说明把该笔资金经过初次分配和再分配，可获得5倍于原始收入量的经济效果。

三、旅游收入乘数的种类

旅游收入乘数效应使一个国家或地区增加一笔旅游投入相应会引起该地区经济的增长，使国民收入总量增加，并反映出国民收入的变化和经济影响。这种影响作用，主要通过以下几种常用的乘数模式，从不同侧面对国民经济产生相应的经济影响。

（一）营业收入乘数

营业收入乘数是指增加单位旅游营业收入额与由此导致其他产品营业总收入增加额之间的比率关系，该乘数表明一地区旅游业的发展对整个地区营业总收入的作用和影响。

（二）就业乘数

就业乘数是指增加单位旅游收入所创造的直接与间接就业人数之间的比率关系。该乘数表明某一地区通过一定量的旅游收入，对本地区就业产生的连锁反应，并导致对最终就业岗位和就业机会所产生的作用和影响。

（三）居民收入乘数

居民收入乘数是指每增加一单位旅游收入额与由此导致的该地区居民总收入增加额之间的比率关系。该乘数表明了这一地区旅游业的发展给整个地区的居民收入增加带来的作用和影响。

（四）政府收入乘数

政府收入乘数是指每增加一单位旅游收入对旅游目的地国家或地区政府净收入所带来

的影响。该乘数用来测定旅游目的地国家和地区政府通过税金从旅游经济活动中得到的效益,即旅游收入对政府税金增加所产生的作用和影响。

（五）消费乘数

消费乘数是指每增加一单位旅游收入所带来的对生产资料和生活资料消费的影响。该乘数用来测定旅游目的地国家和地区旅游收入增加对社会再生产过程的促进作用,即对社会消费扩大的作用和影响。

（六）进口额乘数

进口额乘数是指每增加一个单位旅游收入而最终导致旅游目的地国家总进口额增加的比率关系。该乘数表明旅游目的地国家随着旅游经济活动的发展,旅游部门和企业以及向这些部门、企业提供产品和服务的其他相关单位,向国外进口设施、设备、生活消费品的增加量与旅游收入增量的关系。

四、旅游收入乘数效应的发挥

旅游收入乘数效应是如何发挥的呢？对于旅游目的地国家或地区来说,来访国际游客的旅游消费作为无形出口贸易的收入,使外来资金"注入"到目的地国的经济之中,按照英国著名旅游学者阿切尔(Archer)的理论,这些注入资金在部分流出本国或地区经济系统之外的同时,余额则在目的地经济系统中渐次渗透,依次发挥直接效应(direct effects)、间接效应(indirect effects)和诱导效应(induced effects),刺激本国或地区经济的发展和整体经济水平的提高。

(1) 直接效应。它是指对直接为旅游者服务的部门或企业(如饭店、旅行社、交通部门、饮食部门、景点等)所产生的增加收入或产出的效果。

(2) 间接效应。直接收益的各旅游部门和企业在再生产过程中要向有关部门和企业购进原材料、物料、设备,各级政府把旅游业交纳的税金投资于其他企事业单位、福利部门等,使这些单位和部门在不断的经济运转中获得了效益,即间接地从旅游收入中获利。世界上大量研究表明,旅游消费的间接效应常常超过它的直接效应。

(3) 诱导效应是指给为旅游相关部门服务的更广泛的层次带来的收入增加或产出增加。即直接或是间接为旅游提供产品与服务的旅游部门或企业的职工,将从旅游收入中分配到的工资、奖金用于购买个人或家庭生活消费品和劳务,从而刺激了相关部门和企业的发展,以及那些在旅游收入分配与再分配中受到间接影响的部门和企业为扩大再生产将其收入的一部分用于再投资,从而又推动其他相关部门的发展。总之,使国民经济中那些看起来与旅游业关系甚远的有关部门和企业在旅游收入不断再分配的连锁作用中受益。

直接效应、间接效应和诱导效应之和即构成旅游收入乘数的总效应。

五、旅游收入漏损

（一）旅游收入漏损原因

旅游收入漏损是指旅游目的地国家或地区的旅游部门和企业,因购买进口商品和劳务,在国外进行旅游宣传,支付国外贷款利息等原因而导致的外汇收入的减少。对任何一个国家或地区来说,旅游外汇的收入和支出通常是同步发生的。在经营国际旅游业务的时候,必

然要将旅游外汇收入的一部分用于正常的经营支出,此外也有一些其他的原因会导致外汇收入的外流,这样就出现了旅游收入的漏损。

旅游收入的漏损,表现为旅游外汇收入的流失。从国民经济和旅游经济运行的角度来讲,旅游外汇收入的流失主要有以下原因。

(1) 由于本国经济体系和生产结构不完善,对经营国际旅游所需要的物资数量、质量、品种和功能都不能给予保证,必须支付外汇从国外进口某些设施、设备、原料、物料和消费品,才能保证旅游业所需的物资和设备等。

(2) 在大量引进外资进行旅游基本建设和旅游项目开发的同时,每年又必须拿出大量外汇用于还本付息、支付投资者红利等。

(3) 为提高经营管理水平,在引进管理技术和管理人才的同时,又必须以相当数量的外汇支付外方的管理费用和外籍管理人员的工资、福利,以及经营国际旅游业务中,支付海外旅游代理商的佣金、回扣等。

(4) 为了开拓国际旅游市场,争取更多的国际旅游客源,需要直接在海外进行旅游宣传促销,就要用外汇支付海外促销费用。除此之外,还要用外汇支付海外常住旅游机构活动费用和人员的工资等。

(5) 本国居民出境旅游也会使一定数量的外汇流向国外。

(6) 外汇管理不力,会使黑市交易猖獗,造成国家外汇实现量减少。或者由于企业间盲目削价竞争而导致旅游部门和企业外汇收入的减少,都会使国家旅游外汇收入隐性流失。

(二) 减少旅游收入漏损的对策

为保证一个国家旅游收入的稳定和增长,有必要对旅游外汇收入的流失进行严格控制。目前世界上许多国家,特别是把旅游业作为国民经济重要支柱产业的国家,都制定了一系列的政策,采取相应措施,对旅游外汇收入的流失问题进行控制和改善,以减少和避免旅游收入的漏损。主要措施如下。

(1) 积极发展本国经济,调整本国生产结构和产品结构,不断提高本国产品的质量,努力改进和提高生产技术,生产出能满足旅游经营活动需要的各种产品,尽量减少进口产品的数量。

(2) 加强对引进外资、外来项目的审批工作。对引进项目的收益、成本、风险及先进性、急需性、可行性要认真分析评估,避免盲目引进、肥水外流,以免使国家和旅游企业外债负担过重。

(3) 努力培养通晓国际管理方法,掌握现代管理技术,具有现代市场经营观念的旅游管理专门人才,逐步减少对外方管理人员的引进,从而减少相应的外汇支出。

(4) 采取合理的价格,引导本国居民多参与国内旅游,用国内旅游来代替国际旅游,适当控制出境旅游的数量。在外汇缺乏或外汇收支逆差的情况下,也可采取相应政策来限制本国居民出境旅游,以减少旅游外汇收支逆差。

(5) 制定完善的经济法规和外汇管理制度、方法,对违反国家政策法规规定,扰乱金融秩序和市场环境的不法行为给予严厉的法律和经济制裁,以建立良好的外汇市场秩序,控制外汇的流失。

思考与练习

1. 为什么要对旅游收入进行分类？
2. 如何衡量旅游收入？影响旅游收入的因素有哪些？
3. 何谓旅游收入的初次分配？
4. 试简要描述旅游包价收入分配的形式。
5. 何谓旅游收入的再分配？
6. 旅游收入乘数效应对国民经济有何重要意义？
7. 如何减少和避免旅游收入的漏损？

旅游业对相关行业经济发展的乘数效应
——以杭州为例

所谓乘数效应，是一种宏观的经济效应，指经济活动中某一变量的增减所引起的经济总量变化的连锁反应程度。该理论被公认为旅游对相关行业经济发展较具权威性的评估方式之一。目前，杭州旅游业界对具体的比率基本认同在1∶7，即旅游业获得1元的利润，可带动相关行业产生7元经济效益。笔者认为，这种比率关系是个不断变化的量，其变化是由旅游核心层、中间层、外围层决定的。正确理解和把握旅游乘数效应的变量关系，对指导杭州旅游业可持续发展具有重要的理论和实践意义。

一、核心层——旅游资源开发是杭州旅游乘数效应变量的基础

旅游是杭州传统优势产业，是杭州的比较优势和核心竞争力所在。由于政府的引导和投入，旅游资源开发在原有的基础上得到了规模化的发展，新型业态不断涌现。据杭州市旅游业发展总体规划要求，杭州开发"一心一轴七区五翼"的旅游空间新格局；建设西溪国家湿地公园等十大休闲基地；开辟杭州梅家坞茶文化村等九大工、农业旅游示范点；推出京杭大运河水上巴士等100个国内首创的社会资源国际旅游访问点。此外，与旅游相关的大型投资项目也亮点频出，如投资数十亿元人民币的海洋公园等。杭州旅游业态正处于转型期，即从原来的观光旅游，逐步向观光、休闲、会展产品"三位一体"转变。

旅游资源开发，创造出难以计数的旅游新品、名品，使杭州旅游无论在形式上还是内容上都获得延续和发展。虽然受到国际金融危机和H1N1流感负面影响，但旅游经济仍然取得令人瞩目的"双增长"，好于全国平均水平。据统计，2009年，杭州共接待入境旅游者230万人次，增长3.5%，外汇13.8亿美元，增长6.5%。国内旅游者5000万人次，增长10%，国内旅游收入700亿元人民币，增长13.5%。实现旅游总收入800亿元人民币，增长13%，旅游业对杭州市GDP的贡献达到14.8%。旅游资源开发，旅游产品推陈出新，带动杭州旅游经济持续、稳定、健康地发展，为发挥旅

游业的乘数效应奠定了坚实的基础。

二、中间层——旅游要素产业是杭州旅游乘数效应变量的助推器

所谓旅游要素产业，是指服务于旅游消费者的吃、住、行、游、购、娱六要素相关产业。由于旅游资源开发和旅游产品的不断升级换代，杭州已成为国内外旅游者首选的目的地城市之一，从而极大地触发了吃、住、行、游、购、娱旅游要素产业的规模发展。杭州旅行社、酒店、景区（点）等行业在数量和所产生的经济效能上均较好，同时杭州市有一支庞大、稳定、优质的现代旅游业服务产业大军，为接待服务提供了重要支撑。

杭州"十大特色潜力行业"是近些年来旅游发展的"新蓝海"。杭州市政府从2007年开始，启动培育发展旅游十大特色潜力行业规划，首批将美食、茶楼、演艺、疗休养、保健、化妆、女装、婴童、运动休闲、工艺美术行业确定为杭州"十大特色潜力行业"，涉及数万家企业单位。近些年来，杭州共召开三次由中外学者、专家参加的十大特色潜力行业论坛峰会；评选出杭州十大特色潜力行业200强；成立17个十大特色潜力行业协会；增加政府对十大特色潜力行业的扶持投入；召开表彰奖励大会；编印投放了《杭州十大特色潜力行业休闲旅游指南》等。尤为值得一提的是，旅行社业与相关潜力行业发表共同宣言，从原来的无意识的连接，到有意识的共同谋划、共促发展。杭州的十大特色潜力行业，既赋予杭州旅游主要要素延伸的新内涵，同时又融入现代旅游中创意、休闲、健康、快乐、美丽、时尚等方面的新元素，从而确立了杭州旅游发展的新方向和新增长点。

由于旅行社业与相关行业存在着经济利益的关联性，在杭州旅行社总量不变而十大特色潜力行业总量增加的情况下，后者因游客的综合性、多层面、多渠道的消费而获益，从而使旅游乘数效应的比率发生变化，完全有可能由原来的1∶7比率，向1∶8,1∶9，甚至1∶10转化。

三、外围层——与旅游相关的行业是杭州旅游乘数效应变量的空间

从2005年起，杭州市开始实施社会资源转化为旅游产品工程，通过数年的努力，筛选出了100个具有明显吸引力的社会公共资源点，将其整合转化为旅游产品。社会资源转化为旅游产品工程，是杭州市旅游业发展的重大创新举措。它极大地拓展了旅游横向发展和纵向深入的空间。现在已知在杭州与旅游相关的行业多达近百个，分为直接影响和间接影响的行业。目前精选的转化为旅游产品的行业包括工业、农业、科技、金融、地产、医疗、教育、体育、文化、艺术、公检法，以及公共交通、美育时尚、农贸市场、特色街区、社会福利、社区家庭等分类。值得一提的是，杭州的市、区两级人大、政府、政协和市长热线也作为旅游资源访问点，以政治开放和民主的形象，直面国际社会和旅游市场。庞大的与旅游相关的行业为旅游乘数效应变量提供了广阔的空间，而社会资源转化为旅游产品工程的推进，则为旅游乘数效应变量由1∶7向更高的变量发展提供了现实的保障。杭州作为旅游目的地城市，由于上述行业的旅游化、兼融化，引导游客消费结构和层面提升，使游客消费需求综合化、多样性成为可能，遂使这些行业的受益面和获利率得到很大程度的提高。由于获益驱使，这些行业不断开发出更新颖、更适销对路的旅游产品，扩大和促进消费增长，从而形成良性循

环,乘数效应变量不断发生变化。

（资料来源：刘政奇：《旅游业对相关行业经济发展的乘数效应》，载《中国旅游报》，2010年4月2日。）

案例思考

1. 哪些因素会影响旅游乘数效应？
2. 结合杭州经验谈一谈如何有效发挥旅游乘数效应。

第九章

旅游经济结构与优化

学习引导：

旅游经济的发展既包括总量增长，又包括结构转换和效益提高，其中结构转换不仅决定着总量增长的规模和水平，而且还影响着旅游经济效益的提高。因此，本章全面阐述了旅游经济结构的特征和内容，并重点对旅游经济结构中的核心部分——旅游产业结构和区域结构进行了深入的研究，分析了影响旅游产业结构和区域结构的各种因素，并在此基础上探讨了旅游经济结构合理化的标准及对策措施。

学习目标：

通过本章学习，应重点掌握以下知识要点：

（1）旅游经济结构的特征及内容；

（2）旅游产业结构；

（3）旅游区域结构；

（4）旅游经济结构的合理化。

素养目标：

主要聚焦引导学生建立服务区域经济社会发展的使命担当。在讲授旅游区域结构和旅游经济结构合理化时，通过实例引导学生客观认识我国不同区域旅游发展不均衡的问题，了解我国旅游业发展在促进贫困落后地区发展和全面脱贫攻坚中发挥的重要作用，引导学生树立服务国家、服务社会、服务旅游发展的责任感，激发学生学以致用、学以报国的理想和情怀。

第一节　旅游经济结构的特征及内容

一、经济结构的概念

结构是指事物或系统各组成部分的比例及构成的状况。凡有系统，必有结构，结构和系统是相互联系、互有区别的概念。结构存在于系统之中，系统由结构所组成，结构的性质特征及运行规律决定着系统的功能及特点。一个社会的经济是一个大系统，经济结构就是国民经济系统各组成部分的比例、构成及其相互联系、相互作用的内在形式与状况。

经济结构有狭义和广义之分。狭义的经济结构是指生产关系，即人们在自己生活的社会生产中发生一定的、必然的、不以他们的意志为转移的关系,即同他们的物质生产力的一定发展阶段相适合的生产关系。这些生产关系的总和构成社会的经济结构。马克思所作的这个定义,是从生产力和生产关系相互作用方面来着重研究作为生产关系总和的经济结构。而广义的经济结构则是把生产力和生产关系统一起来的社会经济结构。马克思认为,生产的承担者对自然的关系以及他们互相之间的关系,他们借以进行生产的各种关系的总和,就是从社会经济结构方面来看的社会。显然,马克思在这里讲的经济结构,既包括生产关系,又包括生产力。因此,广义的经济结构反映国民经济系统在总体上由哪些部门构成,具有哪些层次、要素和特点;反映各部门、各层次、各要素之间是如何相互关联地组成一个有机整体;反映国民经济系统内部及整体运动和变化的形式、规律及内在动力等。所以研究经济结构,有利于从经济系统的内在特征,动态地考察社会经济的运行过程和状态,从而揭示社会经济运行的规律和趋势。

二、旅游经济结构的特征

旅游业是国民经济大系统中的一个子系统,具有其自身的结构。旅游经济结构是指旅游业内部各组成部分的比例关系及其相互联系、相互作用的形式。同国民经济大系统和其他子系统相比较,旅游经济结构既有一般经济结构所具有的共同特征,又有其特有的典型特征,具体可概括为以下几点。

(一) 整体性

旅游业是一个综合性的经济产业,其由食、住、行、游、购、娱等要素所组成,每种要素都体现了旅游业的一个部分或方面,是从属于旅游业这个整体的。由于各组成要素的性质和特点,使任何一个组成要素都不能代替由它们所组成的旅游经济结构,因此,旅游经济结构不是各组成要素的简单相加,而是根据旅游业整体发展的需要,按照各要素之间相互联系、相互作用的特点和规律性,形成合理的比例及构成状况,从而发挥出旅游经济的综合性功能。

(二) 功能性

结构和功能是密切相关的,结构决定功能,功能又促进结构的变化。不同的经济结构会产生不同的功能,以及不同的属性和效益。例如,我国传统的旅游经济结构是以观光型旅游为主的,因此其属性、功能及效益也是同观光型旅游相联系的。随着社会经济的发展,人们的旅游需求有了新的变化,要求从观光型旅游向度假、娱乐型旅游发展,必然要求对旅游经济结构进行调整,以提供满足人们新需求的功能。因此,判别旅游经济结构功能好坏的标准,就是看这种旅游经济结构能否形成一种自我协调、具有充分活力的经济系统,从而能够有效地提供满足人们不断变化需求的功能,促进社会生产力的发展。

(三) 动态性

由于旅游经济系统各要素、各部门及其相互关系是不断变化的,因此旅游经济结构也是不断发展变化的。这种变化不仅有量的变化,而且有质的变化。旅游经济结构量的变化一方面表现为规模的增长,另一方面表现为各种比例关系的变化。通过对旅游经济结构量的分析,可以把握旅游经济结构在旅游经济发展规模和速度方面的适应性。旅游经济结构质的变化主要表现在旅游经济的效益和水平上,并通过各种量的指标反映出来,但总体表现为旅游业的综合发展水平和不断提高的经济效益。由于旅游经济结构的变动是十分复杂的,

因此必须注意分析影响旅游经济结构变动的各种因素,适时进行调整,提高旅游经济结构的动态适应性。

（四）关联性

旅游经济结构区别于国民经济结构和其他子系统结构的最显著特征就在于其关联性较强。从旅游业食、住、行、游、购、娱六大要素看,任何一个要素的有效供给都离不开其他相关要素的配合;从旅游产业中的旅行社、旅游饭店和旅游交通三大支柱看,任何一个部门的发展都必须以其他部门为条件。总之,旅游经济结构较强的关联性,使组成旅游经济结构的各部门、各要素的协调发展成为旅游经济结构协调的重要内容。其中任何一方面的发展薄弱或不协调,都会影响到旅游经济整体发展的规模、效益和水平。

三、旅游经济结构的内容

旅游经济活动涉及众多要素,而各种要素之间、要素内部都有相应的结构。因此,从旅游经济活动的要素分析出发,旅游经济结构一般可分为旅游市场结构、旅游消费结构、旅游产品结构、旅游产业结构、旅游区域结构、旅游投资结构、旅游经济管理结构等。

（一）旅游市场结构

旅游市场结构反映的是旅游产品在供应和需求之间的规模、比例及相互协调性,以及各种旅游客源市场之间所形成的比例关系。旅游需求是指旅游者对旅游产品具有支付能力的需求总和。由于旅游者收入、闲暇、爱好、职业、年龄、修养等方面的差别,使旅游者的需求也各不相同,从而要求旅游供给者提供多种类型的旅游产品以满足旅游者多样化的需求。旅游供给是旅游经营者在一定时期内向旅游者提供的各种旅游产品的总和,包括各种旅游景观、旅游设施、旅游服务等。旅游需求与供给都有一定的时空变化,因而旅游供给和需求一旦在数量、规模和比例上相互适应,就实现了旅游市场结构的协调,从而促进旅游经济的发展。但由于旅游需求变动性较大、旅游资源分布的不均衡性,以及旅游活动的季节性等因素的影响,旅游供给和需求在数量、规模、层次及比例上往往难以相互适应。因此,为了提高旅游经济效益,避免旅游资源浪费或供给不足,就必须根据实际情况对旅游市场结构中出现的不协调现象进行适当的调整,以满足旅游经济发展对旅游市场结构的要求。

对旅游市场结构进行调整,首先应研究旅游需求结构、旅游供给结构和旅游供求相适应的结构状态。从旅游需求结构看,要着重研究国际旅游市场和国内旅游市场的构成及分布状况;着重研究不同性别、年龄、阶层和职业的旅游者构成及需求状况;着重研究不同季节、不同旅游方式(如团队、散客)的需求结构状况等。从旅游供给结构看,要着重研究旅游资源的类别和性质,以便开发出具有特色的旅游景观;要研究各种旅游设施的规模、水平和比例,以便形成有效的综合接待能力;要研究各种旅游服务的质量及内容,不断提高服务水平,更好地满足旅游者的需求。从旅游供给与需求相适应的情况看,要研究在完全竞争、完全垄断及垄断竞争等不同市场结构下,市场供求变化及竞争的特点。通过以上研究,针对旅游市场供求变化,从而为形成供求适应的市场结构,探寻宏观管理的政策及微观经营的对策和策略提供依据。

（二）旅游消费结构

旅游市场结构中的旅游需求也具有一定的内在结构,这就是旅游消费结构。旅游消费结构是指旅游者在旅游过程中所消费的各种类型旅游产品及相关消费资料的比例关系,以及旅游者的不同消费层次及水平的比例关系。不同旅游产品及其要素的消费类型主要包括食、住、行、游、购、娱等方面的消费;而不同消费层次及水平的消费类型则主要包括高档消费、中档消费、低档消费或舒适型消费、经济型消费等。因此,研究消费结构对进行旅游产品结构的调整,以便有的放矢地开发适销对路的旅游产品具有十分重要的意义。

研究旅游消费结构,一是要对旅游消费构成进行分类,以掌握各种消费资料的构成状况及消费水平;二是要研究影响旅游消费结构的各种因素及影响程度;三是在以上研究分析的基础上,探寻实现旅游消费合理化的途径和措施。

(三)旅游产品结构

旅游产品是指为旅游者开展旅游活动提供的各种产品和服务的总和,它是由各种要素所组成的综合性产品,包括各种旅游景观、旅游交通、娱乐、餐饮、住宿及旅游购物等。此外,综合性的旅游线路产品也有不同的规模、不同的日程等,这些不同旅游产品及要素之间的各种组合关系就构成了旅游产品结构。

由于旅游产品具有不同于一般商品的特点,因而研究旅游产品结构也应从不同的方面来掌握。一是从要素结构入手,研究旅游景观、旅游设施、旅游服务及旅游购物品各自的规模、数量、水平及结构状况,从而把握住各种要素的特点及供给能力,为开发旅游产品奠定基础。二是从旅游产品结构入手,研究各旅游要素的组合状况,即以旅游景观为基础,研究各种自然风景和人文风情资源的有机组合,各种旅游设施和旅游服务的配备比例,从而组合成综合的旅游产品,形成一定区域内旅游活动的行为层次结构。三是从旅游产品组合结构入手,研究各种旅游线路的设计与旅游产品的有机组合。通过旅游线路,把各个区域旅游产品及一些专项旅游(如会议、探险、考察、体育等)有机结合起来,向旅游者提供具有吸引力的综合性旅游产品。

(四)旅游产业结构

旅游产业结构是指以食、住、行、游、购、娱为核心的旅游业内部各大行业间的经济技术联系与比例关系,也就是旅游业的部门结构。由于旅游经济具有综合性的特点,从而决定了旅游产业结构具有多元化的性质。一般来讲,旅游业主要包括旅游交通、旅游饭店和旅行社,它们被誉为旅游业的三大支柱。但是,从旅游业的六大要素看,旅游产业还应包括旅游娱乐业、旅游购物品的生产与经营部门、旅游资源开发与经营管理部门等。从更广泛的角度看,旅游产业还应包括旅游教育培训部门、旅游研究和设计规划部门等。只有从大旅游观的角度来认识旅游产业结构,才能提高对旅游经济重要性的认识,从而确立旅游业在国民经济中应有的地位。

从旅游经济综合性角度研究旅游产业结构,主要应从以下三个方面考虑。一是应着重分析旅游业内部各部门结构的发展规模、水平及相互之间的联系和比例关系,考察旅游产业结构的综合能力及协调性等。二是从市场结构出发,研究旅游产业结构的合理化,分析影响旅游产业结构合理化的各种因素,以及可能采取的对策及措施。三是从旅游经济发展的角度,研究和探讨旅游产业结构高度化的趋势和可能性,探讨旅游产业结构高度化的途径、对策及措施等。

(五)旅游区域结构

旅游业的发展总是在一定地域空间中实现的,因此旅游区域结构的状况及变化,是进一步分析和认识旅游经济发展的重要依据。旅游区域结构,是指从地域角度所反映的旅游客源市场,以及旅游区的形成、数量、规模及相互联系和比例关系。通过对旅游区域结构的研究,不仅有利于掌握不同区域客源市场的需求状况,不同旅游区的特点及构成,而且有利于从宏观和微观角度进行合理的旅游产业布局,提高旅游经济的整体水平及综合效益。

从旅游经济角度看,旅游区域结构应着重研究以下几个方面的内容。一是要研究旅游区域的市场结构,即对国际和国内不同区域的旅游市场需求和供给进行研究,研究不同区域市场的需求特点、需求规模及水平,以便有针对性地提供合适的旅游产品。二是要研究旅游区特点与构成,通过运用区划理论分析各旅游区的特色与发展方向,明确各旅游区开发重点与旅游形象塑造,探讨旅游区的总体构成及相互之间的联系和互补关系,形成既有层次又浑然一体的旅游总体形象。三是要研究旅游产业布局,通过对旅游区的研究,掌握旅游产业布局的原则,分析旅游区域布局的影响因素,探寻旅游业合理布局的内容和方法,促进旅游产业布局的合理化。

(六) 旅游投资结构

旅游投资结构对旅游市场结构、旅游消费结构、旅游产品结构、旅游产业结构、旅游区域结构等都会产生不同程度的影响。旅游投资结构即指投资额在不同旅游建设项目之间的比例关系。旅游建设项目从不同角度可分为不同的类型:从建设内容角度可分为旅游基础设施项目、景区项目、旅游饭店项目、旅游教育项目、旅游交通项目、旅游购物开发项目、旅游环境保护项目等;从项目规模角度可分为大型、中型、小型项目;从建设项目的性质角度可分为新建项目、改建项目、续建项目、扩建项目;从地区分布角度可分为旅游业发达地区项目、欠发达地区项目、不发达地区项目;从旅游投资来源角度可分为国家投资项目、地方政府投资项目和旅游企业投资项目。由于投资的目的、方式、途径各不相同,故不同投资来源的旅游投资结构也不同。旅游投资结构的安排要充分考虑市场因素,并从旅游业发展的角度来综合分析,最终确定合理的旅游投资结构。

(七) 旅游经济管理结构

旅游经济管理结构是从生产关系角度研究旅游经济的所有制结构、企业规模结构和相应的体制结构等。旅游经济所有制结构,反映了旅游业所有制关系的构成及比例。因此,分析旅游经济的所有制结构特点、运行状况及发展趋势,既有利于坚持社会主义方向,又有利于不断改革开拓,促进旅游经济的进一步发展。旅游企业规模结构,反映了旅游企业大、中、小结构比例和旅游企业集团化发展的状况。从国际旅游业发展的情况看,一方面,旅游企业大、中、小规模结构是由客观条件所决定的,是在市场竞争中,通过竞争淘汰、新建而逐步形成相对稳定的大、中、小企业规模结构;另一方面,旅游企业遵循集中化的市场竞争要求,逐步形成一些紧密型的企业集团,如饭店管理公司、旅游集团公司等,从而提高旅游企业的竞争力和经济效益。旅游经济体制结构,是从宏观角度所表现的有关旅游业的政策保障体系、行业管理体制及实施手段体系的状况。随着经济体制改革和我国旅游经济的发展,我国旅游经济体制正逐步形成以行业管理为主,集旅游政策保障体系、旅游法律法规体系和旅游宏观调控体系为一体的旅游经济管理体制。

第二节　旅游产业结构

一、产业结构的分类

产业结构是按照产业部门分类形成的社会生产结构。从国民经济系统看,不同的分类方法可以将国民经济体系划分为不同的产业结构,而主要的分类方法有以下几种。

（一）按再生产理论分类

按照再生产理论,可将社会生产划分为生产资料生产和生活资料生产两大部类,每一部类生产的价值都可分为不变资本、可变资本和剩余价值三部分。通过分析两大部类之间错综复杂的关系,揭示实现简单再生产和扩大再生产的条件,从而为科学地划分产业部门和建立合理的产业结构提供基本的理论和方法。

（二）按社会分工分类

按照社会分工,可将社会生产划分为第一产业、第二产业和第三产业。第一产业是大农业（包括采掘业）；第二产业是加工业和建筑业；第三产业是第一、第二产业以外的,以服务业为主的其他产业。三次产业分类法突出了以服务业为主的第三产业在社会经济中的重要地位和作用,揭示了产业结构演进的规律性和经济发展的内在联系,为产业结构的合理化提供了科学的理论指导。

（三）按产业发展顺序分类

按照产业发展顺序,可将社会生产划分为基础产业、先导产业和支柱产业。基础产业是指为社会生产提供必需条件的基础设施和生产部门,如交通、能源、邮电、通信和教育部门等。先导产业是指能够带动和引导整个国民经济发展的关键部门。支柱产业是指在国民经济中具有重要地位,并对经济发展产生重大推动和支撑作用的部门。其结构演进遵循动态比较利益原则和收入弹性基准、生产率上升基准等要求,一般是基础产业超前发展,先导产业重点发展,支柱产业稳定发展。

（四）按生产要素分类

按照生产要素投入,可将社会生产划分为劳动密集型产业、资本密集型产业和技术（知识）密集型产业。这种产业结构分类可视不同时期经济发展水平、条件和目标而有所侧重,但一般规律是逐渐从劳动密集型产业向资本密集型产业和技术密集型产业发展。

（五）按产业发展阶段分类

按照产业发展阶段,可将社会生产划分为传统产业和新兴产业。新兴产业适应经济发展的要求,代表了产业发展的方向,因而应大力发展；传统产业逐渐不适应经济发展的要求,因而要逐步改造或淘汰。

二、旅游产业结构的分类

在国民经济体系中,旅游业属于第三产业中的一个综合性产业。改革开放以来,随着我

国旅游业的迅速发展,特别是我国经济体制下较高的资源动员能力和社会组织化水平,使旅游产业结构适应国际和国内市场的需求而快速形成。尽管目前旅游产业结构在国民经济新旧体制转换的格局中,尚需不断调整和完善,但已初步形成了在市场经济条件下,作为一个新兴产业所具有的产业结构雏形。概括起来,旅游产业结构可大致分类如下。

(一)旅行社

旅行社是依法成立,专门从事招徕、接待国内外旅游者,组织旅游活动,收取一定费用,实行自负盈亏,独立核算的旅游企业。旅行社作为旅游业的"龙头",不仅是旅游产品的设计、组合者,同时也是旅游产品的营销者,在旅游经济活动中发挥着极为重要的作用。因此,旅行社发展的规模、经营水平及其在旅游产业结构中的比重,直接对旅游经济发展产生重要影响。

(二)旅游饭店

旅游饭店是为旅游者提供食宿的基地,是一个国家或地区发展旅游业必不可少的物质基础。旅游饭店数量、饭店床位数多少标志着旅游接待能力大小;而旅游饭店的管理水平高低、服务质量好坏、卫生状况及环境的优劣,则反映了旅游业的服务质量高低。因此,旅游饭店业在旅游产业结构中具有十分重要的地位,没有发达的、高水平的旅游饭店业,就不可能有发达的旅游业。

(三)旅游交通

旅游业离不开交通运输业,没有发达的交通运输业就没有发达的旅游业。旅游交通作为社会客运体系的重要组成部分,不仅满足旅游产业发展的要求,同时又促进社会交通运输的发展。特别是旅游交通运输要满足旅游者安全、方便、快捷、舒适、价廉等方面的需求,就要求旅游交通不仅具有一般交通运输的功能,还要具有满足旅游需求的功能,从而要求在交通工具、运输方式、服务特点等方面都形成旅游交通运输业的特色。

(四)旅游资源开发

旅游资源开发包括对各种自然旅游资源、人文旅游资源及文化娱乐资源的开发及利用,并形成一定的旅游景观、旅游景区及各种旅游产品和组合。目前,虽然全国各地都投入了很大力量进行旅游资源开发,从而形成了一批在国际上有一定知名度和吸引力的旅游景点、旅游景区(包括风景名胜区、度假区等)和旅游线路,但从整体上还未把旅游资源开发作为旅游产业结构的一个重要的组成部分来看待。不仅在旅游资源的开发建设上没有专门、统一的规划和建设;而且在行业管理上也政出多头,缺乏统一的宏观协调和管理,从而导致旅游景区、景点建设的滞后。因此,必须把旅游资源开发纳入旅游产业结构中,加快开发和建设。

(五)旅游娱乐

旅游是一种以休闲为主的观光、度假及娱乐活动,因而丰富的旅游娱乐是旅游活动中的重要组成部分。随着现代科技的发展,旅游娱乐业在旅游产业结构中的地位正日益上升,旅游娱乐业在增强旅游产品吸引力、促进旅游经济发展方面的作用也不断增强。

(六)旅游购物

旅游购物是旅游活动的重要内容之一。随着现代旅游经济的发展,各种旅游工艺品、纪念品、日用消费品的生产和销售正不断发展,形成了商业、轻工业、旅游业相结合的产销系统和大量的网点,不仅促进了旅游经济的发展,也相应带动了民族手工业、地方土特产品等轻工业、手工业的发展,促进地方经济的繁荣。

综上所述,旅游产业结构可划分为旅行社、旅游饭店、旅游交通、旅游资源开发、旅游娱乐、旅游购物六大产业部门。此外,从大旅游的角度看,旅游产业结构还可以包括旅游教育和培训、旅游规划与设计、旅游研究与咨询以及旅游行政管理等部门,这样才能全面、综合地反映整个旅游经济发展的状况及态势。

三、影响旅游产业结构的因素

要实现旅游产业结构的合理化,首先必须分析影响旅游产业结构及其变化的因素。影响旅游产业结构的因素是很复杂的,通常可从以下几个方面进行分析。

(一)需求因素

需求是决定产业结构并影响其变化的主要因素。不能满足需求的生产,不适应消费结构的产业结构都不能使社会生产形成良性循环。旅游业是以满足人们的需求为主要目标的,因而国内外旅游需求的变化,旅游需求的发展方向和水平,不仅决定着旅游经济的发展方向和水平,也决定和影响着旅游产业结构的变化及发展。

需求因素对旅游产业结构的决定和影响主要反映在消费需求和投资需求两大方面。从消费需求方面看,旅游者的消费需求直接影响旅游产业结构的变化。因为,旅游者对某种旅游产品的需求增加,必然相应引起该产品供给的增长,从而影响到旅游产业部门内部结构的变化,促使旅游生产经营者尽力形成适应旅游消费需求的产业结构。从投资需求方面看,投资结构的变化是直接影响旅游产业结构变化的重要因素。投资结构作为一种流量结构,在旅游消费需求的拉动下,对旅游产业的资本存量结构产生影响,从而影响到旅游产业结构的变化和发展。

(二)资源因素

旅游资源对旅游产业结构的影响是至关重要的。传统观点认为,旅游资源主要是自然旅游资源和人文旅游资源。而现代观点认为,旅游资源还应包括人才、信息、智力、资金等。通常,一个国家生产力越不发达,则本国的自然资源对产业结构的决定及影响作用就越大。因此,许多发展中国家的旅游产业结构,在很大程度上取决于该国的旅游资源状况,尤其是自然旅游资源和人文旅游资源的状况和结构。而许多发达国家,则不仅能有效地利用本国资源,而且能采取种种方法去利用其他国家的旅游资源,提高本国旅游产品的吸引力。

分析资源因素对旅游产业结构的决定和影响作用,首先,应分析一国所拥有的自然旅游资源和人文旅游资源的状况,分析这些旅游资源的规模、品位及特点,以开发具有特色的旅游产品。其次,要分析资金和劳动力的状况,不仅分析资金和劳动力拥有的数量对旅游产业结构的影响,还要分析劳动力质量对旅游产业结构的影响,提高对资金、劳动力资源要素的投入。最后,要分析智力和信息资源的状况。旅游是一种满足人们身心需求的高层次活动,因而智力资源的开发不仅能更广泛地利用自然与人文旅游资源,还能创造出新的资源,组合成颇具吸引力的旅游产品。智力资源的开发越好,则旅游产品的形象就越好,吸引力就更大。而要有效地开发智力资源,就离不开充分的信息资源。特别是在瞬息万变的国际旅游市场中,及时、准确地掌握市场信息及相关信息,不仅对形成合理的旅游产业结构具有重要的影响作用,而且对旅游经济的良性循环发展也是非常重要的。

(三)科技因素

科技进步是旅游产业结构演进的主要推动力,其主要表现在两方面。一方面,科技进步直接决定和影响着旅游产业结构的变动及发展,例如技术进步改变了对旅游资源开发和利用的具体方式和效果;促进了交通工具和通信手段的现代化,为旅游活动的有效进行提供先进的工具和手段;加快了旅游设施的建设和改善了旅游服务的质量,丰富了旅游活动的内容;提高了旅游产出的经济效益,从而直接对旅游产业结构产生影响。另一方面,技术进步也刺激着需求结构的变化,从而对旅游消费需求和投资需求结构产生影响,增强了对旅游产业结构的拉动力,促使旅游经济在科学技术进步的基础上实现质的飞跃,充分有效地利用现代科学技术。此外,科学技术的进步还表现在对旅游业的经营、管理和组织等方面的"软"技术的积极作用。特别是在我国建立社会主义市场经济的过程中,在各种旅游"硬"技术逐渐完善的条件下,经营、管理和组织等"软"技术将在旅游产业结构的合理化中发挥着十分重要的作用。

(四)政策和体制因素

政策和体制不仅影响着旅游产业结构的变化,而且直接为旅游产业结构的合理化创造条件。从政策角度讲,国家对旅游产业的重视和相应的政策、法规,不仅对旅游经济的发展具有促进和制约作用,同时也对旅游产业结构的变动及发展具有影响和调控作用。特别是目前国家按照经济发展与产业结构演进规律所制定的加快发展第三产业的改革和大力发展旅游业的政策,都将促进旅游产业结构的合理化。从体制角度看,我国旅游经济体制是最早适应市场经济要求,与国际旅游市场接轨的,许多经营方式和管理模式已大量借鉴了国际惯例和适应现代市场经济的要求。但也要看到传统经济体制的弊病及其影响也对旅游经济发展和旅游产业结构的变化产生着影响。因此,加快旅游经济体制的改革,实现旅游产业结构的合理化,对旅游经济持续稳定发展都具有十分重要的作用。

第三节 旅游区域结构

一、旅游区域结构的概念

一个国家的经济发展及产业布局总是离不开一定的地域空间。只有对各个产业和企业在地域空间上进行合理的配置和布局,才能实现生产力的合理组织,最终实现经济的效率目标与空间平等目标的和谐统一。因此,所谓旅游区域结构是指在一定范围内旅游业各要素的空间组合关系,即旅游业的生产力布局。旅游区域结构是一个多层次、综合性的结构体系,它反映的是旅游要素的空间分布与布局、功能分区以及要素与地区间的空间联系状态等。

旅游区域结构一般包括各旅游要素的区域结构和综合旅游经济区域结构。旅游要素区域结构包括旅行社区域结构、旅游饭店区域结构、旅游交通区域结构、旅游商品区域结构、旅游资源区域结构、旅游市场区域结构、旅游流区域结构,以及旅游投资区域结构等。旅行社区域结构是指旅行社在不同地区的配置情况,包括不同数量、规模、性质的旅行社在不同地区的布局特点以及区域内各旅行社的协作发展关系。旅游饭店区域结构是指根据旅游资源的分布及旅游市场需求特点而形成的地区分布格局,其中旅游资源集聚地的分布特点对旅游饭店区域结构具有决定性的影响作用,因为大多数旅游者总是投宿到距旅游景区、景观较近的旅游饭店。旅游交通的地区差异同时受旅游资源与旅游客源分布的影响,一般在旅游景观附近的分布密度较大,从而决定了旅游交通的运力、规模及水平。旅游商品的地区分布不仅和旅游资源的分布相关联,而且同各地区其他产品生产,特别是名特土产品相关,从而形成不同地区旅游商品的分布特色。旅游市场和旅游流的区域结构反映了旅游者的分布及其变化特征,它对各旅游供给因素特别是旅行社、旅游饭店、旅游交通的合理布局具有很大的引导作用。旅游投资区域结构是指资金在各旅游区域的流动及分布关系,它取决于不同地区经济的发展速度、资源特征、经济政策等区域特点。旅游投资必须以有限的资金取得较高的综合经济效益,因而提高资金利用效率对旅游投资区域结构具有重要的意义。旅游资源区域结构是以旅游资源的自然属性为主得出的旅游资源空间分布状况及特色,它是以自然资源本身的性质、特点、数量、质量为依据划分的,是综合旅游经济区域结构的基础。

把上述各种因素结合起来,就形成综合旅游经济区域结构,其是整个旅游经济的空间分布格局。根据各地区旅游经济综合特征的相似性与差异性程度,即可将整个地区分成若干个旅游经济区,每个经济区之下可进一步划分出不同的旅游经济区。

二、合理布局旅游生产力的意义

研究区域旅游结构,合理布局旅游生产力,不仅对充分发挥各地旅游资源优势,促进旅游经济的协调发展具有十分重要的意义,而且对制定合理的区域旅游经济发展战略和旅游产业地区政策也具有重要的意义。具体表现在以下几个方面。

(一)有利于综合利用旅游资源

合理布局旅游生产力,有利于充分有效地利用全国各地的旅游资源、经济资源和劳动力资源,发挥我国地域辽阔、资源丰富的优势,调动各地区、各企业的积极性,促进旅游经济的发展,增强旅游业的发展后劲。

(二)有利于区域经济的平衡发展

合理布局旅游生产力,有利于以有限的资金投入,促进旅游经济的最佳地域组合,促进旅游区域的联合与协作,从而提高旅游经济的综合效益,带动少数民族地区和经济不发达地区的社会、经济和文化的发展,促进空间经济均衡发展和平等化。

(三)有利于旅游经济的持续发展

合理布局旅游生产力,有利于保护环境和生态平衡,保障城乡居民生活环境和质量,保护旅游业赖以生存和发展的自然物质基础,保证旅游经济与环境保护有机协调起来,以旅游开发促进环境保护,以环境保护促进旅游发展,形成旅游经济发展与环境保护的良性循环,实现旅游经济的可持续发展。

(四)有利于加强宏观调控

合理布局旅游生产力,有利于在建设社会主义市场经济体制中,充分发挥政府宏观调控的主体作用,通过制定旅游区域经济政策,为不同地区、不同发展阶段的旅游经济提供政策依据及战略指导,使不同地区从旅游市场出发,结合自身的资源优势,制定旅游业发展规划,促进旅游经济的发展。

三、影响旅游区域布局合理化的因素

旅游区域布局是从总体上对旅游生产力体系的地域空间配置,因此要实现旅游区域布局的合理化,就必须分析和考虑影响旅游区域布局的主要因素,这些因素有资源因素、区位因素、市场因素、社会经济因素及政策、法规因素等。

(一) 资源因素

任何产业部门的区域布局都必须以可靠的资源为保证,否则就会使该产业的发展陷入盲目。旅游资源是旅游业赖以生存和发展的物质基础,其所具有的数量和质量不仅决定着旅游经济的发展规模及水平,而且决定着旅游产业的合理布局。通常,具有"垄断性"的旅游资源,有较高的开发价值并往往发展成旅游业的"增长点"。因此,正确认识和分析不同地区的旅游资源品位、特点、分类及规模,是建立合理的旅游产业布局,确定旅游投资规模及资源开发时序,提高旅游区域布局效益的重要途径之一。

(二) 区位因素

区位因素是影响各经济产业合理布局的重要因素之一。通常,优越的区位优势不仅为旅游经济活动提供有利条件(如通达性、便捷性等),而且对旅游产品的形成及旅游产业的布局都具有重要影响。例如,我国东部沿海地区虽然旅游资源条件并不丰富,但拥有良好的区位条件,又是经济较发达的地区,从而拥有大量的客源市场,促进了沿海地区旅游经济的发展。但是,我国中、西部地区,特别是经济不发达的内陆地区,虽然拥有大量较高品位和质量的旅游资源,但受区位条件的限制,使旅游经济的发展缓慢。尽管随着生产力的发展和现代科学技术的进步,使交通、运输、通信等条件有了改善,相应削弱了区位条件的影响,但区位因素仍是旅游区域布局中一个不可忽视的重要因素。

(三) 市场因素

市场经济作为社会经济运行方式和社会资源配置机制,要求一切经济活动都以市场为轴心,按照市场经济规律对社会经济活动进行调节和控制。旅游经济是一种以市场为导向的经济,因而其整个经济运行都必须围绕市场来进行。首先,从需求角度看,一个地区旅游业发展的规模和水平表现在其对旅游客源市场的拥有程度上,而客源地的数量、客源地的社会经济发展水平和客源地游客出游人数等,都决定着一个地区旅游经济的发展速度和规模。其次,从供给角度看,一个地区旅游市场的大小还取决于其旅游产品供给及旅游服务水平,它不仅决定着该地区旅游市场接待规模,也决定着旅游市场的发育及旅游经济效益的提高。因此,在考虑旅游区域布局时,一方面要考虑不同地区、不同发展阶段的旅游客源市场的对象、范围及变化趋势,从而把握旅游市场的容量大小。另一方面又要根据旅游需求,合理部署旅游资源的开发及旅游产品的供给,从而形成合理的旅游区域市场定位,为合理的旅游区域布局提供依据。

(四) 社会经济因素

一个地区社会经济发展水平及其为旅游业发展所提供的有利条件或限制因素,直接影

响到该地区旅游产业布局及旅游经济的发展。通常,发达的经济条件更容易为旅游业提供各种基础设施、交通运输手段及财力资源,并且往往具有较高的旅游服务和管理水平,从而增强了旅游目的地的吸引力,促进旅游业经济效益和社会效益的提高。例如,我国东部沿海地区及大多数中心城市,都具有较发达的社会经济,从而也成为旅游经济较发达的地区。而经济不发达地区,虽然拥有丰富的旅游资源,但缺乏开发的能力及相配套的社会经济条件,无法尽快转化为经济优势,使旅游经济的发展较为缓慢。因此,在考虑旅游区域布局时,除了考虑资源、区位及市场因素外,也要充分重视不同地区社会经济的发展水平,适度超前发展旅游业。通过旅游业带动地方经济发展,同时又根据不同发展阶段的社会经济状况,合理地进行旅游区域布局,使旅游经济与社会经济发展和谐统一。

(五)政策、法规因素

经济政策和法律、法规是政策部门的重要调控手段之一。运用经济政策和法律、法规,不仅能加快旅游资源的优化配置,促进旅游经济在数量扩张、结构转换和水平提高等方面同时发展,实现旅游经济的良性循环,而且有利于促进旅游经济布局的合理化,减少地区间经济差异,实现总体效率与空间平等的统一。尤其旅游业是以市场为导向的经济产业,如果没有国家从政策和法律、法规等方面给予宏观的指导和调控,旅游业不仅不能快速发展,而且也不可能得到健康的发展。因此,在考虑旅游区域布局时,一方面要从旅游经济总体发展的需要出发来制定有利于旅游区域布局合理化的产业政策和法律、法规,引导旅游区域布局的合理化;另一方面,又要根据已有的产业政策及法律、法规要求,合理地进行旅游产业的区域布局,从而促进旅游经济健康、持续发展。

第四节 旅游经济结构合理化

一、旅游经济结构合理化的意义

旅游经济结构合理化是指为保证旅游业持续稳定发展,使旅游经济活动中各种因素或结构之间在各种数量、规模的比例方面形成一种动态协调,以有利于旅游经济顺利发展。

旅游经济结构合理化具体包括上述各种结构都必须处在合理的状态,而且各种结构之间的相互作用、制约的关系必须有利于各种结构保持合理的状态。其中旅游供需结构、旅游产业结构和旅游区域结构的合理化又在整个旅游经济结构的合理化内容中居于重要地位。旅游经济的持续发展取决于旅游经济结构的合理化,而旅游经济结构的合理化不仅是旅游经济发展的战略目标,而且是旅游生产力体系形成的要求,是旅游经济实现良性循环发展的根本保证。

(一)旅游经济结构合理化是旅游经济发展的战略目标

在传统的经济体制下,人们往往把经济发展的总量增长和速度作为经济发展目标,因而在讲到旅游经济发展战略目标时,也往往过分强调指标和增长速度,忽略了旅游经济结构和效益。事实上,经济总量的增减和发展速度的快慢不一定反映生产力水平的提高或降低,而经济结构的优劣则明显反映出生产力水平的升降和经济效益的好坏。因此,"速度型"的旅游经济增长未必带来经济效益的提高,相反会引起投入量的增加和结构失衡,最终使整个旅游经济发展不协调;而"结构型"的旅游经济增长依赖于技术进步和结构优化,结构合理了,既有速度,又有效益,从而能实现旅游经济长期稳定协调地发展。因此,必须把旅游经济结构的合理化作为经济发展的战略目标,通过经济结构的合理化和优化来求速度、要效益,才能促进旅游经济稳定协调地发展。

（二）旅游经济结构合理化是旅游生产力体系形成的要求

生产力经济学认为,生产力是由相互联系、相互依存、相互制约的各种因素所构成的有机整体,各个因素必须质量相适应,数量成比例,序列有秩序,才能形成合理的生产力结构,才能有效地实现人与自然之间的物质变换过程。否则,就不能形成合理的结构,不能构成有效的生产能力。旅游业是一个综合性的经济产业,旅游经济各部门、各要素的发展规模、速度和水平,如果不能相互适应,形成一定的数量比例和合理的序列结构,就不能形成旅游生产力体系,从而就不能发挥出应有的功能。因此,要促进旅游经济的发展,就必须形成有效的旅游生产力体系;而形成有效的旅游生产力体系,就必须努力实现旅游经济结构的合理化。

（三）旅游经济结构合理化是实现旅游经济良性循环发展的根本保证

旅游经济发展的良性循环通常表现为旅游经济各部门、各要素比例协调地平衡发展。如果比例不协调,经济发展大起大落,则是不良循环的反映。纵观改革开放以来我国旅游经济发展,在总体呈现高速增长的情况下,也一度出现大起大落的状况。虽然通过宏观调整的手段可以使旅游经济比例关系暂时协调,但随着旅游经济的继续增长,又会出现新的比例失调。因此,要解决旅游经济的平衡协调发展问题,还是要从旅游经济结构合理化入手。只有从根本上实现了旅游经济结构的合理化,才能使旅游经济发展实现速度适当、效益良好,最终进入持续、稳定增长的良性循环中。

二、旅游经济结构合理化的标志

旅游经济结构合理化并不是一个抽象的概念,而是有具体的评价标准的。尽管由于各个国家在旅游经济发展水平和旅游经济结构形成的历史背景方面的不同,导致各国旅游经济结构合理化的标准存在着差别,但旅游经济结构作为一种客观经济活动的实体,却有着普遍意义的合理化标准,具体表现在以下几方面。

（一）资源配置的有效性

合理的旅游经济结构应能充分、有效地利用本国旅游资源及人力、财力、物力,能够较好地利用国际分工的好处,发挥自身的优势,实现资源的最佳配置和使用。

（二）产业结构的协调性

合理的旅游经济结构应能够使旅游经济的各产业、各部门保持合理的比例关系及协调发展,能够有效地促进旅游生产、流通、分配及消费的顺利进行,从而使旅游的供给和需求处于协调的发展中。

（三）产业布局的合理性

合理的旅游经济结构应能够遵循旅游经济发展的客观要求,形成合理的旅游区和旅游产业布局,从而提高整个国家旅游经济的整体形象和综合生产能力,提高整个旅游业的综合经济效益。

（四）旅游经济发展的持续性

合理的旅游经济结构应能促进旅游经济的持续稳定发展,促进社会经济效益的不断提高,促进生态环境的保护,促使国家经济实力不断增强,并成为出口创汇的重要产业。

（五）生态环境的融合性

合理的旅游经济结构应能够促进生态环境的保护和改善,随着旅游经济的发展,不仅保护自然旅游资源和人文旅游资源不受破坏,而且进一步美化和改善生态环境,使旅游业发展与生态环境的保护有机地融为一体,实现经济、资源和环境的良性循环。

总之,合理的旅游经济结构并不是一个统一固定的模式,由于各个国家或地区自然条件、社会制度、宏观经济环境、历史发展的差异比较大,旅游经济结构合理化在不同国家、不同地区可能有不同的标准和要求。因此,建立合理的旅游经济结构,首先必须从各国、各地区的实际情况出发,在研究本国国情或本地区实际状况的基础上,建立一个既符合本国或本地区实际,又有利于进入国际旅游市场,参与国际竞争,以使旅游经济健康发展的旅游经济结构。其次,要制定有利于旅游经济结构合理化的方针、政策,为旅游经济结构的合理化进程创造一个适宜的环境。再次,要处理好宏观调控与市场调节的关系,使宏观调控内容、方向、力度与市场的需求保持协调关系,市场的调节也要有利于旅游经济结构宏观目标的实现。最后,加强对旅游经济结构的研究是旅游经济结构合理化的基础,只有深入了解、全面认识旅游经济结构的现状、特点、存在环境、优势与不足,才能提出旅游经济结构合理化的方向,制定旅游经济结构合理化的具体方案。

三、旅游产品结构的合理化

旅游产品结构合理化是指各种旅游产品之间在规模、数量、类型、层次等各种指标的比例方面形成一种协调的组合关系,其包括各种旅游产品之间要保持合理的数量比例关系,同种旅游产品不同消费层次类型之间要保持合理的数量比例关系。为了实现旅游产品结构的合理化,必须采取以下有效措施。

（一）加强旅游产品开发,形成合理的旅游产品体系

旅游产品的结构是由各单项旅游产品组合而成的,任何单项旅游产品的缺少、不足或过多都会对产品整体结构的优化产生影响。因而必须对各种旅游产品的开发予以重视,不能因收益回报少而忽视对某些旅游产品的开发,也不能因某种旅游产品的收益大就一哄而上。有些旅游产品特别是旅游景区、景点,一旦经过开发引导,就成为旅游产品结构中不可缺少的重要的一环,若开发不足,势必会降低旅游产品的吸引力。因此,必须加快旅游产品的开发,完善旅游产品结构,形成完整的旅游产品体系。

（二）优化旅游产品的结构

旅游产品结构不是一个静止的结构,而是在不断运动和变化。随着旅游者需求的提高,会对产品类型和产品层次提出新的要求。如旅游者由观光旅游需求变为对度假旅游的需求;由对普通交通工具的需求而变为对高级交通工具的需求等。各种旅游需求的变化要求时刻跟踪旅游市场的变化,对旅游需求结构做出准确的预测,并适时调整现有旅游产品结

构。此外,为延长现有旅游产品的生命周期,也要注意对现有旅游产品的挖掘更新和提高工作,进行深层次开发,创造出新的价值,在满足旅游需求的同时,保持旅游产品结构的优化。

(三)要注意协调旅游重点产品与一般产品的关系

旅游资源是旅游活动产生的原动力,因此,它在旅游产品结构中占有举足轻重的地位。旅游资源开发及其内部结构的优化是整个旅游产品结构优化的重要组成部分。在旅游资源开发中既要重视对具有特色及吸引力强的旅游资源的开发建设,又要注意丰富旅游资源的类型和数量。在特色旅游资源的带动下,在客流不断增加的同时,也能通过开发丰富多彩的一般旅游资源来增加环境容量,吸引游客。实现既增加经济效益,又促进生态环境的保护。

四、旅游产业结构的合理化

旅游产业结构的合理化是指旅游业各行业之间形成协调的组合关系。其包括旅游产业在类型、规模、所有制、发展水平等各方面结构的合理化。旅游产业类型结构的合理化,要求各行业之间及其内部各层次之间均保持合理的数量比例结构,协调一致的发展速度,不仅要保证现有旅游产业结构的合理,同时还要保证旅游产业结构在发展中时刻保持合理的状态。旅游产业规模结构的合理化表现在不同行业要保持合理的企业规模,以形成相互适应和相互联系的增长速度。旅游产业所有制结构的合理化要求不同的所有制企业所占的比例大小要有利于旅游经济的繁荣和快速发展。旅游产业发展水平结构的合理化,也称为旅游产业结构的高度化,是针对旅游产业结构的发展而言的,是指旅游行业结构在高科技的带动下,不仅要保持合理的结构,还要保持较高的发展水平。这里的高水平不仅包括各行业要素运行效率高、产生效益高,还包括在产业合理化的过程中组织协调水平高,使产业结构不断向资源深加工和产出高附加值化的方向发展,从而不断发挥旅游生产要素的潜力,不断提高旅游经济效益。因此,为了实现旅游产业结构的合理化,必须采取以下对策和措施。

(一)要坚持宏观调控与市场调节相结合

在旅游产业结构合理化的进程中,宏观调控与市场调节分别具有不同的优越性。国家对旅游产业结构中的不合理状况可以通过行政手段、国家预算内投资及其分配、利率、税收等宏观调控措施强制性地、及时地进行调整,能够避免市场失效和市场调节的滞后性。但市场的复杂性及其运行的规律性又决定了市场调节具有重要地位和作用,特别是在社会主义市场经济中,旅游行业的供给结构总是受着市场需求的引导作用。因此,根据宏观调控与市场调节在旅游产业结构合理化过程中的特点,二者不能互相代替,只有协调好二者的关系,充分发挥二者的作用,方能有利于旅游经济结构的合理化。

(二)要做到主导行业与关联行业相适应

在旅游产业结构中旅行社行业在各行业中处于中心地位,起主导作用,它是联系各行业的纽带。要充分发挥它的"龙头"带动作用,并与其他行业形成合理的比例关系。同时,也要深入研究旅游市场的变化,重点解决"瓶颈"行业的制约。时刻关注不同行业的变化趋势,调整相关行业的运行状态,以保持整个旅游产业结构的合理性。

(三)加快旅游企业的集团化发展

加快旅游企业集团化发展是旅游产业结构高度化的重要目标。专业化明确、综合性强的企业集团是增强竞争力的重要手段,它能够发挥规模经济的优势,降低市场风险,是旅游产业类型结构合理化和高度化的重要措施之一。加快旅游企业集团化发展,一是组建大型旅游集团,形成开发、经营、管理的一体化;二是促进所有制结构调整,实现旅游产业所有制结构的合理化;三是加强旅游集团的科学管理和现代化管理,向管理要效益,并且促进旅游企业经营管理的国际化。

五、旅游区域结构的合理化

从我国旅游经济区域不平衡发展的现状,以及不同地区旅游资源和社会经济发展的差异性出发,我国旅游区域结构的合理化应从以下几个方面着手。

(一) 突出重点发展的原则

目前,我国旅游业经过十多年的高速发展,已初步形成了一部分旅游经济的"增长点"。因此旅游区域布局应按照"发展极"理论,遵循突出重点的原则,加强对重点旅游区、旅游城市及旅游线路的建设和发展。首先,应突出对重点旅游区的建设,即对目前在国际上已具有一定知名度的旅游区的配套建设及旅游度假区的开发;通过重点建设一批集参与、观光、度假及文化娱乐为一体的旅游区,尽快形成具有相当产业规模的综合接待能力,增强对国外、国内游客的吸引力。其次,要加快对重点旅游城市的配套建设,特别是对改革开放以来形成的旅游中心城市,如北京、上海、广州、深圳、珠海、桂林、杭州、西安、厦门、昆明、大连、南京等城市,要进一步深度开发,增强综合接待能力,充分发挥旅游中心城市的作用,增强其对邻近地区和全国的辐射功能,使其成为全国旅游创汇的基地。最后,要重点扶持和建设一批具有发展潜力、经济效益好的旅游路线,开展多种专项旅游,丰富旅游的内容,增强旅游产业发展的后劲。

(二) 强调合理分工、互相补充

从地域间旅游经济的发展看,我国旅游经济的发展不仅在区域间有差别,而且各区域之间在发展阶段、发展规模及水平上也存在着差距。因此,旅游区域布局必须遵循合理分工、突出特色、互相补充的原则,根据各区域间旅游经济的发展水平及区位状况,进行合理的分工和布局。首先,各地区应根据自身的旅游资源优势和区位条件,根据市场需求建设与经济发展相适应的旅游产品,并和相关地区形成合理的分工和布局。其次,在注意突出各自的优势和特色时,要强调互补互济,形成各地区之间资源互补、市场互补、发展互补,促进生产要素的流动和有效利用,提高旅游经济的整体效益。

(三) 遵循点—轴发展的规律

所谓点—轴发展,就是以建设国际化旅游城市为依托,形成"增长点",再以"点"带"面",经过辐射扩散作用,发展旅游区,带动整个区域旅游经济的发展。遵循点—轴发展的原则,首先要加快国际化旅游城市的建设,在目前的重点旅游城市中,有选择地建设一批具有国际化标准和功能的旅游城市,形成"增长点"。其次,要依托这些"增长点"的辐射作用,不断向周围地区扩散,并形成旅游网络,带动相应地区旅游经济跳跃式发展,从而促进全国旅游经济网络的形成和旅游业的大发展。

(四) 积极发展国内外区域的合作

旅游业是一个开放型的经济产业,封闭是不能发展的,因而必须对外开放,积极发展国际合作。首先,要按照旅游经济的内在联系,以区划理论为指导,加强各地区之间的联合和协作，逐步形成具有一定规模、一定水平和各具特色的区域旅游网，提高区域旅游的整体竞争能力。其次，要积极发展国际区域合作，参与国际市场竞争。特别是要顺应目前国际经济区域一体化的趋势，打破边界约束，寻求更大范围内的区域合作，增强我国旅游业在国际旅游市场上的联合竞争能力，为我国进一步开拓国际旅游市场拓展新的途径。

思考与练习

1. 何为旅游经济结构？其有何特征？
2. 旅游经济结构包括哪些内容？
3. 试述旅游产业结构的内容及影响因素。
4. 合理部署旅游生产力有何意义？
5. 影响旅游区域结构的因素有哪些？
6. 阐述旅游经济结构合理化的标志。
7. 如何实现旅游经济结构的合理化？

案例分析

河南旅游产业如何向高品质提升

河南是华夏文明的发源地，旅游资源十分丰富，在社会主要矛盾发生深刻转化的重大机遇期，河南旅游产业必将有更大的担当和作为。然而，目前河南旅游产业规模扩张与效益提升、优质旅游资源与旅游产品优势不匹配的现状仍未得到有效改善。以代表旅游产业综合实力和国际知名度的海外游客接待量为例，2017年河南全年共接待海外游客约320万人次，仅占全国的2%左右，这与河南"地下文物全国第一、地上文物全国第二"，全国八大古都独占四席的旅游资源禀赋和文化底蕴相比，实为不符。面对全国每年超过50亿人次和人均出游3.7次的庞大旅游需求市场，旅游产品供给结构不合理、不完备，不能满足游客对多元化、高端化、个性化和品质化旅游产品的消费期望，成为制约河南旅游产业发展的瓶颈。为此，河南要加快旅游业供给侧结构性改革，转变旅游产业发展方式，优化旅游产业供给结构，转换旅游产业增长动能，促进旅游产业区域协调，推动河南旅游产业向高质量、高效能阶段迈进。

河南旅游业供给侧结构性改革的首要任务在于优化旅游产品供给结构，推动旅游产业转型升级，将省内优质的旅游资源转化成适应旅游消费大众化、旅游需求品质化和旅游服务个性化的市场需求，促进旅游业从规模扩张到质量效益并举，实现旅游产业链和价值链向中高端攀升。在空间上，要改变郑汴洛"独大"的局面，以中原城市群和太行山、伏牛山、豫南生态旅游协作圈为基础，完善旅游空间供给结构。在产品上，大力发展以"老家河南"为主题的文化体验、休闲度假和生态养生产品，结合既有的旅游精品观光景区，增加主题乐园、家庭亲子等时尚消费和民俗节庆旅游，优化旅游产品供给结构。在产业融合和业态创新上，推动旅游业与第一、第二、第三产业深度融合,以"旅游+"的新思维联合打造乡村游、工业游和文化娱乐产业游,促进旅游业向科技化方向交融发展,以"互联网+"的创新示范行动促进人工智能、虚拟现实、智能导游等在旅游业的业态创新。

制约河南旅游产业转型升级的症结在于入境通道、空中走廊衔接不畅,造成交通区位优势无法彰显,旅游产业要素自由流动受阻。河南旅游资源品质好、质量高,然而受典型内陆省域经济特征的影响,区域间旅游要素流动性不畅、海内外游客入豫受限现象明显。因此,应以"三区一群"和郑州国家中心城市等国家战略规划和战略平台为政策突破机遇,重点打破旅游产业发展区域壁垒和行政管理条块分割,构建内陆开放型的旅游发展体系。一是完善国际空中走廊和省内交通网络,利用郑州建设国际性综合交通枢纽的发展契机,加开主要入境客源国国际航班,以高铁网络和省内城际交通为支撑,促进国内外旅游产业要素入豫自由畅通。二是打造国际游客大通道中部地区旅游节点城市,以郑州为国际游客出入境中部集散中心,洛阳、开封、南阳、信阳为次级集散中心,进一步优化海内外游客入豫通道。

当然,酒香也怕巷子深。增强拓展国内外客源市场能力、促进旅游服务贸易发展是推动河南旅游产业向高品质、高效益提升的关键一环。因为客源市场结构的优劣在很大程度上影响着旅游产业的经济效益,旅游服务贸易的强弱则是反映河南吸引海外游客竞争力的关键指标。为此,在营销上要突出推介河南深厚的文化底蕴,以"中国历史开始的地方"为主题讲好中国故事,提升"豫见中国·老家河南"的旅游品牌形象。有效开拓国际游客市场,以寻根拜祖、少林功夫、太极文化、龙门石窟等文化符号吸引国外中华文化爱好者和海外华侨,以河南独有的中华文化元素为主题开发旅游特色商品,提升入境客旅游消费附加值,促进旅游服贸消费跨越发展。在此基础上,应进一步提升出入境签证和通关手续的便利化程度,优化旅游服务接待软环境。同时,要持续优化国内客源市场,精准营销长三角、珠三角和京津冀三大旅游市场,实现强强联合、资源共享、客源互送。

此外,乡村振兴战略和全域旅游发展战略是推动形成河南省内更加协调的旅游发展新机制的有效途径。河南旅游产业地区间发展不平衡、不充分的问题明显,人文旅游资源多集中于郑汴洛等历史文化名城,而优质生态旅游资源则多处于豫西、豫南等区域的落后乡村和偏远山区。一方面,要借助乡村振兴战略和旅游精准扶贫的实施,重点发展乡村旅游和休闲农业。另一方面,应通过全省域谋划,优化乡村人居环境,完善基础配套设施,结合地方旅游资源特点,因地制宜发展全域旅游,以柔性发展方式建设旅游特色小镇,走小型化、精品化、有特色的"小、精、特"全域旅游发展之路。

(资料来源:吕铁,王鹏飞:《河南旅游产业如何向高品质提升》,载《河南日报》,2018年4月30日。)

案例思考

1. 如何通过优化旅游产品供给结构实现河南旅游业转型升级?

2. 如何解决河南旅游产业地区间发展不平衡、不充分的问题,实现旅游产业区域协调发展?

第十章 旅游经济管理体制

学习引导：

旅游经济的有效运行,离不开合理的经济管理体制。而建立适应社会主义市场经济发展要求,并有利于我国旅游业与国际接轨的旅游经济管理体制已刻不容缓。本章从分析旅游经济管理的概念入手,阐述了建立旅游经济管理体制的重要性,以及宏观旅游经济管理体制、微观旅游经济管理体制及旅游市场体系的建设。并通过对旅行社、旅游饭店、旅游交通、旅游目的地行业管理的介绍,进一步分析了旅游经济行业管理的内容,以及旅游经济管理制度及法规建设等内容。

学习目标：

通过本章学习,应重点掌握以下知识要点：

(1) 旅游经济管理与体制；

(2) 旅游经济的行业管理；

(3) 旅游经济管理制度与法规。

素养目标：

主要聚焦引导学生树立中国特色社会主义的制度自信。在讲授旅游经济管理与体制、旅游经济管理制度与法规、旅游产业政策时,将我国旅游经济管理实践的成功经验和旅游业改革创新的举措融入课堂教学中,通过实例引导学生充分认识我国社会主义制度的优越性,增强学生对中国特色社会主义制度的自信。

第一节 旅游经济管理与体制

一、旅游经济管理的任务

(一) 旅游经济管理的概念

任何经济活动的顺利进行,都离不开科学的管理,旅游经济活动的进行也不例外。旅游经济是整个国民经济的有机组成部分,因此,有关旅游经济活动的管理也是经济管理的内容之一,经济管理中的基本原理和方法对旅游经济管理也具有普遍的指导作用,只不过旅游经济管理是针对旅游行为中的经济活动所进行的管理。具体来说,旅游经济管理是指旅游行业的管理者,为保证旅游经济活动的高效运行,运用科学的方法对旅游经济活动及其有关的各要素所进行的计划、指挥、组织、协调、监督等一系列活动的总称。

根据现代经济管理的规律性,旅游经济管理可分为宏观和微观两部分。宏观旅游经济管理一般是以国家或地区旅游活动全局作为其管理的内容,如旅游业方面的价格、税收、信贷等政策、法规的制定,以及旅游经济发展战略与规划的制定等。微观旅游经济管理是指对旅游企业经营活动进行的管理,如旅行社管理、旅游饭店管理、旅游度假区管理等。

（二）旅游经济管理的任务

旅游经济管理的根本任务是遵循客观经济规律的要求,解决旅游经济活动中出现的与旅游业发展不相适应的各种矛盾和问题,保证旅游经济健康持续发展,它涉及生产力、生产关系和上层建筑等方面,内容如下。

（1）制定旅游业发展战略,确定旅游业发展目标,提出实现目标应采取的具体决策,以及组织实施的有关方针和政策。

（2）在加强宏观调控、发挥市场机制的基础上,正确处理好旅游业内部人与人之间、部门与部门之间,以及国家、企业与个人之间的关系。

（3）不断改革旅游经济体制,以适应不同阶段旅游业发展的需求;加强旅游行业管理和旅游企业现代化管理,不断提高旅游经济效益。

旅游经济管理不仅是旅游经济活动顺利进行的根本保障,而且对旅游经济活动的有效进行具有十分重要的作用。因为旅游经济管理任务的完成,必须通过对旅游经济活动进行科学的决策和计划,严密的组织和及时的协调与监督,才能保障旅游经济活动高效有序地运转,促进旅游经济效益的不断提高。

二、旅游经济管理的现代化

随着现代旅游业的发展,对旅游经济管理的要求越来越高,从而要求建立与旅游业发展相适应的、高效的旅游经济现代化管理体系。旅游经济管理的现代化,不仅指管理手段的现代化,还应包括管理体制、管理机构、管理人员等方面的现代化。因此,旅游经济管理现代化是根据现代管理科学理论和方法,运用先进的管理手段和工具,对旅游经济活动诸要素及整个过程进行全方位的科学管理。其具体内容如下。

（一）旅游经济管理体制合理化

旅游经济管理体制是对旅游经济运行和发展进行科学管理的组织系统和管理制度。为了加快旅游业的发展,实现旅游经济管理现代化,必须建立一套符合社会主义市场经济体制,适应现代旅游经济活动要求的旅游经济管理体制,保证旅游经济活动有序进行。

（二）旅游经济管理机构的高效化

管理机构是旅游经济有效运行的组织保障,因此必须建立符合现代化旅游经济管理体制要求,有利于不断提高工作效率的宏观管理机构和微观企业组织,以及适应社会主义市场经济要求的运行机制。

（三）旅游经济管理人员专业化

管理人员是管理现代化的核心,没有高素质、高水平的管理人才,就没有旅游经济管理的现代化。因此,必须建立一支具有较高文化水平,通晓现代管理科学和旅游经济知识,掌

握娴熟的现代管理方法和技能的、专业化、高素质的管理人员队伍,促进旅游经济管理的现代化。

（四）旅游经济管理方法科学化

旅游经济管理方法科学化就是运用现代管理科学以及相关科学的技术和方法,如系统论、信息论、控制论、决策方法、各种数学方法等,对现代旅游经济活动进行科学管理,以提高旅游经济的运行效率,提高旅游经济管理的水平。

（五）旅游经济管理手段现代化

旅游经济管理手段包括计算机、现代通信手段等各种现代管理技术的运用,特别是计算机的应用,可以大大提高旅游经济管理的效率和水平。因此,加强旅游经济管理手段的现代化,也是旅游经济管理现代化必不可少的内容。

为了加强旅游经济管理的现代化,一是要加强旅游经济管理系统中的"软件"建设。要做到思想上高度重视,从旅游经济可持续发展的角度出发,重视旅游经济管理的现代化。二是要善于吸取经济发达国家先进的管理技术和方法,结合本国或本地区的特点,建立高效的管理系统。并根据旅游业的发展需要,不断提高旅游经济管理人员的思想素质和业务水平。三是要加强旅游经济管理系统中的"硬件"建设,因为旅游经济管理现代化手段的运用是实现旅游经济管理现代化的物质保证。在旅游投资计划中要根据需要加强对旅游经济管理现代化"硬件"系统的建设和发展。四是要重视旅游经济管理体制的发展,建立适应社会主义市场经济发展需要的经济管理体制。

三、旅游经济管理体制的建立

体制,实质上是一种规则,一种组织制度。旅游经济管理体制,就是指旅游经济管理的组织系统和管理制度。旅游经济管理体制是旅游经济活动有序运行的基础,但旅游经济管理制度与方法并不是在任何情况下都能使旅游经济活动高效有序地运行。在不同的条件下,必须采用不同的管理制度与方法,才能有效地实现既定目标。因此,旅游业要取得较高的经济效益,必须建立一套适应旅游业发展需求的旅游经济管理体制。

（一）建立旅游经济管理体制应遵循的原则

建立旅游经济管理体制,必须依据一定的条件。这些条件包括社会制度、国情、宏观经济体制、旅游业本身的性质等。改革开放以来,随着我国旅游业的迅速发展,旅游经济管理体制的建立与改革也得到了充分的重视,适应旅游业发展要求的管理制度及组织系统也在逐步建立与完善。根据目前我国旅游经济管理体制的现状及社会主义市场经济的要求,为了进一步健全和完善我国旅游经济管理体制,必须坚持如下基本原则。

（1）要坚持社会主义方向,以经济建设为中心,这是我国的社会性质所决定的。只有坚持社会主义方向,坚持以经济建设为中心,加快经济发展,才能使建立的旅游经济管理体制更有利于发挥社会主义制度的优越性,才能更充分地利用优越的外部环境,加快我国旅游经济的发展。

（2）要充分认识和分析中国的国情和旅游业发展的水平和特点,从实际出发,加大对外开放的广度和深度,建立既符合中国国情又与国际接轨的旅游经济管理体制。

（3）要适应国家宏观经济管理的要求,加大改革力度,坚持宏观调控与完善市场机制相结合,进一步调动各方面的积极性,形成具有生命力的能促进旅游业快速发展的旅游经济管理体制。

(二)建立具有中国特色的旅游经济管理体制

为了促进中国旅游业的持续稳定发展,从中国旅游业发展的特点及实际出发,通过综合分析中国旅游经济活动运行的规律及各种制约因素,遵循上述基本原则,建立适应中国特色的旅游经济管理体制主要包括以下三方面的内容。

1. 宏观旅游经济管理体制的建立

宏观旅游经济管理体制的建立,就是要从国家或地区的角度,对整个旅游业发展进行统一的管理。

首先,要根据旅游经济发展的实际情况,建立健全相应的旅游行政管理机构,这是进行宏观旅游经济管理的前提。旅游行政管理部门要在政企分离的基础上,运用行政手段在建立市场规则、维护市场秩序中发挥应有的职能,为企业的微观经营管理创造良好的外部环境。

其次,要结合旅游产业的特点和旅游经济发展的实际,进行行政管理职能的转变。要变部门管理为全行业管理,变直接管理为间接管理,这也是宏观旅游经济管理体制改革和完善的核心内容。行业管理是客观性的管理,它不直接干预企业的正常经营管理活动,但为了使旅游企业的经营活动符合旅游业发展的总体要求,要通过行政的、法律的手段对旅游企业进行必要的管理、监督,在市场机制的共同作用下规范企业行为,引导企业决策。

最后,由于旅游业具有很强的综合性,因此,旅游行业管理也具有很大的复杂性和难度。因此,有必要建立多层次的行业管理系统。这一系统不仅包括从上到下的各级旅游行政管理机构及旅游行业协调机构,而且包括从上至下的纵向关系和同一行政层次的横向关系协调机制。旅游行政管理机构负责对旅游行业的宏观经济管理工作,旅游协调机构负责协调旅游系统内部各部门之间以及旅游系统与相关部门之间的横向关系。通过纵向关系协调机制和横向关系协调机制,促进旅游部门之间以及旅游部门与相关部门之间在相互尊重、相互支持基础上建立互助互利的关系,为旅游经济的发展创造良好的宏观经济环境。

2. 微观旅游经济管理体制的建立

微观旅游经济管理体制主要是旅游经营者为实现旅游企业经营目标而采取符合旅游企业经营活动需求的组织形式和经营方式。在社会主义制度下,以国有资产占主要地位的旅游业,不仅是目前我国旅游业发展和国家创汇的主体,也是我国社会经济的重要支柱。特别是国有大中型旅游企业,其发展与建设具有很多优势。突出表现在其经济实力强,规模经济优势容易发挥且有利于优势互补,联合参与国际市场竞争。因此,增强国有旅游企业(特别是国有大中型企业)的活力,是我国微观旅游经济管理体制改革和完善的主要目标。

为了促进微观旅游经济管理体制的建立,首先,要创造企业平等竞争的外部环境,包括统一的政策制度、税赋条件等。其次,要做到政企分开,切实转换政府职能,完善企业经营机制,使企业自主经营,自负盈亏;并积极推进现代企业制度的建立,推进和规范股份制公司的运作。再次,要积极推进旅游企业组织结构的调整,发展旅游企业集团,增强旅游企业的市

场竞争能力,完善市场主体行为。同时也要重视中小旅游企业的联合、租赁、兼并、拍卖等改组和改进。最后,要建立并发挥行业协会的作用,建立横向合作互助机制,包括适应国际旅游发展需要的合作体制,促进旅游企业之间的公平竞争和优胜劣汰。

3. 建立完善的旅游市场体系

任何经济管理体制都要落实到具体的市场行为当中,而统一、开放、竞争、有序的旅游市场体系的建立,既是宏观旅游经济管理的要求,也是微观旅游经济管理的需要。从旅游经济活动的运行来看,旅游者的旅游行为带有很大的自发性和随意性,很难由政府或组织制订且下达统一的计划。因此,旅游业的供求关系中,需求起着直接的导向作用。而这种需求又基本上属于一种市场行为,它在旅游经济运行过程中起着决定性作用。因此市场的建设在旅游业发展中处于一种至关重要的地位。当然市场作用也不是万能的,它也存在许多弊端与制约因素。为了使市场的运行符合旅游业发展的要求,必须对市场运行进行宏观上的引导调节,形成一个有序的市场体系。

要形成既有一定规模,又层次分明、功能齐全、专业分工明确的市场体系网络,使各类旅游企业的数量、规模、功能及形成的市场结构合理化,首先要按照市场经济规律,允许符合条件的多种经济形式和经营方式的企业自由进出市场,并自主地根据市场需求加强旅游产品的开发和销售。其次,在进一步完善旅游产品市场体系的同时,要重视旅游经济活动中的资金、劳动力、信息、原材料等生产要素市场的建设与完善,保证要素资源的合理配置。再次,要建立和完善旅游市场宏观调控体系,加强计划管理,建立总量平衡制度;建立宏观指导下的投资管理体制,国家主要负责非营利性的基础设施的配套建设和投资,而营利性的经营项目则按照"谁投资,谁受益"的投资原则,动员社会各方面多渠道投入。最后,旅游业要在国家政策的指导下逐渐形成市场价格体系,建立完备的市场法律法规体系以及有效的执法和监督体系,使市场具有高度的统一性、竞争性和开放性。

第二节 旅游经济行业管理

一、旅游经济行业管理的概念

行业管理一般是指国家对经营同类商品的企业所进行的分行业的统一组织与管理。由于企业经济行为构成市场的主体,所以行业管理实际上是对市场的管理。旅游经济行业管理,是通过政策法规引导市场行为,建立统一的旅游市场规则,维护市场秩序,统一规范所有旅游企业的行为,为各旅游企业经营活动的正常进行创造统一良好的运营环境。由于旅游业内部经营活动的差异,可进一步划分为不同的行业,如旅行社行业、旅游饭店行业、旅游交通行业等。

二、旅行社管理

(一)旅行社的性质和任务

旅行社是依法设立并具有法人资格,从事招徕、接待旅游者,组织旅游活动,实行独立核算的企业。从旅行社的存在形式来看,它是一个从事旅游经营活动的企业。因此,它的设立和行为活动必须遵照相应的法规要求,并按照企业的运行规则从事相应的旅游经营活动。从企业的行为活动来看,旅行社主要从事招徕、接待旅游者,并推销旅游产品、组织旅游活动,具有连接旅游产品和旅游者的作用,是联系旅游活动供需双方的桥梁。

旅行社的任务主要是通过计划、组织、协调旅游者的旅游活动来为旅游者提供相应的服务,为企业创造一定的效益。其具体任务主要包括以下内容。

(1) 设计与组织旅游产品。各个旅游企业或部门所提供的通常只是一些单项旅游产品,只有经过旅行社的设计与合理组合(包括线路的设计以及交通工具、食宿、游览项目的确定),才能形成一个完整的满足旅游者需求的旅游产品。因此,旅行社的首要任务就是根据旅游者需求,设计与组合旅游产品。

(2) 协调、安排与有关部门的合作业务。旅游业是一个综合性行业,其业务要涉及众多相关行业和部门,因此旅行社通过与相关部门的经济合作关系,安排旅游活动中发生的与相关部门有关的业务内容,以保证旅游活动的顺利进行。

(3) 接待旅游者。这是旅行社的基本任务和主要经营目标,为了接待好旅游者,必须配置专职接待人员,安排好旅游者途中交通、食宿和参观游览,并妥善处理旅游活动中遇到的其他事项,使旅游者的旅游需求得到最大限度的满足。

(4) 承办同旅游有关的各种委托代办业务,包括替社会团体和散客代订机票、车船票、安排客房、行车托运、接送及其他有关的委托业务等。

(二) 加强旅行社管理的意义

旅行社是旅游经济中各行业的"龙头",对旅游业的发展具有重要的作用。因此,必须加强旅行社的管理。加强旅行社管理的重要作用表现在以下几方面。

(1) 加强旅行社管理有利于旅行社行业的健康发展。对旅行社行业的宏观调控与正确引导,可以使旅行社在公平竞争中更好地为旅游者服务,避免市场的无序竞争,以及损害旅游者利益等不良现象的发生,为旅行社行业的健康发展奠定良好的基础。

(2) 加强旅行社管理有利于合理引导旅游者的消费行为,调剂旅游产品的时空余缺,提高旅游资源的利用率,保护好生态环境。旅行社的线路设计、产品组合开发,对旅游者具有一定程度的引导作用。根据旅游资源、交通、住宿条件、价格、淡旺季等各种因素,组织价格合理、内容丰富多样的旅游线路,既可满足旅游者的不同需求,又能使各种旅游产品要素得到合理的配置,缩小淡季与旺季、热点与冷点之间的差距,以充分有效地利用各种旅游资源,避免旅游者过于集中对环境带来的不良影响。

(3) 加强旅行社管理有利于旅行社自身的发展。旅行社要生存、发展,就必须在市场竞争中立于不败之地。这就要求在公平的市场环境下,旅行社必须在企业内部实行严格的、高水平的管理,包括合理组织内部的人、财、物,降低内部消耗,合理安排旅游线路和旅游时间,不断提高服务质量,扬长避短,发挥优势,才能使旅行社在市场竞争中稳步地发展,不断取得较好的经济效益。

(三) 旅行社的行业管理内容

旅行社的行业管理是指国家在整体上对旅行社行业的宏观管理,它是旅行社搞好经营管理的前提,具体包括以下几个方面的内容。

(1) 健全有关旅行社管理的法律、法规与政策，这是对旅行社宏观管理的出发点和依据。旅行社的法律、法规及政策，既有国家的，也有地方性的，可根据全国和各地旅游业发展的实际需要而制定。

(2) 建立合理的旅行社等级结构，明确各类旅行社的职能和任务。旅行社的等级类型的划分应尽可能与旅游市场接轨，以便顺利地在旅游市场中与其他旅行社开展业务交往。旅行社等级主要根据经营业务和主要经济指标来划分。目前我国明确将旅行社划分为两大类，即国际旅行社和国内旅行社，并明确规定各级旅行社的职能和经营范围。这样有利于对旅游市场进行统一的管理，保证旅游市场规范、有序地运行。

(3) 营造有利于旅行社健康发展的外部环境。要求实行统一的服务标准、价格、政策、税率等市场规则，做好市场管理和监督工作，正确协调旅行社与相关行业的关系，为旅行社的发展创造统一的外部环境。统一的市场规则是旅行社公平竞争的基础，也是旅行社健康发展的宏观保障，应在此基础上，合理引导、组织旅行社的经营活动。同时也要做好对旅行社经营业务的监督检查工作，既要运用法律手段，也要运用年检、统计、质量监督、财务抽查、合同管理、履约保证保险等经济手段，强化旅行社的法律观念和质量意识，切实维护旅游者的合法权益和旅行社行业的长远利益。

(4) 旅行社行业的政企分开除了保证企业自主经营外，旅行社外联权和签证权的分离也是重要内容之一。外联权属具有一定级别的旅行社所有，而签证权则是行政管理部门的职能，不能随意下放，以避免造成旅游市场的混乱。

(5) 做好为旅行社服务的工作。如建立完善的信息咨询系统，包括业务信息、政策法规信息、旅行社行业发展状况信息的咨询，开展统一的宣传促销，合理引导旅游者的消费行为，人员培训，以及指导旅行社行业组织和旅行社企业的业务工作。

三、旅游饭店管理

（一）旅游饭店的特点

旅游饭店是指为旅游者提供住宿和饮食为主的综合服务性旅游企业。首先，旅游饭店是一种服务性企业。旅游饭店提供的产品包括劳务服务和实物产品，但其中以劳动服务为主，实物产品为辅。实物产品销售只起到促进服务销售的作用。其次，旅游饭店提供的服务以满足旅游者住宿和饮食为主，这是旅游饭店的基本功能。此外，为了满足旅游者的多种需求，旅游饭店还尽量提供全面的辅助服务，如代办票务、邮电服务、银行服务、医疗服务、娱乐服务、商业服务、美容健身服务等。再次，旅游饭店提供的劳务服务具有明显的不可储存性，客房一天没有出租出去，就永远失去了这一天的销售机会，而不可能像其他商品一样可暂时储存起来。最后，旅游饭店服务产品还具有无形性和差异性，即饭店提供的服务产品看不见、摸不到，非物质性非常明显，而且在不同时期生产的产品不可能完全一样。

旅游饭店是旅游者在旅游目的地一切活动的基地，是旅游业赖以生存的重要支柱之一，它对创造就业机会、增加旅游创汇额、提高旅游业发展水平具有重要的作用。

（二）加强旅游饭店管理的意义

旅游饭店的管理包括旅游饭店的宏观管理和旅游饭店的微观管理，二者的途径、方式不同，但目标都是一致的，即促进旅游饭店业的健康发展。旅游饭店管理的水平直接关系着旅游饭店的运行状态及经济效益,其具体表现在以下几个方面。

(1) 旅游饭店管理是规范旅游饭店市场,创造良好的旅游饭店运营环境的重要保证,它是旅游饭店存在与发展的基础。

(2) 旅游饭店管理能使饭店企业增强市场竞争力。竞争是市场经济的要求,随着旅游饭店数量的增加,增强对客源市场的竞争力是提高经济效益的根本保证。而饭店的硬件水平越来越高,这就要求饭店必须更加注意管理水平的提高,提供高质量的服务,以保持其市场竞争的优势。

(3) 旅游饭店管理是提高旅游饭店经济效益的途径。通过旅游饭店管理,可以合理配置饭店的各种资源,充分发挥各种资源的作用,以较少的投入获得尽可能高的收益。

(三) 旅游饭店的行业管理内容

旅游饭店的行业管理,是国家通过一系列政策、计划与投资,对旅游饭店规模、数量及布局进行宏观管理。其具体内容包括以下几个方面。

(1) 合理规划旅游饭店的布局、规模和风格。旅游饭店的建设计划一般由市场需求来决定,但在我国,旅游饭店建设计划要由旅游行政部门根据市场要求统一部署、合理安排,以杜绝无计划盲目建设,做到旅游饭店的布局、规模符合旅游经济活动的客观要求。合理的旅游饭店布局,适宜的规模和独特的风格,一方面与游客流量、流向相协调,能够满足旅游者的需求;另一方面又可避免布局及规模不当所造成的资金浪费。

(2) 建立统一的旅游饭店管理方针、政策及法规,创造统一的市场环境。旅游饭店的经营活动要接受旅游行政部门的统一监督、检查。如通过对旅游饭店的星级评定和检查,促进饭店服务水平的提高和管理的改善,从而有利于旅游饭店行业的健康发展。

(3) 为旅游饭店集团的建立与运行提供有利条件,创造有利环境。旅游饭店的横向联合是提高旅游饭店竞争力和运行效率,增加饭店经济效益的重要途径。因此,旅游行政管理部门或旅游饭店行业组织要为旅游饭店集团的发展进行正确引导,并提供必要的服务,创造良好的发展条件。

四、旅游交通行业管理

(一) 旅游交通的概念

旅游交通是指为满足旅游者的旅游需求而提供的交通运输服务。除了专门为旅游者提供的旅游交通,如旅游包机、游船等形式以外,旅游者使用最广泛的还是各种公共交通运输工具。所以,旅游交通是与整个交通运输体系联系在一起的,它与一般交通运输很难完全区分开来,这也是旅游交通行业管理的难点所在。旅游交通的主要功能是满足旅游者空间位移的要求。除此之外,某些旅游交通工具与形式还可满足旅游者游览、娱乐等特殊需求。如观光列车、游览马车等等。

通常,旅游交通主要包括铁路、公路、水路、航空及其他特殊旅游交通方式。不同的交通方式各具特色,可满足不同的需求。其中,航空、铁路主要适用于中长途旅程;而公路主要适用于中短途旅程;水运则多用于具有游览功能的旅程;此外,还有一些特殊交通方式,如缆车、马车、轿子等则主要用于游览、娱乐。因此,旅游交通的构成主要包括旅游交通运载工具、旅游交通线路、旅游交通站点及设施、旅游交通服务等。

(二) 加强旅游交通管理的意义

旅游交通是为旅游者提供优质的服务，满足旅游者的需求而存在的，为了达到这一目的，严格、完善的管理是必不可少的。旅游交通管理是指旅游交通管理部门和经营者对旅游交通运输和经营活动所进行的计划、指挥、组织、协调、监督等行为的总称。它对旅游业的发展具有重要的意义，主要表现在以下几个方面。

（1）旅游交通管理通过计划、指挥、组织、协调、监督等手段为旅游交通的顺利运行提供保障。旅游交通行业的运行需要统一的行业规则。经营者的经营活动需要有良好的外部环境和正确的管理措施。只有在旅游交通管理部门的统一指挥、协调下，并创造一个统一的运行环境和管理体系，才能保证旅游交通业的高效运转和正常发展。

（2）旅游交通管理是实现旅游供需双方利益的首要条件。一般来说，旅游者居住地与旅游目的地之间总是有一定的空间距离。为了到达旅游目的地，旅游者必须凭借各种交通方式来实现。于是旅游交通状况直接影响着旅游者的旅游需求，而旅游目的地的旅游产品供给方也必须依靠旅游者的到达才能销售其产品。因此，合理地安排旅游交通可同时满足供需双方的要求，是顺利实现双方联系的保障。

（3）加强旅游交通管理可以提高经济效益，丰富旅游内容。通过有效管理和合理组织各种交通方式，以尽可能少的投入去满足旅游者的需求，能够使旅游交通运营保持较高的经济效益。根据市场需求，合理规划、科学安排各种特殊旅游交通方式，不仅能够丰富旅游内容，同时也是增加旅游收入的必要措施。

（三）旅游交通的行业管理内容

旅游交通管理的主要目标，使旅游交通必须做到安全、舒适、快捷、完善和高效。安全在旅游交通中处于重要地位，它是开展旅游活动的出发点。旅游交通要首先保证游客的安全，它是旅游交通管理中的重要任务之一。舒适与快捷，既是旅游者的愿望，也是经营者的需求，旅游者可以从中得到满意的服务，经营者可以从中得到更高的效益。完善的旅游交通"硬件"设施和"软件"服务则是满足旅游者需求的根本保障。高效既包括对旅游者提供的服务要做到方便、快速，也包括旅游交通经营活动的高效益。为实现上述目标，旅游交通管理，既要重视宏观计划的调控，又要重视市场的完善，并根据市场的要求，搞好旅游交通运营的管理。

（1）设置合理高效的旅游交通管理机构体系是加强旅游交通行业管理的前提条件。机构的设置要根据不同级别及不同行业的特点及需要，以有利于对相应级别的旅游交通进行管理为原则，以能加强相应全行业的宏观调控为主。

（2）建立完整的政策法规体系，规范旅游交通的行业管理。要研究、制定旅游交通全行业以及各分支行业的发展方针、政策，研究和制定旅游交通各行业发展的总体规划及分阶段实施计划，协调各旅游交通行业、地区、企业之间的经济关系，并根据需要制定切实可行的价格政策及收费标准，建立完整的法规体系，依法培育和监管旅游交通行业的市场行为。

（3）加强旅游交通企业的内部管理。旅游交通运营管理是针对整个运营过程的经营人员、交通工具及设施而言的。通过计划、组织、控制等手段实施管理，是旅游交通运营活动正常进行，实现旅游交通企业的经营目标与计划，增强交通企业在旅游交通市场的竞争能力，取得较高的经济和社会效益，确保旅游交通行业健康发展的根本保证。

五、旅游目的地管理

(一) 旅游目的地管理的内容

旅游资源是旅游者进行旅游活动的根本指向。由于各地自然、人文条件、区域范围大小各不相同,旅游目的地旅游资源的规模、类型也就千差万别,因而旅游目的地可以是一个旅游点、风景区,也可以是一个旅游区或旅游城市。但不论旅游目的地规模如何,吸引旅游者的主要方面还在于旅游资源的特征及可进入性,而潜在的特征变为现实的、为旅游者所利用的资源,还有赖于对这些资源的合理开发与管理。因此,加强旅游目的地管理是旅游经济活动顺利开展必不可少的条件。

旅游目的地管理是针对旅游目的地的旅游资源、旅游设施、旅游经营服务,为发挥旅游资源的优势,为旅游者提供优质服务,提高社会、经济、环境效益所进行的综合管理。其主要内容包括合理布局旅游区网点、建立旅游区网络,以及旅游目的地旅游区域规划的制定等。旅游目的地管理对旅游目的地获得较高的综合效益(社会效益、经济效益、环境效益)具有十分重要的作用。

(二) 旅游目的地规划管理

旅游目的地规划管理,包括旅游区的布局管理和旅游区的发展规划管理,是旅游目的地管理的重要内容之一。其具体包括以下两个方面的内容。

1. 旅游区的布局管理

旅游区的合理布局是发展旅游业的重大战略措施,是一个具有全局性和宏观性的问题。它是指从宏观管理的角度,根据各地旅游资源的位置、特点、规模、环境等,通过规划、开发、组织,形成一个结构合理的旅游资源空间配置体系。通过旅游区在空间的合理配置,有利于充分利用各地的旅游资源,有利于合理地引导旅游客流,有利于促进不发达地区的经济发展,有利于保护生态环境的平衡。

为了对旅游区进行合理布局,首先,要注意加强吸引力较大的重点旅游区的建设,充分利用这些地区的旅游资源和旅游设施优势,形成旅游经济的"增长点",并以此为中心和枢纽逐渐向周围辐射,带动其周围或其间的旅游资源的开发,最终形成合理的旅游区域网络。其次,旅游区的建设要注意发挥优势、避免雷同,形成各具特色的旅游区网点,在以特色为主的前提下,为满足不同层次旅游者的要求,也要注意综合发展。

2. 旅游区的发展规划管理

旅游区发展规划是充分发挥区域旅游资源优势,提高旅游经济效益,保护环境,促进地区旅游业稳步健康发展的基础。因此,制定并有效监管、执行这一规划也是旅游目的地规划管理的重要内容之一。

旅游区发展规划包括总体规划和分期实施计划。总体规划的制定,首先对旅游区的旅游资源、自然条件、社会经济条件、历史沿革、现有基础设施、旅游设施、服务水平(质量)、客源市场、资金来源、技术要求、经济效益、社会效益和环境效益等因素进行全面的调查、分析、评价,并根据区域旅游发展优势和制约因素,确定旅游区域发展方向、性质和规模。旅游区总体规划是一个综合性规划,它包括对影响区域旅游发展的各因素的分析规划,如旅游资源的开发与保护规划、基础设施和旅游设施规划、景观布局与游览线路规划、环境质量保护规划、旅游市场开发规划、旅游从业队伍的建设规划等。总体规划是一个长期规划,为保证旅游区建设的具体实施,还需要制订分期实施计划,以使总体规划逐步得到落实。不同时期的分期实施计划,可根据实际需要对总体规划做出必要的修订,以取得较高的综合效益,促使旅游区可持续发展。

（三）旅游资源的开发与管理

旅游资源是指对旅游者具有吸引力的一切因素的总和,一般可分为自然旅游资源和人文旅游资源。它是旅游者进行旅游活动的目的物,在旅游目的地的诸因素中处于核心地位。要使旅游资源具有使用价值,并发挥其最大效用,必须对其进行合理的开发和利用。旅游资源开发利用的管理是指对旅游资源在开发、利用、保护等整个运行过程中的全面综合的管理。通过对旅游资源开发和利用的管理,要做到在开发、保护的基础上,使旅游资源的利用具有持续性,并取得较高的综合效益。在旅游资源开发和利用的管理中,要坚持以下原则。

(1) 在旅游资源的开发中要注意形成鲜明的地区特色,在保持特色的基础上,做到综合开发,内容丰富多样。

(2) 在旅游资源开发利用中还要遵循经济效益原则,做好投资效益分析,以及旅游资源类型、数量和市场需求分析等。

(3) 在旅游资源的开发利用中,要注意景区内旅游景观景点空间结构的合理组织,做到配置合理,既充分满足游客的需求,又保持合理的环境容量,并使各景区、景点流量实现合理分配。

(4) 在旅游资源开发和利用的整个过程中,要注意保护资源和生态环境,坚持可持续利用原则。

（四）旅游区的经营管理

旅游区的经营管理要以提高经济效益为中心,合理组织安排好经营活动的各个方面,包括对外宣传、销售、线路设计、服务质量、财务、资源与设施的维护以及对区内各部门的协调管理等。具体包括以下内容。

(1) 发挥旅游资源的区域特色优势,以此为"龙头",积极开展系列特色旅游。具有地区特色的旅游资源可形成地区对外经营的拳头产品,要重视对外宣传,树立品牌形象,并以此为"龙头",不断开拓新的旅游产品,进一步带动相关旅游项目的开展。

(2) 开展区域联合,发挥整体优势。区域联合是指区域内的各行业既要发挥本行业的优势,更要注意相互之间的协作。协作默契,才能充分发挥各方面的作用,突出整体优势,提高总体经济效益。主要内容包括实行统一的经济政策,建立公平的市场竞争体系;根据旅游市场需要,联合推出结构合理的旅游产品体系;联合宣传促销,扩大对外影响;各行业的服务要做到相互配合、衔接有序。

(3) 开展区际协作,建立旅游经营网络,充分合理地利用旅游资源。只有将本地区与其他旅游目的地的经营通过横向联合,开发合理多样的旅游线路,建立旅游网络,才能使本地旅游资源的价值得到充分的体现,最大限度地提高利用率,取得较好的经济效益。

(4) 建立高效的旅游区服务体系。旅游区的服务具有综合性特点,包括区内为游客服务的各个行业。因此,规范区内各行业的服务,提高服务质量,形成高效的服务体系,才能保证旅游活动的顺利开展,吸引更多的旅游者。这就要求,一方面各行业要建立统一的服务标准,并落实到具体服务过程中;另一方面要注意各行业服务的衔接和联合,形成"一条龙"式的高效的综合服务体系。

第三节 旅游经济管理制度与法规

一、旅游经济管理制度与法制建设的重要性

旅游经济管理制度与法规是为保证旅游经济活动顺利进行而制定的一系列的具有法律效用的行为规范,是旅游经济管理体制的重要内容。由于旅游业的经济性质,与旅游业有关的一切法规制度都直接或间接地与旅游经济活动有关,都可作为旅游经济管理的法律依据。其中直接针对旅游经济活动的顺利开展而制定的旅游经济法律制度更是旅游经济管理的重要依据。加强旅游经济法制建设的重要性具体表现在以下几个方面。

(一)是社会主义市场经济的要求

市场经济的正常运行必须有一个统一的市场规范来保证,作为市场经济领域的一个部门,旅游经济的健康发展也必须有完备的法制来规范和保障,这是完善作为法制经济的市场经济体制的客观要求,也是建立社会主义市场经济的重要内容。

(二)是对旅游市场进行宏观调控的重要手段

为了使旅游经济的发展有一个良好的环境,保证各旅游企业进行公平竞争,国家必须采取经济的、法律的、行政的手段对旅游市场进行宏观调控。但是,由于旅游经济活动跨部门多、涉及面广,与交通、邮电、商业、环保等众多行业交叉关联,并涉及有关地方行业部门的具体利益,因此完全依靠行政和经济手段是远远不够的,有时甚至是无能为力的。于是就需要通过法律手段和方法来加强对旅游市场的调整和管理。通过加强法制建设,既能保证旅游经济稳定有序运行,又能充分发挥市场经济优势,促进旅游经济快速发展。

(三)为协调旅游经济活动中各方的关系和保证各方的权益提供法律依据

旅游经济活动涉及许多因素和部门,并与各相关部门发生各种关系,旅游经济活动的开展实际上就是如何处理这些关系的过程。这些关系包括旅游行政部门与旅游企业之间的关系、旅游企业相互之间的关系、旅游企业与旅游者之间的关系以及旅游行政部门与旅游者之间的关系等。其中最常发生的主要是旅游企业相互之间以及旅游企业与旅游者之间的经济关系,每一项旅游经济活动的开展都离不开各类旅游企业和旅游者。旅游企业和旅游者在旅游经济活动中的各种行为都包含一定的法律意义。如旅游企业之间的业务往来都必须有一定的经济合同等法律约束来规范其行为,旅游者购买旅游产品也要通过各种合同、票据来规定各自的权利和义务。因此,为旅游经济活动制定的各种法规制度对保障各旅游企业和旅游者的合法权益,协调旅游经济活动中各方的关系,保证旅游经济活动顺利进行具有重要的意义。

(四)促进旅游企业改进服务质量和提高经济效益

在缺少法制的市场里,旅游企业为了经济利益可以不择手段,提供以次充好的旅游产品而无后顾之忧,旅游服务质量投诉问题也难以得到根本解决。因此,在社会主义市场经济体

制下,必须有一套严格的法规制度,它不仅直接约束着旅游企业的行为,规范着旅游企业的服务质量;同时,在统一的市场规范下,企业自身也会不断通过改善服务质量来达到增强市场竞争力的目的。较高的服务质量,良好的信誉保证,也是其不断提高经济效益的根本措施。

二、建立健全旅游经济管理法制体系

建立健全旅游经济管理法制体系是一个系统工程,包括制定全面严密的旅游法规制度,以及为顺利贯彻实施各项法规而采取的监督检查措施和对违法违规行为采取的处罚措施等,它贯穿旅游经济活动的整个过程,为旅游经济活动的健康运行提供全过程、全方位的法制保障。

(一)建立全面的旅游法规体系

旅游法规是以各种旅游关系为调整对象,而旅游关系的涉及面非常广泛,包括旅游行政管理机构、各旅游企业及旅游者等不同因素之间的各种关系。因此,必须建立针对不同因素及其相互关系的全面的法规制度,才能规范旅游经济活动中的各种市场行为。具体的旅游法规体系应包括以下几个层次。

(1)国际条约和国际协定。这是国际旅游活动应遵循的统一规范。如《服务贸易总协定》,对旅游经济活动向国际化方向发展,旅游业与国际市场接轨而言是一个基础性的法律规范,是加强国际旅游市场管理,规范国际旅游市场行为的重要法则。

(2)综合性的旅游法规。它是确定国家发展旅游业的方针、政策,以及旅游业在国民经济和社会发展中的地位的基本法则,是进一步制定单项旅游法规、条例、制度以及各地方法规的依据。例如我国颁布的《旅游法》就是一部综合性的旅游法规。

(3)旅游行业单项法规。它涉及旅游业的各行业和部门,主要包括旅游资源、旅游景区管理、文物保护、旅行社管理、旅游饭店管理、导游管理、旅游交通管理、旅游价格管理、旅游保险、旅游者出入境管理、旅游合同、旅游法律责任与诉讼、旅游购物品管理等方面的法规和条例。如我国"九五"期间颁布的《旅行社管理条例》《导游人员管理条例》,以及早已颁布的《中华人民共和国文物保护法》《风景名胜区管理条例》《古建筑消防管理规则》《旅行社质量保证金暂行规定》《旅游外汇管理暂行办法》等。这些法规是针对旅游行业某一方面的行为规范而制定的,但对整个旅游经济活动的运行都有重要的影响。

(4)地方旅游法规。这是对国家相应旅游法规的补充。由于各地旅游资源、自然条件、经济环境的不同,各地方可以根据本地的实际情况制定一些对国家旅游法规的补充法规,但不得与国家旅游法规相冲突,以保证本地旅游业的健康发展。

(5)根据旅游业不同发展时期的具体需要,由国家或旅游行政管理部门随时发布的旅游方面的条例、规定和办法。这也是对国家正式法规的必要补充与调整。因为与旅游有关的各种因素都是在不断变化的,旅游市场规则也要适应旅游市场的发展而做出相应的调整与补充,以满足旅游业在不同发展阶段对旅游法规的新要求。

(6)适用于旅游经济活动的相关法规。这些法规虽然不是专门为旅游业发展而制定的,但对旅游经济活动也有一定程度的制约作用。旅游法规未涉及的内容可参照相关法规的有关规定。如我国已颁布的《中华人民共和国环境保护法》《中华人民共和国海关法》《中华人民共和国食品卫生法》《森林和野生动物类型自然保护区管理办法》《中华人民共和国公民出境入境管理法》《中华人民共和国外国人入境出境管理法》《中华人民共和国经济合同法》《中华人民共和国涉外经济合同法》《工商企业登记管理条例》《中华人民共和国会计法》《国务院关于审计工作的暂行规定》《物价管理条例》等,也分别适用于旅游经济活动的各有关方面。

(二)建立监督检查机制,切实保证旅游法规的贯彻执行

有了健全的法规体系并不等于有了规范有序的旅游市场,要发挥旅游法规的作用,还必须采取各种措施来保证法规的顺利执行。其中,监督检查和处罚制度是必不可少的。这就要求各级旅游行政部门必须设立专门的监督检查机构,制定严格的检查制度,设立举报中心,采取定期或不定期的年检、季检及日常检查来保证各项旅游法规的贯彻和实施。由于旅游业涉及的部门比较多,除了行业内的自查之外,还要配合各级工商、物价、司法、外事等部门的监督检查,使旅游市场的一切行为都能时刻受到监控,从而规范市场中各主体的行为。

对旅游市场中出现的违法违规行为要做出及时处理。对负有不同法律责任的行为通过不同的途径来处理。对负有行政责任的,主要通过旅游行政管理部门、公安部门或其他有关部门的行政处罚来实施,包括警告、罚款、拘留、没收、停业整顿、吊销执照等方式。对负有民事责任的可以通过自行协商和诉讼等途径来实施。对负有刑事责任的则主要通过刑罚的形式来实施。由于旅游经济活动中的违法违规行为大都与各自的权益有关,主要包括行政责任和民事责任。除行政处罚外,大量的由相互之间的权利和义务争议所造成的旅游纠纷主要通过自行协商、调解或仲裁的处理方式来解决。仲裁不能解决的,还可通过旅游诉讼得到最终的处理。

对旅游市场的监督检查和对违法违规行为的处罚是健全旅游法规体系不可缺少的重要组成部分。有法必依、执法必严和违法必究是旅游市场健康发展和旅游经济活动顺利进行的坚强后盾和保障。

第四节 旅游产业政策概述

一、旅游产业政策概念

产业政策一词最早出现于1970年日本通产省代表在世界经济合作与发展组织(OECD)所做的《日本的产业政策》演讲中。基于不同的研究角度和学术背景,对产业政策的解释多种多样,但总的来说,产业政策是政府为实现特定目的而对产业经济活动进行干预的经济政策。与对产业政策概念的理解和认识相似,对旅游产业政策的概念也未形成共识。但总体来说,旅游产业政策是指中央或地方政府为了促进旅游市场发育,弥补市场机制的缺陷及失灵,对旅游产业活动进行干预和引导,促进旅游产业结构合理化、高级化及产业内部组织结构优化,进而促进国民经济快速协调增长的各种政策总和。由于旅游业涉及众多行业和部门且影响范围广泛,旅游产业政策的含义包括多个层面。

第一,旅游产业政策的逻辑前提是市场机制的缺陷和失灵。旅游产业政策的制定和实施不是替代市场的资源配置作用,而是弥补市场的不足,更好地发挥市场功能,产业政策不

能扭曲市场和抑制市场的公平竞争。

第二,旅游产业政策制定的主体是政府。旅游产业政策代表了中央或地方政府对促进旅游市场机制发育和引导产业发展的干预意图,产业政策实施的目标是产业发展的合理化,即产业结构合理化和高级化,以及产业内部组织结构的优化,它属于高层次的经济政策。

第三,旅游产业政策不是一项或几项政策,而是一组具有相互关联的政策组合。它涉及财政、贸易、收入分配及垄断等各个领域,需要综合运用法律、经济、行政等各种手段才能得到实现。同时产业政策的效果往往是中长期的,政策的实施及评价都需要一定的过程。

总之,旅游产业政策体现了政府对旅游产业发展的目的性,具体表现为政府对旅游产业活动的干预政策的总和。

二、旅游产业政策的内容

作为一个政策体系,旅游产业政策覆盖面宽,调整范围大,因而内容也相当广泛。一般认为,旅游产业政策应包括产业组织政策、产业结构政策、产业技术政策和产业布局政策。

(一)旅游产业组织政策

旅游产业组织政策又称为旅游企业组织结构政策,是指政府为了获得理想的市场绩效而制定的干预旅游产业市场结构、企业行为的政策。其实质是政府通过协调规模经济与竞争之间的矛盾,促进生产服务产业的集中化和专业化,形成合理的组织结构体系,实现生产要素的最佳组合和有效利用,进而提高市场绩效。

(二)旅游产业结构政策

旅游产业结构政策是产业政策的重要组成部分,它以产业结构理论为指导,按照本国旅游产业结构演进规律确定产业结构优化的目标和方向,逐步实现产业结构合理化、高度化和取得更高经济效益的结构性政策。产业结构政策首先要规划产业结构的目标和方向,实现资源优化配置,保证实现产业结构的合理化。

(三)旅游产业技术政策

旅游产业技术政策是根据旅游产业发展目标,指导产业在一定时期技术发展的政策,它通过对产业技术的选择、技术开发、技术引导、技术改造等,通过对产业的技术结构、技术发展目标和方向、技术的国际竞争与合作等,提出具体的要求,逐步推动产业的发展。

(四)旅游产业布局政策

旅游产业布局政策是根据旅游产业结构总体规划的要求,合理安排地区之间和地区内的产业分布,在促使各地区的旅游产业发展符合国家宏观经济的发展要求和国民经济整体利益的前提下,充分发挥地区比较利益的优势,推进产业布局合理化的政策。旅游产业布局政策既是产业政策体系的重要内容,也是区域政策体系的重要组成部分,其本质是建立合理的地区分工写作关系的过程。

三、旅游产业政策的作用

经验表明,正确的旅游产业政策对旅游经济的健康发展,具有十分重要的作用。

(一)促进旅游产业结构合理化与高度化,实现资源优化配置

依靠市场机制虽然可以较好地实现资源的有效配置,但市场的力量往往是盲目的,其作

用也主要是事后调节,因而不可避免地伴随着大量的资源浪费。旅游产业政策作为政府行为,完全可以根据科学的预见实现事前调节,避免不必要的资源闲置和浪费。通过制定和实施产业结构政策,政府可以有效地支持未来旅游产业的成长壮大,从而加速产业结构的合理化和高度化,实现产业资源的优化配置。

(二)明确旅游产业的定位和发展方向、解决依据和支撑问题

产业政策作为国家宏观经济政策的重要组成部分,其基本职能之一,是使国家乃至地区的产业发展具有明确的整体方向性。近年来,国家多次提出支持旅游发展的文件,明确旅游业的发展方向,对区域旅游经济、企业生产经营具有明确的导向作用。

(三)实现旅游产业超常规发展,缩短时间

产业政策是充当贯彻国家经济发展战略的工具。通过有秩序地制定和实施旅游产业政策,政府可以有效地促进旅游业发展,从而充分发挥优势,推动旅游产业的大发展。通过旅游业具体领域的鼓励和优惠政策,推动社会资源的优化配置,为旅游业发展提供良好的发展环境。

(四)增强旅游产业的国际竞争力

产业的国际竞争力是建立在本国资源的国际比较优势、骨干企业的生产力水平、技术创新能力和国际市场的开拓能力基础之上的。产业政策对增强企业创新能力和开拓国际市场等都有重要作用。政府通过制定和实施国际旅游政策,可以有效地促进我国旅游产业参与国际分工,从而充分利用后发优势,在技术和管理领域较快地接近国际先进水平。

(五)弥补旅游市场失灵的缺陷

产业政策形成的逻辑起点,在于政府有责任弥补市场失灵的缺陷。由于规模经济、公共产品、外部性等市场失灵领域的存在,如果仅仅依靠市场机制,就无法避免垄断、不正当竞争、基础设施投资不足、过度竞争、环境污染、资源浪费等现象的发生与蔓延。历史经验表明,各国产业政策的最普遍作用,就是弥补市场失灵的缺陷。如通过推行产业组织政策和产业结构政策,政府可以限制垄断的蔓延,促进有效竞争的形成,加速产业基础设施的建设,治理环境污染与生态失衡等。

四、旅游产业政策手段

(一)法律手段

目前,我国尚未有以法律形式出现的旅游产业政策,只有国务院正式颁布实施的产业政策,今后随着市场经济体制的确立,以法律手段来推行产业政策,具有广阔的空间。因为法律手段具有相对的稳定性,并且还有极高的权威性。

(二)行政手段

今后产业政策的行政手段将进一步弱化,即政府不再像过去那样,对各个产业进行分门别类的具体行政干预,而是从宏观上以行政手段进行干预,其权威性将会提高。在经济急剧变化的时期,行政手段具有简单易行的优点,今后在压缩行政手段运用空间的同时,对一些重要产业政策问题,仍将保留行政手段。

(三) 财政税收手段

从当前形势来看,财政对经济建设尽管可以发挥一定的导向作用,但其支持力度有限。同样,国家在税收方面可能采取的措施也将十分有限。因此,在今后产业政策中运用财政税收政策,一定要集中于少数必须通过财政税收政策予以支持的领域,如基础产业的发展、基础设施的建设和高新技术的发展等。即使在这些领域,国家的财政税收政策也只能起到引导的作用。

(四) 金融手段

随着我国金融体制的改革,金融体制逐步健全与发展,金融手段在产业政策中的运用将日益增加,金融手段以多样化、灵活性大而可以运用于不同的产业政策层面。不同的金融机构在不同的产业政策中处于不同的地位。国家的宏观金融政策,对整个国家的产业政策实施起着重要作用,国家对具体领域的信贷政策等可能影响到具体产业的发展。

(五) 信息手段

信息手段目前在我国产业政策中已经得到应用。随着我国经济的日益市场化,信息手段将起到越来越大的作用。信息手段的优点是覆盖面广,适应市场经济的运行特点,使用成本低。信息手段要发挥作用,一定要科学、权威、客观、及时。

思考与练习

1. 试阐述旅游经济管理现代化的内容。
2. 如何建立具有中国特色的旅游经济管理体制?
3. 试比较旅行社、旅游饭店、旅游交通的行业管理特点及内容。
4. 为什么要加强旅游目的地管理?
5. 为什么要加快旅游经济管理的法制化建设?
6. 如何建立健全旅游经济管理法制体系?
7. 结合实际,谈谈旅游经济管理体制的改革。
8. 如何理解旅游产业政策的作用?

案例分析

旅游市场黑名单管理办法(试行)

第一条 为维护旅游市场秩序,加快旅游领域信用体系建设,促进旅游业高质量发展,依据《中华人民共和国旅游法》《中华人民共和国行政许可法》《中华人民共和国政府信息公开条例》《旅行社条例》和《国务院关于印发社会信用体系建设规划纲要(2014—2020年)的通知》(国发〔2014〕21号)、《国务院关于建立完善守信联合激励和失信联合惩戒制度加快推进社会诚信建设的指导意见》(国发〔2016〕33号)等有关规定,制定本办法。

第二条　本办法所称旅游市场黑名单管理,是指文化和旅游行政部门或者文化市场综合执法机构将严重违法失信的旅游市场主体和从业人员、人民法院认定的失信被执行人列入全国或者地方旅游市场黑名单,在一定期限内向社会公布,实施信用约束、联合惩戒等措施的统称。

旅游市场主体包括旅行社、景区、旅游住宿等从事旅游经营服务的企业、个体工商户和通过互联网等信息网络从事提供在线旅游服务或者产品的经营者;从业人员包括上述市场主体的法定代表人、主要负责人以及导游等其他从业人员。

第三条　文化和旅游部负责制定旅游市场黑名单管理办法,指导各地旅游市场黑名单管理工作,建立全国旅游市场黑名单管理系统,向社会公布全国旅游市场黑名单。

省级、地市级文化和旅游行政部门负责本辖区旅游市场黑名单管理工作,向社会公布本辖区旅游市场黑名单。

第四条　地市级及以上文化和旅游行政部门或者文化市场综合执法机构按照属地管理及"谁负责、谁列入,谁处罚、谁列入"的原则,将具有下列情形之一的旅游市场主体和从业人员列入本辖区旅游市场黑名单:

(一)因侵害旅游者合法权益,被人民法院判处刑罚的;

(二)在旅游经营活动中因妨害国(边)境管理受到刑事处罚的;

(三)受到文化和旅游行政部门或者文化市场综合执法机构吊销旅行社业务经营许可证、导游证处罚的;

(四)旅游市场主体发生重大安全事故,属于旅游市场主体主要责任的;

(五)因侵害旅游者合法权益,造成游客滞留或者严重社会不良影响的;

(六)连续12个月内两次被列入旅游市场重点关注名单的(重点关注名单管理办法另行制定);

(七)法律法规规章规定的应当列入旅游市场黑名单的其他情形。

将人民法院认定的失信被执行人列入旅游市场黑名单。

第五条　各级文化和旅游行政部门可以通过政府信息共享机制、人民法院网站等多种渠道获取符合第四条第一款第(一)项、第(二)项和第二款规定情形的信息。

第六条　将旅游市场主体和从业人员列入旅游市场黑名单前,列入机关应履行告知或者公示程序,明确列入的事实、理由、依据、约束措施和当事人享有的陈述、申辩权利。自然人被列入旅游市场黑名单的,应事前告知。

旅游市场主体和从业人员在被告知或者信息公示后的10个工作日内,有权向列入机关提交书面陈述、申辩及相关证明材料,列入机关应当在15个工作日内给予书面答复。陈述、申辩理由被采纳的,不列入黑名单。陈述、申辩理由不予以采纳的,列入黑名单。

列入前,列入机关应将旅游市场主体和从业人员信息与全国信用信息共享平台各领域"红名单"和地方设立的各领域"红名单"进行交叉比对,如"黑名单"主体之前已被列入"红名单",应将相关信息告知"红名单"列入部门,列入部门将其从"红名单"中删除。

第七条　文化和旅游行政部门或者文化市场综合执法机构向严重违法失信当事人下达《行政处罚决定书》时，应当提示其被列入旅游市场黑名单的风险，或者告知其被列入市场黑名单。

第八条　旅游市场主体和导游跨区域从事违法违规经营活动，被违法行为发生地文化和旅游行政部门或者文化市场综合执法机构发现具有本办法第四条第一款第（三）项情形的，应当通报旅游市场主体所在地和导游证核发地同级文化和旅游行政部门或者文化市场综合执法机构，由旅游市场主体所在地和导游证核发地相应机构负责列入旅游市场黑名单。

第九条　旅游市场主体黑名单信息包括基本信息（法人和其他组织名称、统一社会信用代码、全球法人机构识别编码、法定代表人姓名及其身份证件类型和号码）、列入事由（认定严重违法失信行为的事实、认定部门、认定依据、认定日期、有效期）和其他信息（联合奖惩、信用修复、退出信息等）。

从业人员黑名单信息包括基本信息（姓名、居民身份证号码、港澳台居民的公民社会信用代码、外国籍人身份号码）、列入事由（认定严重违法失信行为的事实、认定部门、认定依据、认定日期、有效期）和其他信息（联合奖惩、信用修复、退出信息等）。

第十条　旅游市场黑名单实行动态管理。

因本办法第四条第一款第（二）项情形列入黑名单的，黑名单信息自公布之日起满5年，由列入机关自届满之日起30个工作日内移出旅游市场黑名单。

因本办法第四条第二款情形被列入黑名单的，在人民法院将其失信信息删除后10个工作日内由列入机关移出旅游市场黑名单（同时符合本办法第四条第一款情形的除外）。

因本办法其他情形列入黑名单的，黑名单信息自公布之日起满3年，或者在规定期限内纠正失信行为、消除不良影响的（不含本办法第四条第一款第（三）项规定之情形），由列入机关自届满之日起30个工作日内移出旅游市场黑名单。

省级、地市级旅游市场黑名单信息移出前，移出机关须向上一级文化和旅游行政部门报告。上级文化和旅游行政部门有权撤销下级文化和旅游行政部门的黑名单移出决定。

第十一条　列入旅游市场黑名单所依据的行政处罚决定被撤销的，文化和旅游行政部门或者文化市场综合执法机构应当自行政处罚决定被撤销之日起30个工作日内，将相关市场主体和从业人员信息移出旅游市场黑名单。

第十二条　文化和旅游行政部门或者文化市场综合执法机构应当按照"谁列入、谁负责，谁移出、谁负责"的原则，及时将旅游市场黑名单列入、移出信息录入全国旅游市场黑名单系统。

各级文化和旅游行政部门应当通过其门户网站、地方政府信用网站、全国旅游监管服务平台、国家企业信用信息公示系统、"信用中国"网站等渠道发布本辖区旅游市场黑名单，实现信息共享。

对涉及企业商业秘密和个人隐私的信息，发布前应进行必要的技术处理。

第十三条　文化和旅游行政部门、文化市场综合执法机构应当对列入旅游市场黑名单的旅游市场主体和从业人员实施下列惩戒措施：

（一）作为重点监管对象，增加检查频次，加大监管力度，发现再次违法违规经营行为的，依法从重处罚；

（二）法定代表人或者主要负责人列入黑名单期间，依法限制其担任旅游市场主体的法定代表人或者主要负责人，已担任相关职务的，按规定程序要求变更，限制列入黑名单的市场主体变更名称；

（三）对其新申请的旅游行政审批项目从严审查；

（四）对其参与评比表彰、政府采购、财政资金扶持、政策试点等予以限制；

（五）将其严重违法失信信息通报相关部门，实施联合惩戒。

文化和旅游行政部门应对列入旅游市场黑名单的失信被执行人及其法定代表人、主要负责人、实际控制人、影响债务履行的直接责任人员在高消费旅游方面实施惩戒，限制其参加由旅行社组织的团队出境旅游。

……

（资料来源：中华人民共和国文化和旅游部官网，https://www.mct.gov.cn，2018年12月21日。）

案例思考

1. 《旅游市场黑名单管理办法（试行）》的公布实施将对旅游行业产生哪些影响？
2. 结合上述管理办法谈一谈政府进行旅游行业监管的必要性和重要性。

第十一章

旅游经济效益与评价

学习引导：

讲求和提高经济效益是人们从事旅游经济活动的基本准则，也是旅游业持续发展的客观要求。现代旅游业是一个综合性的经济产业，而且具有同其他行业经济活动不同的特点及运行规律。因此，本章着重研究旅游经济效益的概念，以掌握旅游经济效益的特点及影响因素；并且分别从旅游企业经济效益和旅游宏观经济效益两个层次对旅游经济活动成果进行科学的分析，从而探索不断改善和提高旅游经济效益的途径，促进旅游经济的持续发展。

学习目标：

通过本章学习，应重点掌握以下知识要点：

(1) 旅游经济效益的特点及评价标准；

(2) 旅游企业经济效益；

(3) 旅游宏观经济效益。

素养目标：

主要聚焦中国特色社会主义理论自信。在讲授旅游微观和宏观经济效益时，鼓励学生分享自己的所见所闻，让学生深刻认识到旅游经济效益的发挥与中国共产党的领导、安定团结的社会环境，以及中国不断提高的国际地位有着密不可分的联系。加强学生对中国特色社会主义是实现中华民族伟大复兴的必由之路的认识，增强理论自信。

第一节 旅游经济效益的特点及评价标准

一、旅游经济效益的概念

经济效益通常是指人们从事经济活动所取得的有效成果同相应的劳动占用和消耗的比较，简而言之，即从事经济活动的投入与产出的比值。因此，讲求和提高经济效益就是指在从事各种经济活动时，要以尽可能少的劳动占用和消耗，产出尽可能多的、符合社会需要的有用成果（产品和劳务）。这不仅是社会主义基本经济规律的要求，也是发展社会主义经济的根本途径。

旅游经济效益是指旅游经济活动过程中的劳动占用和消耗同有效成果之间的比较。所谓劳动占用和消耗,是指旅游企业和部门在规划组织旅游活动,向旅游者提供旅游产品和服务过程中所占用和耗费的物化劳动和活劳动,即旅游成本和费用等。所谓有效成果,是指旅游经济活动的最终产出。由于旅游经济活动是一种经济、技术、社会、文化、政治等多种因素相结合的活动,因而其有效成果也是多方面的。既包括向旅游者提供旅游产品和服务,以满足他们多样化的旅游消费需求,又包括通过旅游经济活动获取应有的利润,从而为企业发展社会主义建设积累资金,还包括促进人们生活水平的提高和环境的改善。在一定的劳动占用和耗费情况下,旅游者在旅游活动中的满足程度越高,旅游经营部门或企业的旅游收入越高,对社会、生态环境的改善越有利,则表明旅游经济效益越好。

二、旅游经济效益的特点

旅游业作为一个综合性的经济产业,有其自身的特点和运行规律。因此,旅游经济效益既有和一切经济活动相同的特点,又有区别于其他经济活动的不同特点。具体包括以下几个方面。

(一)旅游经济效益是微观经济效益与宏观经济效益的统一

旅游经济活动通常由旅行、餐饮、住宿、交通、观赏、娱乐等多种活动所组成,因而旅游经济效益实质上是食、住、行、游、购、娱等多种要素综合作用的结果,而各种要素作用发挥得好坏,最终也必然体现在经济效益上。同时,旅游经济效益不仅要体现旅游企业的经济效益,使旅游经济活动的主体及其组织得以生存和发展,而且要体现整个旅游产业的宏观经济效益,并通过旅游经济活动及其较强的产业带动效应,把旅游经济活动所产生的经济效益辐射、渗透到其他产业和部门,促进人们生活质量的改善和提高,充分体现出旅游经济的宏观效益及社会价值。

(二)旅游经济效益的衡量标准是多方面的

在社会主义市场经济条件下,旅游经济活动必须面向市场,以旅游者为中心。这就要求旅游经营部门和企业在组织旅游活动时,必须树立为旅游者服务的经营思想和观念,考虑旅游者的消费需求,尽可能提供适销对路、物美价廉的旅游产品和服务,这是获取经济效益的前提。旅游企业应在充分满足人们旅游消费需求的基础上,取得合理的经济收入和利润,不断提高旅游业的宏、微观经济效益。因此,从以上两方面来衡量旅游经济效益,可采用以下指标体系进行综合分析和评价,即接待游客人数、游客逗留天数、旅游收入、旅游外汇收入、旅游利润和税收、客房率、游客人均消费、游客投诉率、资金利润率、成本利润率以及服务质量等多项指标。

(三)旅游经济效益具有质和量的规定性

同其他经济活动一样,旅游经济效益不仅有质的规定性,而且有量的规定性。旅游经济效益的质的规定性,主要表现为取得旅游经济效益的途径和方法必须在国家有关法律、法规和政策的范围内和指导下,通过加强管理、技术进步和改善服务质量来实现。旅游经济效益的量的规定性是指旅游经济效益不仅能用量化的指标来反映,而且能通过对指标体系的比较分析,发现旅游经济活动中的问题,从而寻求提高旅游经济效益的有效途径和方法。旅游经济效益质和量的规定性是有机统一的整体,离开了质的规定而片面追求量的目标,就会偏离社会主义旅游经济发展的宗旨和方向,甚至成为不良社会行为滋长的土壤;反之,若只考虑旅游经济效益的质的规定性,而没有量的追求,就没有积极开拓的进取精神和科学的经营管理方法,难以实现旅游经济效益。因此,只有把旅游经济效益的质和量有机统一起来,才能保证旅游经济活动的健康、正常开展,促进旅游经济效益的不断提高。

三、影响旅游经济效益的因素

影响旅游经济效益的因素是多方面的,既有主观因素,又有客观因素;既有宏观因素,又有微观因素;既有经济、技术因素,又有政策、法律因素;既有国内因素,又有国际因素等。因此,为了有效地提高旅游经济效益,就必须对影响旅游经济效益的主要因素进行科学的分析和研究。

(一) 旅游者数量及构成

在旅游经济活动中,旅游者是旅游活动的主体和旅游服务的对象,也是旅游活动产生的前提。旅游者数量的多少与旅游活动中所占用和耗费的劳动量之间存在着一定的比例关系。若以较少的劳动占用和耗费,而为更多的旅游者及时提供了优质的旅游产品和服务,则旅游经济效益就好;反之,若为较少的旅游者服务而劳动占用和耗费不断增加,则旅游经济效益就差。因此,旅游者数量的多少对旅游经济效益具有直接的影响。这种影响具体表现在以下两个方面。一方面,旅游经济活动中旅游者数量的增加,必然相应增加旅游收入,从而提高旅游产品和旅游服务的利用效率,增加旅游经济效益。另一方面,旅游经济活动中的劳动占用和耗费,特别是固定费用部分(如基本工资、折旧、管理费用等),在一定范围内会随旅游者数量的增加而相对减少,于是在其他条件不变的情况下,旅游者数量越多,则对于每一个旅游者所花费的成本就相对减少,从而使旅游经济效益相应增加。

另外,由于旅游者来自不同的国家或地区、不同的经济阶层、不同的社会文化圈,因而具有不同的爱好、习俗、消费习惯及旅游支付能力,使他们在旅游活动中的旅游消费和支出具有不同的构成和特点,从而对旅游经济效益也产生重要的影响。例如,在旅游者数量既定的情况下,旅游者逗留时间越长,所需旅游服务项目越多,则每个旅游者的平均消费支出就越大,于是旅游目的地的经济效益就越高。因此,不仅旅游者的数量规模大小对旅游经济效益具有直接的影响作用,而且旅游者的结构状况也会对旅游经济效益产生直接的影响作用。

(二) 旅游物质技术基础及其利用率

旅游物质技术基础是指对各种旅游景观、旅游接待设施、旅游交通和通信、旅游辅助设施的总称。在旅游经济活动中,各种旅游物质技术基础与旅游经济效益具有直接的关系。通常,旅游物质技术基础条件好,则吸引的旅游者多,旅游收入多,劳动占用和耗费少,从而提高了旅游经济效益。因此,旅游业应适度超前地发展各种旅游设施,尽可能配备现代化程度较高的物质技术设备和手段,以提高劳动效率,减少劳动耗费,增加经济效益。

配备现代化的旅游设施,为提高旅游经济效益奠定了基础。但是,要真正提高旅游经济效益还必须不断提高旅游物质技术设施利用率。而提高旅游物质技术设施利用率,意味着花费在单位游客上的劳动占用和耗费减少,从而降低了旅游成本,提高了经济效益。

(三) 旅游活动的组织和安排

旅游活动全过程涉及旅游者的食、住、行、游、购、娱等多方面的需求,这些需求是相互联系、衔接配套的。因此,在旅游活动中能否有效地提供旅游产品和服务,能否高质量地组织和安排好旅游者的旅游活动,就直接影响着旅游经济效益。例如,在其他条件既定的情况下,若旅游时间超过了计划安排,则势必会增加旅游成本而减少旅游利润;若旅游活动组织得单一、重复、枯燥,则可能产生负面影响,导致客源减少,效益下降;若旅游服务质量不高,不能较好地满足旅游者的身心需求,就不能刺激旅游者增加旅游消费,从而也就无法增加更多的经济效益。综上所述,在旅游活动的组织和安排中,一定要针对不同旅游者的类型、需求特点、消费习惯等,有目的地规划和组织好旅游活动。尽可能在旅游时间安排上张弛结合,留有余地,保证旅游时间有效利用;在旅行线路上尽可能安排紧凑、内容丰富、生动有趣,提高旅游者的兴致,使其得到最大的身心需求满足;在旅游服务质量上,要礼貌谦和、服务周到,使旅游者真正能够高兴而来,满意而归。

(四)旅游业的科学管理

旅游经济效益的提高,最根本的是劳动生产率的提高,而劳动生产率的提高离不开现代科学管理。因此,旅游行业必须科学地组织劳动的分工与协作,把食、住、行、游、购、娱等方面衔接配套好,才能有效地提高劳动生产率。另外,劳动者是生产力诸要素中最活跃、最关键的因素,也是决定劳动生产率能否提高的关键,因而要积极培训和提高职工的业务技术水平,充分调动职工的劳动积极性和创造性,真正实现劳动生产率的提高。

总之,对旅游经济活动的管理越科学、合理,职工的业务技术水平越高,职工对本职工作的责任心越强,则劳动时间的利用越充分,劳动效率就越高,创造的劳动成果就越多,于是旅游经济效益就越好。反之,若旅游劳动效率低,则旅游劳动的成果就少,相应旅游经济效益也就差。

四、旅游经济效益的评价

要提高旅游经济效益,就必须在旅游经济活动中以尽可能少的投入获取尽可能多的产出,这也是评价旅游经济效益的重要标准。通常,对旅游经济效益的评价必须重视对以下方面的比较分析。

(一)旅游经济活动的有效成果同社会需要的比较

旅游产品作为旅游者在旅游活动过程中所购买的物质产品、精神产品和服务的总和,它同样具有价值和使用价值。只有当旅游产品能够有效地满足旅游者的需求时,才能实现其价值。否则,不仅不能体现旅游产品的价值和使用价值,使旅游经营单位遭受损失,而且会因旅游者的反面宣传而使旅游产品失去更多的客源。因此,必须努力生产和提供旅游者满意且物美价廉的旅游产品,才能促进旅游经济效益的不断提高。

(二)旅游经济活动的有效成果同劳动消耗和占用的比较

旅游经营部门和单位,为了向旅游者提供旅游产品,必然要耗费社会劳动,占用资金,从而形成旅游经济活动的成本和费用。如果旅游经济活动只讲满足社会需求,而不计成本高低,则是违背经济规律的。因此,要讲求经济效益就必须把旅游经济活动的有效成果(主要是利润和税金)同劳动占用和消耗进行比较,以评价旅游经济活动的合理性和旅游经济效益的好坏。

(三)旅游经济活动的有效成果同资源利用的比较

旅游经济活动必须以旅游资源为基础,以市场为导向,充分有效地利用各种资源。通过把旅游经济活动的有效成果同旅游资源的利用相比较,可以揭示利用旅游资源的程度和水平,从而寻找充分利用旅游资源的途径和方法。另外,在利用旅游资源时,还要考虑对旅游资源的保护。因为旅游资源是一种特殊的资源,不论是自然景观还是人文风情,对其保护主要是保持旅游产品的质量。如果自然生态环境恶化,人文风情遭受破坏,就直接表现为旅游产品质量的下降和损坏,就不能持续地带来旅游收入和经济效益。

(四)旅游经济活动的宏观效益与微观效益的统一

任何一项旅游经济活动都必然涉及和影响到旅游业的宏观效益和微观效益。旅游经济活动的微观效益主要指旅游企业的经济效益,其表现为旅游企业的经营收入与成本之间的比较,从而导致旅游企业必然把追求利润作为其行为目标。旅游经济活动的宏观效益是指整个旅游产业的整体效益,其不仅要讲求本产业的经济效益,同时还要考虑对社会经济所做的贡献及对生态环境的保护和改善。如果旅游经济活动只考虑旅游企业的经济效益,而不顾旅游业整体的宏观效益,则旅游企业持续的经济效益也是无法保障的。因此,讲求旅游经济效益必须把旅游经济活动的微观效益同宏观效益统一起来,才能保证旅游经济效益的有效实现和提高。

第二节 旅游企业经济效益

一、旅游企业经济效益的概念

旅游企业经济效益是指旅游企业在旅游经济活动中,为了向旅游者提供旅游产品和服务而花费的物化劳动和活劳动同取得的经营收益的比较,也就是旅游企业的成本同经营收益的比较。旅游企业经济效益的好坏,不仅决定着其自身的生存和发展,而且直接影响到整个旅游业的宏观经济效益。因此,必须对其进行科学的考察和分析。

(一)旅游企业的成本

旅游企业的成本是指旅游企业在生产经营旅游产品或提供旅游服务时所耗费的物化劳动和活劳动的价值形态,也就是提供物质产品、精神产品和服务时所支出的全部费用。旅游企业的成本通常可以按照费用类别和成本性质进行划分。

(1)按照费用类别,可将旅游企业成本分为营业成本、管理费用和财务费用三大类。营业成本是指旅游企业从事经营活动所支出的全部直接费用,包括固定资产折旧费、修理费、低值易耗品摊销费、职工工资和福利费、运输费、装卸费、包装费、保管费、燃料费、水电费、广告宣传费、物料消耗费等各种支出。管理费用是指旅游企业决策和管理部门在企业经营管理中所发生的费用,也就是不能直接计入营业费用的其他支出,包括行政办公经费、工会经费、职工培训费、劳动保险费、外事费、租赁费、咨询费、审计费、诉讼费、土地使用费等。财务费用是指旅游企业为筹集经营资金所发生的各种费用,包括利息支出、汇兑损失、金融机构手续费等。划分上述三种费用,目的是准确地了解旅游企业成本费用发生的范围和数量,以便加强成本控制和管理,为提高旅游企业经济效益指明方向和途径。

(2)按照成本性质,可将旅游企业成本分为固定成本和变动成本两部分。固定成本是指在一定的业务范围内,不随业务量的增减变化而固定不变的成本。其主要包括固定资产折旧费、修理费、租赁费用、行政办公费、管理人员的工资等。尽管固定成本总额不随业务量增减而发生变化,但是随着业务量的增加,分摊到单位旅游产品或服务上的固定成本会相对减少。因此,在一定条件(即固定成本总额不变)下,努力提高旅游设施的利用率,提高劳动生产率,必然会降低单位旅游产品或服务的成本,增加旅游企业的盈利。变动成本是指随着业务量的增减变化而发生相应变化的成本。其主要包括各种原材料的消耗、水电费用、燃料费用、低值易耗品费用、服务人员的工资和奖金等。由于变动成本总是随业务量的增加而增加,因此降低单位旅游产品和服务的变动成本,就能使单位成本和总成本都得到降低,从而能增加企业的经济效益。把旅游企业的成本划分为固定成本和变动成本,有利于把成本和业务量结合起来考察,为旅游企业的经营决策提供科学的依据。

(二)旅游企业的收益

旅游企业的收益是指旅游企业从事旅游经济活动所创造的利润和税收。它是通过出售旅游产品或提供旅游服务后所取得的营业收入,在补偿了旅游产品或服务成本以后的余额。从经济学意义上讲,它也是旅游企业为社会创造的新增价值。旅游企业的收益,是分析旅游企业经营状况和评价其经济效益的重要指标。在市场经济条件下,要取得理想的经营收益,必须严格控制好经营成本,强化销售工作,争取更多的顾客,才能使旅游企业的利润水平不断提高。

二、旅游企业经济效益分析

(一)旅游企业经济效益的分析指标

旅游企业经济效益是通过分析旅游企业的收入、成本、利润的实现,以及它们之间的比较来体现的。因此,要分析旅游企业的经济效益,首先应掌握好各主要指标的经济含义和计算方法。

1. 旅游企业的营业收入

旅游企业的营业收入是指旅游企业在出售旅游产品或提供旅游服务中所实现的收入,其包括基本业务收入和其他业务收入。营业收入的高低,不仅反映了旅游企业经营规模的大小,而且反映了旅游企业经营水平的高低。例如,通过旅游营业收入同企业职工人数的比较,就可以反映旅游企业劳动生产率的水平。相关计算公式如下:

$$\overline{S} = \frac{TS}{\overline{P}}$$

其中:

$\overline{S}$——人均旅游营业收入;

TS——年旅游营业总收入;

$\overline{P}$——年职工平均人数。

2. 旅游企业的经营成本

旅游企业的经营成本就是旅游企业从事旅游经济活动所耗费的全部成本费用之和,也是旅游企业的固定成本与变动成本之和。相关计算公式如下:

$$TC = C_o + C_m + C_a$$

其中：

　　TC——旅游经营成本；

　　C_o——营业成本；

　　C_m——管理费用；

　　C_a——财务费用。

或

$$TC = C_f + C_v$$

其中：

　　C_f——固定成本；

　　C_v——变动成本。

分析旅游企业的经营成本，一方面要分析成本的发生及构成情况，从而有利于加强对成本的控制及管理；另一方面把经营成本同企业职工人数进行比较，可以反映旅游企业的成本水平。计算公式如下：

$$\overline{C} = \frac{TC}{\overline{P}}$$

其中：

　　$\overline{C}$——人均经营成本。

3. 旅游企业的经营利润

旅游企业的经营利润是指旅游企业的全部收入减去全部成本并缴纳税收后的余额，其包括营业利润、投资净收益和营业外收支净额。旅游企业的经营利润指标，集中反映了企业从事旅游经济活动的全部成果，体现了旅游企业的经营管理水平和市场竞争力。相关计算公式如下：

$$P = TS - C_v - T - C_m - C_a$$
$$TP = P + I_p + (D_s - D_c)$$

其中：

　　P——旅游营业利润；

　　T——营业税金及附加；

　　TP——旅游经营总利润；

　　I_p——投资净收益；

　　D_s——营业外收入；

　　D_c——营业外支出。

（二）旅游企业经济效益分析的方法

1. 利润率分析法

利润率主要用以反映一定时期内旅游企业的利润同经营收入、劳动消耗和劳动占用之间的相互关系，可从不同角度分析和评价企业的经济效益状况。它具体表现为旅游企业的资金利润率、成本利润率和销售利润率三个利润率指标。相关计算公式如下：

$$r_m = \frac{P}{M_f + M_l} \times 100\%$$

$$r_c = \frac{P}{TC} \times 100\%$$

$$r_s = \frac{P}{TS} \times 100\%$$

其中：

r_m——资金利润率；

r_c——成本利润率；

r_s——销售利润率；

M_f——固定资金；

M_l——流动资金。

资金利润率主要用以反映旅游企业的利润与资金占用的关系，说明旅游企业劳动占用的经济效益。成本利润率主要用以反映旅游企业利润与成本之间的关系，说明旅游企业劳动耗费所取得的经济效益。销售利润率主要用以反映旅游企业在一定时期内利润与收入之间的关系，说明旅游企业经营规模的效益水平。通过以上三种利润率的分析，基本上可反映出旅游企业的经济效益状况。

2. 盈亏平衡分析方法

盈亏平衡分析方法是指对旅游企业的成本、收入和利润三者的关系进行综合分析，从而确定旅游企业的保本营业收入，并分析和预测在一定营业收入水平上可能实现的利润水平的方法。

通常，影响利润高低的因素有两个，即营业收入和经营成本。按照成本性质划分，经营成本又可分为固定成本和变动成本。于是，收入、成本和利润的关系可用以下公式表示：

$$P = QW - QC_v - TF$$

其中：

P——利润；

C_v——单位变动成本；

W——单价；

TF——固定总成本；

Q——业务量。

若令 $Q=Q_0$，$P=0$，则保本点公式为：

$$Q_0 = \frac{TF}{W - C_v}$$

$$S_0 = W \cdot Q_0$$

其中：

Q_0——保本点业务量；

S_0——保本点收入额。

知道旅游企业保本点的业务量或收入额，就可根据上述公式的变换，对旅游企业的目标利润和目标收入进行科学的分析和预测，以保证旅游企业不断提高经济效益。

3. 边际分析方法

边际分析方法又称最大利润分析法，即引进边际收入（MR）和边际成本（MC）概念，通过比较边际收入与边际成本来分析旅游企业实现最大利润的经营规模的方法。

边际收入是指每增加一个游客(或销售一个单位旅游产品)而使总收入相应增加的部分,即增加单位游客(或产品)而带来的营业收入。边际成本是指每增加一个游客(或销售一个单位旅游产品)而引起总成本相应增加的部分,即增加单位游客(或产品)而必须支出的成本费用。边际收入和边际成本的比较有以下三种情况。

(1) 当 MR>MC 时,说明每增加一个游客(或出售一个单位旅游产品)时,所增加的收入大于成本,因而还能增加利润,从而使旅游企业的总利润扩大。因此,当 MR>MC 时,可以继续扩大接待人数,以获取更多经济收益。

(2) 当 MR<MC 时,说明每增加一个游客(或销售一个单位旅游产品)时,所增加的收入小于支出,即产生亏损,从而会使旅游企业的总利润减少。因此,当 MR<MC 时,应减少接待人数,以保证旅游企业的经济收益。

(3) 当 MR=MC 时,说明每增加一个游客(或出售一个单位旅游产品)时,所增加的收入与支出相等,即增加单位游客的利润为零。在这种情况下,旅游企业的总利润既不会增加,也不会减少,因而是企业实现最大利润的经营规模。

三、提高旅游企业经济效益的途径

(一) 加强旅游市场调研,扩大旅游客源

旅游客源是旅游企业赖以生存和发展的前提条件,也是增加旅游企业营业收入的重要途径。因此,必须随时掌握旅游客源市场的变化,对现有客源的流向、潜在客源的状况,以及主要客源国的政治经济现状及发展趋势进行调查、研究和分析,以便有针对性地进行旅游宣传和促销,提供合适的旅游产品和服务,不断扩大客源市场,增加旅游企业的经营收入,提高经济效益。否则就会失去市场竞争力、失去客源,而没有客源就没有旅游经济活动,也就无法实现和提高旅游企业的经济效益。

(二) 提高劳动生产率,降低旅游产品成本

提高劳动生产率,降低旅游产品成本,是提高旅游企业经济效益的重要途径之一。提高劳动生产率,就是要提高旅游企业职工的素质,加强劳动的分工与协作,提高劳动组织的科学性,尽可能实现以较少的劳动投入完成同样的接待任务,或者以同样的投入完成更多的接待任务,达到节约资金占用、减少人财物力消耗、降低旅游产品的成本的目的。同时,提高劳动生产率还有利于充分利用现有设施,扩大营业收入,达到提高利润、降低成本、增加旅游经济效益的目的。

(三) 加强经济核算,提高经济效益

经济核算是经济管理不可缺少的重要工作之一。旅游企业的经济核算,是旅游企业借助货币形式,通过记账、算账、财务分析等方法,对旅游经济活动过程及其劳动占用和耗费进行反映和监督,为旅游企业加强管理、获取良好的经济效益奠定基础。加强旅游企业的经济核算,有利于发现旅游经济活动中的薄弱环节和问题,分析其产生的原因和影响因素,有针对性地采取有效的对策和措施,开源节流,挖掘潜力,减少消耗,提高经济效益。

(四) 提高旅游企业职工素质,改善服务质量

改善和提高旅游服务质量,是增加旅游企业经济效益的关键。旅游服务质量的好坏,不

仅体现在旅游景观是否具有吸引力,旅游活动的内容是否丰富多彩,旅游接待设施是否舒适、安全上,而且体现在旅游服务人员的服务态度、文化素质和道德修养上。因为旅游服务是通过旅游企业职工热情周到、诚挚友好的服务态度,通过服务人员谦恭的礼貌、整洁的仪表、娴熟的服务技能、良好的文化素养来使游客真正享受到"宾至如归"的感受。因此,改善和提高服务质量就能满足游客的需求,促使他们增加逗留时间,增加消费,从而相应提高旅游经济效益。既然服务质量的好坏主要体现在职工身上,那么就必须提升旅游企业职工的政治素质、专业知识、业务技能和道德修养,这也是提高服务质量的保证。

(五)加强旅游企业的管理基础工作,不断改善经营管理水平

旅游企业的经济效益也是建立在良好的管理基础工作之上的。良好的管理基础工作,不仅是改善旅游企业经营管理的前提,也是创造良好经济效益的重要途径。因此,加强旅游企业的管理基础工作,必须切实做好以下工作。一是要加强标准化工作,促使企业各项活动都能纳入标准化、规范化和程序化的轨道,建立良好的工作秩序,提高工作效率。二是要加强定额工作,制定先进合理的定额水平和严密的定额管理制度,充分发挥定额管理的积极作用。三是加强信息和计量工作,通过及时、准确、全面的信息交流和反馈,不断改善服务质量。并在加强计量监督和管理的前提下,不断改善服务质量、降低成本、提高经济效益。四是加强规章制度的制定和实施,严格各种工作制度、经济责任制度和奖惩制度,规范职工行为,促进经营管理水平的改善和提高。

第三节 旅游宏观经济效益

一、旅游宏观经济效益的概念

旅游宏观经济效益是指旅游产业在旅游经济活动中,以尽可能少的劳动和资源的占用和耗费,获得尽可能多的经济效益、社会效益和环境效益。旅游宏观经济效益体现了旅游产业自身的直接效益,由旅游产业的带动而引起国民经济中相关产业部门的间接效益,以及社会经济发展和生态环境改善的间接效益等。因此,研究旅游宏观经济效益就不能孤立地研究旅游产业,还必须对相关的社会经济和生态环境进行分析和研究。

(一)旅游宏观成本

旅游宏观成本是指为开展旅游经济活动而形成的整个社会的耗费和支出,即旅游的社会总成本。除了旅游企业所发生的旅游经营成本以外,其他旅游宏观成本可大致划分为有形成本和无形成本两大部分。

有形成本是指为开展旅游经济活动而必须付出的直接成本,主要体现为经济上的支出。具体包括:对发展旅游业而必需的有关道路、机场、水电、排污、码头等基础设施的投资;国家、地方、集体、个人对旅游景点、接待设施等方面的投资和贷款;引进国外的旅游设备、设施及购买原材料的支出等;国家各级旅游组织及相关机构用于旅游方面的市场调研、宣传促销、考察交流、外联、科研等方面的支出等。

无形成本是指为发展旅游业而导致社会、经济和生态环境等方面产生的消极影响,是开

展旅游经济活动而支付的"间接成本"。事实上,旅游业虽然是一个"无烟工业",但并不是一个无污染的产业。随着旅游业的发展及大量旅游者的涌入,首先,会对旅游目的地的环境和生态造成消极影响,如环境的污染、生态平衡的破坏等,从而使良好的自然景观受到影响。其次,会造成对传统文化、艺术及各种文物古迹的破坏和影响。特别是大量海外游客涌入,对旅游目的地国家和地区的传统道德观念、社会安定等都会带来一定的消极影响。最后,会引导旅游目的地的消费超前增长,从而刺激通货膨胀、物价上涨,对社会经济增长和经济结构产生消极的作用。总之,旅游经济活动的消极影响往往为人们所忽略,而要解决这些问题需要投入大量的成本,因此就形成了旅游宏观成本的重要组成部分。

(二)旅游宏观收益

旅游宏观收益是指通过开展旅游经济活动而为全社会带来的成果和收益。它不仅包含旅游产业自身所获得的经济收益,也包括对相关产业、部门的带动,对社会文化的促进,以及对整个社会、经济所产生的积极作用等。具体而言,旅游宏观收益也可分为有形收益和无形收益两大部分。

有形收益是指开展旅游经济活动而直接给社会带来的经济收益,它可以通过一定的方法统计和测算,具体包括:各类旅游企业所实现的利润和上缴的税金;通过旅游经济活动而创造的外汇收入;围绕旅游经济活动而提供的劳动就业人数;随着旅游业的发展而带动其他经济部门,以及文化、教育、科技、卫生等方面的发展;对旅游资源的开发利用及对社会经济繁荣的促进等。

无形收益是指发展旅游业给社会带来的难以测算的收益。这些收益虽然无法用量化的形式表现出来,但它对社会的促进作用是显而易见的。例如,通过旅游经济活动促进了国家之间、民族之间、人民之间的相互了解,增进了友谊;通过旅游经济活动给旅游目的地国家带来了广泛的经济、文化和科学技术信息,促进这些国家科学技术的进步和教育事业的发展;通过对旅游资源的开发利用,促进了自然环境的保护以及对各种民族文化、历史遗产的保护和维修,弘扬了优秀的民族文化传统;此外,旅游经济活动对陶冶人们的情操,增强人们的爱国主义观念,促进精神文明建设以及带动边疆少数贫困地区的社会经济发展等都具有积极的作用。

二、旅游宏观经济效益分析和评价

(一)旅游宏观经济效益评价指标

旅游宏观经济效益涉及面很广,内容丰富,通常要求从多方面、用多种指标进行分析和评价。目前,旅游宏观经济效益评价指标主要有以下几种。

1. 旅游创汇收入和旅游总收入

旅游创汇收入反映了旅游业通过开展旅游经济活动,直接从海外游客的支出中所得到的外汇收入。由于外汇收入在一国的国际收支平衡中有着重要的意义,而旅游业又是除了出口产品以外最主要的创汇途径,因此旅游创汇收入指标在旅游宏观经济效益的考核评价中就占有十分重要的位置。对旅游创汇收入的计算,通常是以年度内旅游产业内部各部门(如旅行社、饭店业等)的创汇总计来表示,货币单位统一使用国际通行的结算币种——美元。

旅游总收入是指通过开展旅游经济活动从国内外旅游者的支出中所得到的全部收入,

其反映了旅游产业发展的总规模收益,也是考核评价旅游宏观经济效益的重要指标。

2. 旅游就业人数

旅游就业人数反映了旅游产业在发展过程中为社会提供的劳动就业人数的总量。旅游业是一个以服务为主的综合性产业,具有对劳动力的高容纳性特点,可以从不同的工种、不同的部门为社会提供大量的就业机会。据世界旅游组织统计,全世界每年新增的劳动就业人数中,每 15 个人中就有 1 人是从事旅游业工作。而对于许多经济发达国家来说,社会经济越发达,旅游业就业人数就越多。因此,旅游业就业人数的多少,也反映了旅游业自身发展的规模及其对社会经济发展的推动作用。

3. 旅游投资效果系数

旅游投资效果系数是指旅游投资所获得的盈利总额同投资总额的比值,是反映旅游投资效益的重要指标,计算公式如下:

$$E_1 = \frac{TS - TC}{TI}(静态指标)$$

或

$$E_1 = \frac{F}{TI}(动态指标)$$

其中:

E_1——投资效果系数;

TI——旅游投资总额;

F——年平均现金净流量。

投资效果系数的动态指标是考虑了资金的时间价值以后,通过贴现计算每年的平均现金净流量,因此该指标通常略低于静态指标,但更符合旅游经济活动的实际。根据旅游投资效果系数,即可评价旅游投资的效益好坏。通常旅游投资效果系数越大,则表明旅游投资效益越好。

4. 旅游投资回收期

旅游投资回收期是指一项旅游投资回收的年限,是投资效果系数的倒数,也是反映旅游投资效益的重要指标之一,其计算公式如下:

$$T_b = \frac{TI}{TS - TC}(静态指标)$$

或

$$T_b = \frac{TI}{F}(动态指标)$$

其中:

T_b——投资回收期。

通常,旅游投资回收期数值越小,说明旅游投资的回收时间越短,投资效益越好;反之,旅游投资回收期数值越大,则投资的回收时间越长,投资效益越差。

5. 旅游带动系数

旅游带动系数是指旅游直接收入的增加对国民经济各部门收入增加的促进作用。根据国际上有关研究表明:旅游业每 1 美元的直接旅游收入可带动相关产业增加 2.5 美元的间接收入;旅游业每增加 1 名直接就业人员,可带动相关产业增加 2.5 个人就业。据中国有关部门研究测算,在中国,旅游业每收入1美元,第三产业产值相应增加10.7美元;旅游外汇收入每增加1美元,利用外资金额相应增加5.9美元。

(二)旅游宏观经济效益的评价

对旅游宏观经济效益的评价,主要是评价旅游产业的发展对整个国民经济发展的贡献,可从以下三方面进行综合评价。

1. 对旅游产业自身经济效果的评价

对旅游产业自身经济效果的评价,是旅游宏观经济效益评价的主要内容,即通过分析旅游业满足社会需要的程度及发展旅游业所消耗的社会总劳动量间的比较关系,来评价旅游业的宏观经济效益。旅游业满足社会需要的程度,主要指通过对旅游业及相关产业的投资,最大限度地满足旅游市场的需求,通常用接待旅游者数量、旅游收入、接待设施规模等指标来体现。发展旅游业所消耗的社会总劳动量,主要指用于提供食、住、行、游、购、娱等而产生的全部物化劳动和活劳动消耗。而在基础设施、接待设施、游乐设施及旅游服务等方面所产生的全部物化劳动和活劳动消耗,通常用旅游投资及经营成本来反映。因此,分析旅游产业投资经济效果,就可以对投入和产出进行比较,具体就是用单位接待能力投资额、劳动生产率、投资效果系数及投资回收期等主要指标来反映。

2. 对旅游产业社会经济效果的评价

旅游业是一个综合性的经济产业,它对经济的促进作用主要表现在对社会经济的促进及国民经济相关产业的带动方面。对社会经济的促进可以通过旅游创汇指标增加、就业机会提高以及人们收入水平增加等指标来反映。对国民经济相关产业的带动则可通过计算旅游产业同其他相关产业的关联性、带动系数等指标,来反映旅游业的重要作用。通过上述两方面的比较和评价,可以评价旅游业关联带动功能的强弱。对于旅游资源丰富、具备发展旅游业的条件及关联带动功能较强的地区,可通过大力发展旅游业,带动相关产业的发展,从而促进整个国民经济的发展。

3. 对旅游产业的社会非经济效果的评价

旅游业对社会经济的影响效果不仅体现在经济效果(有形收益)方面,还体现在非经济效果(无形收益)方面。但由于对社会文化影响、环境保护、生态平衡、污染治理等方面的测量,无法以准确的量化数据来反映,因此只能根据某些主观判断来评价。为了在评价中增强科学性,减少主观偏差,可采用专家意见法的评价程序进行评价,使评价结果尽可能接近实际状况。

三、提高旅游宏观经济效益的途径和方法

(一)改善宏观调控,完善旅游产业政策

旅游业与国民经济中许多行业和部门是密切相关的,旅游经济活动的顺利开展必须得到其他相关部门和行业的支持与配合。同时,旅游产品和服务又是由多个旅游部门和企业共同完成的,客观上也需要这些部门和企业达到最优化的配合。因此,要提高旅游宏观经济效益,促进整个旅游业的发展,就要求国家不断改善和加强宏观调控,充分运用经济、行政、法律等调控手段,对整个旅游产业的发展做出统一、科学、合理的规划和指导,调动社会各方面的积极性,促进旅游产业的发展。

另外,由于我国现代旅游业起步较晚、基础薄弱,为了促使旅游业适当超前发展,不断提高经济效益,还必须制定和完善旅游产业政策。在完善旅游产业政策时,一是要确立和完善旅游产业结构政策,明确旅游产业的发展重点及优先顺序,制定用以保证实现旅游产业发展重点的政策措施;二是健全旅游产业组织政策,建立反对垄断、促进竞争的政策和机制,推动旅游产业的规模化经营,实现优胜劣汰;三是制定旅游产业技术政策,强化技术进步对旅游发展的促进意义,制定推动旅游技术进步的具体措施;四是制定旅游产业布局政策,运用区域经济理论推动旅游资源的区域开发,并从空间上对旅游业及其产业结构进行科学、合理的布局。

(二)改革旅游经济管理体制,建立现代企业制度

在社会主义市场经济条件下,必须改革传统经济管理体制,按照市场经济的要求建立旅游经济管理体制。首先,在旅游经济宏观管理中,要做到政企分离,明确划分旅游行政管理部门和企业的权利和责任,充分调动旅游企业的积极性,提高旅游企业的经济效益。其次,要改善旅游行业管理,促进行业管理的规模化和科学化,减少和杜绝行政管理部门对旅游企业正常经营活动的干预,促进旅游企业面向市场,在国家宏观调控下自负盈亏地从事各种旅游经济活动。再次,要改变单纯依靠国家作为投资主体的做法,在统一规划的前提下,建立能调动各方积极性的管理机制,促进国家、集体、个人及外资等多渠道投资的格局,加快旅游风景区的开发和旅游设施的建设,促进旅游业的进一步发展。最后,必须加快国有旅游企业制度改革,建立适应社会主义市场经济要求的现代旅游企业制度,明确界定企业所有者和经营者的地位和身份,促进企业行为规范化,建立合理的利益动力机制,调动各方积极性,不断提高旅游经济效益。

(三)加快旅游设施建设,提高旅游服务质量

旅游业的发展和经济效益的提高,离不开旅游"硬件"建设和"软件"建设。所谓旅游"硬件",就是指旅游产业的基础设施和接待设施等。一方面,要对构成旅游经济活动的基本条件,如水、电、交通、通信等基础设施进行超前建设,为旅游者迅速抵达和退出旅游目的地创造条件,满足旅游活动"安全、舒适、方便"的要求;另一方面,要抓好旅游产品的开发,加快旅游景点、景区的建设,在搞好环境保护的前提下,配套完善各种旅游接待设施,努力开发对游客具有吸引力的旅游产品。所谓旅游"软件",就是指旅游的服务质量,即旅游行业职工的服务态度、服务技能和水平。旅游服务质量是旅游业的生命线,是旅游业发展过程中永恒的主题。因此,强调质量意识,抓好管理监督,不断提高服务质量,是改善旅游形象,增强竞争能力的关键。根据世界旅游组织1994年提出的口号——"高质量的员工、高质量的服务、高质量的旅游",必须不断改善和提高服务质量,更好地满足旅游者的消费需求。同时,要求对旅游目的地的社会治安、交通、卫生、市容等进行综合治理,创造一个良好的旅游环境和氛围,促进旅游产业长期持续稳定发展,并不断提高旅游经济效益。

(四)抓好旅游市场管理,加强法制建设

旅游业是一个新兴产业,涉及面广,关联效应大,因此在经济管理、行政管理及法制建设等许多方面都有待进一步理顺和定型。针对目前我国旅游市场存在的秩序紊乱、旅游安全形象不佳、市场竞争非法性等问题,必须建立、健全市场法规,依法规范市场主体行为,严厉打击破坏、犯罪行为,制止各种不正当竞争手段,提高旅游市场管理水平,使旅游行业管理逐步实现法制化、规范化和国际化,加快与国际旅游市场的接轨,促进旅游产业服务质量和经济效益的不断提高,为培育和发展社会主义市场经济创造条件。

思考与练习

1. 何为旅游经济效益？其有何特点？
2. 试分析影响旅游经济效益的因素。
3. 对旅游经济效益进行评价的标准有哪些？
4. 如何提高旅游企业经济效益？
5. 如何提高旅游宏观经济效益？
6. 结合实际，阐述提高旅游企业经济效益的重要意义。

案例分析

乡村旅游让农民脱了贫

阳光沙滩、椰林树影，海南正在成为"中外游客的度假天堂"。近年来，海南不断探索发展，努力建设美丽海南。同时，海南充分发挥优势，响应精准扶贫号召，走出了一条旅游与农业、扶贫相结合的特色乡村旅游道路。参与"一带一路中外媒体跨境采访调研行"的记者们深入体验海南之美，亲身感受旅游产业给当地人民生活带来的巨大变化。

位于保亭黎族苗族自治县的三道镇什进村，村民大部分是黎族，此前主要靠种植水稻、槟榔获得微薄的收入，是海南省的贫困村之一。习近平同志在2010年4月到什进村调研时指出，扶贫开发要因地制宜、因势利导，在整体推进的同时一定要突出重点，着力解决最困难户的脱贫致富。

此后，什进村利用民族特色，依托周边两个5A级景区发展起乡村旅游。村民以土地入股形式参与旅游开发，不仅免费住上了新居，还能获得青苗补偿、土地租金等收入，并实现就近就业。

来到什进村，记者们首先参观了此前村民居住的茅草房。低矮的房门、简陋的家具记录着这里曾经的贫困。随后，记者们来到一座具有民族特色的小洋房，楼内的许多房间都是装扮一新的卧室。当得知这是村民的家时，伊拉克辛巴达新闻社的艾穆维勒·巴哈·马尼亚·什亚惊呼："我还以为是当地的特色宾馆。"讲解员笑着告诉什亚，现在什进村开发出了"旅游＋农业""公司＋农户"的创新模式，许多城市家庭周末都会住进村民家体验农村生活，品尝当地美食。村民自家种植的热带水果和自酿米酒等能带来不少收入。2018年，村民的人均年收入已从8年前的2000多元人民币增加到1.3万余元。

格鲁吉亚《多民族格鲁吉亚报》总编辑米哈伊尔·艾季诺夫对所看到的一切称赞不已："格鲁吉亚和中国一样也是多民族国家，所以我们十分关心不同民族间的交流和少数民族的生活状况问题。在海南，我感受到了多彩的文化，更看到了不同民族间的和谐相处。这里少数民族的生活越来越好。政府关心他们,想出很多办法提高他们的收入。中国的扶贫行动惠及所有人民,我为中国取得的成就感到高兴。"

保亭槟榔谷黎苗文化旅游区是展示海南少数民族文化的一张亮丽名片。进入园区,工作人员竖起大拇指,用黎族问候语"波隆"欢迎远道而来的客人。

这里完整保留了当地传统聚居村落,用丰富的资料和精彩的表演展示黎族和苗族同胞们的特色文化。在展示区,黎族大娘正在编织传统织物黎锦。外国记者被她们精湛的手艺吸引,与她们合影留念,热情交谈。这些老人都来自当地农村贫困家庭,现在不仅由旅游区统一发放工资、从售卖黎锦中获得收入,还定期由园区统一进行身体检查。外国记者纷纷祝愿老人们健康长寿。

刀耕火种、黎族织锦、牧童放牛、击鼓歌舞,槟榔谷内大型原生态黎苗文化实景演出《槟榔·古韵》传递出的欢快节奏和视觉冲击,让阿联酋中阿卫视记者胡达·哈利莱看得出了神:"这里的文化太吸引人了,表演也很精彩。"园区负责人告诉外国记者,槟榔谷去年游客达到168万人次,创收1.31亿元人民币,还创造了1000多个就业岗位。此外,景区还挖掘了一大批少数民族的国家级非物质文化遗产,并招募当地村民进行表演。这种方式不仅带动经济发展,也对传统文化起到了传承和保护的作用。

俄罗斯《真理报》政治评论员维克多·特鲁什科夫感叹道:"我曾担心当地原住居民的文化会受到现代化的冲击,但今天亲眼见证后,我打消了这个疑虑。这里不仅完整保留了当地传统文化,还利用现代技术广泛传播,将其发扬光大。在这里我能感受传统与现代交融之美。"喜看稻菽千重浪。黄昏时分,记者们来到三亚水稻国家公园。饱满金黄的稻穗压弯了禾苗。美人蕉、紫荆花、九品香水莲与金黄的稻田相映成趣。生态旅游如今成为海南特色旅游的金字招牌,来自埃及《消息报》的侯萨姆·埃伊德赞叹道:"海南走出了一条独具特色的发展之路。乡村旅游让农民脱了贫。"

(资料来源:谢亚宏:《乡村旅游让农民脱了贫》,载《人民日报》,2018年10月28日。)

案例思考

1. 结合案例思考乡村旅游开发中如何协调好经济发展与传统文化传承保护之间的关系?

2. 海南什进村通过乡村旅游实现农民脱贫增收的成功经验对贫困地区旅游业发展有哪些启示?

第十二章

旅游经济发展及模式

学习引导：

自第二次世界大战以来，经过几十年的发展，旅游业已经发展成为世界上规模较大的产业，并显示出广阔的发展前景。本章在分析国际旅游业发展的基本格局、国际旅游业发展的特征、国际旅游业发展的潮流及趋势的基础上，进一步阐述了世界各国旅游经济发展的不同模式，论述了中国旅游经济的超前型发展方式、推进式发展模式、跳跃式非均衡发展模式等内容。

学习目标：

通过本章学习，应重点掌握以下知识要点：
(1) 旅游经济增长方式；
(2) 旅游经济发展战略；
(3) 旅游经济发展模式及比较；
(4) 旅游经济可持续发展；
(5) 旅游产业融合与业态创新。

素养目标：

主要聚焦绿色发展理念，引导学生从自身做起树立节约资源、爱护环境、保护生态的意识。在讲述旅游经济发展模式、旅游可持续发展、旅游业态创新时，引用我国各地生态旅游发展和低碳旅游开发的实例，引导学生深刻理解并牢固树立"绿水青山就是金山银山"的理念。

第一节 旅游经济增长方式

一、经济增长、经济发展与经济可持续发展

(一) 经济增长与经济发展

经济增长与经济发展是相互联系又有区别的两个概念。根据经济学的观点，"发展"一词意味着一个长期处于经济停滞状态的经济能够取得国内生产总值持续每年5%～7%的增长率的能力。但是，这其实只说明了发展的经济方面的含义，事实上，单纯的经济增长并不

能保证得到发展。经济发展本身应有更多的含义。按照当今发展经济学界的普通看法,虽然经济增长是发展的基本组成部分,但并不是发展的唯一组成部分。发展不能只理解为人民生活水平的物质、金钱方面的增加,发展还应包括伴随着经济增长过程所出现的制度、社会和行政机构等的迅速改变。从本质上说,发展必须体现变化的全部内容。通过这种变化,整个社会应能满足社会内个人和社会集团的多样化的基本需求和愿望,使大家普遍觉得原来不满意的生活条件已在物质和精神两方面向更好的生活环境和生活条件转变。也就是说,首先,发展必须通过经济增长和合理的分配,满足人们的基本需要。其次,在经济发展的同时,精神上的充实也是发展不可缺少的含义。

根据发展中国家的经历,获得经济发展必须发生多方面的变化。

(1) 生活水平的提高与收入分配状况的改善。

(2) 国家的产业结构发生变化。这不仅表现为制造业比重的扩大,还表现在经济从粗放的、简单产品的生产向应用先进技术的、资本密集型(或劳动深化密集型)高级产品生产的转化。

(3) 文教卫生事业发生了显著变化。预期寿命有所延长,医疗卫生设施和服务进一步扩大和发展,适龄青少年入学率提高,成人识字率提高。

(4) 自然环境和生态环境的状况有所改善等。

因此,我们可以得出结论,一个国家的经济获得增长并不就是经济发展,要寻求真正的发展,发展中国家面临的任务比单纯的国内生产总值的增长要复杂得多,也艰巨得多。经济发展这一概念,既有量的内容,也有质的规定性。故在制定经济发展战略时,不仅要关注数量的增长,更要追求质的变革。在经济增长过程中,如果生产方式和生产技术仍然是以传统为主;如果产业结构没有什么变化,仍然是以传统农业为主,二元结构显明,城市化和工业化严重不平衡;如果生产出来的产品相当一部分是假冒伪劣产品,以坑害消费者利益为代价;如果生产的产品大量积压,缺乏需求;如果生活环境遭到破坏,污染严重,导致人们生活质量下降和健康受损;如果收入和财富分配越来越不均,贫困人口没有减少,甚至还在增加……那么,这种经济增长就不会带来真正的经济发展。

(二) 可持续发展

按照1987年世界环境与发展委员会在《我们共同的未来》中的定义,所谓可持续发展,就是"既满足当代人的需求,又不对后代人满足其自身需求的能力构成危害的发展"。这一概念的核心思想是:健康的经济发展,应建立在可持续生存能力、社会公正和人民积极参与自身发展决策的基础之上;可持续发展所追求的目标是,既使人类的各种需要得到满足,个人得到充分发展,又要保护资源和生态环境,不对后代人的生存和发展构成威胁。衡量可持续发展主要有经济、环境和社会三方面的指标,缺一不可。

可见,可持续发展并不否定经济增长,尤其是发展中国家的经济增长。毕竟经济增长是促进经济发展、促使社会物质财富日趋丰富、人类文化和技能日益提高,从而扩大个人和社会的选择范围的原动力。但是,传统的增长方式需要改善。可持续发展反对以追求最大利润或利益为取向,反对以贫富悬殊和掠夺性资源开发为代价的经济增长。它应以无损于生存环境为前提,以可持续作为特征,以改善人民的生活水平为目的。

可持续发展与以人为本的发展和经济发展的目的也基本是一致的,它们都强调生活质量的改善和社会的进步。对发展中国家来说,实现经济发展是十分关键的,因为贫困与不发达正是造成资源与环境恶化的根本原因之一。只有消除贫困,才能形成保护和建设环境的能力。世界各国所处发展阶段不同,发展的具体目标也各不相同,但发展的内涵均应包括改善人类生活质量,保障人的基本需要,并创造一个自由平等的和谐社会。总之,体现以人为本和追求发展的持续性应该是发展的永恒主题。

值得注意的是,持续增长并不等于可持续发展。持续增长是要求经济在一个较长的时期内保持较高的经济增长速度。它并没有指出为实现持续增长所支付的代价。而实现经济增长需要耗费各种要素,不仅有人力、物力和财力消耗的代价,还有各种"隐形"的代价,特别是自然资源的耗费。从许多发展中国家谋求经济增长的现实看,为了谋求高速度,资源开发过度,生态平衡遭到破坏,环境受到严重污染,其结果是人类的生存条件遭到破坏。虽然人们的收入增加了,但健康水平下降了。显然,这种付出了沉重代价的经济增长是不可持续的。此外,可持续发展不仅仅强调持续增长,还有对公平的要求。首先是发达地区与不发达地区间的公平。如果发达地区的发展以掠夺不发达地区的资源为代价,如果不发达地区的发展除了消耗自然资源外没有其他资源可以获得,由此造成的不公平就可能导致不可持续发展。其次是代际公平。持续增长只涉及本代人的要求,谋求本代人的福利。但需要指出的是,大部分的自然资源具有可耗竭及不可再生的特点,这些资源为了实现本代人的福利而被滥用、被耗竭,就会牺牲后代人的发展条件,进而牺牲后代人的福利。这种以牺牲后代人的发展条件为代价的增长,显然也是不可持续的。

二、经济增长方式

(一) 经济增长方式的含义

经济增长方式指的是实现经济增长的途径。根据经济学有关理论,要实现经济的增长,可通过两种方式:一是在现有技术水平和产业结构不变的前提下,通过增加要素投入来达到经济增长的目的;二是在要素投入不变的前提下,通过改变现有技术,调整产业结构,提高对现有资源的利用率来实现经济的增长。前者称为粗放式的经济增长,后者称为集约式的经济增长。

(二) 当前我国转变经济增长方式的迫切性

改革开放以来,我国经济高速发展,综合国力持续提高,人民生活普遍改善,国际地位不断上升。但必须看到,我国经济的高速增长,很大程度上是靠资本投入、资源消耗来驱动的。而这种以"高投入、高消耗、高污染、低效益"为主的粗放型增长方式所引发的效益低下、资源高耗、能源紧缺、环境污染、生态破坏等问题,也是与生态文明和党的十九大所倡导的全面、协调、可持续发展的基本要求大相径庭的,并将最终给生态文明和党的十九大的全面落实带来极大的障碍和危害。

(1) 粗放型增长方式与我国的基本国情显然是严重背离的,造成的结果是发展将难以为继。我国的主要资源人均占有量在世界上的排序都很靠后,土地、耕地、森林等均排在100位以后,淡水资源量排在55位以后,45种矿产资源潜在价值排在80位以后。矿产资源保障的前景同样不容乐观。我国的石油、天然气、铜和铝的人均储量仅分别相当于世界人均水平的8.3%、4.1%、25.5%和9.7%。随着经济的进一步发展,铁矿石、氧化铝等关系国家经济安全的重要矿产资源将长期短缺。这就决定了绝对不允许我们靠拼资源发展经济,必须转变经济增长方式。

（2）粗放型增长方式导致经济效益低下，很大程度上降低了发展的质量和水平。我国经济增长速度不低，经济总量也不小。虽然已经实现总体小康，但国家并不富裕，正如党的十六大报告所指出的，我们现在达到的小康还是低水平的、不全面的、发展很不平衡的小康，社会可分配的财力很有限。这其中有多种原因，粗放型增长造成的投入多、产出少则是根本原因之一。

（3）粗放型增长方式引发投资需求过热，造成总量失衡，导致经济社会发展的不协调。在粗放型增长方式中，财政收入的增长靠经济规模的扩大，而经济规模的扩大完全依赖投资的增加。为了满足迅速膨胀的财政支出，为了安排日益增长的就业人口，势必要追求经济规模的增长速度。投资膨胀也就成为必然的结果。

（4）粗放型增长方式对国民经济的持续快速健康发展造成许多困扰，发展将受到极大的制约。从近些年来看，尽管增长速度较高，但由于消耗大量资源，加剧了资源短缺的压力；部分生产资料价格大幅上扬，加大了物价全面上涨的压力；煤电油和交通运输全面紧张，使经济运行绷得过紧。除此之外，粗放型增长方式严重耗费资源，危害生态环境，削弱发展的可持续性，按照现在的高投入、高能耗、低效益的增长模式继续走下去，因资源、能源高消耗而导致的水、电等供应紧张状况将加剧，瓶颈制约将更为突出。

（三）我国转变经济增长方式的重要意义

由以上分析可知，实现经济增长方式的根本性转变已经到了刻不容缓的地步，而实现经济增长方式的根本性转变对于我国经济增长具有重要意义。

1. 实现经济增长方式的根本性转变是推动经济社会全面发展的长期战略

转变经济增长方式有利于实现经济社会的全面发展。当代社会要求经济增长与社会发展并驾齐驱、全面进步。只有转变经济增长方式，科学认识与正确处理速度和结构、质量、效益的关系，才能通过经济持续健康增长而实现全面发展目标。

2. 实现经济增长方式的根本性转变是促进社会各方协调发展的重大抉择

经济社会协调发展目标，是指在经济更加发展、人民生活更加殷实的同时，包括科技、教育、文化、卫生、体育等其他各项社会事业都能够获得相应发展，也包括社会就业、社会保障、社会公正、社会秩序、社会管理、社会和谐等相应进步，还包括社会结构、机制等相应完善。同时，协调发展对全面建设小康社会也是至关重要的。全面建设小康社会绝不是以"经济"为单一目标的小康社会，实质上是一个多重目标的小康社会。转变经济增长方式有助于协调发展目标的实现。实现经济增长方式的根本性转变将大大提高经济效益，从而促进我国经济整体素质和综合竞争力的提升；实现经济增长方式的根本性转变将大幅降低对资源能源的消耗，从而促进我国资源能源的有序高效利用；在农业领域实现经济增长方式的根本性转变，还将有效地缩小现存的城乡差距，使高度的物质文明与精神文明达到城乡共享，推动发达地区和欠发达地区同步全面实现小康社会目标。

3. 实现经济增长方式的根本性转变是实现可持续发展的根本途径

科学发展观的本质之一，是要求人类社会与自然环境和谐相处、永续发展。只有转变经济增长方式，才能通过降低能耗、减少污染从而实现可持续发展目标。可持续发展就是要求

发展经济和保护自然并行,走生产发展、生活富裕、生态良好的文明发展道路。如果经济发展是建立在过度性放牧、掠夺性开采、毁灭性砍伐等以环境和生态的破坏为代价的基础之上,那么,不仅资源会难以为继,环境不堪重负,而且经济也必将最终陷入危机。多年来的经验教训告诉我们,经济的发展,不能忽视环境,不能以环境的污染、生态的破坏为代价。

三、旅游经济增长及其影响因素

(一) 旅游经济增长

所谓旅游经济增长,就是指一国或一地区在一定时期内(通常为一年),旅游经济在数量上的增加和规模上的扩大。当前,国际通行的衡量旅游经济增长的指标主要是旅游总收入增长率。

(二) 旅游经济增长的影响因素

旅游经济增长受多种因素的影响,主要包括以下几种。

1. 旅游资源及其开发和利用的程度

资源禀赋一方面决定着一国或一地区能否发展旅游业,另一方面又影响着该国或地区旅游经济的增长。丰富的旅游资源是开发优质旅游产品,吸引众多国内外游客,促进旅游经济增长的前提条件。但值得注意的是,拥有丰富的旅游资源并不一定能实现旅游经济的增长,只有对旅游资源进行科学的开发和有效的利用,才能将资源优势转化为经济优势,实现旅游经济的增长与发展。

2. 旅游投资增长率及投资效率

旅游投资是旅游经济中各种投入要素的价值体现。单独的旅游资源并不能自动转化为旅游经济,它必须经过人的有意识的投资活动,将各种要素有机结合起来。因此,旅游经济的增长离不开旅游投资的推动。在一般情况下,旅游经济的增长率同旅游投资的增长率成正比。此外,旅游投资的效率也会影响旅游经济的增长率,在投资总量不变的情况下,投资效率的提高表明投资对旅游经济的推动力量加大,旅游经济的增长速度也因此而更高。

3. 旅游从业人员的数量和质量

旅游从业人员对旅游经济增长的作用是双方面的:一方面,在现有旅游设施设备未能得到充分利用的情况下,旅游从业人员的增加将使原本闲置的各种旅游资源得到利用,从而促进旅游经济的增长;另一方面,在从业人员已经饱和的情况下,增加人员将会降低劳动生产率,这又会制约旅游经济的增长。因此,是否增加从业人员主要看旅游设施设备的使用情况。此外,从业人员的质量对旅游经济的增长也有重大影响,一支高素质的旅游从业人员队伍将会大大提高劳动生产率,促进旅游经济的增长。

4. 旅游科技水平及其利用程度

旅游科技水平及其利用程度直接影响到旅游资源的开发利用程度和旅游产品的吸引力。不断研发新的旅游技术,开发新的旅游产品,将提高现有旅游资源的利用率和旅游者对旅游产品的需求,从而推动旅游经济的增长。

5. 旅游业的对外开放水平

现代旅游活动已经发展为一种全球性的经济活动,这就决定了一国旅游经济的增长必然受国际社会的影响和制约。扩大对外开放水平,吸引国外游客进入和消费本国旅游产品,将极大促进本国旅游经济的增长。同时,加强国际旅游产品、人才、管理技术等的交流和合作,取长补短,相互促进,也会对本国旅游经济的增长产生积极作用。

（三）旅游经济增长方式的转变

旅游经济增长方式是指决定旅游经济增长的各种因素的组合方式和实现旅游经济增长的主要途径。旅游经济增长方式一般有两种:粗放型增长方式和集约型增长方式。

1. 旅游经济粗放型增长方式

旅游经济粗放型增长方式是指在旅游生产要素质量、结构和使用效率不变的情况下,主要依靠旅游生产要素的大量投入,即通过大量开发旅游资源、增加旅游投资和劳动力投入来实现旅游经济的增长。粗放型增长方式的实质是以数量增长为中心,其经济效益一般相对较低。如大量的观光旅游者虽然可以扩大旅游者的接待规模和数量,但由于观光旅游者的消费支出较低,其经济效益通常都不高,对促进旅游经济增长的作用也相对有限。因此,任何国家和地区在旅游业发展初期通常都采取粗放型增长方式,以实现快速的旅游经济数量增长和规模扩大;当旅游经济发展到一定时期后,必然推动旅游经济增长方式的转变,从粗放型转向集约型,以追求旅游经济效益的提高和实际旅游经济的增长。

2. 旅游经济集约型增长方式

旅游经济集约型增长方式是指主要依靠提高旅游生产要素质量和使用效率,即通过旅游科技进步和应用,提高劳动者素质和旅游资源、资金、技术、设备的利用率来实现旅游经济的增长。集约型增长方式的实质是以效益增长为中心,其经济效益通常相对较高。

3. 加快推进旅游经济增长方式的转变

旅游经济增长方式是在一定的社会经济历史条件下形成的,并受一定经济发展水平和经济体制制约和影响。目前,我国位居世界旅游接待大国的第五位,但旅游经济的综合效益并不高,因此,加快旅游经济增长方式的转变,走旅游经济集约型增长道路,实现从旅游大国到旅游强国的跨越,意义重大。

加快旅游经济增长方式的转变,是提高旅游业整体素质和竞争力,参与国际旅游市场竞争的客观需要;是实现旅游经济内涵式增长,不断提高旅游经济效益的客观需要;是合理有效利用旅游资源,加强生态环境保护,实现旅游经济可持续发展的客观需要。为了加快旅游经济增长方式的转变,可采取以下措施。

（1）积极推动旅游科技进步。这是实现旅游经济集约型增长方式的基础,尤其是在旅游业广泛应用现代高新技术,必将为旅游经济的快速增长注入新的活力和动力。

（2）加快旅游教育和培训,不断提升劳动者素质和能力。这是实现旅游经济持续增长的重要保障,也是提高旅游经济整体竞争力的核心内容。

（3）加大旅游经济结构调整力度,改善旅游产品结构,增加高素质旅游客源,合理布局旅游区域结构,优化旅游产业结构,促进旅游经济结构的合理化和高级化。

（4）积极推进旅游经济体制改革,建立适应现代市场经济的产权制度和法人治理结构,为旅游经济增长提供制度化保证。

（5）加强旅游管理的现代化,不断提高旅游经济的投入产出效益,实现旅游经济合理持续增长。

第二节 旅游经济发展战略

一、旅游经济发展的概念

旅游经济发展与旅游经济增长是两个既相互联系又不完全相同的概念。旅游经济发展比旅游经济增长内容更加广泛、内涵更加深刻。旅游经济发展不仅包括旅游经济总量的增长,还包括旅游服务质量提升、旅游经济结构优化、旅游资源有效利用、旅游生态环境改善、旅游经济效益提高和人们生活质量不断改善等,即整个旅游经济质的变化和提升。因此,要正确理解旅游经济发展的概念,必须进一步分析和掌握旅游经济增长、旅游经济结构和旅游经济发展的相互关系。

(一)旅游经济增长与旅游经济发展

旅游经济增长与旅游经济发展是密不可分的。旅游经济增长是推动旅游经济发展的首要因素,并为旅游经济发展奠定必要的物质条件和经济基础。因此,没有旅游经济增长就没有旅游经济发展,旅游经济增长是旅游经发展的前提条件。但是,旅游经济增长毕竟不同于旅游经济发展,由于旅游经济增长通常只是数量的增长和规模的扩大,因此,单纯强调旅游经济增长,在现实中可能出现只增长不发展的局面,从而不仅阻碍旅游经济长期持续发展,而且严重影响旅游经济的可持续发展。因此,必须正确处理好旅游经济增长和旅游经济发展的关系,以保证整个旅游经济的有效增长和可持续发展。

(二)旅游经济结构与旅游经济发展

旅游经济发展既离不开旅游经济总量的增长,又离不开旅游经济结构的合理化和高级化。在旅游经济发展过程中,旅游经济结构合理与否直接关系到旅游经济增长的速度和旅游经济发展的质量,因此,从旅游经济发展的角度考虑,不能片面追求旅游经济的高速增长,必须在旅游经济增长的同时努力促进旅游经济结构的优化。优化旅游经济结构的根本目的,是使旅游资源得到合理的开发利用,使旅游供给体系不断完善和提高,使旅游产业结构更加合理和优化,使旅游产业外部和内部各种重要的比例关系不断趋于协调,并不断向高级化发展,从而充分有效地发挥旅游经济的产业功能和经济优势,全面提高旅游业的综合经济效益,促进旅游经济快速增长和持续发展。

二、旅游经济发展战略

(一)旅游经济的超前型发展战略

世界旅游经济实践表明,各国在旅游发展战略上,可以有两种选择:一种是超前型发展战略;另一种是滞后型发展战略。超前型发展战略是旅游经济超越了国民经济总体发展阶段,通过率先发展旅游业来带动国民经济相关行业的发展。滞后型发展战略是旅游经济发展滞后于国民经济总体发展的水平,即在国民经济发展到一个相当高的程度,基础设施已形成较强体系后,自行带动旅游经济的发展。

超前型和滞后型发展战略,是不同经济条件下的世界各国在旅游发展道路上的两种选择,具有一定的客观必然性。与此同时,两种发展战略的运行环境和经济特点有着明显的差异。超前型发展战略的适应条件是旅游的自然环境条件较好,旅游资源拥有量大且旅游产品吸引力强。适应范围主要是经济基础较好的沿海地区和旅游资源丰厚且开发程度较高的地区。由于超前型发展战略是建立在国民经济较低水平之上的,因此,该战略追求的不是本行业内在的经济效益,而是旅游经济的波及效益,即利用旅游经济的综合性的特点,通过对旅游业的高强度投入,全面带动国民经济相关行业的发展。旅游业发展的兴衰,已经不是旅游业本身的问题,而是国民经济全行业发展的问题。旅游业的作用不仅是获取外汇和回笼货币,而且已成为经济腾飞的突破口。我们常说的"旅游搭台,经贸唱戏"就是这种战略下旅游业功能的形象化说明。

我国旅游业是伴随着我国对外开放政策的实施而发展起来的一个新兴产业。从产业运行环境来看,这种产业是建立在较弱的经济基础之上的,要使旅游业在短期内形成较强的产业体系,就要加大对旅游业的资金投入。因此,从短期效益分析,产业的投入与产出严重失衡,在这种情况下,旅游业本身所具有的"投资少,见效快,收益大"的经济特性难以充分体现。如果仅从旅游产业自身效益角度分析,在国民经济基础较弱的条件下,旅游产业的投入似乎是没有道理的。但是,如果从旅游产业的宏观功能去分析,以下三点是值得思考的。

首先,从1978年以后,我国逐渐改变对外封闭的政策,打开国门,向全世界开放。我国实行对外开放政策,必须寻找一个开放的"切入点",而这个"切入点"就是旅游业。旅游业是一个具有特殊优势的外向型国际性产业,它的运行依赖于世界范围的客源的不断注入,通过旅游业的发展,可以广泛地吸引世界各国的旅游者,向他们提供产品和服务。大量来自世界各国的旅游者通过旅游这个对外窗口,了解我国对外开放的方针、政策以及投资的各种有利环境,有利于我国对外开放政策的落实。

其次,旅游业具有较强的综合性特点。旅游产业体系的形成,涉及众多的相关产业,对旅游业高强度的资金投入,可以带动一定区域范围内国民经济的全面发展。尤其对那些拥有较丰富旅游资源的地区,旅游业的带动作用更为显著。

最后,中国经济大发展的历史时期里,需要借助国外的先进技术与设备,从国外引进技术与设备,就必须建立一大批创汇能力强、见效快的产业,以满足技术与设备引进对外汇资金的需要。与其他产业相比较,作为外向型产业之一的旅游业,在获取外汇方面具有得天独厚的产业优势。大力发展旅游产业,在一个较短的时期内可以得到一定数量的外汇流入,对于急需外汇又缺乏强有力创汇产业的国家,不失为一种行之有效的举措。

综上所述,中国旅游经济发展现状和基本国情,使得中国的旅游业发展必须采取超前型发展战略,按照这种发展战略,在评价中国旅游产业运行质量时,不能就其产业内在效益去评价,而应就旅游产业外部效益,特别波及与连带效益去评价,只有这样才能对中国旅游业发展做出客观的评价,提高对发展旅游业的认识。

(二)旅游经济的推进式发展战略

如前所述,世界旅游业有两种发展模式:一种是国内旅游向国际旅游延伸的常规发展模式;另一种是国际旅游向国内旅游推进的非常规发展模式。所谓国内旅游向国际旅游延伸的发展模式,是一种先发展国内旅游,通过国内旅游的发展,旅游地域的延伸,形成出国旅游,然后再发展国际接待旅游的模式。从社会经济背景来看,延伸发展模式的引入是内聚式生活消费方式的转变。在一些国家里,随着生产力水平的提高、科学技术的进步、工作节奏的加快,人们的生活方式也因此改变。在紧张工作和生活环境的压抑下,人们需要暂时摆脱枯燥的城市生活环境,到大自然中寻求精神上的调整和体力上的恢复,于是旅游消费就成为这些国家居民生活消费的重要组成部分。最初,居民的旅游活动仅限于国内地域范围,随着国际政治经济关系的改善和旅游需求力度的增强,国内地域已不能适应旅游活动发展的需要,人们开始走出国门,去领略异国的自然风光和风土人情。发达国家以国内旅游为主的旅游结构,不仅充分满足了国内居民的旅游需要,而且,伴随着国际旅游需求的增长,原先用于本国居民的旅游资源和旅游设施,也逐渐用于接待外国旅游者,从而出现了国内旅游与国际旅游协调发展的局面。

所谓国际旅游向国内旅游推进模式,是一种先发展国际接待旅游,再发展国内旅游,随着社会经济的发展和人民生活水平的提高,然后再发展出国旅游,最终形成以国内旅游为主、国内旅游与国际旅游协调发展的模式。这是一种先发展国际接待旅游,通过国际接待旅游的发展,来全面带动以城市为主体范围的旅游资源的开发、旅游设施的建设,逐渐形成以中心城市为重心的国际旅游体系。随着国内经济的发展,人民生活水平的提高,国内居民的旅游活动开始引入,成为这个体系的一个组成部分。

我国的社会条件、经济条件和消费条件决定,我国旅游业发展只能采用推进发展战略模式。采用这一模式使得我国旅游业发展具有以下几个基本特点。一是旅游业发展以基础和资源条件较好的城市为中心,由旅游城市向其他地区推进,逐渐形成我国的旅游业体系。因此,旅游城市便构成中国旅游业发展的基本框架。不论是旅游资源的开发、设施的建设,还是线路的设置、区域的划分,都是以旅游城市为依托的。二是旅游资源的开发是以现存的自然与人文景观为基础,由观光型旅游资源为主向混合型旅游资源推进。因此,目前中国旅游目的地大多是由自然景观与人文景观较为丰富的地区所构成的。三是旅游的组织方式是以全程旅游路线为主体,由路线型产品向板块型产品推进,逐步形成以路线型产品为基础,以主题型产品与特种型产品为主体的旅游产品体系。四是旅游设施的建设以高等级为主体,由高档设施向中、低档设施推进,最终形成以中档旅游设施为主体,高、中、低相结合的旅游设施体系。

(三) 旅游经济的跳跃式非均衡发展战略

旅游经济的跳跃式非均衡发展包含两层含义。一层是跳跃式发展。所谓跳跃式发展,是指旅游业发展在历史阶段上具有超越性,在较短的时间内走完常规发展的历程,这是在时间意义上的发展。另一层是非均衡发展。所谓非均衡发展,是指旅游业发展在地区布局上的不均匀状态,使旅游业在不同国家或地区的地位与作用不同,这是在空间意义上的发展。

从时间发展意义上来说,中国旅游经济发展充分利用国情特点,选择跳跃式发展战略,有可能较快地跨越单一的接待海外入境旅游者阶段而进入接待海外入境旅游者和接待国内旅游者共同发展的阶段,从而形成具有特色的旅游产业发展道路。一方面,中国的旅游经济兼具发达国家与发展中国家的双重特征。另一方面,中国旅游业的客源市场广阔。多层次、多渠道的巨大客源市场,将促使我国旅游业实现跳跃式发展。

从空间意义上来说,在国际旅游发达城市和国土面积相对狭小的国家与地区,旅游业成为国民经济支柱产业甚至主体产业者不乏其例,如意大利、西班牙、奥地利、泰国、新加坡等。但是在美国、日本、德国等工业发达国家或旅游接待大国,旅游业都未成为支柱产业。在中国这样经济发展不平衡,地域广大的国度中,加上旅游业本身具有的脆弱性等因素,决定了在相当长的时期内,旅游业很难成为支撑中国国民经济的支柱产业。但从旅游业在国家总体发展中所处地位的判断来看,这并不妨碍旅游业在我国某些具备条件的地区和城市可以大有作为。如北京、西安、杭州、桂林、昆明、承德、深圳等城市和地区,旅游业完全可能发展成为支柱产业。可以肯定,经过多方面共同努力和国家对外开放程度的扩大,旅游业同样可以成为主导产业或支持局部地区和城市经济社会发展的重要产业,并将对国民经济全局发展产生积极作用。

三、中国旅游经济发展战略的基本内容

新时期的旅游经济发展需要形成一个完整的战略体系,其设想可以称为综合协调的旅游经济发展战略体系,概括为一句话,就是"四位一体"。所谓"四位",就是这个发展战略体系主要由政府主导型战略、经济新增长点战略、旅游强国战略、可持续发展战略四个方面构成,以形成其综合性。所谓"一体",就是这四个战略集中为一体,积极推进经济体制和经济增长方式的根本转变,即经济增长方式从粗放型向集约型转变。这是旅游经济战略发展的关键所在。所以,应按照一体化的要求,注重四个战略的相关关系,形成合力以促进其协调发展。由于这一战略体系体现了重大而艰巨的体制转变的根本性任务,所以,它的实现过程也是一个较长的历史阶段。也正因为这个道理,新时期的"四位一体"的旅游发展战略才具有长远指导意义。

(一)政府主导型战略

政府主导型战略,就是按照旅游业自身的特点,在以市场为主配置资源的基础上,充分发挥政府的主导作用,争取旅游业更大的发展。政府主导型战略的主体是政府,基础是市场,因此,在制定和实施这一战略的过程中涉及中央政府、地方政府、国家旅游局(现为文化和旅游部)、地方旅游局(现为文化和旅游局或文化和旅游厅)以及与市场和企业的多重交叉组合的相互关系。按照发展的实际情况和要求,各个层次和各个方面应有所侧重和分工,以构成完整的促进旅游业发展的体系,这也符合旅游大国的特点。政府主导型战略的主要内容包括观念主导、政策主导、管理主导和资金主导等几个方面。参照国际经验,实施政府主导型旅游战略的主要措施有以下几条:建立和完善旅游法制体系;旅游管理部门升级;开征旅游税;增加旅游宣传促销的投入等。

(二)经济新增长点战略

选择和确定新的经济增长点,必须把握五个基本原则:一是符合转变经济增长方式的要求,有利于经济增长的集约化;二是市场需求量大,有利于增加有效供给;三是产业关联度高,有利于带动相关产业的发展和结构升级;四是国际竞争力强,有利于扩大出口创汇;五是投资回收快,有利于形成经济的良性循环。这五个原则也是新的经济增长点的基本特征。经济新增长点的提出和政策化,为中国旅游业的发展提供了新的历史机遇,旅游业的发展,

完全符合选择和确定新的经济增长点的五个基本原则。因此,经济新增长点战略就自然成为旅游发展战略体系的一个重要方面。从短期看,是要争取确定为新的经济增长点;从中期看,是要大力培育一新的经济增长点,使之全面发挥作用;从长期看,是要从新的经济增长点发展成为国民经济的支柱产业。

(三) 旅游强国战略

中国已经是一个旅游大国,但尚不是一个旅游强国。从旅游大国到旅游强国,这一发展战略的核心是质量,目标是大幅度地提高市场竞争力。旅游发展质量和旅游服务质量构成旅游强国战略的总体框架。价格战略、品牌战略与人才战略是质量的自然延伸,是竞争深化的需要,也是旅游强国战略的有机组成部分。我们必须采取一系列的工作措施和战略对策,使这一战略得以实现,最终形成强大的竞争力,从而参与世界旅游经济的水平分工,以新的姿态在21世纪的中国经济发展和世界旅游发展中创造出新的业绩。

(四) 可持续发展战略

目前,可持续发展战略已经成为世界性和世纪性的话题,引起了世界各国政府和人民的广泛关注和普遍重视。可持续发展并不是一个简单的环境保护问题,而是从人类的总体社会生活和长远发展的各个方面提出的。因此,可以从自然的、社会的、经济的、技术的各个角度分别阐述。有关的定义有近百种,大家普遍比较认可和接受的是,世界环境与发展委员会纲领性文件《我们共同的未来》的主持者于1987年提出的定义,即可持续发展是"既满足当代人的需求,又不对后代人满足其自身需求的能力构成危害的发展"。这个定义有三个要点:一是要满足当代人的需求,即无论富国、穷国,富人、穷人,都有生存权和发展权;二是要考虑后人的满足,即达到代际公平;三是要考虑环境和资源的承受限度。旅游业可持续发展战略的基础是资源的永续利用,核心是旅游业发展中的经济效益、社会效益和环境效益的统一。在实施旅游可持续发展的过程中,政府的宏观决策和管理措施是决定性的因素,这就是在可持续发展思想中制度因素的作用。可持续发展战略是旅游发展战略体系的最后一个部分,从长远看,也是最重要的一个部分。这虽然是一个新的主题,但也是一个永恒的主题。

(五) 一体化战略体系

以上所讲的政府主导型战略、经济新增长点战略、旅游强国战略和可持续发展战略,就其实质和重点来说,在这个旅游经济发展战略体系中,政府主导型战略居主导地位,起着决定性的作用;经济新增长点战略的实质是行业规模的扩大与作用的增强,因为任何功能的变化都必然有规模的因素在内;旅游强国战略的实质是质量的提高与竞争力的增强;可持续发展战略的实质是效益,但不是单纯的经济效益,而是经济效益、社会效益和环境效益的统一。因此,简单概括,这四个战略又可称为主导战略、规模战略、质量战略和效益战略。就其内部关系来说,主导是手段,规模是基础,质量是过程,效益是目的。而这四个战略的融合和集中,就是一体化战略体系。目前,要把在旅游业尽快实现"两个根本性转变"当作旅游经济发展战略体系的主导思想,以此来统率四个发展战略的实施。新时期的旅游经济发展战略体系应当是一个综合协调的体系,但在实际过程中可能会有种种不协调的情况发生。例如,偏重规模而忽视质量,偏重速度而忽视效益,强调政府主导而影响了市场发育。反过来的情况也可能会发生。此外,各地情况差异大,在不同的发展阶段要侧重某一个方面的战略,这就容易形成横向的不协调。在长期的发展过程中,也要有阶段性的变化和战略重点的调整,如果判断不清,调整不明,还会产生纵向的不协调。这样来看,"四位"需要"一体","一体"统率"四位",这样就可以始终把握战略方向,控制发展过程,掌握主动权。

第三节 旅游经济发展模式及比较

一、旅游经济发展模式的概念

旅游经济发展模式是指一个国家或地区在某一特定时期旅游业发展的总体方式。不同的国家或地区,由于国情或地区情况的不同,其旅游经济发展模式可能完全不同。决定和影响旅游经济发展模式的因素主要有以下几种。

(一)社会经济发展水平

社会经济发展水平高,科技发达,一方面使得社会基础设施和公共设施比较完善,另一方面又促成了居民收入水平的提高。两者为旅游业的发展奠定了坚实的基础,从而使旅游业的发展成为社会经济发展的必然结果。反之,在经济不够发达的国家或地区,其旅游业的发展方式必然与前者有所不同。

(二)社会经济制度和经济发展模式

从社会经济制度来说,当前世界上主要有两大类型:社会主义经济制度和资本主义经济制度。不同的社会经济制度,其经济发展的根本目的是不同的,对旅游业的发展模式会产生重大影响。就经济模式而言,世界上绝大多数国家实行的是市场经济模式。在市场经济模式中,又分资本主义市场经济模式和社会主义市场经济模式,分别对应不同的所有制形式,这对旅游业的发展模式也会产生重大影响。

(三)旅游业形成时期和所处的发展阶段

如果旅游业形成时期早,其发展就具有较好的基础;而如果形成时期晚,则基础薄弱,从而决定不同的发展模式。

二、世界各国旅游业发展的一般比较

国际旅游业经过一个多世纪的发展,经历了崛起、大发展而进入稳定发展的阶段。但由于政治、经济以及地理位置、资源条件等方面的原因,不同国家和地区旅游业发展的水平也千差万别。下面主要从旅游业发展的目的、旅游业发展的形式、旅游业的管理体制与旅游业的经营体制几个方面做一些比较分析。

(一)旅游业发展目的的比较

当今世界上,几乎没有哪一个国家不在开展旅游活动,但是由于政治、经济体制不同,各国发展旅游业的目的与追求的目标也不尽相同,一般地说,有这样几个重要目的。

(1)赚取外汇、改善国际收支平衡。西班牙是发展旅游赚取外汇收入的典型,旅游业的收入是其外汇收入的主要来源。日本政府则鼓励本国居民出国旅游度假,或以旅游消费作

为补偿贸易,以减小其国际收支平衡中过大的顺差。

(2) 增加就业机会,稳定社会秩序。英国把旅游业当作开辟就业机会的重要途径,重点扶植旅游企业,特别是在失业率较高的地区积极投资旅游业,鼓励人们参与旅游服务,力争每年通过旅游业发展增加纯就业机会5万个,使旅游业直接、间接就业人数达15万人,占全国总就业人数的6%。

(3) 促进地区经济发展。如一些沿海地区拥有充足的阳光、海水和沙滩,也许发展农业和工业比较困难,但经过建设则是人们休闲度假的好地方。因此,许多国家把旅游者引向那些经济比较落后的地区,以促进那些地区的经济发展。

(4) 促进民间交往,改善国家关系。不少国家发展旅游业主要是为了扩大影响,把旅游业当作一种外交事业来发展,特别是比较封闭的国家更是如此。

(5) 发展社会文化。世界上不少国家把开展旅游活动、发展旅游业,特别是"社会旅游"或"奖励旅游"看成是一种社会福利。如法国发展旅游旨在提高人民的生活质量,澳大利亚把旅游活动与体育活动一样看待,而有些国家则把旅游业置于国家的文化部或体育、娱乐部的管辖之下。

(二) 旅游业发展形式的比较

(1) 常规发展与非常规发展。一个国家的经济发达程度决定着它的旅游业的发展水平。对西方发达国家来说,旅游活动首先在国内开展起来,而后是出国旅游,由近及远,同时接待海外入境旅游者。这种先国内后国外、以国内旅游为基础的发展旅游业的形式,称作常规发展型模式。美国、英国等欧美重要的旅游国均属此类。对大多数发展中国家来说,由于国家经济落后,在国内旅游不发达、整个旅游设施不大完备的情况下,先开展入境接待国际旅游,再发展国内旅游,这是一种非常规型发展模式。在这种发展模式下,赚取外汇是发展旅游业最为突出的目的,由于国内旅游不发达,旅游设施使用者的替代性差,因而旅游业的发展不大稳定,旅游服务水平也难以保证。

(2) 稳定发展与畸形发展。对大部分工业国家来说,旅游业的发展是循序渐进的,旅游业发展成为国家经济发达水平的象征。一般来说,这些国家的旅游业发展比较稳定,不大会出现大起大落的现象。但有些国家,特别是发展中国家,追求旅游入境人数与旅游收入的高指标、高速度,往往缺乏科学的规划、引导和反映实际的信息,从而造成旅游业的畸形发展,出现某些旅游设施的数量、档次或布局不合理,配套设施不足,使已有的设施难以发挥应有的效益。

(3) 大众市场与高档市场。欧美一些国家,依靠海水、沙滩、阳光的休养地来吸引外国旅游者,由于这些旅游地容量大,而且又有严重的季节差,这些国家发展国际旅游多以大众市场为目标,实行"薄利多销"的做法,保住人数就能保住收入。如欧洲的地中海地区和美洲的加勒比海地区的旅游国多属此种类型。另外一些国家,或由于地域狭小,或因设施缺乏,或因其他原因,不适宜发展大众性旅游,而是着眼于高收入、高消费或特殊兴趣的高档市场,以保旅游收入不减和其特殊的吸引力,如亚洲的不丹、尼泊尔等国家即是如此。

(三) 旅游管理体制的比较

随着旅游业的发展,每个国家几乎都形成专门的机构,负责制定与执行国家的旅游政策,一般称之为国家旅游组织或国家旅游管理机构。这些国家旅游组织或国家旅游管理机构可能是一个部、局、委员会或者理事会,它们的地位、权力、职能也各不相同。世界各国旅游组织与旅游管理机构大致可分为以下几种。

(1) 最高级的全国旅游决策机构。这个机构由各国政府有关部门的负责人(或代表)组成,由其制定全国性的重大旅游规划与政策方针,协调各部门的关系。大部分东欧国家采取这种形式。

(2) 国家的旅游行政管理机构。国家的旅游行政管理机构大致有三种形式:第一种是有一个完整的部或相当于部的国家旅游局,如埃及、墨西哥、菲律宾、泰国、叙利亚等;第二种是与其他部门合为一个部,如意大利为旅游与娱乐部,法国为工业、邮电与旅游部,葡萄牙为商业与旅游部;第三种是旅游局归属政府的某一部负责,如挪威为交通部,德国为经济事务部等。

(3) 半官方旅游机构。这种机构不算是政府部门,只是其主要负责人由政府部门任命,部分经费来自政府。这种形式在欧洲较为普遍,在一些国家仍称作半官方的旅游局,如爱尔兰、瑞典、芬兰、丹麦等;在另一些国家或地区则是旅游协会,如新加坡旅游促进协会。

(4) 国家大型骨干旅游企业代行国家旅游组织的职能。如马来西亚的国家旅游发展公司等,都属于这种模式。

(四) 旅游业经营体制的比较

旅游业和其他行业一样,它的经营体制、经营方式与这个国家总的经济和政策体制是分不开的。从总的情况来看,世界各国旅游业的经营体制有以下两种主要形式。

(1) 以私营大企业为主导,小企业为基础。过去在工业发达、旅游发达的市场经济国家,旅游业的经营者绝大部分是私有企业,而其中大型的旅游公司、旅游托拉斯、旅馆联号和大型航空公司在这些国家的旅游业中起着主导作用。

(2) 国有旅游企业是本国旅游业的主体。在一些发展中国家,特别是一些后起的旅游国家,为了集中财力、物力和发挥国家的整体优势,专门成立了旅游发展公司(或者拥有这个公司的绝大多数的股份),促进旅游业发展。

三、旅游发展模式比较

由于各个国家在政策、经济上的差别,导致旅游业发展的情况差异较大。但从总的情况看,这些国家的旅游业发展与其经济基础、经济发达程度有十分重要的联系。根据这些国家旅游业发展的情况,大致可以分为以下几种模式。

(一) 美国模式

美国模式是经济发达国家旅游发展的模式。属于这一模式的国家的基本特征是:人均国内生产总值高,一般在5000美元以上;服务业在国内生产总值中所占比例高,在50%以上;旅游收入相当于商品出口总收入的比重在10%左右;国际旅游收入小于旅游支出,旅游国际收支平衡呈逆差。属于美国模式的国家包括美国、英国、法国、德国、加拿大、比利时、荷兰、挪威、日本等国。美国模式的主要特点如下。

(1) 旅游事业开展比较早,国内与国际旅游都比较发达。在这些国家中,旅游业是随着本国经济发展而发展起来的,一般都经历了由国内旅游到邻国旅游、国际旅游的常规发展过程,它们的国内旅游与国际旅游都发展到成熟阶段,国内旅游是整个旅游业的基础。

(2) 发展旅游业是以扩大就业、稳定经济为主要目标。虽然旅游业在这些国家中是重要的经济活动,但追求外汇收入、平衡国际收支并非它们发展旅游的主要目标,而是把发展旅游业作为促进经济稳定、改善国家形象、扩大就业机会、促进国际友谊与了解的手段。

(3) 旅游管理体制以半官方旅游机构为主,而管理职能主要是推销与协调。由于这类国家旅游开展的历史比较长,旅游业比较成熟,各方面法规比较健全,因此相比之下旅游行政管理比较松散,不直接从事或干预旅游企业的经营。

(4) 旅游经营体制以公司为主导,小企业为基础,行业组织发挥着重要作用。在这些国家中,由于多年的竞争,在旅游业中形成一些大的旅游公司、跨国公司,在旅游业经营中起主导作用,由于旅游业的发展比较均衡,旅游业又是由为数众多的小企业组成,有着灵活的经营方式。

(二) 西班牙模式

西班牙模式是旅游发达国家的模式。这些国家的地理位置比较优越,与主要旅游客源国相毗邻;旅游资源丰富而独特,或是度假胜地,或是历史遗迹与风土人情旅游地;国内经济比较发达,人均国内生产总值一般在 1000 美元以上,服务业占其国内生产总值的比重也在 50% 以上。除西班牙外,属于这一模式的国家有奥地利、瑞士、葡萄牙、希腊、意大利、摩洛哥、突尼斯、泰国、土耳其、墨西哥、新加坡、以色列等。西班牙模式的主要特点如下。

(1) 把旅游业作为国民经济的支柱产业。这些国家,依托其地理位置与旅游资源的优势,旅游业已成为国民经济的支柱产业,一般国际旅游收入占其商品出口收入的 10% 以上,旅游业的收入相当于国内生产总值的 5%～10%。

(2) 旅游发展速度快。在这些国家中,虽然有的国家早就是驰名世界的旅游目的地国,但大多数国家都是 20 世纪 60 年代以后才发展起来,70 年代以来旅游业持续高速发展,无论在国际旅游者接待人次数上还是国际旅游收入上,其发展速度都高于世界旅游平均增长速度,也高于美国模式国家的平均速度。

(3) 以大众市场为目标。由于这些国家旅游资源集中,特色突出,而且多靠近主要客源国,有便利的交通条件,因此,这些国家的旅游业务多以邻国的大众旅游市场为主要目标,特别是邻国与本区域内的驾车旅游、周末旅游或短期度假旅游等。

(三) 印度模式

印度模式是不发达国家发展旅游的模式。在为数众多的不发达国家中,也有一些国家正致力于发展旅游业,以期通过开展国际旅游业赚取外汇,活跃经济,改变经济落后的状况。这些国家的国民经济相对落后,人均国内生产总值在 500 美元以下,农业仍是国民经济的主体,工业与服务业均处于较低水平。除印度外,属于印度模式的国家包括巴基斯坦、斯里兰卡、尼泊尔、肯尼亚、坦桑尼亚、卢旺达与不丹等国家。从旅游业发展的情况来看,印度模式具有下列特点。

(1) 有特殊的旅游资源,但旅游业的发展受经济落后的制约。这些致力于旅游业发展的不发达国家多拥有一些独特的旅游资源,有发展旅游业的潜力,但由于国家落后,资金短缺,旅游基础设施与旅游设施薄弱,人才缺乏等制约因素,旅游资源的潜力难以充分发挥出来。

(2) 旅游管理体制不完善。这些国家虽设立了不同的旅游管理机构,有的成立了独立或混合的部门或其他形式的旅游组织,但由于对旅游业的认识不一致,旅游业的发展不稳定,因而往往得不到各有关部门应有的重视与支持。

(3) 国有企业发挥着主要作用。这些国家为了发展旅游业,国家专门成立旅游开发公司,从事资源开发和旅游服务设施的投资、建设与经营。由于旅游业规模小、范围窄,又涉及外汇收入与外国人的活动,这些国有公司在一定程度上占据着垄断地位。

(四) 斐济模式

斐济模式代表着岛国发展旅游的模式。这里的岛国不包括上面曾提及的诸如澳大利亚、日本、英国、新西兰等经济发达、面积比较大的岛国,而是指那些面积比较小、人口比较少、在历史上曾是西方某个国家殖民地的岛国。这些岛国经济状况差异也很大,但一般为中等或偏上,有的国家人均国内生产总值达4000多美元。属于岛国模式的国家除斐济外还有塞舌尔、马耳他、巴哈马、百慕大、牙买加、特里尼达、多巴哥、塞浦路斯、马达加斯加、马尔代夫、多米尼加与海地等国家。斐济模式的主要特点如下。

(1) 有着发展旅游业的优越条件。岛国大多风光秀丽、气候宜人,是比较典型的阳光、沙滩和海水型的目的地。由于这类国家靠近旅游客源国或地处交通要冲,又与西方发达国家在政治、经济、文化与种族等方面存在着长期、紧密的联系,有着比较充裕的客源市场。

(2) 旅游业逐渐成为国民经济的支柱。虽然有些岛国早在殖民主义占领时期就已是旅游胜地,但大部分国家的旅游业是在20世纪70年代大规模发展起来的。现在旅游业在这些岛国中已经成为外汇收入的主要来源,国民经济的最重要的产业部门。旅游收入在这些岛国中,一般都占国家外汇收入的20%以上,旅游业是国家经济的支柱和最大的产业。

(3) 旅游行政管理机构地位高。由于旅游业对国家经济有至关重要的作用,这些国家中的旅游行政管理机构在政府中的地位一般都比较高,权限比较大,而且多由国家首脑和政府要员直接管辖。

(4) 在旅游业的经营中,外国公司发挥着重要作用。由于这些岛国地域狭小,人才缺乏,其在发展旅游业中,利用大量外资,引进了外国的管理,有的国家,其旅游业主要靠外国企业来经营。

(五) 以色列与土耳其模式

以色列与土耳其这两个旅游业发达国家是国家主导型(亦称中央政府主导型)旅游业发展模式的范例。这种模式代表着近30多年来的世界潮流,即以国家为中心,以中央政府产业政策为基础,以市场经济为依托,强有力地推动旅游业的快速增长。以色列和土耳其模式的本质特点,是将国家和市场有机地结合起来,通过中央行政权力的强制性干预,使旅游经济实现有序繁荣和高速增长。

(六) 中国模式

中国旅游业的基础条件和国情背景，可以简单地概括为大国、穷国、古国、远国和社会主义国家。这五个方面的客观条件决定了中国旅游业的发展模式只能在这一基础上选择。中国旅游业的发展，既不同于西方发达国家先发展国内旅游后发展国际旅游的模式，又不同于20世纪60年代后期一些发展中国家先发展国际旅游，再发展国内旅游的模式。也就是说，旅游业的发展必须根据中国国情和各地具体情况，选择正确的发展方向、道路和规模。中国模式的主要特点如下。

(1) 中国式旅游业在20世纪80年代后期到90年代初期的基本模式是以国际旅游为主导，以国内旅游为基础，走国际国内旅游协调发展、共同促进的道路。

(2) 国内旅游与国际旅游是互为补充、相互促进的。

(3) 随着中国人民生活水平的迅速提高，出境旅游呈现递增的势头，中国旅游已分为入境旅游、国内旅游和出境旅游三大块。

中国是一个发展中国家，应兼顾旅游创汇和人民群众旅游消费需求急剧上升这两头。在20世纪末和21世纪初，中国提出了"大力发展入境旅游，积极发展国内旅游，适度发展出境旅游"的总方针。无论是发达国家，还是发展中国家，都应根据社会经济发展状况，扬长避短、充分发挥自己的优势，选择符合本国国情的旅游发展模式，以创建强有力的竞争体系，树立一种鲜明的旅游形象，这是旅游业获得成功发展的基础。

第四节 旅游可持续发展

一、旅游可持续发展的内涵

20世纪80年代之后，随着可持续发展思潮在世界范围内的兴起，旅游业经营者开始认识到：如果旅游与环境不能和谐共存，旅游业必将成为一个短命产业，也意识到旅游业的发展对人类和自然遗产的依赖，对生态系统稳定性和持续性的影响，以及旅游需求对于人类尤其是对于未来人类基本需求的重要性。在此背景下，旅游可持续发展的概念被提出来。1990年在加拿大温哥华召开的全球可持续发展大会首次阐述了旅游可持续发展理论的主要框架和主要目标。1993年，《可持续旅游》这一学术刊物在英国问世，标志着旅游可持续发展的理论体系已初具规模。1995年4月，联合国教科文组织、联合国环境规划署和世界旅游组织等在西班牙召开了"世界旅游可持续发展会议"，通过了《旅游可持续发展宪章》和《旅游可持续发展行动计划》，这两份文件为旅游可持续发展制定了一套行为准则，并为世界各国推广可持续旅游提供了具体操作程序。

当前，对旅游可持续发展的概念，还没有一个统一的表述，学者们从不同的角度，给出了种种定义，其中，较具代表性的定义如下。

(1) 旅游可持续发展可以被认为是在保持和增强未来发展机会的同时满足目前游客和旅游地居民的需求；也可以被认为是对各种资源的管理的指导以使人们在保持文化的完整

性、基本的生态过程、生物的多样性和生命维持系统的同时满足经济、社会和美学的需求。

（2）旅游可持续发展是既满足当代人的旅游需求，又不损害子孙后代满足其旅游需求能力的发展。

（3）旅游可持续发展是保证在从事旅游开发的同时不损害后代为满足其旅游需求而进行旅游开发的可能性，将满足游客的需求和满足旅游地居民的需求相统一。

很显然，目前关于旅游可持续发展的概念研究是以可持续发展思想为基础的，但由于可持续发展本身尚处于探究阶段，许多概念及理论尚无统一结论，所以要想给它下一个准确而完整的定义，无疑还需要人们的不断努力。

在现有研究成果的前提下，结合旅游特点，参照可持续发展理论，可将旅游可持续发展作如下定义：旅游可持续发展是指在充分考虑旅游活动对经济、社会、文化、自然资源和生态环境的作用和影响的前提下，努力谋求旅游业与自然、社会、文化和人类生存环境持续协调发展，这种旅游发展模式将为旅游者提供高质量的感受及体验，并与提高旅游目的地人民的生活质量相统一，同时保证不损害后代旅游者和旅游地居民满足其需求的可能性。

二、旅游可持续发展的思想实质与目标体系

（一）旅游可持续发展的思想实质

1. 满足全人类需要

旅游资源是全人类共同拥有的宝贵财富，是人类文明进步的见证。发展旅游业首先是通过适度利用旅游环境资源，实现经济效益，满足当地社区的基本需要，改善当地社区居民生活水平，在此基础上，再满足旅游者对更高生活质量的渴望，满足其发展与享乐等高层次需要。

2. 资源有限性

旅游资源满足人类目前和未来需要的能力是有限的，这种限制性表现为旅游环境的承载力，即一定时期、一定条件下某区域所能承受的人类旅游活动的阈值。只有找到旅游环境承载力的一个最优值域并将旅游开发控制在这一范围之内，才能既满足当代人类旅游的需要又保证旅游环境系统自我调节功能的正常发挥，进而实现旅游可持续发展。对于可再生性旅游资源，必须保证其利用与该资源的"可持续生产"的一致，对于不可再生性旅游资源，应强调节约利用、再利用和再循环。

3. 公平持续性

首先是本代人之间的公平可持续旅游发展重视当地社区的贡献，当地社区有权参与本地旅游开发的有关决策，并分享发展旅游业所获得的收益，社区内部收益分配也必须坚持公平原则，保证同代人之间的公平是各国尤其是发展中国家实施旅游可持续发展战略的首要前提。其次是强调代际公平持续以及公平分配有限的旅游资源，特别是公平分配不可更新的旅游资源。在未找到替代性旅游资源以前尽可能地延长旅游资源的生命周期，避免不可再生资源过早枯竭。

4. 系统性

旅游业是社会大系统中的一个组成部分，与系统的其他部分既相互区别又相互依存，旅

游可持续发展战略的实施离不开其他行业乃至整个社会可持续发展战略的实施与运行。

(二)旅游可持续发展的目标体系

要实现旅游可持续发展,既要有战略思想,同时也必须制定一个战略目标体系。1990年在加拿大温哥华举行的全球可持续发展大会上提出的旅游可持续发展的目标是:①增进人们对旅游所产生的环境效应与经济效应的理解,强化生态意识;②促进旅游的公平发展;③改善旅游接待地的生活质量;④向旅游者提供高质量的旅游经历;⑤保护未来旅游开发赖以生存的环境质量。由此可见,旅游可持续发展是一个多层次、多元化的目标体系,该目标体系是其思想的重要组成部分和实际体现,其核心内容是要保证在从事旅游开发和旅游活动的同时,不损害后代为满足其旅游需求而进行旅游开发的可能性,将满足现代游客的需求和满足旅游区居民的需求相统一。

具体说来,我国旅游业可持续发展的目标内容包括以下几个方面。

1. 生态的持续性

就是在一定限度内维持生态系统的结构、功能,保持其自身调节和正常循环水平并增加生态系统的适应性和稳定性。它要求生态系统受人为干扰达最低限度,人类活动不能超过旅游地生态承受能力、经济技术承受能力及社会心理承受能力,以维持旅游地复合生态系统的平衡和稳定性。

2. 旅游的持续性

就是在不破坏生态环境的前提下,适度、合理、充分地开发利用旅游资源,突出旅游特色,进行再生性、创造性和多样性的开发,巩固、改善和提高旅游资源的吸引力、竞争力,减缓不可更新旅游资源的衰竭速度,改善经济增长的质量,要运用一定的技术、经济手段和措施并完善设施,提高旅游地的便利性和可进入性,正确处理好旅游发展与市场需求的关系,避免淡季过淡、旺季过旺的不协调现象。同时切实保护好未来旅游赖以存在的环境质量。

3. 社会经济的持续性

就是用最小的资源成本和投资获得最大的经济效益和社会效益,以满足人们的需要,恢复和促进旅游地的经济增长,提高居民的生活质量,防止因贫困而对旅游资源进行掠夺式开发。同时,改变增长质量,以实现人的全面发展,提高公众参与可持续发展的能力,提高人类社会的运行效率和效益,维持经济和社会的长期平稳发展。

三、旅游可持续发展的对策

(一)树立新观念,充分认识旅游经济可持续发展的重大意义

1. 系统观与旅游可持续发展

人类生存的整个地球及其各个局部是自然、社会、经济、文化等多因素组成的复合系统,它们之间既相互联系,又相互制约,其中任何一个方面功能的削弱或增强都会影响其他部分,影响可持续发展进程。在实施发展战略时,需要打破部门和专业条块分割的局面以及地区界限,从全局着眼,从系统的视角进行综合分析和宏观调控。旅游业是社会系统的组成部分,与系统的其他部分既相互独立、自成体系,又相互依存。推进旅游可持续发展,必须考虑

旅游在区域发展中的功能作用以及与相关子系统在功能上的匹配与否,任何超越客观条件的超前发展和人为限制旅游业发展的滞后性做法,都会阻碍旅游可持续发展的实现。

2. 资源观与旅游可持续发展

对不同属性的资源,采取不同的对策。对不可再生资源应提高使用效益,寻找替代性资源,尽可能推迟其枯竭的时间;对可再生资源,要限制在其再生产的承载能力限度内。将资源价值核算纳入经济体系之中,改变资源无价或低价的现状,保证资源的持续利用。旅游业的发展对人类的自然遗产等旅游资源有着很强的依赖性,旅游资源的开发潜力和可利用程度是旅游业发展的基本前提。应针对旅游资源的不同类别与属性差别,协调资源开发、保护与人类旅游需求的关系,科学、合理地规划、开发与保护好珍贵的旅游资源,使之能最大限度地发挥其应有的价值并尽可能地延长其使用寿命,促进旅游资源的持续利用。

3. 平等观与旅游可持续发展

可持续发展的平等观包括三层意思:一是本代人的公平分配和公平发展;二是代际公平,反对为满足自己需求而损害人类世世代代满足需求的条件——自然资源与环境的行为,让后代享有公平利用自然资源的权利;三是公平分配有限资源。旅游业的发展应在满足当代人需要的同时,杜绝掠夺式开发旅游资源,保证后代人能公平享有利用旅游资源的权利,满足后代人发展旅游业和进行旅游的需求。

4. 协调观与旅游可持续发展

可持续发展的协调观认为生态、经济与社会的协调发展是可持续发展的前提,没有协调发展就根本不可能实现可持续发展。对于系统中的各子系统应做到组合优化、和谐有序。这里既有各要素在结构、功能、区域上的协调,也有它们在时段上的协调;强调一个子系统中的要素和其他子系统中的要素之间、子系统内部各要素之间的协调发展。旅游业要实现可持续发展,不仅应考虑旅游业与经济社会发展水平,也要兼顾生态环境对旅游业发展规模、档次的承载能力,同时对旅游业自身的各要素如旅游资源的结构、等级、客源市场以及旅游相关产业等基本情况进行分析综合,保持适度发展规模,促进旅游业协调、稳定、健康、持续发展。

5. 全球观与旅游可持续发展

许多资源与环境问题已超越国界和地区界限,具有全球的规模,人类所面临的共同问题,不是仅靠某些国家就能解决的。要实现全球的可持续发展,就必须建立起巩固的国际秩序和合作关系,人类必须携手并肩,互相帮助和支持,共创辉煌的未来。旅游资源是全人类共同拥有的财富,是人类文明进步的见证。实现旅游可持续发展,就必须摒弃狭隘的区域观念,加强国际交流与合作,充分利用人类所创造的一切文明成果,特别是那些有利于旅游业发展的技术、信息与现代管理手段,实现全球旅游业的繁荣与发展。

(二)保护旅游生态环境

目前,我国旅游业发展中存在一些违反可持续发展规则的不合理现象,如旅游资源家底不清和盲目开发、资源供需失衡、生态系统的破坏和环境退化、国民环境意识淡薄、游人环保意识不强、游人的不文明行为,这些都威胁着旅游业的可持续发展。保护旅游生态环境应抓好以下几项工作。

1. 强化旅游可持续发展的意识

从目前旅游现状来看,旅游可持续发展思想还未成为旅游业的管理者和投资者及旅游者的共识。人们对事物有了高度的认识,才会有自觉的行动。对旅游资源、环境与旅游业可持续发展的关系,以及与人类的生存关系有了正确的理解,旅游经营者才会严格执行环境保护方针、政策和法令,建设好环境,管理好环境,旅游者才会自觉遵守环境资源保护法和有关规定,爱护旅游资源。

2. 坚持保护与开发并重的方针

过去在认识和宣传上存在误区,过于展示我国旅游资源具有优势的一面,而忽略了我国资源相对不足、生态环境脆弱的一面。大江、大河、大流域的环境污染,不断退化的生态环境,低水平重复性的开发建设,对我国旅游业的发展构成了严重威胁,各级政府和旅游管理部门对此应保持高度警惕。我国是旅游资源总量大国、人均小国,开发利用与管理上的弱国。在旅游开发中,要坚持保护方针,科学评价、科学规划、科学论证,建设精品工程,以使旅游开发同环境相协调,制止"建设性"破坏。

3. 合理确定旅游客容量

我国旅游资源在世界上有较高的知名度,对海外游客有较大的吸引力,形成一股旅游流。主要位于我国中西部的边远或民族地区的观光旅游、生态旅游、森林旅游,对东部沿海的城镇消费者有较大的吸引力,形成一股旅游流。城市旅游对农村或乡镇居民有较大吸引力,形成一股旅游流。这些旅游流对旅游区生态环境的压力很大,在旅游流动中形成交通拥挤的被动局面,形成山区等边远或民族风景区因设施条件差引起旺季负载大、游客感受不佳的局面。因此应从旅游地居民心理容量出发,依据游客密度、旅游经济效益、土地利用强度等影响因素及其相互关系,计算出同一旅游区不同发展阶段的旅游承载力指数的变化值。依据变化值体现出的变化发展方向采取适当的调控策略,从而选择对环境最佳利用的旅游方式。

4. 大力推广草业科学

绿色植物有涵养水源、保护水土、改变大气质量的功能,使旅游者产生最舒适的视觉感应。据一位专家研究,城市人均绿地9平方米以上,绿地面积占城市面积30%～50%,才能形成良好的生态环境。因此在旅游区、旅游城市要有计划地推广草业科学,有计划地进行绿化、美化,建设多层次、结构合理的旅游点。

(三) 坚持旅游资源保护性开发

长期以来,在旅游实践活动中,没有把旅游资源的消耗纳入旅游成本之中,忽视和歪曲了旅游成本的构成,低估了旅游的成本水平,虚增了旅游新创造价值部分,在我国旅游开发决策者、研究者和建设者中形成"旅游业是低投入、高产出的劳动密集型产业"的思想。在这种思想的指导下,旅游目的地的政府和企业为了本地和集体的利益,不顾环境和社会经济文化环境的实际承受能力而过度开发利用当地的旅游资源,旅游业在宏观调控上基本上处于一种失衡状态。在微观上,各地的旅游企业各自为政,形成恶性竞争,对旅游资源进行重复开发甚至破坏性开发,严重地制约了旅游业的可持续发展。

因此,只有对旅游资源进行保护性开发,才能实现旅游资源的可持续利用。

(1) 正确普查评价旅游资源。这些年来,我国旅游资源研究发展较快,但所持观点和所依据的原则差距很大,在资源分类、评价等基础理论上存在标准不统一的现象,造成资源调查和有效统计方面的困难。因此,我们应深入研究"旅游资源"及相关概念的科学界定,建立明确、简捷的旅游资源应用分类系统、评估体系,对资源种类、等级、品位、组合特征、价值、分布等进行实事求是的评价。同时对资源的优势和劣势、利用前景、效益预测等方面进行科学分析、论证,尽早建立我国旅游资源文库。

(2) 开发旅游名牌产品。旅游名牌产品是旅游地整体形象的构成要素。旅游资源只是可供旅游业发展的原材料和基础条件,旅游产品是对旅游资源的开发和综合利用,旅游名牌产品是通过对旅游资源的开发和综合利用后,成为具有轰动效应和独特价值的特殊吸引物。它的功能在于能带动几个旅游点或旅游区的发展,并使这种发展具有超常、跳跃的特性,形成巨大的磁力效应。在当今旅游产品开发经营活动中,旅游资源趋同、建设主题趋同、质量标准趋同、促销手段趋同,谁拥有旅游名牌产品,谁就有旅游业持续发展的生命力,就能在激烈的市场竞争中获胜,取得良好的经济效益。

(3) 提高旅游业科技含量。我国旅游业科技化战略实施的时间晚,起点较低,发展水平不高,高科技含量低,科技化进程缺少长远规划和预测,不具超前性,缺少产业内部的科技实体,忽视了旅游业的综合性及其所要求的在科技化进程中与众多相关行业科技化进程相协调等特点。目前急需解决这些问题,要对旅游科学的基础性问题进行深入研究,明确旅游科技创新及提高科技含量的领域和重点:在旅游生产力要素(旅游资源、饭店、餐饮业、旅游交通和运动探险类设备、旅游商品、纪念品、旅游娱乐休闲项目、废弃物处理系统等)、旅游服务与运营保障体系、旅游促销和管理领域进行科技创新,力争提高科技含量,在社会、经济、文化中充分发挥综合作用。

(4) 维护和保护旅游名牌产品。目前我国尚无注册旅游名牌产品的机构,尚无旅游名牌产品被开发后到国家工商行政管理局进行注册的法规条例,致使我国某些区域旅游产品雷同、模仿、受到冲击,影响可持续发展。政府要制定旅游名牌产品进行注册的法规条例,成立旅游产品注册机构。旅游经营者要在积极创名牌的同时,增强旅游名牌产品注册意识。在时间上坚持先期注册,即在旅游名牌产品创出之前就申请注册,依法取得旅游产品的专利权。在区域上坚持辐射性,即同时在许多省或地区注册,提高旅游产品的市场覆盖率及市场知名度。

(四)采取行之有效的营销策略

(1) 提高服务质量。著名的管理学家彼得·德鲁克指出,在企业经营中,产品可以被竞争者模仿,而服务则具有特性化,不容易被模仿取代。因此,要使服务成为行之有效的营销战略,就要求旅游企业在产品的售前、售中、售后以及产品生命周期的各个阶段采取相应的服务措施,并以服务质量为中心,施以全方位、全过程的控制。

(2) 宣传旅游地整体形象。旅游地形象主要指旅游者对旅游地总体的、抽象的、概括的认识和评价,是对旅游地历史印象、现实感和未来信息的一种理性结合。旅游地整体形象决定着旅游地客源市场的形成与发展,很显然,它成为旅游促销的重要内容,影响着旅游可持续发展。

(3) 建立互联网多媒体互动系统。随着信息技术的进一步发展,利用互联网多媒体互动系统将旅游景点动态地展现给消费者,使人们足不出户就可以领略各种风景名胜和人文风俗,这样可减轻对旅游地环境、交通压力及对生态环境的影响;利用多媒体互动系统介绍各种旅游产品,使旅游者产生亲历其景的冲动,加强对将要购买的产品的了解;可以在旅游产品的推销方面起到传统的推销方法达不到的效果。利用互联网络来推销自己的产品,使资源在全球范围内跨国界流动、合理配置使用,提高旅游服务质量,扩大市场规模,优化市场结构,降低企业市场交易成本,有利于我国旅游业的持续发展。

(4) 全球营销。随着市场竞争的加剧,世界经济一体化进程的加快,以及信息化时代的到来,知识经济时代经济全球化的发展趋势决定了旅游业的营销必须实行由政府牵头,联络与旅游关系密切的部门,开展政府主导型的促销方式,有利于我国旅游业的持续发展。

第五节 旅游产业融合与业态创新

《国务院关于加快发展旅游业的意见》(国发〔2009〕41号)的一个亮点,就是提出了要大力推进旅游与文化、体育、农业、工业、林业、商业、水利、地质、海洋、环保、气象等相关产业和行业的融合发展。用融合发展的观点来统领各个产业的发展、协调各个产业的关系,既是对旅游业功能与地位的新认识,也是发展理念的创新。产业融合与新业态发展已经成为推动我国旅游业发展的重要形式,是一种产业创新。

一、旅游发展的新趋势

经济新常态时代,随着我国扩大内需、低碳经济、带薪休假、交通大发展、城乡统筹、"一带一路"倡议等重大利好条件刺激下,中国旅游业发展前景广阔,旅游需求旺盛,旅游业蓬勃发展,旅游发展呈现出创新化、国际化、产业化、市场化、融合化、集群化、人本化和可持续化八大趋势。

(一) 创新化趋势

创新是旅游发展的根本,也是中国旅游业寻求突破和跨越的关键。一切都有赖于创新,创新包括原始创新,集成创新,引进、消化再创新。以创新理念认识旅游资源、开拓旅游市场;以创新理念定位开发战略、优化产业布局;以创新理念规划旅游产品、推销旅游产品;以创新理念运作旅游业态、开发旅游项目等。

(二) 国际化趋势

随着经济全球化和一体化的发展,国家之间的界限正日渐模糊,不同文化背景之间的交流日趋频繁。在这样的环境下,旅游发展也必然呈现出国际化的趋势,即在旅游资源的认识、评价与开发,客源市场定位,旅游项目的设计,旅游设施的环保安全,旅游教育和培训等方面注重与国际接轨,本着"引进来"和"走出去"相结合的原则,进一步探索对外开放新形态,深化和拓展国际合作的内涵与外延。因此,国内旅游学者和专家要培养更加强烈和全面的竞争意识,在国际上开展广泛的合作和交流。同时,还要培养具有国际化视野、国际化理念、国际化人才、国际化方法,实施国际化管理而又植根于本土文化的,融产、学、研、商于一体的旅游规划设计品牌机构。

(三) 产业化趋势

实现旅游产业化的条件是旅游业的现代化、国际化、规模化和市场化。现代化是旅游产业化水平的标志,国际化是旅游产业化的空间跨度,规模化是旅游产业化的发展基础,市场化是旅游产业化的运作方式。与此相适应,旅游规划应该站在产业的高度,不断完善旅游产业体系、着力提升旅游产业竞争力、着力提高旅游产业的综合效益,建立起"大旅游"的产业发展格局,充分发挥旅游产业的经济、社会、环境等综合功能。

(四) 市场化趋势

市场是旅游的基础。中国已经是一个经济大国,市场是中国旅游发展的最大优势。作为拥有13亿人口的大国,中国在世界上具举足轻重的地位,而且消费力量越来越强,已由原来的低层次消费发展到中端消费,这意味着我国在国际上的地位越来越高。中央扩大内需战略为旅游业发展指明了方向,国内旅游对旅游业增长起到了更加强劲的推动作用,旅游规划更应该立足于市场,为实现"成为让人民群众更加满意的现代服务业"的目标奋进。

(五) 融合化趋势

现代旅游系统是一个涉及多个产业、多个部门的现代社会经济边缘组合系统。加快产业融合是转变旅游业发展方式的重要支撑,推进旅游业与第一、第二、第三产业的融合发展,从行业和部门规划迈向融合规划。通过规划将旅游业融入服务业,有效对接工业、农业和现代服务业,使旅游业成为带动相关产业发展的纽带。此外,旅游规划应充分体现产业间的协调、整合,不仅是对旅游业及与其直接相关的信、食、住、行、游、购、娱行业的规划整合,还应注重旅游规划与当地主体功能区规划、社会经济规划和城乡发展建设规划等综合性规划的对接和融合。

(六) 集群化趋势

按照"龙头企业引领、重大项目拉动、增长极核带动"的方针,把迅速培育大型旅游企业作为关键点,把加快重大旅游项目建设作为着力点,把加快精品旅游区建设、打造特色旅游产品、提升精品旅游线路、积极发展重点城(市)镇作为突破点,推动旅游要素向旅游景区、旅游通道、旅游城(市)镇聚集,加快旅游聚集区、聚集带的建设,全面提升产业竞争力。

(七) 人本化趋势

在旅游规划中,应注重人类文化学视角和方法的运用,强化旅游业对于人民群众的"服务"性质,促进旅游业发展成为"人民群众更加满意的服务业"。"以人为本"的发展哲学,必须研究旅游者、当地居民、开发者等多重主体及其相互关系。关注游客需求、游客体验和游客细节,培育"客人"对他域环境的尊重、学习、感恩之心;尊重原住居民的生存空间和社区参与,增强"主人"对本土文化的自信心和自豪感;强调"开发者"的环境责任心,权衡责任权利和效益权利间的关系。

(八) 可持续化趋势

资源条件和环境容量压力明显增大是新时期旅游业发展的重要挑战。以旅游可持续发展为目标,强化旅游资源保护,综合把握旅游业在绿色生态、节能环保方面的产业优势,在全行业推进节能环保的绿色发展理念,走生态旅游、低碳旅游的道路,在全社会形成环境友好型旅游方式与资源节约型旅游经营方式的广泛共识,将旅游产业建设成节能环保的绿色产业。

二、旅游产业融合

在需求持续扩张和科技不断进步的时代背景下,产业边界变得不再明晰,产业之间的融合加快,这促使旅游业与多个产业融合发展,互相依托形成了多业共生、混业发展的模式,诞生了许多新型的旅游复合型业态,如旅游演艺、旅游装备制造、旅游地产、会展旅游、城市旅游综合体等,形成诸如"旅游+地产""旅游+会展""旅游+航空"等产业模式,推动旅游业升级转型。旅游产业综合性强、关联度高、产业链长,要结合本地实际,找准结合点,全面推进旅游业与其他产业融合发展。推动旅游业与第一产业融合,深度开发乡村旅游,促进落后地区、农村地区的发展;推动旅游业与第二产业融合,发展旅游装备制造业;推动旅游业与第三产业融合,发展文化旅游。

(一) 旅游与第一产业的融合

旅游与第一产业(主要是农、林、牧、渔业)的融合主要体现在乡村旅游的开发上。乡村旅游是解决"三农"问题、实现城乡统筹、进行新农村建设、构建和谐社会的重大举措,是提升对外形象、树立旅游品牌、促进地方经济又好又快发展的最佳途径。除了发展有特色的农家乐、牧家乐、渔家乐外,深度开发乡村旅游,延伸乡村旅游产业链,主要包括以下几方面内容。

1. 依托保存完好的乡村民俗,发展特色旅游村落

充分利用农业遗产、农业遗存以及具有浓郁乡土特色的民间艺术,提高乡村旅游吸引力,并大力发展旅游特色村落和乡镇。

2. 依托农副土特产品,打造旅游商品生产基地

依托畜禽、粮油、蔬菜、瓜果等特色农产品和农副产品,逐步实现由初级加工向高附加值精深加工转变,建设有机绿色食品和特色旅游商品生产基地。以"体验有机生活,享受健康饮食"为主题,依托生态养殖的优势,开发有机生态特色餐饮,创建如"有机鱼鲜汇""有机果蔬宴"等有机餐饮品牌。

3. 依托现代农业基地,打造全国休闲农业示范点

依托粮油基地、有机蔬菜生产基地、特色果林种植基地、花卉生产基地等现代农业基地,培植有机蔬菜、经济果林、畜牧养殖、特色花卉等特色主导产业,创建全国休闲农业示范点,充分体验有机农业、休闲农场、创意农业、科技农业、设施农业、立体农业等多种农业形式。

4. 依托乡村良好生态环境,营造乡村大地景观

依托乡村良好的原生态环境,或者通过农业种植结构的调整,营造优美的乡村大地景观。可供借鉴的典型有法国普罗旺斯的薰衣草和图卢兹的向日葵等。

5. 依托乡村优质环境,创建乡村度假新业态

依托乡村优质环境,创建乡村旅游度假新业态,如乡村酒店、乡村俱乐部、乡村高尔夫球场、乡村星级家庭旅馆、乡村家庭博物馆等。休闲农业是以促进农民就业增收和社会主义新

农村建设为重要目标,横跨农村第一、第二、第三产业,融合生产、生活和生态功能,紧密连接农业、农产品加工业和服务业的新型农村产业形态。乡村旅游是以农业生产、农民生活、农村风貌以及人文遗迹、民俗风情为旅游吸引物,以城市居民为主要客源市场,满足旅游者乡村观光、度假、休闲等需求的旅游产业形态。发展休闲农业与乡村旅游是我国经济社会现实发展的客观需要,对推进我国农业转变发展方式、优化调整农村产业结构、促进农民就业增收、建设社会主义新农村、扩大内需、统筹城乡发展以及拓展旅游业发展空间具有重要的意义。

(二) 旅游与第二产业的融合

1. 旅游装备制造业

旅游装备制造业将是未来旅游投资的重要方向。我国将大力培育发展具有自主知识产权的休闲、登山、滑雪、潜水、露营、探险、高尔夫等各类户外活动用品及宾馆饭店专用产品,提高旅游工艺品、纪念品的设计和制造水平,推动旅游房车、邮轮游艇、景区索道、游乐设施、数字导览设施、小型旅游飞机等旅游装备制造业的发展。

2. 旅游商品加工业

大力提升传统手工艺制品(如丝绸、陶瓷、刺绣、石雕、木雕、根雕等)和地方名特优产品研发制造加工水平,开发、策划、包装生态食品、工艺品和具有特色的旅游纪念品,大力发展旅游购物,提高旅游商品、旅游纪念品在旅游消费中的比重。

3. 工业旅游

工业旅游是伴随着人们对旅游资源概念的拓展而产生的一种旅游新概念和产品新形式。中国近年来发展的工业旅游主要是依托运营中的工厂、企业、工程等开展参观、游览、体验、购物等活动。工业旅游在发达国家由来已久,特别是一些大企业,像德国的西门子、美国的通用等,它们利用自己的品牌效应吸引游客,同时也使自己的产品家喻户晓。在我国,也有一些现代化企业,已经兴办起工业旅游,并有越来越多的现代化企业开始注重工业旅游。中国著名的工业企业如青岛海尔、上海宝钢、广东美的等也相继向游人开放,许多项目获得了政府的高度重视。融入工业发展产业形势,积极开发工业基地考察游等新型旅游产品,加快形成一批工业观光、购物、考察和体验旅游示范园。

(三) 旅游与第三产业的融合

旅游与文化、体育、商业、教育、科技等相关第三产业融合,能够形成文化旅游、体育旅游、探险旅游、养生旅游、商务旅游、会展旅游、自驾旅游、科技旅游等,不仅直接增加了旅游产业和相关产业的总量,而且会拉动金融、交通、物流、信息等相关第三产业的发展。

旅游产业与第三产业的融合主要体现在与文化产业的融合上。文化产业是旅游产业发展的重要根基和资源基础。1986年联合国教科文组织正式公布了文化统计框架(TCS)。框架将文化统计分为10类:文化遗产、出版印刷业和著作文献、音乐、表演艺术、视觉艺术、音频媒体、视听媒体、社会文化活动、体育和游戏、环境与自然。这10大类无一不与旅游产业密切相关。文化与旅游两大产业均属于资源"非消耗型"和"保护型"产业,两大产业的融合符合国际上产业生态化的总体趋势。文化与旅游产业融合,不仅可以提升旅游的文化内涵和品位,将文化加载到旅游这一载体上,有利于文化发掘、保护与传承创新,而且有助于有效实现文化资源保值增值,产生明显的社会经济效益,实现文化与旅游两大产业的资源优化配置与优势互补,构建文化旅游产业一体化发展的局面。目前文化与旅游的融合主要有以下几种形式。

(1) 旅游与文物保护单位的融合。大多数旅游景区内部都有不同级别的文物保护单位,其文物价值的独特性、差异性、唯一性赋予了旅游的不可复制性。同时,旅游区内的文物通过旅游收入得到可持续的保护和利用。

(2) 旅游与演艺的融合。大型的娱乐演艺活动可以解决游客晚上消费的盲点,增加过夜旅客的数量,强化旅游的文化内涵。如《印象·刘三姐》《道解都江堰》《金沙遗址》《康定情歌》等。旅游发达地区一个成功的经验就是将文艺演出常态化,将区域内有特色的非物质文化遗产以综艺节目的形式呈现给旅客或让游客参与其中,在欣赏和参与之中感受当地文化的厚重和民风、民俗的纯朴。2011年,文化部、国家旅游局(现组建为文化和旅游部)联合评选出首批"旅游演出类国家文化旅游重点项目名录",《西湖之夜》《印象·刘三姐》《宋城千古情》《东北二人转》《禅宗少林音乐大典》《魅力湘西》等35个文化旅游演出项目上榜。

(3) 旅游与节会的融合。会展经济是旅游发展不可逾越的历史阶段。在旅游发展的初级阶段,节会是旅游发展的助推器,通过节会集聚人气,拉动市场,培育具有影响力的节庆品牌。

三、旅游业态创新

(一)旅游业态的含义

"业态"一词源自日本,最早用于描述零售业中的零售点、专卖店、百货商场、超级市场等经营形式。随着业态理论的发展,"业态"一词不再仅是零售业的专属词汇。当"业态"和"旅游"结合在一起,便出现"旅游业态"这一新名词。邹再进(2007)指出,旅游业态实际上是对旅游行(企)业的组织形式、经营方式、经营特色和运行效率等的一种综合描述,并从空间和时间维度,指出旅游业态应该从内部结构探讨其结构的合理性和高级化程度,并将之视为包含业种、业状和业势三大内容的一个多维复合概念。杨玲玲、魏小安(2009)认为旅游业态即指旅游企业及相关部门根据旅游市场的发展趋势以及旅游者的多元化消费需求,提供有特色的旅游产品和服务的各种经营形态的总和,并进一步指出旅游业态有别于旅游行业和旅游产业。

传统旅游业态是单一传统旅游观光围绕旅游食、住、行、游、娱、购六要素服务的一种经营形态。新兴旅游业态由于消费市场、消费结构、产业结构发生变化和消费需求提升,各地区、各企业为了提升市场影响力和竞争力,在其发展中融入新的思路或转化出新的内容,创造出一些不同于传统业态的业态。目前出现的很多旅游新变化正是业态创新的具体表现,如投资主体的多元化、旅游产品的多样化、旅游线路的组合化、旅游服务的精细化、旅游目的地的差异化、旅游经营的标准化、景区营销的数字化、旅游经济的产业化等。

(二)旅游业态创新的基本模式

旅游业态虽然是旅游产业的表现形式,反映在旅游业各个层面,但从微观层面来说,旅游企业才是业态创新的真正主体。所以应从旅游企业本身来研究业态创新机制问题。张文建(2010)总结出包括资源整合式、专业分化式、组织创新式、服务外包式、技术推动式、区域集中式、业务融合式以及俱乐部式 8 种旅游业态创新的基本模式(见表 12-1)。

表 12-1　旅游业态创新的基本模式

业态创新模式	基本含义	出发点与侧重点	适应对象	举　例
资源整合式	通过建立特定的组织把同种类型的旅游资源加以分类整合,成立一种类似于旅游超市和专卖店的形态,以利于集中推广	资源共享、营销推广	政府和行业协会	旅游集散中心、工业旅游促进中心、农业旅游促进中心、水上旅游促进中心等
专业分化式	随着市场的不断扩大和分工专业化的加深,在原有比较成熟的旅游企业内部,将某些部门功能强化后独立出来所形成的业态	市场细分、专业提升	中小型企业	导游服务公司、租车服务公司、专业会议组织公司(PCO)、目的地管理公司(DMC)、旅游管理公司(TMC)、旅游专业服务公司
组织创新式	大型旅游企业集团为占领市场和扩大规模,在经营和管理上的组织表现形式	市场份额、规模经济	企业集团	经济型酒店、连锁酒店、连锁旅行社、景区联盟、饭店联盟
服务外包式	企业集团或政府部门为节约成本、减少开支和便于管理,把内部的某些业务和事物外包出去以提高核心竞争力	成本节约、优化管理	大型企业	旅游呼叫中心运营商、差旅管理公司、会奖旅游服务公司
技术推动式	在电子信息和网络技术高度发达的基础上直接催生的新型业态	资本技术、网络经济	IT 企业、信息部门、高科技产业	以"携程网""艺龙网""芒果网"为代表的第三方中介,以"去哪儿"为代表的垂直搜索引擎,以及移动通信信息提供商、数字旅游服务商等
区域集中式	企业为获取集聚优势而在某一特定区域功能上的联合	综合效益、集聚经济	开发区、商务区、现代服务集聚区	超级购物中心、精品综合度假中心、旅游总部经济集聚区(项目集聚与推广中心)、旅游综合体等

续表

业态创新模式	基本含义	出发点与侧重点	适应对象	举 例
业务融合式	企业为获取规模经济和范围经济在某一产业范围内业务上的联合	化解风险、范围经济	归属第三产业的大型企业或综合型企业集团	旅行社＋航空（旅游航空公司）、会展＋酒店（会议型酒店）、演艺＋主题景区（旅游演艺公司）、旅游＋地产（旅游房地产公司）等
俱乐部式	为吸引特定的人群而成立并为其服务的具有一定内部开放性的组织	特定团体、群体价值	行业协会、自发性组织	"汽车营地"服务商、自驾车俱乐部、"俱乐部式"餐饮/酒店、老人俱乐部式公寓、换房旅游俱乐部、海上游艇俱乐部等

资料来源：张文建：《当代旅游业态理论及创新问题探析》，载《商业经济与管理》，2010年第4期。

四、旅游新业态

进入21世纪，随着体验经济时代的到来，旅游消费日益个性化、多元化。人们更加注重旅游过程中的体验性和参与性，更加渴望回归自然、体验本色，更加注重修身养性，更加注重创意创新。在产业融合的大环境下，旅游新业态的产生主要体现在四个方面：一是在原有传统旅游产品基础上深化体验效果而产生的新业态，如温泉体验旅游、高海拔地区山地旅游等；二是旅游产业内各要素不断衍生分化的新业态，如自驾车旅游、邮轮旅游等；三是与现代服务业等第三产业交叉融合形成的新业态，如会展旅游、医疗旅游、文化创意旅游、体育旅游等；四是与其他第一、第二产业进行融合渗透而产生的新业态，如乡村旅游、工业旅游等。

（一）温泉旅游：深度体验，产业集聚

温泉旅游是休闲旅游的重要组成部分。健康作为全人类的共同追求，科学的休闲养生概念也被提升至空前高度。健康投资作为温泉旅游的价值所在，已经成为该阶段温泉旅游的一个重要消费理念。体验旅游时代的到来，对全面促进旅游产业素质的战略转型提出了更高的要求。温泉旅游区别于其他类型旅游最大的特性是体验性，体验旅游强调的是游客对温泉文化、温泉生活和温泉历史的体验，进而在多元与差异中彰显个性。这不仅是新时代旅游消费需求升级的结果，更是旅游发展模式转型和提升的必然要求。

1. 旅游项目体验化设计

旅游项目体验化设计是指将旅游项目作为一种经济产出类型，以吸引旅游者参与和消费来获取体验的高经济附加值。旅游项目体验化设计一方面是旅游者对旅游项目的差异化体验和消费过程，获得精神享受和满足，同时增加了旅游项目的体验化效用和进程；另一方面是旅游经营者围绕满足旅游者审美和愉悦等精神享受的价值核心而追加的多重体验过程，同时也是一种经济效益累积的过程。温泉旅游项目设计在于深度挖掘单项旅游资源（或吸引物）的美学价值、文化价值、科学价值、经济价值等，实现单项旅游项目经济价值最大化。在视觉设计、活动设计、声音设计、味觉设计、触觉设计等方面追求旅游产品差异、产品特色，通过调动旅游者视觉、味觉、嗅觉、听觉等感官达到全方位的参与体验。

2. 温泉景观设计

温泉旅游度假地的设计理念与其他诸如城市宾馆、度假村或城市公园的做法有明显差异。温泉水是一种特有的资源,但对于一个温泉旅游地来说,仅有温泉资源是不够的,必须在景观元素组合的基础上,紧紧围绕"温泉洗浴,景观营造"这一中心,突出以温泉水体景观为主,设施景观、绿化景观为辅的设计方针。

在大自然的众多景观元素中,选择水体、山石、植被、硬地以及景观建筑作为景观构成的主要元素,通过直接利用或人工手段,使水体、植被、建筑三个景观层次形成空间过渡与相互渗透,产生丰富多样的景观效果,形成温泉景观系统。同时结合人文环境与地域特色,如民俗风情、历史文化等设计出不可替代的人文景观环境。

3. 温泉产业集聚

温泉产业集聚是指温泉旅游核心吸引物与温泉旅游消费相关的旅游企业及相关支持企业和部门,在一定地域空间内的集中并协同发展。从产业关联度和产业链的角度考虑,温泉产业集聚由三个层次组成,分别是基本行业集聚、直接影响行业集聚和间接影响行业集聚。住宿业、餐饮业、旅游交通业、旅游娱乐业、旅游购物业、温泉消费业、旅行社业等产业是温泉旅游产业的基本行业;与温泉旅游基本行业连接最为紧密的直接影响行业主要有资源勘探与采掘业、建筑设施建造业、酒店产品制造业、广告宣传业、温泉人才教育培训业等;间接影响行业主要是指公共设施服务业,包括水、电、气的提供行业以及邮政、电信、金融、医疗等行业。

4. 优化产品体系

四季恒温休闲是休闲产业创造最大效益、实现可持续发展的最大卖点。以温泉为引擎,整合泛旅游产业(会议会展、体育运动、农业观光、旅游地产、博彩、娱乐、购物、民俗、宗教、影视等),领跑休闲度假产业,是实现四季休闲产业整合的最佳途径。由此,引发了四季休闲产业全新的集结与整合,形成了新的产业模式与业态发展。从度假资源组合的角度,形成春冬两季温泉、滑雪度假,夏秋两季森林、滨海和乡村度假;从温泉深度利用的角度,形成恒温游泳、恒温海水游泳、恒温盐浴、温室大堂酒店等其他休闲产品与产业模式;从项目创新组合的角度,开展四季更新节庆活动,以特色餐饮、节庆、滑雪、高尔夫等休闲资源作为配套,让观光、游乐、泡汤、SPA(水疗)、健身、美食、购物等形成有机互动,从而使温泉旅游实现全天候运转。

5. 温泉体验营销

体验是复杂多样的,体验形式是由特定的体验媒介所创造出来的,并且能达到有效的营销目的。伯德·施密特将这些不同的体验形式称为战略体验模块,并将其分为以下五种类型。①知觉体验。带游客在源头或者出水井处,让游客在洗浴之前充分进行温泉的知觉体验,感受"原真温泉"的魅力。②思维体验。中国死海景区一直以"温泉漂浮之谜""温泉色差之谜"为主题进行思维体验营销,让游客在游览前、游览时、游览后围绕谜团不断思考,实现旅游行为,增加旅游乐趣。③行为体验。如天沐温泉集团自主设计的"九步六法沐汤仪式"创新了温泉洗浴流程,使游客改变原有的洗浴观念和方式。④情感体验。例如"温泉快乐之旅"主题情感体验,为了实现"快乐"情感体验,要求服务人员要保持微笑,提供优质的服务,制作快乐手册和温馨提示,并营造"快乐"音乐背景。⑤关联体验。"SPA"一词,本意是水疗,方法是充分运用水的物理特性、温度及冲击,来达到保养、健身的效果。现在,SPA已经是舒缓压力、休养身心、康体养生、高质量生活的代表和体现,吸引了大量的消费群体。

6. 循环经济利用

以循环经济理论指导温泉度假区建设,加强对生态循环型温泉度假区建设的可能性探讨,大力发展无污染的产业模式。以温泉开发为龙头,带动相关行业的发展。综合开发水平的评价应以最大限度地利用温泉水资源,最大限度地带动地方经济为基本标准。形成以温泉旅游为核心,以供热供暖、养殖业、种植业、畜产品加工等为辅的双核结构,做到广开资源、延长过程、注重节源,为减量化、再利用、资源化创造途径。

(二)高山、极高山山地旅游:低碳环保,高端个性

山地利用方式和发展模式的优化和选择关乎国家生态安全和可持续发展大局。发展山地旅游是山区(尤其是山地地区)发展的重要途径,是人类(尤其是少数民族)利用山地的重要方式。看山,要看极高山。对于那些分布在遥远西部的沉默大山,中国山岳文化的聚光灯始终没有照临到这些山中"灰姑娘"身上。如果说以中东部山为主体的中华传统山岳文化是古典地理学的产物,那么,西部山地山岳文化一旦走到前台,必将引领一场山地旅游的颠覆性革命。我国高山、极高山资源丰富,攀登高山和极高山貌似是少数人参与的活动,但是对蓬勃发展的现代旅游业来说,随着旅游交通、社会经济、安全保障、技术设备等的全面升级,高山、极高山地区旅游新产品、新业态和顶峰深度体验将引领山地旅游的主流趋势,是旅游可持续发展的必然选择。

1. 规划与开发原则

(1) 以人为本,保障发展。山区交通可进入性难度较大,游客适应性相对较差。深入分析游客的运行规律,游客的生理需求和心理需求,针对入境旅游市场、自驾车旅游市场、特种旅游市场、高端观光市场的需求特征,针对不同年龄、不同身体素质、不同职业特征的客源市场,提供人性化的服务。高度重视公共安全,系统构建公共安全综合体系,提升公共安全综合保障能力以及应对自然灾害、突发事件的应急和救援能力,保障旅游区的可持续发展。

(2) 绿色环保,低碳旅游。山区太阳能、风能、水能丰富,提倡以低能耗、低污染为基础的绿色旅行。其中包含了政府与旅行机构推出的相关环保低碳政策与低碳旅游线路、个人出行中携带环保行李、住环保旅馆、选择二氧化碳排放较低的交通工具等方面。这也为我国四类主体功能区中限制开发区和禁止开发区的旅游发展提供了范例和思路。

(3) 富民安康,社区参与。山区地段往往是经济较为不发达的少数民族聚集区,妥善处理和协调旅游各利益相关方之间的关系,尤其是高山地区"农村、农业和农民"的关系。通过旅游城镇建设及乡村旅游的发展,促进高山少数民族地区基础设施和服务设施的建设,调动山区居民发展旅游的积极性和创造性,带动地方经济发展。

(4) 交通先行,高位发展。小众的生态旅游固然能保护生态环境,但是如何在环境保护和经济效益之间达到平衡?满足高端、大容量的观光市场应该是问题的关键。山地地区山脊多呈齿状,山峰多呈锥形,地形复杂,可达性低,可以建设一定的徒步、马道,也可采用旅游直升机提供一种高端的空中旅游。对于丘状起伏的高原地区,也可以建设大容量、安全、舒

适、快进快出的山地轨道交通系统。

2. 规划与开发重点

立足山地旅游发展的客观现实,确定山地旅游开发的6个要素:景观要素、经济社会要素、绿色服务设施要素、游客安全服务要素、新产品新业态要素、顶峰体验要素。其中,景观要素是资源基础,经济社会要素是催化引擎,绿色服务设施要素是基本保障,游客安全服务要素是安全保障,新产品新业态要素是盈利保障,顶峰体验要素是核心灵魂。

(1) 景观要素。山地的审美标准主要侧重于气候气象、地质地貌多样性和生物景观的敏感性,它们是山地旅游资源的基础和风景骨架,在很大程度上也决定着旅游项目的兴建和选择。科学价值是决定旅游项目国际市场地位和资源品牌的灵魂。另外,山地文化原生性、多样性,自然与人文景观的组合协调度,以及开发利用程度也是衡量其综合景观价值的基础。

(2) 经济社会要素。旅游发展的根本是带动地方经济的发展。高原旅游集镇是旅游发展的一级游客安全岛和集散中心。社区居民好客度和参与度、消费方式和经济基础以及相关政策性优惠(如藏区富民安康、牧民新居等政策)是"高山经济带"发展的催化剂。

(3) 绿色服务设施要素。服务设施最大限度地体现出环保理念,在解决可进入性和可逗留性的同时,追求绿色环保和设施的景观效果。尽可能地选择现代环保、低能耗材料。山地旅游作为新的旅游形式,对旅游者、旅游从业者和旅游活动本身都提出了更高的环保要求。一方面,旅游群体应怀着对自然的敬畏之心,以对生态资源的欣赏和探索为目的出游;另一方面,山地旅游的需求多样性和认知群体多元性必然带来多样化的交通需求,需要构建灵活多样的服务设施、交通工具等。

(4) 游客安全服务要素。游客安全服务设施是发展山地旅游的保障。服务设施要充分体现以人为本,在旅游城镇、旅游村落、旅游站点构筑立体化、层次化的游客安全岛,包括必要的安全急救、设备租赁、餐饮购物、咨询导航等功能。项目的选址应该做安全性评价和地质灾害评估。

(5) 新产品新业态要素。有别于平原、丘陵地区,要充分发挥山地自然资源和原生态文化优势,打造山地旅游新业态全景产业链,如自驾车文化产业、民俗实景演艺、影视婚庆摄影、户外极限运动等,寻求全新的盈利空间和盈利模式,最大限度地带动山区经济的联动发展。

(6) 顶峰体验要素。极高山顶峰体验是山地旅游项目的核心精华。相对高度带来无与伦比的壮美、形态、气韵、山势等感性层面,以人为本的景观化休息站、现代化观景工具和观景方式将把山地旅游的真谛全方位演绎出来。

(三) 乡村旅游:城乡统筹,提升品质

中国乡村旅游的发展为第一、第三产业的结合找到了一个重要的切入点,成为平衡城乡发展和缩小城乡差距的重要渠道。2006年,国家旅游局(现文化和旅游部)确定旅游主题为"中国乡村旅游",并在全国范围内大力发展乡村旅游;2007年,国家旅游局又确定旅游主题为"中国和谐城乡游";2008年"5·12"汶川大地震后,国家旅游局将乡村旅游确定为加快灾后重建和巩固灾后重建成果的重要推手。在构建和谐社会的过程中,国家推进产业结构调整、转变经济增长方式、安置农村剩余劳动力、扩大就业以及"旅游扶贫"的一系列政策、措施,为乡村旅游的全面发展提供了强有力的政策支持和广阔的历史舞台。

目前,乡村旅游在发达国家已经成为重要的旅游方式,并且已形成新的创汇产业。意大利、美国、澳大利亚、法国、德国、荷兰、日本等国的观光休闲农业、牧场和都市农业园,都由过去单一的观光型农业园,发展成了集观光、休闲、度假、教育和体验于一体的观光农业园、农业区、农业带,形成了多元化、多功能和多层次的规模经营格局,规模与效益也在同步增长。国外在发展乡村旅游时,注重政府对乡村旅游的支持,注重品牌化、特色化,强调随意休闲,注重乡村旅游与生态旅游的结合,注重乡村旅游的文化挖掘。我国传统的乡村旅游已形成八种模式:①都市依托型(如北京门头沟、成都三圣花乡);②景区依托型(如成都青城山镇);③村镇依托型(如贵州天龙屯堡、郫都区友爱村);④基地依托型(如四川新津"花舞人间"、新疆吐鲁番);⑤老少边贫地区型(如六盘山旅游扶贫试验区);⑥农业产业观光型(如台湾天福茗茶、都江堰红阳猕猴桃基地);⑦近郊商务度假村型(如京郊乡村);⑧休闲农庄型(如杭州特色休闲农庄)。

新时期,乡村旅游产品不断呈现出新形态和新模式,如主题休闲农园发展模式、乡村主题博物馆发展模式、主题文化村落发展模式、乡村俱乐部发展模式、现代商务度假与企业庄园模式、农业产业化与产业园区模式、区域乡村景观模式等,从主题定位、市场定位、产品定位和接待设施等方面不断提升乡村旅游的品质。

拓展阅读 北京乡村旅游新型业态与升级转型

北京市文化和旅游局在全国率先制定了"国际驿站、采摘篱园、乡村酒店、养生山吧、休闲农庄、生态渔村、山水人家、民族风苑"8个乡村旅游新型业态的标准,成为全国首个地方标准。如朝阳区的代表性标准"国际驿站",主要面向境外游客,介绍中国农村的风土人情;怀柔区的"采摘篱园"通过两个满族乡镇向游客展示民族特色;通州区的"休闲农庄"标准包括采摘、种植甚至收割等农事活动,对久居城市的游客有着强烈的吸引力等。以此提升郊区民俗游的规模和质量,抢占细分市场。同时,结合市场需求,并借鉴世界乡村旅游产品的发展模式,北京市文化和旅游局也积极探索汽车营地、葡萄酒庄、生态小屋、京郊人家等新型乡村业态。

北京乡村旅游国际化是一项乡村旅游目的地国际化的系统工程,涉及客源市场、旅游产品、旅游服务、交通设施、乡村建设、旅游软环境、市场营销等多方面的国际化。实现北京乡村旅游国际化要有全方位的战略应对和对策措施。第一,要进一步完善乡村旅游产品体系。坚持"一区(县)一色""一沟(村)一品"的特色发展道路,精心构建吸引外国游客的高品位乡村旅游产品体系,建立一批具有一定规模和品质的高端乡村旅游产品和一批旅游集散特色镇和乡村旅游特色业态聚集区。第二,全力推行立体化的乡村旅游国际营销模式。加大京郊乡村社区国际营销力度,注重对常驻北京的外国人的精准营销,形成国际网络营销。第三,努力营造有利于乡村旅游国际化的软环境。加强对乡村旅游涉外从业人员的外语和涉外礼仪培训,促进北京乡村旅游的各项标准与国际接轨,提升国际服务水平。第四,积极推动乡村旅游行业管理国际化。发挥协会促进乡村旅游国际化的作用,瞄准国际一流,制定乡村旅游标准及规范。

> **拓展阅读**　　乡村旅游发源地的升级转型
>
> 作为"中国农家乐发源地"、全国农业旅游示范点,成都市郫县(现郫都区)国家级乡村旅游示范区不仅服务于整个成都市市民,而且要在区域总体发展下,特别是在成都田园城市建设和成渝经济区规划建设背景下,服务于整个成渝地区。乡村旅游服务业不再只是都市主要功能的配套服务,而是一个新的功能区、一个新的区域中心。在空间上需要聚集,在档次、品牌和产品上需要进行集中升级。《郫县乡村旅游功能区规划》(以下简称《规划》)确定了以展现郫县特有的天府乡村遗产为旅游特色、打造国家级乡村旅游示范区的思路,将本区域的旅游形象定位为"原味天府乡村,现代都市田园",通过整合分散的景区景点,形成县域旅游的产业空间布局,加强旅游业与农业、商贸业和文化产业的融合,构建新型的城乡形态,形成"城在田园中"的和谐意境,使农业与旅游业相得益彰、交相辉映,全面促进乡村旅游的升级转型。
>
> 结合郫县"一城两带三基地"的发展格局,《规划》确定郫县乡村旅游产业发展格局为:"一廊""五区""八基地"。"一廊"即郫县天府乡村遗产走廊,范围为沙西线—温郫彭快速通道—IT大道,该廊道串接了郫县的天府历史文脉,展示一个庞大的露天天府农业文明博物馆,而沿线的田园、水系和城镇节点以及景区就是五千年天府乡村文明史的展品。"五区"即五大乡村旅游产业聚集区,包括望丛祠创意文化旅游区、中国农家乐旅游发源地乡村休闲度假区、天府林盘休闲度假区、三道堰水乡特色体验休闲度假区、唐昌特色古镇和购物旅游区。"八基地"即八个重点乡村旅游产业基地。包括:望丛创意文化旅游产业基地,农科村—三元场乡村旅游休闲度假产业基地,天府玫瑰谷乡村浪漫休闲体验产业基地,神农溪温泉度假产业基地,走马河天府林盘休闲度假产业基地,安德川菜产业化园区观光及乡村特色旅游商品购物产业基地,三道堰天府水乡特色城镇旅游休闲体验产业基地,唐昌易镇观光及休闲产业基地。
>
> (资料来源:杨振之:《乡村旅游发源地的转型升级》,载《中国旅游报》,2012年3月26日。)

(四) 自驾车旅游:高端时尚,专业个性

随着我国私家车保有量的迅速增长和高速公路网络的不断完善,自驾车旅游逐渐成为一种时尚。自驾车已经成为一种综合旅游业态形式,包括自驾车营地、汽车租赁公司、汽车旅馆、自驾俱乐部等一系列为自驾游服务的经营实体。

(1) 自驾车专业旅行社。虽然自驾车旅游看似是一种自助式旅游,但实际上它在很多方面还需要旅行社的参与和协助。专业旅行社凭借其已形成的广泛的网络体系优势(与众多景点、酒店等联系紧密),突出在票务、餐饮、旅馆住宿等方面的预订能力和折扣优势,突出价格优势,帮助自驾车游客解决探线、买票、联络住宿等一系列烦琐问题。

（2）汽车租赁。在自驾车旅游风靡的欧洲，汽车租赁业与旅游业早已进行长期蜜月般的合作关系，欧洲租车公司专门经营欧洲各地区的汽车租赁业务，退车手续方便而且费用合理，深受欧洲自驾车游客的喜爱。汽车租赁业的发展不但可以为国内众多"有本无车"的人提供自驾车旅游的便利条件，而且还可以通过异地租车、异地还车促进长途自驾车旅游的进一步发展。

（3）汽车营地。汽车营地是指在交通发达、风景优美之地开设的、专门为自驾车爱好者提供自助或半自助服务的休闲度假区。主要服务包括住宿、露营、餐饮、娱乐、拓展、汽车保养与维护等，是满足现代人休闲时尚需求的旅游产品。汽车营地选址方便，规模适中，投入不大，便于迅速推广。

（4）汽车休闲站。汽车休闲站是指和高速公路直接连接的，为自驾车一族提供途中补给和短期休闲服务的服务设施。休闲站附近景色宜人，值得停车欣赏。站内设有简便的车辆维护、用餐休息、闲聊观景的地方，使旅途变得轻松、惬意。它既可以依托现有的高速公路服务站，也可以另行建设。它将有效延伸和扩展现有高速公路服务站的服务内容，成为高速公路时代不可或缺的服务设施。

（5）新型加油站。加油站是自驾车旅游的生命补给线，自驾车旅游的火爆，必定导致旅游目的地沿途加油站的新一轮兴起和新的"变身"。早在20世纪70年代，美国"加油站"的名称被"汽车服务区"取代。名称的改变，实质上意味着新服务的出现。在汽车服务区，汽车可以加各种油品如汽油、柴油、润滑油等，也可以做保养维修，如打气、换轮胎、做汽车美容等。驾车者还可以买到所需的商品，如香烟、剃须刀、睡衣睡袋等，更可以小憩、喝咖啡、吃快餐、发邮件等。这些非油品业务的利润，占到加油站利润总额的90%以上。

（6）汽车旅馆。据有关数字显示，西方国家90%以上的自驾车旅游者喜欢投宿汽车旅馆。汽车旅馆不仅分布在公路的沿线，更辐射到了大大小小的城镇和郊区，许多全国联营性的汽车旅馆还可免费代客向另一城市的汽车旅馆预订房间。经过多年发展，汽车旅馆已经成为欧美人生活中的一个重要组成部分和外出旅游的上佳之选。

（7）旅游房车。房车旅游始于"一战"后期，在20世纪80年代成为新兴的休闲方式，迅速风靡欧美国家。如今，外形豪华，内设齐全，配有卧室、电视、音响、冰箱、化妆台，甚至带卫生间的旅行房车已经越来越多地进入国人的视野。而房车旅行这项集旅行、住宿、烹饪、淋浴、工作于一体的出行方式，已成为国内高端人群休闲旅游的一部分，他们或举家开着房车到郊外露营，或驾驶着它穿梭于大漠、森林进行浪漫之旅。从房车车型来看，有最常见的皮卡房车，有拖挂式旅居房车，也有背托式房车、帐篷式房车等。

（五）体育旅游：康体娱乐，高端时尚

所谓体育旅游，是指旅游者在旅游中所从事的各种体育娱乐、健身、竞技、探险和观赏体育比赛等活动与旅游地、旅游企业及社会之间关系的总和。体育旅游因其具有康体娱乐、高端时尚的特点已经成为各国用以推动本国旅游产业的重要战略手段之一。世界体育旅游业态大致可分为以下五大类。

（1）体育旅游节日赛事。像奥运会和世界杯这样的大型体育盛会不仅能够给举办国带来巨大的经济利益，而且有利于吸引更多的外国游客以及提升国家形象和知名度。

（2）体育旅游活动。如游泳、滑冰、划船、垂钓、网球、高尔夫、漂流、滑雪、跳伞、滑翔、自行车、骑马等体育运动。美国的世界著名旅游地迪士尼乐园建设了面积为200亩的综合体育公园,转变为体育旅游胜地。

(3) 体育旅游魅力物。所谓体育旅游魅力物,是指以参观体育博物馆等体育历史文物和遗迹的旅游活动。

(4) 体育旅游度假村。体育旅游度假村是指具备各种体育设施,能够进行各种体育体验的综合度假场所。比如,拥有滑雪场、高尔夫球场、食宿设施、娱乐设施等四季型设施的综合度假村。

(5) 体育旅游巡游。体育旅游巡游是指在一定期间变换不同的场所进行观赏或进行像高尔夫、网球等体育活动的旅游。

(六) 会展旅游:政府搭台,多元经营

会展业包括会议业、展览业和奖励旅游业。随着城市经济的发展,会展旅游作为一种在空间上与大型城市经济体高度相关的旅游产业分支,其发展日益受到城市运营者的重视。"十一五"期间,借北京奥运会、上海世博会和广州亚运会之机,我国会展旅游跃上一个新台阶,产业规模持续壮大,发展势头更加迅猛,会展旅游已经成为我国重要的旅游产业板块。

会展旅游是现代旅游服务业的重要业务内容,也是促进旅游业转型的关键产业板块。现代的会展旅游已经超越了机票、酒店预订等基本的单项旅行服务,包括提供规划会议方案、打理会务接待、安排会议活动等事宜,服务的专业化和复杂程度日趋提升。而从消费特征和档次分析,会议是旅游的高端产品,与观光旅游者相比,会展旅游者具有消费能力强、重访率高、对配套设施要求较高、不受季节影响、停留时间较长等特征。为鼓励和引导会展旅游发展,政府要以大型国际展会、重要文化活动和体育赛事为平台,培育新的旅游消费热点,扶持旅行社等专业组织开展会展旅游市场化经营。旅游行政主管部门、行业协会要积极帮助企业搭建与国际会议及奖励旅游组织、机构的合作渠道,规范和加强在华国际会议管理等。

(七) 邮轮旅游:专业,豪华

邮轮是一种以大型豪华游船为载体,以海上巡游为主要形式,以船上活动和岸上休闲旅游为主要内容的高端旅游活动。从旅游产业链角度来看,邮轮抵达之前、抵达、停靠、离开邮轮码头所引发的一系列产品与服务的交易,即通常所指的邮轮旅游业,是一种介于运输业、观光与休闲业、旅行业之间的边缘产业。以美国为首的北美地区人均收入较高,消费较为超前,因而成为世界上最大的邮轮市场,游客数量一直占世界份额的80%左右。我国邮轮旅游市场巨大,港口条件良好,形成了"一线三点"邮轮母港布置格局,包括:北部以天津港或大连港为中心,以韩日和西伯利亚东海岸为主的航线;中部以上海港为代表,以韩日、台港澳为主的航线;南部以广州为核心,以东南亚和南海为主的航线。中国邮轮旅游在"十二五"期间正式跨入快速发展期,既拥有前所未有的产业发展机遇,也承载着更大的产业升级压力。继国家发改委《关于促进我国邮轮业发展的指导意见》出台以来,2009年3月国务院常务会议审议通过《关于推进上海加快发展现代服务业和先进制造业 建设国际金融中心和国际航运中心的意见》首次提出"促进和规范邮轮产业发展",各部委、地方政府一系列相关促进政策和发展措施也相继出台,为邮轮旅游发展创造了宽松的政策环境。"十二五"邮轮旅游快速发展,"快速"二字,体现着七个转变:由政府导向转变为市场导向,由航运中心建设转变为旅游目的地建设,由航运产业集群模式转变为旅游产业集群模式,由跨国公司的垄断经营转变为多元企业的充分竞争,由粗放型的产业规模扩张转变为复合型的产业效益诉求,由市场培育期转变为市场成熟期,由泰坦尼克式的概念炒作转变为情感和体验营销。

拓展阅读　三亚市邮轮旅游发展将分三步走

为建设国际旅游岛,海南省三亚市邮轮旅游发展将分三步走。分阶段、有重点地进行邮轮产业链的培育与建设,形成与三亚社会经济发展条件相适应的邮轮产业经济结构形态。

(1) 2012—2015年为第一阶段。以提升港口运营水平,完善出入境服务为突破口,加快凤凰岛国际邮轮母港二期工程建设,使港口泊船承载能力达到国际一流水平,进一步推进餐饮、住宿、休闲、娱乐、养生、购物,以及生活物资补给和生活垃圾回收等配套设施建设;依托母港,促进与我国东部沿海地区、我国香港地区、东南亚地区的合作与交流,开通以三亚为邮轮母港和停靠港的国际、国内精品线路;在宏观上出台支持邮轮旅游发展的规划和政策,统一快速便捷的出入境检查程序,形成成熟的国际大型邮轮检查模式,建立符合国际惯例的通关模式和口岸检查协调机制。

(2) 2016—2020年为第二阶段。着重优化功能,打造邮轮母港城市。根据邮轮母港城市的要求,加快三亚构建以邮轮港口为中心的立体交通体系,建立面向全球的更加发达的航线系统;发展可容纳大流量旅客的大型购物、餐饮与宾馆设施,建成一批附属商业、餐饮、旅游、休闲、娱乐以及航运文化等综合服务配套设施;进一步提升组织能力,实现港城互动,延伸岸上消费。

(3) 2020年后为第三阶段。在提升完善三亚邮轮母港城市功能的基础上,加快培育邮轮相关产业,延伸产业链条,大力促进邮轮旅游业与其他产业融合发展,形成大产业发展的格局,构建三亚邮轮经济体系。把三亚打造成世界一流邮轮母港基地、国际知名邮轮旅游目的地、我国邮轮旅游发展试验区。

(资料来源:《三亚市邮轮旅游发展专项规划(2012—2022)》。)

(八) 文化创意旅游:文化+创意+旅游

世界旅游组织在《2020年旅游业展望》中预计,文化主题旅游将成为旅游发展的重要方向,发展文化旅游创意产业,带动产业结构升级和区域块状经济发展,转变经济发展方式,构建"旅游创意化,创意产业化"发展格局,将成为一个国家或城市经济社会发展的战略取向,成为区域软实力竞争的核心内容。旅游最核心的东西是"创意",中国的旅游业正在慢慢转型,文化与旅游结合的需求越来越明显。2009年文化产业被国务院列入产业振兴规划范围,2010年《政府工作报告》中重点强调文化产业发展对我国经济增长方式转变的积极意义。文化旅游创意产业是指为了满足旅游者对精神方面的需求而策划设计的文化活动内容并形成旅游者可以体验参与的活动,以及为此而必备的制度安排和设施条件。创意主要释放在文化活动的内容、形式和设施上。从旅游业宏观角度看,重点在于旅游文化产业的发展与谋划,包括原有产业的稳定发展和深度发展,以及新型创意产业的培育。具体而言,旅游创意主要包括旅游产品创意(提升文化品位)、旅游活动创意(增加深度体验)、旅游商品创意(加强设计水平)和旅游服务创意(更加人性化)等方面。

(九) 医疗旅游:健康,时尚

医疗旅游是指旅游者可以根据自己的病情、医生的建议,选择合适的游览区,在旅游的同时享受健康管家服务,进行有效的健康管理,达到身心健康的目的。医疗旅行的起源,最早始于欧洲皇室,他们到环境清幽的地方泡温泉,寻求身心的放松,以获得的健康身体。医疗旅游与我们现在的旅游产品从本质上既有区别又有联系。大多数人希望从旅途中获得身心的放松,这实际上也是对健康的追求。而如今,国内产生的医疗旅游行业,更具针对性地解决游客身体存在的健康困扰。日本、泰国的"医疗观光游"深得国人欢迎,日本更是开放了"医疗签证",以吸引更多外国人赴日体检。新加坡精密的医疗服务被世界卫生组织列为亚洲拥有最佳医疗系统国家。韩国医疗旅游协会表示,尝试将医疗旅游集中在整形美容上。马来西亚推动医疗旅游的最大优势是其医疗费用十分低廉。除了亚洲,欧洲旅游目的地也纷纷以"健康旅游"作为未来旅游业的发展重点,它们针对中国游客推出的项目以美容和疗养为主,比如针对白领等推出体检医疗旅游产品。

此外,中医把脉推拿、水疗、高尔夫、养生操、登山、海水浴、日光浴、沙浴、泥疗、矿泉浴等也是目前发展潜力较大的医疗项目。面对庞大的市场需求,旅行社和国内的医疗机构应该联合推出适合中国国情的医疗旅游套餐,在相关行业政策的管理下,将现有资源有机融合,促进、带动相关服务业发展,形成新的服务产业模式,推动经济进一步发展。此外,医疗机构也要注重提升自身的配套服务能力,在语言、保险、报销和生活服务等方面,都要符合国际患者的习惯。

思考与练习

1. 我国目前转变经济增长方式的重要性及意义是什么?
2. 什么是旅游经济增长?其影响因素是什么?
3. 中国旅游经济发展战略的基本内容是什么?
4. 旅游经济发展模式的影响因素有哪些?
5. 简述旅游可持续发展的内涵和对策。
6. 旅游发展的新趋势是什么?
7. 如何理解旅游与其他产业的融合?
8. 请结合实际,谈一谈你对旅游新业态的理解。

案例分析

发展全域旅游的途径

自新中国成立以来,我国旅游发展先后采用了下列四种理念与模式:1949—1978年,我国主要采用了"外事接待型旅游发展理念与模式";1979—1995年,我国逐渐采用了"将旅游业作为经济产业,特别是重要的创汇产业的发展理念与模式";1996—2014年,我国主要采用了"扩大内需、平衡我国过多外汇储备的入境旅游、国内旅游和出境旅游全面发展的理念与模式";2015年至今,逐渐采用了"全域旅游发展的理念与模式"。

全域旅游是指在一定区域内,以旅游业为优势产业,通过对区域内经济社会资源尤其是旅游资源、相关产业、生态环境、公共服务、体制机制、政策法规、文明素质等进行全方位、系统化的优化提升,实现区域资源有机整合、产业融合发展、社会共建共享,以旅游业带动和促进经济社会协调发展的一种新的区域协调发展理念和模式。全域旅游将一个区域作为功能完整的旅游目的地来建设、运作,实现景点景区内外一体化,做到人人是旅游形象、处处是旅游环境。

从景点旅游向全域旅游转变的基本内涵和要求。一是从单一景点景区建设和管理向综合目的地统筹发展转变。破除景点景区内外的体制壁垒和管理围墙,实行多规合一,推进旅游基础设施建设全域化、公共服务一体化、旅游监管全覆盖、产品营销与目的地推广有效结合。二是从导游必须由旅行社委派的封闭式管理体制向导游依法自由有序流动的开放式管理体制转变,实现导游执业的法治化和市场化。三是从粗放低效旅游向精细高效旅游转变。加大供给侧结构性改革力度,增加有效供给,引导旅游需求,实现旅游供求关系的积极平衡。四是从封闭的旅游自循环向开放的"旅游+"融合发展方式转变。五是从旅游企业单打独享到社会共建共享转变。六是从景点景区围墙内的"民团式"治安管理、社会管理向全域旅游依法治理转变,旅游、法院、公安、工商、物价、交通等部门各司其职。七是从部门行为向党政统筹推进转变,形成综合产业综合抓的局面。八是从仅由景点景区接待国际游客和狭窄的国际合作向全域接待国际游客和全方位、多层次国际交流合作转变,实现从小旅游格局向大旅游格局转变。

(资料来源:何建民:《旅游发展的理念与模式研究:兼论全域旅游发展的理念与模式》,载《旅游学刊》,2016年第12期。)

案例思考

1. 什么是全域旅游,它与景点旅游有哪些区别?
2. 现阶段发展全域旅游的有哪些重要意义?

本课程阅读推荐

1. 推荐书目:《萨缪尔森微观经济学学习指南》

作者:[美]保罗·萨缪尔森(Paul Samuelson),[美]威廉·诺德豪斯(William Nordhaus)著;萧琛,樊妮等译

本书从经济学基本知识着手,阐述微观经济学的供给、需求与产品市场,要素市场以及应用微观经济学的内容,语言简洁,逻辑清晰,内容深入浅出,易于理解,是经济学理论初学者一本不可多得的好书。

2. 推荐书目:《中国经济体制改革和西方经济学研究》

作者:高鸿业等著

本书是国家教科委文科博士点项目:我国经济体制改革与西方经济学的研究成果,其内容大致分为五个部分,即国有大中型企业改革、产权问题、宏观调控、外资政策和对西方有关的经济理论分析。这本书将我国的经济体制改革和西方的经济学理论进行了有机结合,有助于我们更好地理解西方的经济学理论,是一本值得一读的好书。

3. 推荐书目:《生态经济学引论》

作者:[英]康芒(Michael Common)著;金志农等译

生态经济学虽然从环境经济学借用了许多思想和概念,但是它们之间也存在差异。生态经济学或许侧重于理解生态科学,侧重于分析生态和经济系统的不连续性和非线性特征,而对经济效率的观念以及由人类的短期欲望所决定的结果则关注较少。想要清楚地解释和探讨这些差异的话,Common 和 Stagl 撰写的《生态经济学引论》将是一本很好的参考书。

4. 推荐书目:《曼昆〈经济学原理〉(第6版)》

作者:科兴教育主编

本书不仅是配合曼昆教授《经济学原理》的一本辅导书,由于本书所有习题和解析本身都是完整的,因此本书又是一本微观经济学学习精要与习题集。每一章有三个部分:学习精要是教材核心内容的提炼,习题详解是教材课后习题的解析,补充训练是针对课后习题未覆盖的重、难点的所进行的练习,有助于读者深刻把握经济学的理论与方法研究。

5. 推荐书目:《旅游经济分析》

作者:罗明义著

本书是一本旅游理论研究专著,围绕旅游经济研究中的重点问题,如旅游者行为、旅游市场、旅游业影响力等进行了系统分析,并结合案例介绍了60多种相关分析方法和技术。案例和理论相结合,通俗易懂,对于旅游经济学的学习将会有很大的帮助。

6. 推荐书目:《经济学原理》

作者:[英]阿弗里德·马歇尔(Alfred Marshall)著;廉运杰译

本书继承了19世纪初以来英国庸俗经济学的传统，兼收并蓄，用折中主义的方法把供求论、生产费用论、边际效用论和边际生产力论等完美地融合在一起，形成了以"完全竞争"为前提和以"均衡价格论"为核心的庸俗经济学体系，读者若想深刻理解经济学的各种原理，不妨仔细阅读此书。

7. 推荐书目：《经济学基础》

作者：李明泉主编

本书以资源优化配置为对象，在内容上尽可能融马克思主义政治经济学、西方经济学和社会主义市场经济学于一体，对经济学的基本理论、基础知识和基本原理进行深入浅出的介绍，值得各位读者一看。

拓 展 学 习

旅游产业关联与新业态

旅游产业政策

References 参考文献

[1] 吴必虎,唐俊雅,黄安民,等.中国城市居民旅游目的地选择行为研究[J].地理学报,1997(2).

[2] 吴必虎.大城市环城游憩带(ReBAM)研究——以上海市为例[J].地理科学,2001(4).

[3] 周玲强,黄祖辉.我国乡村旅游可持续发展问题与对策研究[J].经济地理,2004(4).

[4] 郭来喜,吴必虎,刘锋,等.中国旅游资源分类系统与类型评价[J].地理学报,2000(3).

[5] 厉新建,张凌云,崔莉.全域旅游:建设世界一流旅游目的地的理念创新——以北京为例[J].人文地理,2013(3).

[6] 苗学玲.旅游商品概念性定义与旅游纪念品的地方特色[J].旅游学刊,2004(1).

[7] 生延超,钟志平.旅游产业与区域经济的耦合协调度研究——以湖南省为例[J].旅游学刊,2009(8).

[8] 彭华.旅游发展驱动机制及动力模型探析[J].旅游学刊,1999(6).

[9] 丁焕峰.国内旅游扶贫研究述评[J].旅游学刊,2004(3).

[10] 敖荣军,韦燕生.中国区域旅游发展差异影响因素研究——来自1990~2003年的经验数据检验[J].财经研究,2006(3).

[11] 郝索.论我国旅游产业的市场化发展与政府行为[J].旅游学刊,2001(2).

[12] 章尚正."政府主导型"旅游发展战略的反思[J].旅游学刊,1998(6).

[13] 戴学锋.旅游上市公司经营状况分析[J].旅游学刊,2000(1).

[14] 杨勇.旅游业与我国经济增长关系的实证分析[J].旅游科学,2006(2).

[15] 牛亚菲.旅游业可持续发展的指标体系研究[J].中国人口·资源与环境,2002(6).

[16] 张辉,岳燕祥.全域旅游的理性思考[J].旅游学刊,2016(9).

[17] 张华初,李永杰.中国旅游业产业关联的定量分析[J].旅游学刊,2007(4).

[18] 朱俊杰,丁登山,韩南生.中国旅游业地域不平衡分析[J].人文地理,2001(1).

[19] 滕丽,王铮,蔡砥.中国城市居民旅游需求差异分析[J].旅游学刊,2004(4).

[20] 曾国军,蔡建东.中国旅游产业对国民经济的贡献研究[J].旅游学刊,2012(5).

[21] 郭寻,吴忠军.区域旅游发展中政府合作的制度障碍及对策思考[J].人文地理,2006(1).

[22] 张凌云.旅游者消费行为和旅游消费地区差异的经济分析——兼与余书炜同志商榷[J].旅游学刊,1999(4).

[23] 刘立秋,赵黎明,段二丽.我国旅游上市公司经济效益评价[J].旅游学刊,2007(4).

[24] 厉新建.旅游产品特点、消费技术与景区解说系统[J].人文地理,2004(2).
[25] 钟新民,况既明.旅游管理体制改革的探讨及其实践[J].旅游学刊,2000(2).
[26] 谷慧敏,伍春来.中国收入分配结构演变对国内旅游消费的影响[J].旅游学刊,2003(2).
[27] 白永秀,范省伟.旅游产品的重新界定及其现实意义[J].当代经济科学,1999(3).
[28] 龚绍方.制约我国文化旅游产业发展的三大因素及对策[J].郑州大学学报(哲学社会科学版),2008(6).
[29] 张凌云.旅游学研究的新框架:对非惯常环境下消费者行为和现象的研究[J].旅游学刊,2008(10).
[30] 田世政,杨桂华.中国国家公园发展的路径选择:国际经验与案例研究[J].中国软科学,2011(12).
[31] 李明耀,黎洁,陈劲松.我国区域旅游卫星账户理论与实践的若干问题研究[J].旅游学刊,2004(2).
[32] 田里.区域旅游可持续发展评价体系研究——以云南大理、丽江、西双版纳为例[J].旅游科学,2007(3).
[33] 卢润德,刘喜梅,宋瑞敏,等.国内旅游景区门票定价模型研究[J].旅游学刊,2008(11).
[34] 胡浩.中国旅游业投融资机制研究[J].社会科学家,2005(1).
[35] 梁智.旅游目的地社会经济承载力的经济学分析[J].南开管理评论,2002(4).
[36] 喻小航.旅游产品特点的新视角——论旅游产品的本质特征[J].西南师范大学学报(人文社会科学版),2002(2).
[37] 陆彪,陈雪琼.我国旅游业投融资现状与问题研究[J].桂林旅游高等专科学校学报(现旅游论坛),2008(3).
[38] 肖忠东.我国旅游产品结构的转换[J].社会科学家,1999(6).
[39] 戴斌.旅游中的经济现象与经济学视角下的旅游活动——论旅游经济学学科体系的构建[J].旅游学刊,2001(4).
[40] 朱伟.大学生文化消费现状及影响因素分析[J].统计与决策,2012(17).
[41] 何建民.旅游发展的理念与模式研究:兼论全域旅游发展的理念与模式[J].旅游学刊,2016(12).
[42] 徐嵩龄,刘宇,钱薏红,等.西湖模式的意义及其对中国遗产旅游经济学的启示[J].旅游学刊,2013(2).
[43] 冯学钢,王琼英,于秋阳.需求和供给视角下旅游产业潜力影响因素研究[J].商业经济与管理,2009(6).
[44] 任朝旺,谭笑.旅游产品定义辨析[J].河北大学学报(哲学社会科学版),2006(6).
[45] 王兴斌.带薪休假制度促进休闲旅游产业转型增效[J].旅游论坛,2008(4).
[46] 耿松涛.我国旅游景区门票经济的转型之困与应对策略[J].价格理论与实践,2012(7).
[47] 陈肖静.我国旅游经济学研究的回顾与思考[J].生产力研究,2006(4).
[48] 苏建军,孙根年.中国旅游投资与旅游经济发展的时空演变与差异分析[J].干旱区资

　　源与环境,2017(1).
[49] 高海生,陈胜.环京津休闲旅游产业带建设的主要问题及对策[J].河北学刊,2009(6).
[50] 冷晓.旅游管理体制改革的战略抉择[J].商业经济与管理,1998(3).
[51] 王隽妮,万永坤,董锁成.旅游业"挤出效应"与区域差异分析[J].资源科学,2015(3).
[52] 朱伟,汤洁娟.论体验经济时代我国农业观光旅游与产品创新[J].农业考古,2008(6).
[53] 朱伟.民族地区旅游发展的社会文化效应[J].西南民族大学学报(人文社会科学版),2013(5).
[54] 李仲广.从形式到实质:旅游经济学之路[J].旅游学刊,2007(11).
[55] 朱伟.民族档案与旅游发展的共赢与对策[J].兰台世界,2013(35).
[56] 汤洁娟.我国虚拟旅游系统建构与应用研究[J].求索,2016(4).
[57] 朱伟.旅游开发保护的模糊聚类决策模型与评价[J].统计与决策,2018(6).
[58] 陈朋,张朝枝.国家公园门票定价:国际比较与分析[J].资源科学,2018(12).
[59] 程瑞芳.旅游经济学[M].重庆:重庆大学出版社,2018.
[60] 程瑞芳.旅游经济学[M].石家庄:河北人民出版社,2014.
[61] 张小梅,王进.产业经济学[M].成都:电子科学技术出版社,2017.

后 记

21世纪的旅游业已经成为世界各国经济发展的一个重要推动力。21世纪的中国旅游业,正扬帆启航,朝着世界一流旅游强国的目标奋进。要实现21世纪中国旅游业的这一宏伟目标,重要的是要尽快培养出一大批具有现代经济、技术知识和管理技能的旅游经营管理人才,从整体上提高旅游行业人力资源的素质。本教材的编撰、修订与出版正是为了实现这一目的而编写的。

由多年从事旅游经济学教学和科研的教师合编的这本教材,目的是期望其既符合教育部颁布的旅游管理专业目录的要求,又具有时代气息。《旅游经济学》(第二版)融合了当代旅游学、西方经济学、管理学等多门学科的知识,博采众长,吸收了国内外旅游经济理论与实践研究的最新成果,遵循旅游管理专业的教育、教学规律,注重基础知识,强调理论联系实际,是各级各类旅游院校、旅游管理专业师生必备的教科书和参考教材。

经过一年多的殚精竭虑,数易其稿,本教材终于修订完成。此时,自编者接触"旅游经济"的教学与研究已经历了十八个年头。本教材的写作缘于十多年关于旅游经济的教学和旅游研究,得益于教学和科研过程中的所思、所想、所悟。自从事旅游教学和研究以来,为了促进教学与科研工作,常常与同行、同学、同事相聚,探讨旅游教学、科研感受与心得,相互交流信息,探讨旅游行业的热点和发展态势,从中受益匪浅。一日,在与赣南师范大学老同学聊天,相互交流各自在教学科研方面的心得体会时,谈及偶遇参加旅游行业的会议时碰到出版社的朋友,提及他们出版社出版书籍涉及面很广,现正在出版旅游系列教材,如有意向可以合作。我当时觉得就自己力单势孤,能力有限,就没多考虑。赣南师范大学老同学一听,说他很早就有这个念头,还有一些圈内同事聊天时曾表达过类似意愿,如果把相关同行组织起来定能干好此事。于是,便把此想法和其他几位老师进行了沟通和交流,大家都很感兴趣,很热衷于合作出版教材的事情。于是我们计划作旅游系列教材的其中一部分,接下来经过详细考虑与安排,就各自擅长的领域进行分工,本教材就是其中的一本,我与汤洁娟、吕献红、荣培君等老师共同承担了旅游经济学方面的写作。在共同协商、协作分工、各有所长、保证质量的原则下,开始了本教材的写作。

本教材的编撰、修订与出版完成得到天津市2019年一流本科专业建设点:旅游管理专业本科专业,天津市2020年度哲学社会科学规划课题:天津市哲学社会科学规划课题(TJGL202015),教育部2019年产学合作协同育人项目:基于VR技术的"休闲农业"课程建设(201901217005),教育部2019年产学合作协同育人项目:我国高校"商务英语(跨境电商)"课程教学资源库建设201902150003,河南省2019年度高等学校重点科研项目:中原传统节俗资源的旅游开发研究(19A790012),河南省教育厅2019年度人文社会科学研究一般项目:中原传统文化资源的旅游产业化研究(2019-ZZJH-329)等项目课题经费的支持和研究成果的帮助,消化吸收了最新研究成果,解决了撰写过程中的许多实际问题,为本教材修订工作的完成做出了重要贡献。

  本教材的写作过程充满了艰辛和汗水,个中滋味难以言表。在写作过程中,曾多次和相关老师进行探讨,就理论体系、内容选择、案例斟酌等方面曾发生过多次争执,最终共同达成一致,就各自研究的不同领域进行分工写作,终于完成。这其中凝聚了各位老师的勤劳和智慧,各位老师和指导的研究生在写作过程中参考借鉴了大量文献资料并提出自己的想法和见解,共同致力于能为旅游管理专业教学教材的改善与提高,略尽绵薄之力。

  由于水平有限,书中难免有疏漏和不尽人意之处,敬请各位专家、学者和广大读者不吝赐教。衷心感谢各位参与本教材写作的老师及提出宝贵意见的同行们,我们将继续努力!

教学支持说明

为了改善教学效果,提高教材的使用效率,满足高校授课教师的教学需求,本套教材备有与纸质教材配套的教学课件和拓展资源。

为保证本教学课件及相关教学资料仅为教材使用者所得,我们将向使用本套教材的高校授课教师和学生免费赠送教学课件或者相关教学资料,烦请授课教师通过电话、邮件或加入旅游专家俱乐部QQ群等方式与我们联系,获取"教学课件资源申请表"文档并认真准确填写后发给我们,我们的联系方式如下:

地址:湖北省武汉市东湖新技术开发区华工科技园华工园六路

邮编:430223

电话:027-81321911

传真:027-81321917

E-mail:lyzjjlb@163.com

旅游专家俱乐部QQ群号:758712998

旅游专家俱乐部QQ群二维码:

群名称:旅游专家俱乐部5群
群 号:758712998

http://press.hust.edu.cn

教学课件资源申请表

填表时间：_____年___月___日

1. 以下内容请教师按实际情况写，★为必填项。
2. 根据个人情况如实填写，相关内容可以酌情调整提交。

★姓名		★性别	□男 □女	出生年月		★职务	
						★职称	□教授 □副教授 □讲师 □助教

★学校		★院/系	
★教研室		★专业	
★办公电话		家庭电话		★移动电话	
★E-mail（请填写清晰）			★QQ号/微信号	
★联系地址			★邮编	

★现在主授课程情况	学生人数	教材所属出版社	教材满意度
课程一			□满意 □一般 □不满意
课程二			□满意 □一般 □不满意
课程三			□满意 □一般 □不满意
其他			□满意 □一般 □不满意

教材出版信息						
方向一		□准备写	□写作中	□已成稿	□已出版待修订	□有讲义
方向二		□准备写	□写作中	□已成稿	□已出版待修订	□有讲义
方向三		□准备写	□写作中	□已成稿	□已出版待修订	□有讲义

请教师认真填写表格下列内容，提供索取课件配套教材的相关信息，我社根据每位教师填表信息的完整性、授课情况与索取课件的相关性，以及教材使用的情况赠送教材的配套课件及相关教学资源。

ISBN（书号）	书名	作者	索取课件简要说明	学生人数（如选作教材）
			□教学 □参考	
			□教学 □参考	

★您对与课件配套的纸质教材的意见和建议，希望提供哪些配套教学资源：